U0022475

社 會 學

：融滙中西學說，分析中國社會

張 華 葆 主編

三 民 書 局 印 行

國家圖書館出版品預行編目資料

社會學／張華葆主編. --初版. --臺北
市：三民，民80
　　　面；　　公分
參考書目：面
ISBN 957-14-0286-9（平裝）

1.社會學

540　　　　　　　　　　　80001752

網際網路位址　http://www.sanmin.com.tw

© 社　會　學

主編者　張華葆
發行人　劉振強
產權人財　三民書局股份有限公司
著作財
發行所　三民書局股份有限公司
　　　　地　址／臺北市復興北路三八六號
　　　　電　話／二五○○六六○○
　　　　郵　撥／○○○九九九八──五號
印刷所　三民書局股份有限公司
　　　　復北店／臺北市復興北路三八六號
門市部　重南店／臺北市重慶南路一段六十一號

初　版　中華民國七十四年十月
六　刷　中華民國八十八年十月

編　號　S 54003

基本定價　陸元肆角

行政院新聞局登記證局版臺業字第○二○○號

有著作權‧不准侵害

ISBN 957-14-0286-9（平裝）

作 者 簡 介

張華葆　東海大學社會學研究所教授，臺灣大學歷史學學士，美國
　　　　德州大學社會學博士
　　　　曾任: 香港中文大學副講師，美國德州大學兼任講師，肯
　　　　　　　塔基州立大學副教授，緬茵州大學教授

林松齡　東海大學社會學副教授，東海大學社會學學士，美國印第
　　　　安那州中央大學社會學碩士，亞歷桑那州立大學社會學博
　　　　士

李亦園　清華大學人文學院院長，中央研究院院士，臺灣大學人類
　　　　學教授，臺灣大學人類學學士
　　　　美國哈佛大學人類學碩士

熊瑞梅　東海大學社會學副教授，臺灣大學社會學學士，美國喬治
　　　　亞大學社會學博士

練馬可　東海大學社會學研究所教授，美國歐柏林大學 (Oberlin
　　　　College) 社會學學士、碩士，美國北加羅林那州立大學
　　　　(University of North Carolina, Chapel Hill)
　　　　社會學博士

施　　序

　　三十幾年來，臺灣地區受到工業化、都市化、商業化的衝擊，已由農業社會蛻變為工業社會。此項劇烈的社會變遷固然提高了國民的平均所得，增進了民眾的生活素質，但另一方面也衍生出許多亟待妥善解決的社會問題，諸如犯罪、環境污染、心理疾病、人口膨脹等等。以犯罪問題為例，近年來犯罪案件日益增加，犯罪性質越趨惡化，犯罪年齡也逐漸下降。此等現象，實不容忽視。法務部有鑑於此，特設立「犯罪問題研究中心」，除每年出版「犯罪狀況及其分析」外，並針對暴力犯罪、電腦犯罪、竊盜犯罪、青少年犯罪等進行專題研究，期能把握犯罪動向，提出適當的防制對策。

　　任何一項社會問題所涉層面均甚為深廣，因而個人深信唯有結合學術界與實務界的智慧與經驗相輔相成，才能妥善解決。在這方面，尤須借重社會學精湛的理論分析，及正確客觀的研究建議。社會學之研究在我國甚為發達，一般而言，對於西方社會學理論或西方社會現象的引介較多，而關於如何運用西方社會學理論，以剖析我國社會現象的論著，則較為少見。

　　張教授華葆兄現執教於東海大學社會學研究所，最近邀集數位著名社會學者、人類學者，共同撰述此書，以西方社會學理論概念為基礎，精闢深入剖析中國社會各種現象，個人深信對我國社會問題的探討及解決，有莫大助益，故樂為之序。

中華民國七十四年九月卅日

施啓揚　識於法務部

編　者　序

　　民國七十二年冬，東海大學社會學研究所師生，在一次座談會中，提出編寫一部以中國社會為主的教科書。這項計劃最主要目的是融匯西方社會學的觀念以分析中國社會，而最大的困難是有關中國社會資料的收集，雖然近二十年來，社會學在我國非常盛行，然而至目前為止，其主要動向仍侷限於介紹西方社會學概念及理論，未能與中國社會，中國學術理論融匯貫通。這項計劃的目標是很崇高的，是發展中國社會科學必經的途道，是值得我們努力追求的。

　　從民國七十二年冬至現在，一年半的時光中，編者與許多位國內社會學界專家不斷磋商。由於工作忙碌的緣故，許多位專家學者無法直接參與。最後由五位教授，包括編者在內，共同撰寫這部教科書。這本書的內容可以說是中西合璧，以西方社會學的概念、理論為主，探討分析中國社會各種現象。在匆忙的過程中編寫完畢，失誤之處必然甚多，布望各位學者及同學多多指正。

　　編者非常感謝三民書局之支持及協助，也同時感謝東海大學社會學系兩位同學阮人鳳及丘永生，在編寫過程中全心全力的幫助，從謄寫，整理，校對，編排目錄，中英名詞對照，參考書目，都是他們兩位的工作，沒有他們兩位，這本書絕無法如期付印。編者也必須感謝內子黃美蘭的熱忱支持。

張華葆

謹識於臺中大度山東海大學

民國七十四年六月

社 會 學 目次

第一章 導　　論

第二章 文　　化

第十三章　人類生態學（熊瑞梅教授撰寫）

第十四章　都　市　發　展

第十五章　社　會　變　遷（練馬可教授撰寫）

第一章 導 論

第一節 什麼是社會學

社會學是人文科學的一支，目的在於研究人類社會之組織結構、運作方式，以及各種社會現象。人類社會是由人組合而成的，然而社會之運作及組織卻與個人之行為有區別。從社會學的觀點來看，社會是一個體系 (system)，包含許多相互為用、相互為成的部門，具有嚴密完整的組織及特性，然而社會組織的特性及各種社會現象，卻有別於生物現象，或是個人心理現象。二十世紀初葉的法國社會學家涂爾幹(Durkheim)，認為人類社會是一個獨特的個體，具有獨特的性質 (reality sui generis)。他又把社會比擬為一有機體，雖然有機體是由許多不同的成份組合而成，然而有機體的性質與乎其組織成份的屬性不同。例如水是由氫氧化合而成，然而水的性質卻與氫氧的性質截然不同；又糖是由碳、氫、氧化合而成，而糖的諸種特性也不能由碳、氫、氧的特性去了解。所以涂爾幹 (1938) 在他的社會學研究方法一書中，指出研究社會現象的法則，他說：我們只能就社會現象論社會現象，以社會因素，而非生物性，

因素或心理性因素來解釋社會現象。如果我們用生物學的因素或原理去分析社會現象，或是以心理學的因素或原理去分析社會現象，我們就犯了降略的錯誤。前者稱之爲生物降略論 (Biological Reductionism)，降略社會現象爲生物現象，後者爲心理降略論 (Psychological Reductionism)，降略社會現象爲心理現象，這些都是錯誤的。一如以上所列舉的有機化合物實例，社會現象不是生物現象，也不是心理現象，所以不能以生物學或心理學的概念去解釋。

從現代社會學的觀點來看，現代社會正好似一個龐大複雜的機器，其中包含許多不同的部門及零件。社會中的每一個人就好似機器中的一個零件，而社會中的政府、學校、家庭等等就好似機器中的每一部門，整個機器運作牽涉及無數部門及零件運作，當這些部門及零件的功能及運作接合在一起，分工合作，逐形成機械整體之組織及運作。然而整個機器之功能性質卻無法以每一部門及每一零件的功能性質去了解。

總之，社會學著重研究社會整體，視每一社會份子、部門，每一社會現象爲社會整體的一部份。社會由政府、工商機構、學校、家庭等等機構組合而成，社會同時也是由許多人組合而成，因此社會整體的一舉一動，都反映在每個人以及各個部門的操作之中。然而個人行爲，或是社會組成部門的操作，並不等於社會整體的運作，正好像整個人體之思想行爲，不等於內臟的活動，或是血球細胞的活動。

一個社會就好似一輛汽車，而一輛汽車具有許多不同的功能及特性。當我們分析汽車之行動及結構時，我們以機械力學的觀點來解釋汽車行動之原則。例如，汽車引擎的功能主要是使汽油或柴油轉變爲「動能」，推動汽車行動。再看汽車的結構，汽車結構包含幾個主要部門，例如：引擎、車身、刹車、冷卻器、電力體系等等，各個部門之間密切相關。譬如說汽車電力體系與引擎之間的關係，一方面電力體系帶動引擎，然

而當引擎發動之後，又可以補充、回饋電力體系。在人際關係中，父母親就好似電力體系，而子女就好似引擎，父母扶持下一代成長，而下一代成長之後，又回報養育上一代。

第二節　社會與國家

社會與國家不一樣，社會是在一個地域之內自然成長，而具有獨立性的人羣組織。十九世紀以前的人類社會，由於交通的限制，地域之隔閡，每一社會之成員多出自於同一種族、語言、文化。正如　國父孫中山先生對社會所加諸之詮釋。但是自從十九世紀以來，由於交通便利，人類社會之組成分子已由一元化改變為多元化。例如美國社會包含許多不同種族文化，至今仍在不斷成長變化。同時在美國社會中，由於幾百年來融滙交乳，這些不同的種族文化又逐漸融合成為一個新的種族，新的文化，是為美國民族，美國文化。

國家是人為性的政治組織。國家包含政府、人民、土地及主權。有時國家與社會重疊為一。目前中國社會劃分為兩個國家，一個是中華民國，另一個是中共。在一九四九年以前中國社會是一個國家。又香港是一個中國人的社會，但卻是英國的殖民地。所以國家與社會是不同的概念、不同的現象，但是因為二者有時重疊為一，容易混淆。

第三節　社會學對於人類行為的詮釋

社會學對於人類行為之詮釋，有它獨特的看法，與乎生物學或心理學的觀點大相迥異。「人」具有兩種不同的意義，第一：人是生物性的人。從生物學的觀點來看，人類是動物的一支，具有動物的一切通性。

然而人類也具有若干特殊的屬性，譬如智力較高，能夠發音，用兩肢行路等等。在生物學的領域內，我們可以將人類當作動物的一種來處理，解剖分析人之各種特性及其發展歷史。

然而從另一個角度來看，「人」是社會文化的產品。人之所以爲人，點點滴滴，除了生物的特性以外，都是後天社會文化環境中調敎而養成的。人類與其他動物不同的地方很多，其所以故者，是由於在幾十萬年的演化過程中，人類創造出一套社會文化體系，其中包括社會組織，語言文字、風俗習慣、生活技能等等，日積月累逐漸增進改革，最後形成今日之人類文明。社會文化是一個無所不在，無所不包的生活環境，而人類的一切行爲，包括沉默的思想在內，都受社會文化環境的約束控制。我們可以說百分之九十的人性是由後天社會文化環境所造成的，大約只有百分之十的人性是生物性的本能。

第四節　社會學是研究日常生活的科學

有人認爲社會學的研究內容是有目共睹，人人熟習了解的日常生活中所發生的事情。許多人也因而認爲社會學的理論屬於普通常識。事實上，社會學之研究內容雖然與日常生活密不可分，然而社會學理論卻超越普通常識。例如「自殺」是日常生活中常見的現象，一般人對於自殺有許多常理性的見解，例如認爲女性自殺較男性多，多天自殺的人數多，生活敎育程度低的人自殺率較高等等。更以爲社會上受人歧視虐待的民族自殺率較高。然而事實上，並不如此。根據統計數字顯示，自殺而死的男人較女人多，夏日自殺率較多日高，而社會階層，敎育程度較高的人自殺率較高，在社會上遭受歧視虐待的民族，例如美國的黑人，臺灣的高山族，自殺率反而較低。以上的例子說明社會學研究的對象，

雖然是日常生活中的一部份，但是社會學的理論卻並不一定與一般人的見識相脗合。社會學理論是建樹在實證科學的基礎上，超越一般人的見識。

第五節　社會學與其他人文科學之分野

諸多不同的人文科學都以人類爲研究對象，究竟如何區分社會學與其他人文社會科學呢？事實上這些人文社會科學的分野也是相對性的，由於人類社會包羅萬象，過於龐大複雜，所以人文科學必須分工合作，社會學與其他人文科學之區異大致如下：

1.社會學著重廣泛、一般性的現象及原則。譬如人際關係中之師生親子關係是一般性的，普遍存在的現象，從古至今，不論東方或西方都有這種關係。相對的，我們看看歷史學的研究重心，歷史學著重人文世界中獨特的事件。例如一九三九年九月一日德軍跨越波蘭邊境，導致第二次世界大戰。歷史學家的工作是分析這一特殊事件的前因後果。

政治學與經濟學也是一般性的科學，在於尋求一般性的原則，以解釋政治經濟領域內的各種現象及問題。然而政治學或經濟學所涉及的只限於社會現象一部份，而社會學則總括社會全部。譬如說經濟學研究市場中供應及需求間之關係，著重實際效率，如何可以賺錢。社會學則視市場爲社會整體之一部門，著重市場與社會其他部門之關係。例如二十世紀初葉德國社會學家韋伯(Max Weber 1930)在其名著『基督教倫理與資本主義的關係』一書中，分析基督新教之興起與乎現代資本主義間之密切關係。二者在價值倫理觀念上之相似性，以及新教倫理導致現代資本主義之因果關係。從這個例子中我們可以看出，雖然經濟學也尋求一般性之原則，然而侷限於經濟的領域，以實利實效爲重心，謀求解說

經濟領域中各種現象，回答各種經濟問題。至於經濟與宗敎間之關聯，
則非經濟學的研究範圍。

同理，政治學在於研究權力的分配及運作、政府的組織、結構、運
作，效率等等。也是偏限一隅的專門科學。與乎經濟學、政治學相形比
較，社會學是統疇廣泛性的科學，囊括諸種社會文化現象。社會學視社
會爲一整體，雖然包括許多部門，例如政治、經濟，然而部門之間關係
密切不可分離。例如社會學在分析犯罪問題時，社會學家，不僅重視經
濟性因素，也同時著重政治性因素，例如貪汚、黑社會與立法、司法機
構的勾結，以及宗敎、家庭、敎育等等諸多因素，分析整個社會組織與
犯罪間之關係。

當代社會學家麥爾頓 (Merton, 1938) 在分析犯罪及偏差行爲的起
因及類別時，強調美國社會文化與犯罪行爲之間的密切關係。他的理論
更牽涉及於人性的基本假設。他說：人類具有追求財富地位的慾望，在
不同的社會文化中，這些慾望的表現方式不同。在舊社會裏，由於嚴格
的社會階層制度，以及特殊的價值規範，貧窮的人認爲他們貧困的生活
是神的旨意。他們聽天由命，把希望寄託於來生。然而生長在現代美國
社會的人，由於受民主平等觀念的薰陶，不僅相信人人生而平等，更受
美國價值觀念的驅使、努力追求財富地位。從社會結構的角度來看，眞
正能夠發達的人數是很有限的，而本來有錢有勢的人佔盡了便宜。有錢
人的子弟可以受好的敎育，有好的人事關係，有資本，所以他們大富大
貴的機會比一般人好多了。相反的是貧窮家庭的子弟，從小食不飽、衣
不暖、缺乏良好敎養、更無人事、資源。這些貧困子弟要想發達眞是談
何容易。但是生長在美國的貧困子弟，也抱著滿腔的慾望，在這種情況
下，美國人之中產生諸多種不同的偏差行爲。

麥爾頓就美國人價值規範取向差異，割分五種不同型態的適應方

式:

　　第一類的人屬奉公守法者 (Conformity)。絕大多數的美國人，一則希望追求功名財富，然而同時也都遵守社會規範，作為一個奉公守法的公民，這是在美國社會中第一種生活適應方式。

　　第二類的人是創新立異者 (Innovation)，這一類的人在追求功名財富時，由於受實際環境限制，不惜挺而走險，冒法律道德之大不韙。這一類人包括絕大多數的犯罪者，黑社會人士，貪污舞弊的官員，不法的商人、娼妓等等。這些人的共同特色是以不法的手段，謀取功名財富。

　　第三類的人是所謂「墨守成規」(Ritualism)，一成不變的人。從社會道德、法律規範的角度來看，這一類型的人奉公守法，並無不是之處。然而從另一個角度來看，這些人放棄功名財富的價值觀念，其所以放棄功名財富，並不是因為他們沒有這些慾望，而是因為他們嘗試失敗，絕望而放棄。

　　第四類人屬「頹廢」型 (Retreatism)，根據麥爾頓的研究，當個人既不追求功名財富，而又不遵從社會規範時，遂形成為頹喪的人格心態。這一類型的人可以吸毒犯、流浪漢為例。他們終日無所是事，以酒精、毒品麻醉自己。在街頭乞食的流浪漢，也歸屬這一類型，他們的心態行為，生活起居與常人脫節，他們沒有計劃，沒有正規的工作起居、沒有家庭、沒有羞恥的觀念、沒有勤奮的作息習慣，形成為社會人類的垃圾、寄生蟲。

　　第五類人屬「反叛革命份子」(Rebellion)。根據麥爾頓的剖析，第五種型態生存適應之方式是反叛革命者。他們背棄社會傳統價值規範，創立新的。這些人是社會變遷的動力，是社會安定的敵人。有了這些人，社會動盪不安，然而沒有這些人，社會無由改變發展。

麥爾頓對犯罪偏差行爲的分析，創立於一九三八年，迄今已四十餘載，仍不失爲社會學理論的典範。其理論的最重要貢獻是在於以社會文化、結構來分析社會現象，成爲社會學分析的最好例證。

第六節　現代社會學發展史

雖然社會學的淵源可以追溯至數千年的古代希臘、中國、印度文化，但是現代社會學的歷史卻很短，總共只有一百多年。現代社會學興起於十九世紀初葉的法國。當時的法國是世界文化、政治的首府，歷經無數次的大革命，正是學術思想澎湃、百家齊放。在諸家學說中，有以社會整體爲研究對象者，以聖西蒙 (Saint-Simon)，孔德等爲首所創立的社會學，遂萌芽發展。以下，我們將討論十九世紀及二十世紀初期幾位著稱的社會學者對現代社會學的貢獻。

一、孔德 (Auguste Comte 1798-1857)

孔德被譽稱爲現代社會學的創始人，他早年修習自然科學，然後轉而研究社會科學，從師聖西蒙，專心致力於 社會組織結構及功能 之探討。孔德心目中所構想的現代社會學，是以物理學爲藍本，希望建立一套以社會爲研究對象的科學。他創用社會學 (Sociology) 一詞，終身致力於社會研究，其主要貢獻分爲三點討論：

1. 實證科學主義 (Positivism)

孔德在他的社會學著作中，極力提倡實證科學主義，爲現代社會學奠定科學的基礎。所謂實證科學主義，其要點大致如下：

(1) 實證科學是實地觀察，以感官所接受之資料作爲研究之對象，知識的泉源。一反往日憑空思想的習慣及因而形成之哲理，認爲昔日的

哲理不屬科學之範疇。

(2) 否定社會現象與自然現象間之差異。前者雖然比較複雜，然而二者本質相同，都可以科學方法探討。

(3) 否定社會科學與自然科學之界線，認為所有的科學都屬一體，運用同一的研究法則，建立類似的理論說明。

(4) 認為社會學應依循自然科學研究途徑，從事社會研究。孔德特別提出觀察、比較、及實證的方法，為社會學研究之基本方則。

(5) 社會學也應該學習自然科學，建立廣泛性的原理以解釋諸種社會現象。

實證科學主義是現代科學之基礎。孔德將現代社會學落實在實證科學主義的基礎上，建立科學性的社會學。

2. 社會實體論 (Social Realism)

所謂社會實體論，是以社會為真實個體，而視其中組成的人員為抽象概念的一種看法。這是一套巨視哲理(Macroscopic Perspective)。社會學必須建立在社會實體論基礎之上，才能夠成為一套獨立的學科。如果沒有社會實體論作基礎，社會學只能是生物學或心理學的一支。

社會實體論源起於十八世紀末葉的歐洲，而興盛於十九世紀初葉。這一套理論因為與日常生活經驗衝突矛盾，不易為普通人接受。而這一套理論的建立也借助於生物學之原理。當時生物學界已開始運用顯微鏡，能夠具體入微的觀察生物體內的組織，並且已發現細胞及細菌之存在。從生物學細胞之間的關係，我們可以聯想到社會與個人之間的關係，從生物個體的現象，可以引發社會實體的理論。

3. 生物比擬論 (Organistic Analogy)

所謂生物比擬論，是將人類社會比擬為生物個體。雖然這種論調早已倡行於歐洲，但是孔德宣揚之功卻不可沒。許多十九世紀的社會科學

家認爲，人類社會就是一個有機生物體，具有獨立的組織結構，以及生存運作的能力。人類社會之演進，依循生物演化的途徑，由簡而繁、由小而大。原始的初民社會好比原生動物，而進步的現代社會則好似高級動物。所有的動物，不分高低，均具備幾項基本結構部門，例如消化器官、生殖器官等，人類社會也不例外。以下我們就現代社會的組織結構及功能與高級動物（人類）相比較。

人體之組織結構及功能

組織部門	功　能
1.頭部（中樞神經體系）	統籌全身體之行動運作。
2.腸胃（消化體系）	轉化物資爲養份，以供應身體之生存運作。
3.生殖器官	傳宗接代，維繫人類生存。
4.四肢	生物個體之運動。
5.附屬神經體系	負責全身各部感官知覺及連繫。
6.良心	指示個人對社會羣體之職責，約束個人行爲。

人類社會組織結構及功能

組織部門	功　能
1.政府	負責整合全社會之功能運作。
2.經濟體制（包括公司、工廠、商店等等）	負責物質，食物之製造及分配。
3.家庭制度	專司生男育女、傳宗接代及兩性間之關係。

4. 交通體制	專司社會內部及對外之運輸聯繫。
5. 通訊體系	專司社會內外羣體，個人之聯繫。
6. 司法機構、宗敎	專司社會治安，道德法律之維繫。

　　從以上的比較中，我們可以看出現代社會與人體在組織結構及功能方面相似之處。目前這種生物比擬學說雖然已經沒落，然而它對於社會學的貢獻甚大。透過這套理論，我們得以了解社會之組織結構及功能。當代社會學的理論主流，功能學派的理論，事實上也是由生物比擬論脫胎換骨而形成的。目前生物比擬論在歐洲社會學界仍相當盛行，在蘇俄社會學界仍被奉爲經典。

　　從以上的幾項理論中，我們可以見到孔德對於現代社會學之貢獻，我們可以說，他奠定了現代社會學的實證科學的基礎，樹立社會學爲獨立之科學，更而創立現代社會學之理論架構，用以分析社會之組織及功能。

二、斯本塞 (Herbert Spencer, 1820-1903)

　　斯本塞是英國人，是現代社會科學界的一位奇才。他的才能及智慧，不亞於牛頓或愛因斯坦。在現代人文科學中，在才智方面可以斯本塞相比較的，恐怕只有佛洛依德。斯氏年幼時，因爲體弱多病，未能入學，在家中由父母指導，年長後，首先從事鐵路工程師的工作。然而以興趣關係，轉而專司社會科學著作。在其有生之年，不僅在社會學方面有許多著作，同時在心理學、生物學、物理學方面亦有甚多貢獻。斯氏在各方面的著作，均爲當時世界著名學府，如牛津、劍橋、哈佛等採用爲教科書。斯氏於中年之後，由於身體羸弱，顧用助理數名。後來這些助理也都成爲人文科學歷史人物。生物學界、演化論創始人達爾文在其自傳

中提及斯本塞時，曾自謙的說：「如果以我與斯本塞相比較，在才華方面，我差得太遠了。」達爾文的自白是由衷之言，坦白承認斯本塞卓越的才華。

斯氏在社會學方面的著作甚多，以其三大本社會學導論爲主，其中除了宣揚社會實體論，生物比擬論之外，更而提出社會演化的理論，認爲人類社會演進的程序，與生物的演化程序相當。斯本塞更引用十八、十九世紀人類學家在世界各地的發現以爲依據，而建立其社會演化論的實證基礎。

斯氏對於演化一詞的界定亦極精闢。他說「演化是一種演變過程，在這過程中，物質由無組織無規律的同質體演變爲有組織，有規律的異質體。」

(Evolution is a process of change, through which matter moves from a state of relatively incoherent and indefinite homogeneity to a state of relatively coherent and definite heterogeneity.)

斯本塞的演化論不僅可以解釋社會進化，生物演化的現象及過程，同時也可以解釋宇宙演化的過程。他的這項廣泛性的演化論首先提出於其早年的「一般性原理」(First Principles) 一書中。

在社會學導論中，他更以各種人類學的實證資料以印證其演化論。人類社會的演進，正如同生物演化，依據物競天擇，適者生存的原則，由數十萬年前，渺小無組織無規律的初民社會演化爲當今龐大複雜而有規律的現代社會。在初民社會中，社會成員的功能大致相同，是爲所謂同質性。在進步的現代社會中，社會功能分化成爲無以數計的種類，是爲異質性。譬如說，在原始的農耕社會中，絕大多數人多以務農爲榮，

然而在現代工業都市社會中，行業種類繁多，難以計數。例如在現代工業社會中，僅只是醫生一行，即有數百種不同的專科醫生。

生物演化的過程也是如此，幾億年前的原始生物如草履蟲者，在組織結構及功能上都顯示無組織規律的同質性。反觀最進步的人類在組織結構及功能上都顯示異質性。同時宇宙的演變過程，大致上也符合斯本塞的演化理論。

如果從現代科學的觀點來批判斯本塞的演化論，當然會發現許多錯誤。首先，斯本塞的演化論與當代的演化論有所出入。其次，斯本塞運用各種人類學的資料以印證其演化理論，也是值得商榷的。但是斯氏所提出的演化論，為人類社會演進的過程創立一套理性的解釋，雖然現在我們未必同意他的學說，然而在社會學發展過程中，他的社會演化論仍是解釋人類社會進展最偉大的理論，至今仍無出其右者。

三、馬克斯 (Karl Marx 1818-1883)

馬克斯是現代共產主義的鼻祖，其對社會學之貢獻亦不可抹滅，在馬克斯以前的社會學者，多認為社會是一完整的體系，包含許多相互為用的部門。馬克斯創立新的論調，否定人類社會之完整統一性，認為人類社會是由許多衝突矛盾的羣體集合而成。這些相互衝突矛盾的集團，時時在人類歷史過程中鬥爭，依據弱肉強食，適者生存的原則，爭取財物及領導權。在鬥爭的過程中，勝利者建立王朝，失敗者淪落為臣民奴隸，社會文明在不斷的鬥爭中得以進步。馬克斯的理論給予社會學界以新的衝擊，新的觀點，使後人對於人類歷史及各種社會作重新評估。

四、涂爾幹 (Emile Durkheim 1858-1917)

涂爾幹是十九世紀末葉，二十世紀初葉的一位法國社會學者，窮其

一生致力於宣揚社會實體學說，否定任何生坦學或心理學對社會現象之解釋，強調以社會因素解釋社會現象。在他的名著「自殺」(1951)一書中，涂爾幹以社會組織結構的元素，釋析個人自殺之動因。在其「原始宗教信仰」(1947)一書中，提示宗教信仰的社會根源以及宗教之社會功能。在其「社會學研究法」(1938)一書中，強調運用社會統計數字，以分析社會現象，更建立獨特 社會學研究法則，以別於心理學 或生物學。由於涂爾幹之努力，現代社會學得以獨樹一幟，成爲一門獨立的社會科學。

五、韋伯 (**Max Weber 1864-1930**)

韋伯在現代社會學發展過程中具有創新的貢獻，韋伯治學嚴謹，嚴格化分科學與倫理道德的界線，更提倡主觀社會學理論，認爲社會現象脫離不了個人，爲了要 「了解」社會現象，研究者透過社會文化的媒介，將心比心，了解個人行動的動機及過程。由於韋伯強調「了解」法之運用，後人稱其學派爲 「了解社會學」。韋伯對於世界宗教制度，現代官僚制度及資本主義之興起更有巨大的貢獻，他的著作，「基督新教倫理觀念與現代資本主義精神」，舉世著稱，成爲研究現代資本主義的經典。在這本書中，他強調基督新教的倫理觀念促成現代資本主義之興起。這本著作不僅理論精闢，更重要的是韋伯治學的嚴謹態度，爲後人建立理論研究之模式、典範。

社會學大師羣像

孔德(Auguste Comte 1798-1857) 法國人，首創社會學(Sociology) 一詞，強調以理性科學方法研究人類社會。認爲人類社會與生物

組織結構相似，同時主張「社會」為眞實個體。

　　斯本塞 (Herbert Spencer 1820-1903)　英國人，是社會學界最傑
出的理論家，文筆流暢；
提出社會演化論，主張
人類社會演進與乎生物
演化過程相似。

涂爾幹 (Emile Durkheim, 1858-1917)　強調人類社會是眞實的個體。倡行以統計學方法研究社會。反對以生物學、心理學因素分析社會現象。

韋伯 (Max Weber 1864-1930)　提出了解「社會學」的新概念，主張將心比心，爲現代社會學開闢新途徑。

柏深思（Talcott Parsons, 1902-1979）爲當代美國社會學理論大師，在哈佛大學執敎多年，其社會行動論爲現代社會學理論經典。

麥爾頓（Robert K. Merton, 1910-　　）爲當代社會學功能學派之鼻祖及主要人物。其社會結構及偏差行爲（Social Structure and Anomie）一文，從社會組織結構的觀點，解釋偏差犯罪行爲，爲社會學理論建立典範。

第七節　社會學之應用

　　社會學之應用極為廣泛，現分門別類，討論社會學之幾項重要用途：

　　1.研究社會諸種問題現象，例如當前我國政府面臨嚴重的社會治安問題。國內治安的惡劣，是有目共睹。根據可靠的估計，在臺北區的四萬餘輛計程車中，其中至少有四分之一的司機是品行有問題的人物。這是一項相當嚴重的問題，使得日常乘坐計程車的客人，惶恐不安。一般工作人士為了節省時間，不得不乘計程車，然而計程車所帶來的問題與日俱增，使人感到取捨兩難。至於說夜間女士乘坐計程車則早已成為禁忌。計程車的問題只是社會治安問題的一面，其他如黑社會及各種犯罪，更是不可言諭。民國七十三年九月，我國中央政府，包括行政院、立法院，以及司法行政機構，均以解決國內治安問題為當前急務。然而如何處理這一項龐大複雜的問題，卻不容易，這不是一項簡單的立法、司法行政問題，而是一項社會學的問題。行政院應該諮詢社會學、立法、司法，以及刑法各方面專業人員，討論這一問題的前因後果，而後提出切實具體的解決方案。

　　2.從事法律社會行政工作　社會學者的第二大目標是直接從事國家社會行政實務，例如內政、司法，以及地方民選機構等等，都屬於社會學應用範圍。其他在工業商業界牽涉人事人際關係之事務，亦可以由社會學畢業學生擔任，因為社會組織，人際關係都是社會學研究的主題。

　　3.社會學者可以作為政府諮詢專家　當司法刑警在處理犯罪、吸毒、搶刼、娼妓、同性戀等等社會問題時，都應以社會學者為諮商對象，因為這些問題都牽涉社會文化之諸多層面，在分析處理這些問題時應考慮社會文化諸多因素，例如在解決勞工問題，辦理勞工保險等等業務時，也

應該諮商社會學者，因爲這些也是社會學者的專題研究對象。其他諸如家庭糾紛，人口問題等等，更是社會學的專題，社會學者的研究對象。

4.對於社會的批判　社會學研究分析目的之一是揭露社會眞象、事實，使人對社會有一確切的認識了解。這一項工作牽涉及許多批判性的揭示。例如目前國內黑社會與地方立法機構間的關聯，黑社會，犯罪集團與地方司法機構之關聯。社會學對於人性的解剖，也構成對於全人類的批判。從現代西方社會學的觀點來看，人是醜惡的。人具有許多劣根性，諸如好吃懶動、自私、貪得無厭、僥倖、妒忌等等心態行爲。由於人類具備這些頑劣的品質，因此由人類組成的社會也是千瘡百孔，醜態畢露。只有在社會文化薰陶、嚴格的教養之下，才可以培育出合理的人性。既然社會是千瘡百孔，當我們描寫社會實態時，我們也同時指出社會的種種弊端，形成對於社會的批判。

5.從事教育的工作　以社會學之豐富廣泛常識，教養下一代，培育完整而廣濶的人格個性，使得每一位社會成員能夠洞悉社會的組織，人類文化的內涵及功能，了解社會實況而能適應生活。

第八節　社會學理論

一、什麼是理論

所謂理論 (Theory)，從廣義的角度來看，包括一切對於事物現象之解釋，而經證明屬實者。例如「地球是圓的，而日夜的現象是由於地球自轉，以及地球繞太陽公轉所形成的現象。」這些對於自然界的解釋，都已經證明屬實，所以都構成理論。社會學的理論即對於社會現象之解釋，而經證明屬實者。廣泛的理論概念，又包含許多不同層面，及其相關的概念，現分別討論於下：

二、理論之類別

就理論內涵之廣狹，大致上可以劃分為三種類型：

第一種是廣泛性理論 (General Theory)，內容是以全人類社會為對象。例如當代美國社會學大師柏深思的社會行動理論(Social Action Theory 1949, 1951)以人類社會整體之結構運作為對象。

第二種是中層理論 (Mid-range Theory)，以社會體制之一部份為對象之理論是為中層理論。例如當代社會學大師麥爾頓 (R. K. Merton) 以社會組織結構文化特色等因素來分析偏差行為，這種理論是屬於中層理論。因為麥爾頓的理論，只涉及偏差行為而未涉及社會整體之運作、生存，所以是一個局部性的理論，或稱中層理論。此外，當代社會學家戴維斯 (K. Davis) 及摩爾 (W. Moore, 1945)，解釋社會階層之功能理論，也屬於中層理論。

第三種是低層理論 (Empirical Generalizaton, Theorem)，在理論的最下層面，與真實世界息息相關者，屬於低層社會學理論，這些理論之特色較為具體，實證性偏高。相對地，則其抽象性較低，應用較為狹窄。例如，我們說「夜晚時犯罪較多；男人的駕駛技術較優；老年人自殺的較中少年人為多」都屬於低層理論。

三、與理論相關的概念

除了理論之廣泛抽象的程度不同之外，與理論相關之概念很多，以下則列舉幾個最常混淆的相關概念。

1. 假設 (Hypothesis)

所謂假設，指對於一事物現象之解釋，尚未證明屬實者。例如我們知道抽香烟可能導致癌症，然而至今仍不能解釋這二者之間的關係，其

他許多解釋也都沒有證實。所以，到目前為止，一切對於抽香烟而導致癌症的解釋，都只能稱為假設，而不是理論。

現代實證科學的理論，都始自於「假設」之建立。例如在社會學的領域內，我們希望探索暴力犯罪的根源。依據多納及米勒 (Dollard and Miller) 在一九三九年所建立的挫折攻擊行為理論 (Frustration-Aggression Theory)，認為人類的攻擊性行為，源自於精神上的挫折。當代心理學大師阿爾波 (E. Allport)，對於人類攻擊行為的解釋，也持同樣的論調。由於暴力犯罪是攻擊行為之一種，根據這些心理學理論，我們推理而建立有關暴力犯罪之假設：「所有非理性暴力犯罪者，在事前都曾經遭受嚴重的挫折。」

當我們建立這樣的一項有關暴力犯罪的假設之後。我們必須同時明確的界定我們所應用的概念，譬如，「非理性的暴力犯罪」以及「挫折」「嚴重的挫折」等等。

例如一位貧困的少男，自幼遭受貧困生活痛苦，在學校內又處處受人奚落，國小畢業後即流落街頭，以後逐漸惡化，形成為搶刧，強暴的匪徒。根據我們的假設，這位少男之所以形成為搶刧暴力罪犯，長期的生活挫折是主要原因之一。

2. 假定 (Assumption)

理論概念亦包含「假定」。所謂「假定」指對一事物現象之解釋，而此解釋無法經由實證判斷其是非。例如，在我們日常生活談論中，時時涉及人性是善是惡的問題。對於人性善惡之解釋是一項假定。幾千年來，中外哲人都一再提出有關人性善惡之學理，特別是在我國先聖的著作中，三字經的開場白就提出人性為善的主張，而孟子更以非常合理的方法來證明人性為善的理論。然而時至今日，對於人性善惡之爭，仍無一定結論。在現代社會科學領域內，我們把無法實證的解釋稱作為「假

定」。

「假定」雖然不能以實證方法探測其眞僞，然而在現代科學領域中卻佔據重要的地位。現代科學，不論是自然或社會科學，都建立在許多相關的假定之上。不僅如此，不論是哲學、宗教思想，或是政治經濟體制也都建立在一些假定之上。例如現行歐美的民主政治體制卽建立在人性是自私的假定之上。爲了要防範人性之泛濫，我們設立三權，五權分立制度，以及定期的大選。在民主社會裏，我們每三、五年卽舉行大選一次，決定政府人員權力的分配。這種選舉制度也是建立在一項假定之上，卽人民的利益，只有人民自己最清楚，而且也應該掌握在人民自己的手裏。鑑於人性自私的傾向，我們必須定期檢查政府官員施政情況，防範他們濫用職權。

四、現代科學理論必須具備的要素

在現代實證科學的領域中，我們強調任何一個理論都必須具備以下幾項要素：

1. 邏輯性

在理論建立，推理構想的過程中，我們必須運用理性邏輯的方法去推演。理性邏輯的最好例子是古代希臘哲學家所建立的三段論法 (Syllogism)。 在推理的過程中，我們劃分大前提，小前提及結論三部份，大前提之內涵包括小前提之內涵，而小前提之內涵又包括結論，依次推衍。例如我們說：

(1) 所有的動物都有消化系統──大前提。

(2) 狗是一種動物──小前提。

(3) 所以狗也有消化系統──結論。

然而，事實上，在許多社會學推理過程中，我們無法絕對的運用三

段論法的方式，　只能比照三段論法，　尋求結論。　在當今社會學的領域內，功能學派（Structural Functionalizion）　的理論架構及分析過程，即比照三段論之方式。例如當克魯洪（Kluckhorn, 1962）在分析初民社會中的迷信制度時，他所運用的推理方法，即比照三段論的方式，以圖解釋何以所有初民社會中都包含迷信制度。

克魯洪解釋迷信制度之理論結構，大致如下：

(1) 人類社會爲了生存，必須維持社會內部之整合統一，維持社會成員之精神安寧。

(2) 維持社會之整合統一，社會成員精神安定之工具，有許多種，其中包括迷信、宗教信仰、科學、政治信仰。

(3) 在初民社會中，由於科技落後，政治思想混沌未開，迷信形成爲維持社會整合，維持社會成員精神安定之主要工具。

在克魯洪的初民社會迷信制度一書中（The Navaho, 1962），他詳細闡述迷信制度發展成長的過程。在大自然各種因素，如風雪雷雨等等支配之下，人類缺乏科學之概念，而且急於尋求解釋這些現象之理論，於是迷信的概念理論，　自然而然的發展形成於初民社會之中。

2. 清　晰

在理論建構中所運用之語辭概念都必須以非常清晰的方式表現。在建立概念時，必須達到語無二意，給予肯定明確的定義。如果是抽象複雜的概念，則必須以操作化（Operationalization）的方式網絡它們，並且以具體的事物現象表示之。例如在社會心理學研究中，研究自由開放的氣息（liberalism）時，　首先我們作明確之界定「什麼是自由開放的氣息？」所謂自由開放之氣息，指個人能適應各種不同的環境，接受各種不同新的觀念，容納異己。僅只是理念上之解釋還不夠，我們還要進一步對自由民主氣息觀念予以「操作化」。例如，以下列諸具體的問

話，探測個人自由開放之程度。

(一)如果別人與你的意見完全不同時，你怎麼辦？

①靜心聽取對方之意見而不作答辯。

②和顏悅色的與對方討論。

③生氣但不形於色。

④很氣憤的排斥對方的見解。

⑤大聲唾罵指責對方。

(二)你對於墮胎的合法化，看法如何？

(三)你對同性戀的看法如何？

(四)你對於未婚者之間的性關係，看法如何？

以上的每一問題，我們都可以探測個人對於新思想、新社會制度接受的程度。如果一個人能接受新的思想觀念，容納異己者，我們稱之為自由開放，反之，則為保守頑固。

3. 實證性

現代科學理論都必須具備實證性，即能夠以事實證明其真偽。例如我們說「男人的思想較女人為自由開放」，我們必須要能夠證明，絕大多數的男人在思想上，確實比女性為自由開放。如果我們認為貧困的人在品德方面比較低落，我們也必須以事實證明，否則只能稱是一種推測，或者是偏見，不成為科學理論。

4. 量化 (Quantification)

在現代科學領域中，我們通常以龐大的統計數字來證實我們的理論，這種方式是為量化過程。量化過程也是建立在一項哲理的假定之上，即只有以龐大的數字才足以證明一事物現象之真實性。目前實證科學大多運用量化原則以衡量理論之正確性。

以上四點，只是現代實證科學理論建構必要條件之重要部份。除此

之外，還有許多必備條件無法在此一一分析討論，對於理論之建構有興趣的同學，應該修習社會學理論一課，或是社會學理論建構的課程。

五、理論的結構

從理論組織結構的觀點來看，每一種理論都至少包含兩項變數及二變數間之因果關係。變數 (Variable) 指宇宙間任何一事物現象在質或量方面可以變動者。例如人之體重、身高、宗教信仰、性別、年齡、國籍等等，都構成變數。在理論結構中之變數，一方面是自變數 (Independent Variable) 相當於通俗「因」的概念；另一方面則為依變數 (Dependent Variable) 隨自變數變化而變化者，通俗語言中稱之為「果」。自變數與依變數之間的關係，也就是因果關係，大致上可以簡單的數學公式表示之：

$$x = f(y)$$

其中，x 是依變數，是後果；是我們研究中企圖預測的項目；而 y 是自變數，是前因，是研究中用以預測依變數的因素。例如在少年犯罪研究中，少年犯罪行為通常是研究的對象之 x（依變數），影響少年犯罪行為的因素很多，可分別以 $y_1 y_2 y_3 y_4 y_5$……代表，例如家庭經濟情況、親子關係、父母教養子女之方法、居住環境等等。在研究計畫中，我們可以分列出若干項假設，例如：

假設 (1) 少年之家庭經濟情況與其犯罪行為間關係密切，家庭經濟
　　　　情況惡劣者，犯罪之可能性較高。

　　　 (2) 家庭中親子關係對於子女行為影響甚深，父母重視子女之
　　　　生活起居福利者，子女犯罪之傾向較低。

　　　 (3) 家庭中父母本身之行為與子女行為間有密切關係，父母為
　　　　非作歹者，則子女易於犯罪。

在以上的每項假設中，我們企圖解釋驗證每一自變數與依變數（少年犯罪行為）間之關係。最後，我們可以統一公式表示，諸多自變數與依變數之間的關係如下：

$$x = f(y_1 + y_2 + y_3 + y_4 + \cdots\cdots + y_n)$$

並且可以運用統計學的方法，計算每一因素（y）對於依變數（x）影響之份量，譬如以上述之少年犯罪例子中，父母教養子女的方法，對於少年犯罪之影響可能是 0.35（R＝0.35），也就是少年犯罪行為之百分之三十五可以由父母教養方法解釋。

第九節　當代社會學主要理論體系

在當代社會學的理論體系中，至少有三大派別最為暢行受人重視，其中尤以功能學派（Functional Theory）最為暢行。從十九世紀初之孔德，而斯本塞、涂爾幹，而至於當代美國社會學大師柏深思、麥爾頓等的理論都隸屬功能學派。

與功能學派相敵對的理論是衝突學派（Conflict School, Conflict Theory）以十九世紀中葉馬克斯為主的理論體系。衝突學派理論目前在歐陸頗為盛行，在美國則流為第二流的學說。這兩派學說對於社會的組織運作以及演進之解釋大相迴異，兩派理論各有所長，如果我們兼採兩家學說互補其長短，融滙貫通，形成統一之理論以解釋社會現象，可以發揮更大之功效。

第三種主要理論體系，即所謂社會文化交流理論（Symbolic Interactionism），則從不同的觀點及角度解釋社會現象、人際關係。功能學派及衝突學派屬於巨視理論（Macroscopic Theory），而社會文化交流理論屬於微視理論體系（Microscopic Theory）；後者主旨在

了解社會內部人與人，羣體之間之關係，及其他各種細微社會現象，以下我們分別討論這三種學派理論。

一、功能理論 (Functionalism)

又稱結構功能理論 （ Structural-Functionalism ）。這一學派強調社會之完整、統一特性，將一個社會視作爲一獨立運作之體系。功能學派與十九世紀之生物比擬學派，一脈相襲，雖然在概念上，功能學派刪除了生物學的觀念，然而在實質上則大同小異。大致上說來功能學派認爲社會旣然是一個完整獨立的運作體系，社會組織包括許多功能性的部門，例如政府、學校、家庭等等，彼此相互爲用，同心協力，以維護社會整體之運作、生存。

從功能學派的觀點，社會組織的各部門都相互關連，相互爲用，而且都具備特殊之功能，爲社會人羣謀福利。例如，敎會及宗敎信仰，一方面爲人類解決人類無法回答之困擾，例如人生之目的、生死的問題、宇宙的極限、生命之意義及變化等等問題，都不是現代理性科學可以解釋者，然而卻是生活中極爲重要的問題。宗敎信仰提出一套淸晰明確的解釋，提出神靈的觀念，因果報應，以及神靈鬼怪，生死循環的理論，解除了人類對於生死善惡問題之困擾。除此之外，宗敎信仰更提出一套完整道德觀，以維繫人羣社會，促成社會安定和平。從社會學的眼光來看，宗敎制度之所以普遍存在人類社會中，歷久不衰，是由於它發揮了這兩項主要功能。

從功能學派的觀點來看社會組織之各個部份，文化之諸種成份之所以存在，是由於它們對社會生存維繫所發揮的功能所致。社會組織及文化都是人類創設，以求生存適應的工具組織。在演進的過程中，以物競天擇適者生存之原則，最有功效的社會組織以及文化成份，得以

保存，而無價值的則自然淘汰。當我們分析每一社會結構部門，每一文化特色時，最好是從它的功能貢獻着眼，這是功能學派之一大特色。

其次，功能學派強調社會組織之關連性，並以物理學之均衡狀況來形容社會體制各部門間之關係。所謂「牽一髮而動全身」大致可以說明各種部門之間息息相關，不可分割的關係。社會組織如果比擬成為一輛汽車引擎就很清楚。一部汽車引擎包括幾個主要部門，第一是引擎部門，能夠將汽油、柴油轉變為動能；第二是冷卻體系，不論是水冷或汽冷；第三是電力體系，電力體系發動引擎，然後又依賴引擎充電，維繫全車之通訊照明；第四是利車體系，與引擎電力冷卻體系都息息相關；第五是車身、輪胎等等，也是與其他部門之關係密不可分；第六是操縱體系，指揮操縱全車之運作，汽車之操縱體系在功能上，就好似生物的大腦，中樞神經體系，也好似人類社會的政府；汽車的引擎正好似動物體內的消化體系，人類社會中之經濟體系；汽車之電力體系，好似動物之神經體系，人類社會之通訊體系；汽車之輪軸、輪胎好似動物之四肢，人類社會之運輸交通體系；汽車車身，好似動物之軀殼，人類社會之國防組織。這些部門相互為用，乃促成汽車之運作維繫，促成生物之生存維繫，促成人類社會之生存，人羣之福利，這是功能學派之主要論點。

從這些主要的理論觀點上，現代功能學派又引發出許多次要之觀念，例如功能性的必需條件 (Functional Imperatives, functional pre-requisites)、顯性功能 (Manifest function) 及潛在功能 (Latent function) 等等概念，構成當代功能學派之主要名詞概念體系。所謂功能性的必需條件者，指一個社會為了要生存延續所不可或缺的條件，例如提供食用品、抵制外來侵略、維護內部秩序安寧、社會之延續等等，缺一不可，所有人類社會在組織結構上都必須滿足四大需求。

所謂顯性功能者，指社會組織部門所發揮之功能是顯而易見，且為

前人所指定的功能，例如家庭之顯性功能是傳宗接代，兩性協調，這是人類祖先創立家庭制度所定的目標，為人所皆知者，是為顯性功能。

隱性功能指不為人所知而又非人類祖先所預期者。例如外婚制（Exogamy），除了可以促成社會統一之外，復具有生物性的免疫作用，防患劣性因質之傳襲，然而外婚制之生物性功能並非人類祖先所預期者，而是在十九世紀末葉，現代生物學所發現的，所以這種生物免疫性的功能屬於外婚制的隱性功能。

除了正面的功能，每一社會體制，文化成份也可能發揮副作用，惡性反應，危害社會生存，人羣福利，這些作用統稱為反作用（Dysfunction）。當代功能學派在分析社會組織結構之功能時，也討論它們的反作用及副作用。例如目前國內的升學制度，雖然有許多好處，但也有反作用，使得學生不重視實際的生活經驗，不重視公民教育，而祇重視考試升學。又如在現代經濟體制中，婦女就業率日益升高，從社會經濟發展，女權開放的角度來看，婦女就業是好事，然而從家庭內照應子女及其夫婦關係上着眼，則產生反作用。

功能學派是當代社會學理論之主流，對於社會組織之分析極有價值，然而功能學派也有若干缺陷。第一，功能學派過份強調社會組織之完整統一性，而忽略社會組織之殘缺衝突矛盾之處。當代美國社會學家貝爾（Bell）在1976年所著之「當代資本主義之內在矛盾」一書中，強調現行資本主義之各種內在衝突矛盾，可以說是功能學派的反駁者。

其次，如果依據功能學派之觀念，社會組織是完整一貫的，則如何解釋社會文化之不斷變化。從功能學派之觀點將永遠無法解釋以清教徒主義為基礎之美國社會，在1960年代末期產生嬉皮的現象。第三，功能學派易於流入保守，柏深思認為一切既成體制都是有價值有用處，事實上，現存的許多社會體制無法以功能學派觀點來解釋其存在延續的理由。

二、衝突學派

衝突學派理論，大致上可以十九世紀中葉的馬克斯（Karl Marx）爲起首，在他的「共產黨宣言」一篇短文中，明白的表示他對人類歷史，人類社會的看法。他認爲人類歷史就是一部不斷的階級鬪爭史，此起彼落，每一個時代都以兩個社會階級爲敵對之主幹，在希臘羅馬時代是自由民與奴隸的鬪爭，在中古是地主與佃農，而在現代資本主義社會裏，是資本家與勞工階級的對立鬪爭，衝突學派理論強調人類社會之多元性及相互矛盾衝突的特性，人與人之間，羣與羣之間祇有利害衝突，沒有和藹親誠，社會上有能力的團體，有能力的人佔據社會上重要的地位，霸據社會的財富，而沒有能力的人則祇好俯首稱臣，甘心過低賤的生活。有權有勢的人，更透過政治組織謀求一己的利益，鞏固自己的地位，壓迫貧困的人民。衝突學派強調祇要是有人類的地方，就有鬪爭，人類存在一日，鬪爭將永無息止。

自馬克斯之後，許多社會科學家，如德國的戴倫道夫（Dahren-dorf），美國的米爾（C. Wright Mills）等等，相繼提出修正的鬪爭論，將鬪爭的場域擴充到社會每一角落，青年人與老年人，男與女，老板與職員，不同政黨，不同宗教信仰的羣體之間都具有衝突，此起彼落，永恒不息。這些修正的衝突理論與馬克斯原先的立論，大同小異，都是強調社會組成份子的異質性及不協調的關係。衝突學派的理論對於社會組織結構及人際關係之分析，貢獻甚大。

對於衝突學派理論的批判。衝突學派理論對於人類社會，人類歷史的解剖大致上是正確的，然而衝突派理論也有若干缺陷及問題。第一，衝突學派未能清晰界定「衝突」一詞之內涵。例如許多夫婦，或親子之間，時時發生爭執，是否這些爭執都是如鬪爭學派所說的那麼嚴重？第

二，衝突學派過份強調人際之間衝突矛盾，而忽略人類之羣性，社會文化之共同道德價值規範，以及人類羣體之和藹親善本質。所以，衝突學派有失之偏頗的危險。

功能學派與衝突學派的比較

功能學派及衝突學派是當代社會學對於社會整體解釋的兩大學派，這兩大學派之立論，對於社會組織結構、人際關係之解釋迥然不同。然而誰是誰非卻無一定的結論。我們可以說這兩大學派代表不同的觀點，功能學派強調社會羣體之協調性，而衝突學派強調社會人羣之衝突矛盾。事實上，人類社會羣體同時具有這兩種特性，有的社會羣體中，例如家庭，和藹性較深；而另一些社會羣體之中或羣體之間，衝突矛盾的性質較深，而且，在不同的歷史階段，社會羣體之和藹，衝突性也隨時在變更。以我國歷史爲例，在漢唐盛時國泰民安，社會羣體呈現一片祥和親切的氣息，然而在饑荒戰亂的時候，社會羣體之間呈現嚴重衝突矛盾的氣氛。在分析社會羣體時，最好是能深入運用這兩種學說，然後才可以得到一份更正確的看法及結論。

三、社會文化交流理論 (Symbolic Interactionism)

與功能學派及衝突學派理論相比較，社會文化交流理論屬於微視社會學理論 (Micro-Theory)，着重社會中人與人之間的關係，以及個人的行爲思想受社會文化之影響。社會文化交流論由布魯姆 (H. Blumer) 定名，概括米德 (G. H. Mead)，詹姆士 (W. James)，杜威 (J. Dewey)，派克 (Robert Park)，古力 (C. H. Cooley)，諸家學說，其中以米德之理論最爲重要。米德認爲人類的心靈 (Mind)、自我等現象，不是具體的事物，是抽象的行動及思考過程 (Processes & Activities)，產生於人際關係及交往過程中。由於人類具有高度

的智慧及語言，使得我們在人際交往中，能夠自我反省，將一己之行為思想當作「物」看待。能夠覺察到自己之存在。自己之一舉一動，均成為個人認知，觀察研究分析的對象。因而在人際交往中，個人不僅是一個參與份子，也同時是一個觀察者。

　　湯姆士 (W.I. Thomas) 曾經說過：「如果一個人認為一個情況是真的，那麼這個情況就會產生真實的後果。」(If things are defined as real, they are real in their consequences.) 這一句銘言表白社會文化交流論 (Symbolic Interactionism) 之主題。人類是生活在他們自己創造的社會文化境界中，人類交流是在語言及社會文化結構的脈絡中發展。除卻社會文化之脈絡，人類行為及人際關係即失卻意義。換句話說，人類行為及人際關係，充滿了社會文化的色彩。社會文化交流論是從社會學的觀點來看人類行為及關係。人類行為及關係之所以異於其他動物，在於人類具有社會文化之成份及色彩。同時，人類不僅能夠溝通 (Communication)，更創造出一套語言體系。由於這一套抽象複雜的語言體系，使得我們的行為、交往更充滿抽象的意義。

　　社會文化交流論之批判　社會文化交流論着重微視觀 (Microscopic Perspective)，強調個人及人際關係，而忽略社會羣體組織結構之重要。這項批判認為社會文化交流論無法處理社會整體現象。例如涂爾幹之「唯社會學主義學派」(Sociologism)，強調社會事實之概念及以社會現象解釋其他社會現象的論調。唯社會學主義學派反對以個人行為及人際關係解釋整體性社會現象，反對社會文化交流微視論，視之為降略理論 (Reductionism)。

　　社會文化交流論強調，研究人類行為及關係，必須自真實之情況着手，以參與觀察的方法，建立理論體系。這種說法與其他社會學及社會心理學學說大相迥異。社會文化交流論又反對以生物學理論為基礎之人

類行為理論——如增強理論及司金勒的期望行為論 (Operant Conditioning Theories)，或是其他巨視 (Macrosopic)，不著邊際的社會學理論，強論真正科學研究必須建立在實際觀察真實情況基礎之上。

第二章　文　　化
(Culture)

第一節　「文化」一詞之意義

　　文化是人類的社會遺產 (social heritage)，包括人類創造的各種知識，生活技能、語言文字、社會制度、道德、信仰、風俗習慣、及價值規範等等。社會遺產有別於自然資源，自然界的一草一木、各種生物、礦源都是大自然給於人類的遺產，不屬於文化範疇。如果這些自然景觀、資源經由人工改造，則成為文化的一部份。例如太魯閣本來是自然景觀，但經過人工修整，列為觀光區之後，即成為人類文化的一部份。

　　人類是動物之一支，與猿猴最接近，然而人類能夠脫穎而出，形成一支特殊的生物，有別於所有其他的動物者，在於人類具有文化。與其他動物相比較，人類具有一些特別的生理條件，這些生理條件對於人類的發展具有重大的影響。

　　自從兩百多萬年前，人類出現於地球上，人類文化即開始發展。日積月累，不斷進步，最後形成為二十世紀高度科技文明。其他的動物沒

有文化，更沒有社會制度，它們每一代都必須從頭學習生存適應的技術，只有人類能夠透過語言文字、自累積的文化中吸取先人的生活經驗，更上一層樓。譬如生活於二十世紀末期的人類，自誕生的一日開始，卽開始享受電燈、電視、冰箱、汽車、冷氣等等二十世紀的文明。

文化又可分爲「非物質文化」及「物質文化」，前者指抽象的觀念，舉凡科技、數理、哲學、倫理、道德、法律等等統統屬於非物質文化之範疇。後者包括由抽象文化所演發出來的物品，例如汽車、飛機、核子能、太空飛船、電視機等都是二十世紀物質文化的典範。

由於文化的創立及進步，人類生活得以逐漸超越其他動物，人類的行爲不再是對於自然世界之反應，而是由社會文化薰陶敎養所形成的社會性行爲。例如我們的起居作習，從早晨起身、洗臉刷牙、吃早餐、上班、中午回家吃午飯、睡午覺等等，沒有一樣不是依據社會文化的規定。早期的人類爲了生存適應而創造出來的文化及社會制度，久而久之，形成爲人類的生活環境，限制決定每一個人的意識行爲。

人類與文化之間的關係很微妙。無可置疑的，文化是人類創造的，但是經過一段時期之後，文化形成爲人類生活起居的環境之後，遂而開始塑造人性。以二十世紀的人類爲例，絕大部份的人類特性都是在社會文化的環境中培育出來的。我們的文字、語言、思想、信仰、以及各種生活技能都是從「文化」中吸取而得來的。

第二節　文化之內涵

文化的內涵極爲豐富，一如前節中所提示，其中最重要的部門，分別討論於下：

一、語言文字

語言文字是人類文化最主要部門之一,是一套抽象的符號語音體系,用以表達人類思想, 各種事物及現象。語言文字之功能, 則在於表達人類的意旨, 再而用於人際溝通, 三則用以傳遞人類的科技信仰等等, 由一代至另一代。試想如果人類沒有語言文字,我們的生活方式及生活技能必然與其他動物相似。由於語言文字,我們才能夠超越其他動物,而發展形成二十世紀的高度文明。

語言文字的組織結構包括三部門:

1. 語音學 語言文字之第一部門語音學 (Phonology), 涉及語言文字的發音原則。根據語言學家之研究,人類能夠發出大約五十四個單音, 每一單音在語言學上稱為一個基音 (Phoneme)。世界上的主要語言體系例如中文、 英文、 印度文等等, 各包含四十二至四十四個基音。根據生活經驗,我們知道每一語言體系各具有若干獨特的基音。譬如說中文及英文, 在語言上有諸多差異,因為我們已經知道人類共有的基音數目,以及每一語言體系的基音數目,我們可以計算出中文與英文在語音上之差異, 大約是介於一個基音與十二個基音之間。

人類雖然具有發音之本能,然而語言卻是經由學習、訓練而形成的能力。 久而久之, 人類之發音器官逐漸定形, 慣於發出某些聲音。 如果我們在幼年時學習一種語言, 由於發音器官尚未定型, 較為容易, 長大以後再學習新的語言 , 則較為困難。 中國人因為慣於應用中文的基音, 在運用英文時,都會發生困難及錯誤。

2. 語形學 (Syntax) 涉及文字之形態、 結構及組合, 包括文法。 世界語言體系在語形上, 可劃分為許多體系, 其中以「象形」及「字母」二大體系為主。中文及古埃及文都以象形為造字原則, 阿拉伯

及印歐語言體系則應用字母。依據科學實用之標準衡量，以字母爲基礎
之文字較爲便利，易於學習運用。

各國語言在字形上雖有顯著差別，然而在文法方面則大同小異，這
也顯示人類文化的同質性。語言是用來表達生活方式，各種事物及行爲
思想。語句的文法結構包括三項主要原素：主詞、動詞、及受詞。在中
文裏，如果我們說：「現在是下午六點半，我要去吃飯了，我今晚想吃
炒飯」。在英語中，如果希望表達同樣的意旨，我們說："Now it is six-
thirty, I am going to eat, and I want to eat fried rice tonight."
以兩種不同文字表達同一意義，雖然文字不一樣，然而在文法上主詞、
動詞及受詞的聯繫及位置是一樣的。

　　3. 語義學　語言文字的第三部門是語義學 (Semantics) 涉及語
言文字之意義及其原則。在這方面，各國語言也是大同小異，更顯示人
類語言的同質性。語義之單位爲單義 (Morpheme)，依據語義學之標
準：「口」只有一個單義，而「品」則有三個單義。英語中："Boy"是一
個單義字，而 "Boys" 則爲複義字。

近幾十年來，國際交通發展，突飛猛進。記得二十幾年前，從臺北
乘火車至高雄需要十二小時，曾幾何時，現在從臺北乘飛機至美國也只
要十二小時，國際間距離之縮短，各國間交往之繁複，使得國際語言的
必要性隨時日而驟增。目前英文已經形成半公開的國際語言，然而仍未
達到深入普及各國公民的程度。相信不久的將來，國際之間必然可以協
議建立一國際語言，作爲全人類交通之共同工具。事實上自一九四五年
聯合國成立以來，已經著手向這方面邁進，相信不久的將來，在二十一
世紀之初葉，必然會有國際語言之出現。

二、價值觀念 (Values)

　　所謂「價值」，指人類追求之目標， 不論是具體的事物， 如財富，或是無形的，如社會地位、榮譽、美等等。社會價值一方面反映人類之基本需求，包括人類之生理、心理需要以及其他社會性的目標。社會價值也同時反映社會羣體，爲了生存適應，爲了社會安全，爲了謀求全民的福祉而訂立的許多目標，例如中國社會幾千年來所標榜的「忠、孝、仁、愛、信、義、和、平」八德， 八項價值標準是爲了社會羣體之生存、福利而訂立的。

　　世界各國的價值觀念大致相同， 反映人類及社會羣體之共同需要，然而每一個社會、文化也可能強調某些特別的價值觀念， 例如西方文化傳統一直強調個人主義，個人的價值及利益，而中國文化則強調社會羣體之利益， 以下我們比較中國與美國的基本價值觀念， 以衡量其異同。

「傳統中國社會價值觀」	「美國社會價值觀」
忠	成就（特別是物質方面的）
孝	道德原則
仁	人道主義
愛	實際
信	進步樂觀
義	平等
和	科學理性主義
平	民主政治

　　在以上的比較中，我們可以看出，西方的價值觀是以個人、科技、民主爲主體，而中國則以國家羣體適應生存爲主體。兩者之間的差別很大，反映兩國歷史、文化社會體制及生活方式上的差異。

　　除此之外，中國與美國社會在基本價值觀方面，還有許多顯著的差別。徐烺光 (Francis Hsu) 在其華裔美國人 (The Chinese Americans, 1970) 一書中，提出中美在價值觀念上顯著的差別。例如美國文化強調征服大自然，而中國文化則強調「天人合一」的學說，主張人應該去適應大自然。在人際關係以及國際關係方面，中美文化也有顯著的差別，中國人以和睦共處為基本原則，而美國人則以征服奪取為主。對於基本人性的看法也不同，美國秉持西方的哲學傳統，主張性惡之說，認為人是自私自利，必須以法繩之。中國文化以性善說為主，強調人類之羣性。

2. 中國文化強調「中庸」的價值觀，一切都以「適可為止」、「不為已甚」著眼。不作極端過份之想，這種價值觀促成中國人的保守、安定、和平的個性。相對地，西方文化強調絕對、極端之價值目標、「打破砂鍋問到底」、作事則求「盡善盡美」、對付敵人是「趕盡殺絕」。西方的這些絕對極端的價值觀造成西方科技發展。

3. 中國文化好似一個老年人，處處求穩定、安全、平易。美國文化由於發展時間很短，因此具備了許多年青人的心態，諸如理想、積極、粗獷、強暴、冒險犯難。

4. 在中國社會中，老年人具有崇高的社會地位，是社會羣體組織中的主要份子。在美國社會中，老年人社會地位很低，不受人重視。當然，這些顯著的差異，與中國大家庭制度也有密切的關係。

5. 動與靜的區別

美國文化的主題之一是動 (Activism)，強調主動積極的精神。中國文化受老墨思想的影響，強調靜態方式的生存適應，中國人說「一動不如一靜」在行政中主張「治大國如烹小鮮」。

6. 「自我主宰」與「命運學說」的區別

西方文化強調個人命運操之在我，所以個人必須積極行事，爭取維護自己的利益。中國人強調「命運論」(fatalism)，認為個人命運是由

超越性的神靈所主宰。由於這種基本差異,造成許多生活形態上的差異。

7. 中國及東方文化比較著重精神文化,而西方著重「物質文明」。中國先賢的哲學,「內而求諸己」又說「修身、齊家、治國、平天下」。在西方哲學體系中,除了宗敎思想以外,不太重視個人內在心靈,而強調「人與物」,「人與自然環境」之關係。一個貧困的中國人在物質條件極端匱乏的環境下,仍然可以怡然自樂,西方人則沒有這種修養、這種觀念。

8. 中國文化較爲抽象,西方文化較爲具體。這在中西的繪畫上表現的很清楚。西方社會從古代希臘 以至於二十世紀初葉, 都以 實體畫 (realism) 爲主, 描繪具體的事物。 中國畫自古至今以山水畫爲例,都是極度抽象的, 中國人的詩詞更是抽象。

以上幾點是就中西文化作粗略的比較,除此以外,更有許多不同之處無法在此一一討論。至於說,中西文化孰優孰劣,則很難以取決,必須以一些特別的標準來衡量。如果在目前的國際情勢之下,弱肉強食,以及以科技爲體的二十世紀文明中,西方文化佔據顯著的優勢。然而講求船堅砲利的西方文明是否能夠解救人類精神危機、人類未來的命運,則非常可疑。依據作者近二十年來在美國生活的經驗,認爲美國社會處於過度缺乏精神文化,造成極端嚴重的精神問題,同時在船堅砲利、征服世界的意圖之下,終究有一天會導致全人類的毀滅。

三、行爲規範 (Norms)

行爲規範,顧名思義,是先人及政府制定之個人行爲法則,其目的在於約束個人之思想行爲,以維護社會國家之生存安定。行爲規範內容廣泛,從嚴重的殺人放火搶扻行爲,而至於細微的行爲細節,如髮飾、衣著。中國社會中幾千年所標榜的禮義廉恥,是行爲規範的四大原則。西方社會兩千年來所標榜的十誡,也是行爲規範中最重要的條律。在社

會學裏，我們將行爲規範劃分成爲三大類別：

1. 民德 (Mores)　　民德，指涉及社會整體之生存安寧，多數人生活權利之行爲法則。西方社會之十誡，是民德之典範。十誡中最重要的項目，諸如：

> 汝不可殺人；
>
> 汝不可姦淫；
>
> 汝不可搶刼；
>
> 汝不可說謊；等等。

是所有人類社會，自遠古而至今日，所共奉的行爲法則。如果社會成員不遵行這些條律，社會將無法運作，無法維持內在之安定，最後必將危及社會之生存延續。這些重要的行爲法則，每一個社會都嚴厲執行。執行的方法可分爲預防式與懲罰式，社會透過敎養訓練，自幼培育成員之正當思想行爲，建立健全的人格、良知、良能。「防患於未然」個人心靈內在之防範，在功效上更甚過外在法律，制度的牽制。有關建立內在良知良能的過程，要待第三章再詳細討論。

除了內在良心，習慣約束之外，社會復繩之以法，以法律制度約束個人的行爲，社會制度之功能在於導引社會成員走向正確的方向，正確的途徑，法律及司法機構一方面明文規定重要行爲法則，一則懲治違犯法律者。在內外兼備，賞罰並施，雙管齊下的約束控制之下，社會得以維持整體之生存，全民之福祉。

2. 民俗 (Folkways)　　民俗指人民日常生活中點點滴滴，各種大小生活細節之規定。這些生活習慣有的比較重要，例如婚禮，有的不重要，如髮飾。但是對於社會整體之生存維繫，或是全民的福祉都沒有重要的影響。由於民俗牽涉及於個人生活細節，所以包羅萬象。民俗可以劃分成許多部門，牽涉及對人對事，日常起居各方面的行爲規範。

以中國之飲食禮節爲例，依據中國傳統，必須「正襟危坐」，「食無言」，以右手執筷，食物時慢而無聲，不能伸手及於桌子的遠方，通常都是由主人先開始食用，客人隨行。英美在飲食方面規定右手用叉，除了切割肉食之外，左手必須放在膝上、正襟危坐、細嚼慢嚥、切忌狼吞虎嚥、唾沫四濺。

在服飾方面，變化多端，內容更是無限。每一個社會階層，每一個行業、年齡都有特別的服飾規定，每一種場所又有特別的服飾，諸如一位女性，如果白天在銀行內工作，晚上在一間大學上課，則白天上班要遵照銀行小姐穿著，通常都是打扮入時、塗粉、穿高跟鞋。夜晚入學時，必須立卽改著布鞋、運動褲或牛仔褲，一件普通襯衣，髮飾也必須簡單，更忌塗粉、擦香水。這位女孩週末與男朋友約會時，又必須穿著另一種服飾，總之形形色色，規格極多，這些都是屬於民俗的規範。

違反民俗者也會遭受到別人及社會的處分，例如東海大學的規定，學生不得缺課，不得穿著短褲、拖鞋，違者記過或申誡。社會對於違反民俗之懲治方法很多，如果一位人士在用餐時，狼吞虎嚥，必會引起別人注目。如果一位人士在搭車時不守秩序，有時會遭致別人干涉。如果一位學生上課時穿著過份講究，會引起同學及老師的注目。如果一位學生上課時著拖鞋或赤腳，會遭受訓導處的指責。如果一個人對朋友，不遵守道義，會受到排斥。如果一個人驕傲自大，必然無法與人相處。總之社會制定各種民俗，限制規定我們生活的各個層面，使我們不致踰越社會規範。

3. 法律 (Laws)　法律也是行爲規範的一部份。法律不同於其他行爲規範者有三：第一，法律是由政府制定的。其他行爲規範是自然形成的，而法律是由政府特別制定的。第二，法律是明文，詳細嚴格的規定某些行爲。例如汽車不得穿越紅燈，違者罰款三千元。汽車在公路

上行駛不得超速，違者罰款六千元。有涉及嚴重的行為規範者，例如搶
劫殺人者，判處死刑；合夥搶劫者，判處死刑等等都是清楚說明行為之
內容以及處罰之方式。法律第三項特徵是強制執行。凡違反法律者，必
須由政府司法機構，強制處罰。由於法律強制執行的特性，得以建立威
信、建立法律的尊嚴。在現代社會中，人人在法律之前平等，是為「民
主法治」。記得在民國七十三年十月，美國總統雷根與民主黨候選人孟
代爾，在電視上辯論時，每位作結論時限制四分鐘。當雷根總統在作
結論時，四分鐘限制一到，電視主持人一方面告訴雷根總統他的時間已
到，一方面切斷雷根的談話，而雷根總統也立即停止，並且向主持人及
聽衆致歉。充分顯示美國社會民主政治的精神，在十一月二日大選揭曉
之後，落選者孟代爾一方面向雷根祝賀，一方面坦承失敗，幾年來兩人
之間的爭執隨人民選舉之決定而結束，這些都顯示美國社會法律之尊嚴
威信。

第三節　文化之同質性 (Cultural Universals)　及異質性 (Cultural Provincials)

一、文化之同質性 (Cultural Universals)

由於人類的生理、心理結構相同，人類基本需求一致，所以雖然所
處的環境有差別，生活方式構想不同，人類文化，不分種族、國籍、地
域都具有共同相似之處，是為文化的同質性。以行為規範為例，所有人
類社會都以「殺人」行為為最嚴重的罪行，就是因為生命是最可貴的，
是個人福祉之最高原則，也同時是社會生存維繫之不變法則。又譬如
「血親不可通婚」的規範通行於世界各地，從遠古人數稀少的部落而至
於現在龐大複雜的社會都奉行這一條規範。追究其根源，是因為這個條

律維繫家庭之生存，家庭之操作及內部安定。而家庭又是社會之支柱，不可或缺的部門，所以爲了保證家庭制度之生存運作，我們必須建立「血親不得通婚」的規範。

在語言方面，正如前節所示，雖然在語音，語形上世界各國語言文字在表面有顯著的差別，然而在實質上，在基本法則上有許多共同之處。由於前節中已討論，在此不再復述。

在食物習慣方面美國人喜歡吃牛排、麵包。我國人則喜歡吃米飯，其實二者間的差別很小。食物之最終目的是維持人體之生存運作。生活在寒帶的游牧民族以吃牛羊爲主要食物，而生活在亞洲溫帶地區的農人，則以稻米爲食。又譬如飲食習慣上美國人用刀叉，而我們則用筷子，事實上這些差別也祇是形式上而非實質性。美國人的祖先是北歐的游牧民族，在吃牛羊肉時，叉子刀子最方便，中國人吃米飯及各種切碎的食物，筷子比較方便。

又爲什麼中國人一定要用筷子，而不是任何其他形態的工具呢？這也很容易了解，第一，食物很熱，不能用手。第二，因爲中國人吃米飯及切碎的食物，旣然不能用手又不能用刀叉，最容易尋覓的工具是兩隻細木條（一隻木條不夠，不方便），由幾千年前的兩隻木條逐進化成爲今日之筷子。蕭規曹隨，相傳成習。總之，文化是人類爲了生存適應而創立的工具。由於人類在生理心理上之同質性，所以他們所創造的工具也必然有其相同之處。

二、文化之異質性 (Cultural Provincials)

當我們把文化作爲一種生存工具來看待時，所有各種不同的人類文化，不論是中、美、日、英、法各國文化都具有共同的特性。然而在另一層面，當我們討論及每一社會文化之生活方式、道德、哲學、信仰、

價值觀念，各國之間又有很大差別。在這些方面之顯著差異，我們稱之
為人類文化之異質性。十九世紀的英國哲學大師吉普林 (Kipling) 曾
經說過，「東是東，西是西，二者永不相會。」吉普林出生英國，然而卻
生活成長於印度，身處體會兩種截然不同的社會文化，由於其一生的體
驗，發現西方與東方文化之顯著差異，因而作此結論。作者年幼時成長
於中國社會，二十餘歲去美國，幾十年後返回中國，對於中美文化也各
有二十餘年的親身經歷體驗。作者的感覺與吉普林的感覺一樣，深深感
到東方西方在人生哲學，人際關係、道德、價值觀念等等的顯著差異。
同樣道理，我以為中國人與印度文化之間，也有顯著的差異。

　　人類文化的異質性，以工作習慣為例，各國差別很大。美國人的工
作習慣是星期一至星期五工作，從早上九點至下午五點。辦公室公司、
機關、商店都是如此。在日本雖然也有工作時間的規定，然而如果一件
工作未做完，工作人繼續工作，直到工作完畢為止。我國的工作時間是
上午八點至十二點、下午二點至六點。商店則每天開門至深夜。美國人
信奉基督教，中國人多信奉佛教，美國人喜歡吃生的牛排，我國人則喜
歡吃紅燒猪肉、牛肉。仔細的比較，我們會發覺各國人在生活方式上差
別很多，雖然我們都是人，但是由於生活在不同的環境裏，形成各種不
同的習性及生活習慣。

三、科技及物質文明

　　物質文明指人類所創作的具體有形文物，與人類生存福祉直接相關
者，例如飛機、汽車、手錶、食物、衣著等等。物質文明牽涉科學技
術。在人類演化發展的一百餘萬年歷史過程中，祇有最近四五千年才有
顯著的科技發明，特別是近二三百年，自從歐洲工業革命之後，科技突
飛猛進，使人類物質文明突然躍登高度的境界。

在古代，距今約三、四千年的時期，中國文化在科技方面，與世界各國比較，並不遜色。在殷商時代，我國已有精巧的銅鐵製品，秦朝所建立的萬里長城及灌漑體系，更是舉世無出其右者。然而自從十七世紀以來，西方社會開始科技革新，在科技方面突飛猛進，而我國在這方面卻毫無發展，成爲貧困落後的國家。由於科技落後，自十九世紀以來，我國受盡西方社會以及日本之欺侮凌辱，使得中國淪落爲次等國家，中國人淪落爲次等民族。目前，臺灣在生活水準上，已有顯著的進步，與西方社會不相上下，然而在科技方面卻不能與西方或日本比較。

最近五十年來，中外學者都試圖解答這一項疑問「何以科技不能在現代中國社會成長？」遠在一九四四年，美國哲學家雷斯諾(Northrop)曾針對這一問題，發表一篇論文。到今天爲止，這篇論文仍是有價值的，雷氏指出我國文化之特色是：過於接近具體實際生活之層面，無法超越、擺脫、無法建立起一套抽象理論性的科學技術。雷氏的這篇論文，引起中外學者的議論。有許多學者，例如胡適等，則認爲中國文化自古以來卽包含科技，近幾百年來的落後祇是偶然的現象，並非必然的，胡適等主張中國文化與科技精神並無矛盾衝突的地方。

最近十餘年來，國內社會學界，由於對韋伯（Weber）社會學之熱衷研究，又引起類似的問題。韋伯在他的一本名著中（1903）認爲西方現代的資本主義導因於基督新教的倫理精神。中國社會由於缺乏基督新教的傳統，無法建立現代資本主義制度。

然而日本是一個標準的東方社會，自從十九世紀末葉開始，日本科技迅速發展，目前不僅是世界上科技最進步的國家，同時也是最民主的資本主義社會。於是國內社會科學界又產生一股熱潮，許多人又提出一項問題，一項口號「爲什麼日本能，而我們不能？」

從具體的歷史事實來看，我國自從民國四十年設立汽車廠，迄今已

有三十餘年的汽車工業歷史。然而，至目前為止，我國不僅無法造出合乎世界水準的汽車，即使是機器腳踏車，在科技方面仍是沿用西方及日本的。在其他科技方面，除了基本的紡織工業外，都沒有顯著的發展，幾乎都是引用西方及日本的科技成器，而無法自製。對於自由中國之科技，經濟發展，這是一項嚴重的問題，使得我們在國際市場上，祇能以人工密集的輕工業與世界各國競爭。然而這種以人工密集的輕工業具有嚴重的潛在危機。因為許多落後的國家，如中共、印度、印尼、埃及、南美國家，都可以在短暫時期之內，發展這一類型的輕工業。十年、二十年之後，這些國家將要成為我們在國際市場中競爭的敵手，由於他們的工資比我們低許多倍，他們又自備資源，他們的產品價格更低，所以在國際市場競爭中，我們將處於極端不利的局勢。因此，目前我們必須提昇我國之工業，從輕工業發展為科技密集的工業。然而工業提昇的前提是科技發展，而我國在近三十年來並無突破的發展，目前我國之科技水準，尚無法發展科技密集之工業。中外學者專家對這一問題也都提出許多答案。國內以研究韋伯著稱的社會學家高承恕及東海大學社會研究所的學生們，經常討論這一問題，他們通常是以韋伯理論為主題，認為中國文化缺乏基督新教倫理精神，所以無法發展科技及現代資本主義。來華的美國韓格里教授 (Gary Hamilton) 也是這一方面的專家，在其著作中，他指出中國的地域宗族觀念妨碍了資本主義的發展。

依據作者返國以後三年的觀察，認為我國之所以不能發展科技及資本主義，原因很複雜，牽涉及中國文化的各個層面，譬如說，我國人作事馬虎，得過且過，不求甚解。對人對事祇求解決目前面臨的問題，無意打破砂鍋問到底，不切實際，不作徹底性的研究，以圖解決問題之根本，又有掛羊頭賣狗肉的習慣。這種文化特性與乎現代科學精神或資本主義的發展都是背道而馳的。除了做事之態度之外，國人講究人際關

係，人情重於法治，而法治是推動科技及資本主義的基本條件。此外，中國人重地域觀念，宗族觀念，也都與西方之科技及資本主義精神相違背。如果我們仔細的分析，會發覺我國社會組織及文化的每一層面，點點滴滴，都是相互牽連的。所謂牽一髮而動全身，要想嚴格劃分科技精神及資本主義與中國社會文化其他層面之間的關係，似乎是不可能的。一定要指出某一項特殊的社會文化因素以解釋科技及資本主義，也是不容易的。我們祇能說在中國社會文化的組織結構中，科技與資本主義不容易生長繁殖。卽使是學術研究，在中國社會也變質了。學術界變成了人際關係交易所。如果我們希望繁殖科技，就必須脫胎換骨，徹底改變中國人之習性及社會組織，正好似寒帶乾燥的地區不能種植稻米，溫帶濕熱的地區不能培育針葉林，是一樣的道理。要種植稻米，我們必須移往溫帶濕熱地區，要想種植針葉林，我們就必須遷往寒帶。總之，中國人必須澈底改變許多習性，社會制度，才可能邁向科技發展。

第四節　種族文化本位主義　(Ethocentrism)
　　　　與文化相對論 (Cultural Relativism)

在探討，比較世界各國文化體系時，有兩種不同的觀點及構想。第一種是以種族文化爲本位的主觀批判態度，另一種是以客觀的立場就每一文化論其功能價值。前者稱之爲種族文化本位主義，後者爲文化相對論。現分別討論於下：

一、種族文化本位主義

所謂種族文化本位主義，卽以一種族社會及文化爲依據，以批判世界其他文化體系。種族文化本位主義包含強烈的種族主義，視一己之種

族及文化爲最優越者，處處以一己之風俗習慣爲典範而衡量其他文化措施。十九世紀末期及二十世紀初期之大日耳曼主義就是種族文化本位主義之典範，這種思想盛行於德國，直至第二次世界大戰德國淪亡而後已。美國文化也具有強烈的種族文化本位主義，處處自以爲是。自從一九六〇年代，黑人人權運動興起，以及越戰結束之後，由於國內外局勢之迅速轉變，美國國勢之降弱及國內黑人權利之增長，美國文化本位主義亦隨而逐漸消沈。

在十九世紀以前，中國文化亦蘊藏強烈的種族文化本位主義，「中國」這一個概念，自以爲是世界的中心，即包含濃厚的本位主義。幾千年來一直貶蔑西方及其他種族之文化體制，視外國爲蠻夷之邦，日本人爲倭寇，西方人爲鬼子。在西遊記中所提及各國社會文化風情時，都被中國人視作爲鬼怪精靈的世界。這種強烈的中國文化本位主義在十九世紀中葉，由於西方之武力侵入而逐漸消失。十九世紀末葉八國聯軍一役更徹底摧毀了中國人的自尊自信。中國文化本位主義從此一蹶不振，由極端的自尊自大，排外、仇外而演變成爲現代的極端自卑、媚外、崇外的心態。這種強烈的自卑、媚外心態不知何時才會消失。

二十世紀以來所形成之中國人自卑感，有每下愈況之勢。這種自卑媚外的民族精神，也同時反映外在世界客觀的情況，不論是國力、科技、世界地位，我國目前之處境都是不利的，因而我們馬首是瞻，以美國爲標準，依賴美國。不僅是國防、外交、科技、工業，即使是音樂、藝術、生活方式、價值觀等等也都如此。許多國內社會地位崇高的人士，具有嚴重的自卑媚外心態，與乎一九四〇年代，社會心理學家路文(Kurt Lewin)所指述的猶太人自卑感情況相似。

種族文化本位主義之典範是西方對於傳統中國一夫多妻制之批判。從西方的人道主義，男女平等的觀點爲出發點，西方人認爲我國一夫多

妻制是既不道德，又不合乎人權的野蠻制度。事實上，一夫多妻制，或是一夫一妻制，都是爲了適應一國之人文生活情況而訂定的制度，無所謂優劣，無所謂道德問題。一夫多妻制度的女性，也是出自於生活情況，自動參與的人際關係，正如同現代企業制度之僱傭制度。在古代，貧困的婦女，藉多妻制，不僅解決一己之生活問題，更而解決、提昇父母兄弟之生活。

在第二次世界大戰之後，西方人與中國人接觸頻繁，對於中國婦女慣常穿著之旗袍也有許多批評，認爲中國之旗袍開叉太高，有暴露、不道德的形象，事實上如果比較同時期中國婦女之旗袍與西方婦女穿著之洋裝，後者暴露得更多。祇是歐美人以爲他們的服飾是正常的，而覺得中國人的旗袍不正常、不正當。

二、文化相對論 (Cultural Relativism)

所謂文化相對論，是從一個社會文化的歷史環境，分析其文化特色。文化相對論與種族文化本位主義是兩個極不相容的立場。文化相對論認爲世界各種文化體系都是人類爲求生存適應而創造之工具、制度，無所謂善惡、對錯。例如中國南部的人喜歡吃蛇、猴子，西方人認爲是野蠻的習俗。事實上，蛇、猴子、牛肉，都是食物的類別，無所謂進步與落後。西方人之所以感到優越、進步者，祇是因爲在近二三百年的歷史中，他們在科技發展方面，領先世界各地，由於科技之進步，導致西方經濟繁榮、工商業發達、軍事力量強盛，更因而侵略、征服落後的國家，建立西方民族優越感。

再以一夫多妻制而言，這不僅是中國社會幾千年來的傳統，也是世界上四分之三以上的人類社會所通行的婚姻制度（Murdock, 1934, 1949）。從功能學派的觀點來看，這一制度具有許多的好處。第一貧困

的家庭，透過這種制度，將女兒嫁給一位有地位，有錢的人家，一方面得以提昇其社會地位，亦同時得以改善其生活。在中國四千年的歷史中，一般農民都是生活於貧困之中，朝不保夕。每年餓死的以萬計，災荒之年，更以百萬計。在這種社會情況之下，如果一個貧困的人家，將其女兒嫁給有錢有地位的人家作妾，有什麼不對呢？其次，就家庭之維繫而言，如果一家之主的男人在性方面無法在妻子處得到滿足或是因為妻子不能生育，夫婦不睦等等原因而娶妾也並不是最壞的措施。與現代西方社會相形比較，傳統中國的多妻制在夫婦不睦之情況之下，仍能夠維繫家庭之完整，祇是多增加一二個家庭成員而已。在推行一夫一妻制的現代西方社會裏，如果夫婦不睦，則唯有採取離婚一途，結果是妻離子散，不僅造成家人之流離失所，幼孩之失卻照應，更而造成數以萬計的人精神情緒失常。無數的人生活無著落。從客觀的角度比較這兩種制度的後果，似乎一夫多妻制之優點較多。

再看看吃蛇的習慣，亞洲南部，溫濕多雨，蟲蛇易於繁殖。許多未開發的山脊裏，滿山遍野都是蛇，難以勝數。從食物的觀點來看，蛇肉鮮美味佳，較之其他家禽有過之而無不及。試問在這種亞洲地理環境之下，吃蛇肉有什麼不對？食物本來就是一種習慣，如果中國人從小未曾吃過生牛肉，對於生牛肉就會產生排斥厭惡的感覺，見之無法下嚥。中國人之厭惡生牛肉，正好似西方人之排斥蛇肉，二者皆導因於傳統生活習慣，無所謂是非、善惡。

以上對於一夫多妻制以及食蛇肉之分析，就是文化相對論的例證。總之，文化相對論強調一切文化體制設施之相對價值，有好有壞，祇要適合於當地人民，而對其他民族無不良之後果都是值得可取的，都是有意義的，也都是好的。一國之風俗習慣，不能從另一國之道德觀或是風俗習慣的立場去衡量其價值對錯。

第五節 文化支系 (Subculture) 與反文化體系
(Counterculture, Contraculture)

所謂文化支系，指某一社會中，由於不同的職業、地域、年齡、性別等等，而形成許多特殊生活習慣，特殊價值規範的羣體。這些地域性、職業性的羣體、社區，雖然具有許多特殊的文化色彩，然而在基本價值規範上仍然與整體社會文化一致，無矛盾衝突的地方，是爲文化支系。例如大學生，由於其特殊的年齡、敎育程度、社會背景與生活習慣，形成一個特別的羣體、社區。在價值觀念方面，他們比較著重理想、未來，在思想上比較偏向幻想，比較不成熟，在服飾上著重簡單樸素，例如運動服、布鞋等等，在音樂方面偏好校園歌曲、土風音樂，除此之外，還有許多形形色色的特徵。然而在基本價值規範方面他們與大多數的社會人士是一致的。因此大學生之生活方式點點滴滴集合起來，構成了大學生的文化支系。

除了大學生文化支系之外，社會上還有許多形形色色文化支系，例如商人文化支系、中年人文化支系、工廠工人文化支系、地區性的文化支系等等。所以在一個整體社會文化體系之中，包含無以數計的文化支系。

所謂反文化體系，指一個社會中，一羣人之生活方式思想行爲、價值規範等等，均與社會文化之主流相衝突矛盾。例如黑社會犯罪羣體之生活方式、思想行爲，以及其價值規範，在在均與社會文化之主流相敵對，然而他們也是社會的一部份。這些黑社會犯罪羣體遂構成反文化體系。其他如吸毒、同性戀者、街頭流浪漢、賭博、色情集團、或陰謀反叛的份子也各有獨特之價值規範，與主社會文化體系直接衝突，都構成

反文化體系。

　　以目前的國內情況而言，反文化的黑社會勢力影響甚大。不僅遍及於社會每一處所，影響及於社會安定、衆人福祉；更可怕的是這些反文化體系滲雜進入正當的社會組織之中，例如地方治安組織、地方司法機構都被他們滲涉，常此以往，後果不堪想像。有鑑於此，政府於民國七十三年決心整肅黑社會組織，開始是自動反省計劃，給予黑社會份子自新的機會，從十一月開始大規模捕捉黑社會的領導份子，希望我們政府能夠貫徹這一項政策，徹底消滅黑社會組織份子，恢復社會治安，使得守法的老百姓能夠安居樂業、快樂的生活。

第六節　邊際人 (Marginal Man)

　　邊際人，指生活於兩個不同社會文化之間的人。邊際人的概念是社會學家史東克 (E. Stonequist 1937) 及派克 (R. Park) 所創用。目前由於國際交往頻繁，以及國際移民政策，許多人流落外域，變成邊際人。例如自第二次世界大戰之後，由於國際局勢以及國際文化交流，西化運動等等因素，許多中國人前往歐美國家接受教育，更而定居歐美者，這些定居在外國的中國人，不論是在生活方式上，價值觀念以及認同方面都產生邊際人的形象，屬於二者，而又不屬於二者的心態，造成許多個人精神困擾，以及生活適應上的困難。近年來國內許多屬於雙重國籍人士，也都是邊際人。

　　社會心理學家路文 (1941) 在他的「猶太人自我仇恨」一文中，詳細的描述猶太人在歐美社會的地位。這些猶太人是典型的邊際人，他們嚮往白人的社會，接近白人的價值觀，希望參與白人的羣體，然而卻受白人排斥。他們輕視自己的種族，然而卻又無法擺脫自己所屬的劣勢種

族身份。 這些人對於兩種社會文化都不滿， 也容易形成嚴重的自卑心態。這些人在心態行為上，既不屬於白人社會，又不屬於他自己的種族羣體，處處顯示衝突矛盾。

第七節　文化變遷 (Cultural Change)

文化體系， 正好似社會制度， 都是在不斷的演變。 演變的原因很多，包括文化創新、發明，與外來文化接觸，人口增減，經濟政治體制之改變等等。在二十世紀以前，由於交通不方便，國際間交往受限制。然而自從二十世紀以來，汽車、火車、遠洋輪船、飛機之發明運用，使得國際之間之交流突飛猛進。近幾十年來，更而由於噴射引擎之發明，縮短國際間之距離，國際文化交流更趨頻繁。以下我們將概略討論文化變遷之因素。

1. 創新發明　指新的概念、理論及科技發明。在二十世紀，由於科技之突飛猛進，各種創新陸續出現。諸如核子能、太空船、染色體基因分裂、試管嬰兒、人造心臟等等都是不可思議的發明。在核子能、太空探索影響之中，人類對於宇宙自然環境的觀念都改變了。隨著科技發明， 人類生活方式、 價值規範， 以及各種社會制度亦隨之演變。 最明顯的例子是由於汽車的發明，人的活動範圍隨而增加，不再受地理之限制， 國際交通之演進，增進國際社會之接觸，電視機之發明，使絕大多數人接受商業文化之侵擾，也使得家庭成為大多數人的娛樂場所。在現代武器、運輸、交通體系之下，中央政府對於人民的控制更為嚴厲，而使得叛亂、革命更困難。

2. 發現　「發現」指對於現成事物、觀念之運用，例如哥倫布發現新大陸，達可瑪發現新航線。最近醫學上發現吸香烟可以導致癌症。

新大陸、新航路之發現，改變了整個世界局勢、國際關係，直至目前為止，整個世界仍掌握於歐陸殖民主義國家的手中。

3. 文化交流 (Cultural Diffusion) 由於不同社會文化之接觸而產生文化交流的現象。例如西方科技傳入中國社會，不僅改變了中國人的生活方式，中國人價值規範亦隨而改變。近幾十年來，中國文化受歐美文化之影響，非常深刻而徹底。目前，許多中國科技著作都是中英文並用。英文作品佔據我國科技著作之一半。此外在生活方式上，在價值規範方面，中國人受西方文化之影響，也極為深刻。以日常生活為例，中國人著西裝、打領帶、穿西褲、飲咖啡、抽香烟等等都是直接從西方學習而形成的生活習慣。

4. 文化革命 (Cultural Revolution)

文化體制也可能發生急驟的變化，是為文化革命。以美國文化在一九六○、一九七○年所經歷的演變即為好的例證。以下一文分析美國社會文化自一九六○年代以來所產生的急驟變化。

美國社會文化變遷的趨向

自一九六○年以來，美國社會文化經歷急驟的變化，演變的迅速及驟烈，已非「演化」一詞可以涵蓋，而必須以「社會革命」形容。在短短的二十年中，許多傳統組織結構及文化精神均消逝無遺。當然這一次演變的根源是要從美國歷史文化的脈絡中才能掌握，然而其影響卻是劃時代的。至於這一次演變何時終止以及其結果如何則有待未來才可以揭曉。

當一九六○年筆者以社會科學研究所學生身份踏入美國時，美國社會呈現出一片濃厚的清教徒精神，雖然當時新潮音樂及藝術已開始展現，

然而並未動搖美國社會文化的本體。校園內大學生們在思想行爲上仍呈現純正的傳統美國精神，個個服裝整齊，言行謹愼，男女關係也未超越舊道德的規範。一般美國人在言行舉止上，也呈現清教徒的色彩；待人接物溫文有禮，對於工作則保持樂業、敬業、及勤業的態度。雖然當時美國離婚率較諸世界各國爲高，然而美國人對婚姻家庭的態度並未改變，仍視之爲莊嚴神聖，不可侵犯，不可或缺的社會體制。就美國社會整體而言，不論是在精神或實質方面，都呈現雍容大國的風度，安定繁榮，和平康富。除大都市而外，美國各地都保持夜不閉戶，路不拾遺的風氣，與我國漢唐盛時不相上下。

然而自一九六〇年代末葉開始，美國社會文化產生急驟演變。首先是「嬉皮」運動；年靑的嬉皮們以頹喪、消極、反傳統的姿態出現。他們以吸食大麻爲日常生活的一部份，厭惡工作以及積極進取的精神，放棄實事求實的精神，放棄物質享受的慾望，反對紀律，反對舊道德規範，卑視名利地位，崇尙博愛和平。嬉皮運動最初出現於大都市裏的高等學府週遭，次而擴展及於一般年靑人，更而鄉村，而推廣及於中年人士。在一九七〇年代的初期，嬉皮運動已風靡了全美，雖然眞正嬉皮人數並不多，而且嬉皮也從未形成美國文化的主流，然而他們開風氣之先，象徵美國社會文化的反省運動及轉捩點。嬉皮運動是一次巨大的社會革命運動，在這次革命過程中，舊有的文化精神及秩序被推翻了。

與嬉皮運動同時並起的是大學生學潮運動。在六〇年代末期及七〇年代初期，大學風潮瀰漫了美國全土。在表面，學潮的對象是主戰的政府。當時美國政府正積極參與越戰，然而在實質上，學潮的攻擊對象是美國傳統文化中崇尙武力，稱霸世界的精神。當詹森總統向學潮份子低頭時，美國在外交上也由獨霸世界退而爲區域自守的防禦政策。

除了嬉皮及學潮運動之外，六〇年代末期美國人在基本生活方式上

也產生了急遽的變化，其中最顯著的是性泛濫及吸毒的普遍深入民間。由於嬉皮運動的帶頭作用，美國人對「性」的觀念在短短十餘年間產生了革命性的轉變，性關係不再是婚姻的特權，而是個人日常生活自由的一部份。在新的性觀念下，既無婚前、婚後，也無婚內、婚外性行為的區別。到了七〇年代，性自由更由兩性擴展至同性戀的領域。一九七五年的加州同居法案，更給予所有兩性或同性同居人士以法律保障。自一九八〇年開始，這條法案更變成全國性的法律。

吸毒的風氣也是「嬉皮」帶來的，主要的毒品是大蔴。在五〇年代時，吸毒已遍行於音樂界及藝術界。然而至六〇年代末葉開始，吸毒風氣迅速傳遍及於美國全土。最初是大學生，次而是中學生及一般青年，更而中年人士，最後成為美國社會的時尚。近年來，吸毒風氣更由大蔴擴充至毒性較強的迷幻藥及海洛因等，對美國社會風氣，人民健康及意志構成一大威脅。從八〇年代開始，吸食大蔴已不構成刑事犯罪。同時，警察對於吸食大蔴也採取不聞不問的態度，今後大蔴更可能合法化，成為合法正當的消費品。

除了廣泛吸食大蔴之外，美國人酗酒及應用禁藥的人數也非常多。根據美國衞生福利部在七〇年代所作的調查報告，美國酗酒成性的約在一千萬人以上，佔美國成年人口百分之七左右。另外服食禁藥，而且依賴禁藥維生的約為三千五百萬人。禁藥主要包括鎮靜劑及興奮劑。同時，根據美國精神醫學學會的報告，美國成年人口中的四分之一患有嚴重的精神情緒問題。從這些數字上，我們可以看到今日美國精神文化所面臨的危機。

在社會制度方面，自六〇年代中葉開始，美國離婚率作直線上升。在八〇年代初期，離婚率已達到結婚率的百分之五十三。同時，在態度上，美國人對婚姻也產生驟烈的變化！婚姻不再被視為莊嚴神聖的制

度，而是生活權宜的方式之一。在新的婚姻觀念之下，結婚的主要目的
是滿足個人的基本需求。當婚姻關係與個人利益相衝突時，個人應廢除
婚姻關係，以維護一己的利益。在這種極端個人主義之下，許多離婚的
男女遭受難以量計的損害。最可憐的還是無辜的子女們，他們成了父母
離婚的陪葬品。

　　在工作態度方面，美國人也由以往樂業敬業轉變為畏業惰業的心態，
以往美國的工商產品在質地上一直是世界優良產品的標準。七〇年代以
後，美國工商產品在質地上已參差不齊，而且有每況愈下的趨勢。同時
美國人對其本國產品也失卻了信心。以汽車工業為例，美國一向執世界
工業之牛耳，而今不僅在產量上直線下降，在品質上也日益衰退。相對
地，　日本汽車工業，　在產量及品質上都已取代美國，　而成為世界第一
位。

　　在經濟發展方面，美國經濟自六〇年代也遭遇嚴重的挑戰。一方面
是內在精神意志的瓦解。外在的因素很多：第一是第二次世界大戰的戰
敗國經過重整運動後，已恢復其工業生產力而能與美國相抗衡。第二是
新興的工業國家，例如亞洲四虎，新加坡、香港、中華民國及南韓，已
成為世界輕工業產品的主要工廠。第三是在民族主義抬頭的國際新形勢
之下，以往的國際市場一天天地在減少。相對的，原料的來源、成本則
不斷地增加。最顯著的例子是一九七三年石油國對石油的增價，使得美
國由一個高度的出口超支國家變成為一進口超支國家。再加上外銷產品
及國際市場減少，美國經濟一蹶不振，不僅國內失業人數日益增加，而
相對的國民收入亦日益減低。國債日增，十餘年之間，美國絕大多數中
產階級已陷落在貧困的階段。這是美國自立國以來，除了三〇年代的大
恐慌期之外，前所未見的大危機。而且依據目前的情勢分析，美國工商
業難以有扭轉的機會。　日本、　西德及新興的工業國家，　以及其他逐漸

覺醒的落後國家都會自力更生，推翻美國在世界上所佔據的壟斷獨霸地位。

以上是就美國最近二十年來所發生的急驟變化，作一簡單的分析。根據這些事實的分析判斷，美國社會文化已走上了劃時代的轉捩點。傳統的清教徒精神已喪失無遺。傳統的國際地位也面臨挑戰，理性化的意識行為逐漸消失了。代之而起的是失卻自我控制，失卻理性的雜亂無章現象。在社會組織結構方面，美國也面臨空前的危機。今後美國社會文化發展的趨向是不很樂觀的。

第八節　文化脫序 (Cultural Lag)

每一文化體系，例如中國文化，在其演變發展過程中，由於外在環境之影響，外來文化之衝擊，內在之創新，發明等等因素，隨時在改變演進。然而在演進的過程中，每一文化體系的諸部門，例如科技、宗教、風俗習慣等等，遭受內外影響的程度不同，因而每一文化成份之演變發展速度也都不同。於是，在文化組成份子之間，形成脫節不協調之現象，這種由於進展不一，而產生的脫節現象，是為文化脫序(Cultural Lag)。

文化的組成份子，大致上可以劃分為：科技、教育、政治、經濟、家庭、道德、宗教、價值規範等等。在演化的過程中，通常「科技」都是走在前端。隨著科技而轉變的是人類之物質生活層面以及經濟體系，再而教育、政治。人類的宗教信仰、道德規範總是走在最後。例如在二十世紀的末期，在科技方面我們已有完善的避孕藥物方法，然而在價值規範方面則仍維持許多中古時期以前的性觀念，這些傳統的性觀念、宗教的約束與乎新的觀念之間產生衝突矛盾，是為文化脫序的現象。

目前，在國內，我們看到許多文化脫序的現象，例如現代科技教育否定了神靈迷信，然而一般老百姓仍是維持迷信神靈之觀念及信仰。在男女關係方面，一方面我們接受西方自由戀愛的觀念，然而同時年青人在這一方面受嚴格的傳統習俗所牽制約束。最明顯的例子莫過於舞會，跳舞是西方社會青年最盛行的活動，對於身心、或是男女交往，助益莫大。然而跳舞與我國許多傳統價值規範相違背，時至今日，許多中年以上的國人均視舞會為禁忌，而且時至今日，政府仍然禁止青年人自行舉辦舞會，這真是一個文化脫序的最好例證。

第九節 結 論

文化是人類創造用以生存適應的工具，在人類兩百萬年演化發展的過程中，文化亦日積月累、日新月異，由粗略簡單的原始文化進展到二十世紀後期的高度科技文明。文化一方面反映人類共同的需求，也同時反映社會羣體以維繫之法則規律。人類之異於其他動物者，端賴文化之滋養培育。每個人從出生的一日開始，即不斷吸取祖先前人所遺留之精華，由於文化之累積傳遞，使得人類不必順應其他動物的循環學習方式，而可以疊羅漢的方式站在前人的肩上，向上發展。

文化的發展好似滾雪球，進展的程度成加速度累積的方式，自從工業革命之後，人類在近幾百年來之進步發展遠超過人類以往數十萬年之開拓。目前我們已經能夠了解大多數自然現象，掌握大多數適應原則，可以運用核能，旅遊太空。相信不久之後，人類必然能夠更上一層樓，能夠控制能源、食物、自然環境，使得人類生活在更高物質文明的境界。然而科技之不斷進步卻不能解除許多人性之危機。人與人之間之鬥爭，人類精神上的困擾並沒有因為物質文明之進步而減之。相反地，反

第三章　社　會　化
(Socialization)

（林松齡敎授撰寫）

前　言

　　所謂社會化過程，指人類出世之後，受到家庭、親戚朋友、學校、社會之敎養、學習語言文字、生活技能、風俗習慣、價值規範之過程。人生漫長的途徑，從個人出世開始，至死亡爲止，都屬於社會化之範疇，然而現代社會學及心理學則特別強調生命早期之敎養及薰陶，認爲這一段時期社會化對個人人格形成影響較重。

　　社會化這一章，是東海大學社會學系林松齡敎授撰寫。

第一節　社會化──敎養過程與個人的成長

一、「社會化」一詞之意義

　　文化人類學家米德 (Margaret Mead) 認爲各種道德、價值，並非個人所創，然而我們卻可以瞭解各種行爲準則、道德評價、是非、善惡，同時作中規中矩的情緒反應。這是因爲個人在成長中，由於適當的

敎養、訓練，因而學習內化了社會的行爲模式與價值觀念，使個人得以
適應生存，成爲社會的一份子。一個出生不久的嬰孩，也許將來會有偉
大成就，然而，在生命之初他還是免不了要受訓練學習坐姿、站立、走
路、說話、飲食及衞生習慣，他還須學習什麼是危險，如何與他人相
處，以及如何了解周遭的人對自己的期望。簡言之，孩童必須學習成爲
一個人，成爲社會一個「適當」的人。這種學習的過程，通常以社會化
過程 (Socialization Process) 概念表示之。

　　何謂社會化？更明確的定義是「獲得個人生存所必須具備的身心技
巧和社會技巧，以成爲社會中一份子之過程」。在此所謂的身心技巧是
指走路、站立、適當反應情緒的學習，以保持身心正常發展；社會技
巧則傾向於爲人處世方面的學習，藉以保持適當的人際關係以及社會秩
序。藉社會化過程，個人得以發展潛能，塑造文化所界定的人格，完成
正常發育的過程。社會化發展人類的人性，及其由生物性的「個體」轉
變成社會性的「個人」，同時發展自我 (Self)，表現紀律的行爲，滋生
符合社會價值的各項理想和抱負。相對的，對社會整體而言，若沒有社
會化的塑造過程，社會制度很難以持續下去，文化也無法長久存在，生
物性的「人」(Individual) 亦不可能成爲社會性的個人 (Person)。對
個人而言，個人若沒有社會文化，亦不可能發展其心智，無法建立人
格。人類藉著社會化過程方得以了解社會文化內涵，行爲符號(Symbols)
所隱含之意義，發展維持社會組織及社會制度。社會化並非限於人生歷
程的某一階段，而是從出生到死亡的整個人生歷程。

二、個人人格之本質——生物性、文化及社會性

　　什麼是人類本質的根源？「在回答這個問題前，吾人先須界定「人
類本質」一詞的意義。「人類本質」指一個人的精神組織 (Personal

organization)，其中包括人格、動機、性向、態度，對社會現象的評價，或對宇宙、人生等抽象現象的認識等等。關於人類本質的根源有兩種不同的理論: 生物決定論 (Biological Determinism) 與環境決定論 (Enviromental Determinism)。

1. 生物決定論: 持此觀點之學者多數受十九世紀達爾文(Charles Darwin, 1809-1882) 思想的影響，他們認為人類是動物之一種; 人與其他動物一樣，具有若干與生俱來的本性及傾向 (Innate predispositions)，認為遺傳因素影響決定個人之行為及心態。例如，人類之不能離羣索居而生活是因為人類有羣居的本性; 人類社會普遍存在著母愛是因為婦女具有與生俱來的母性; 人類追求私產的慾望及獲取利潤的私心是因為人們有貪得的本性; 人類社會普遍存在著強暴及戰爭的行為，衝突及競爭是因為人們有先天的侵略本性。受達爾文主義影響而持生物決定論的學者，認為個人淪落為偷盜，或成為聖賢，主要取決於個人犯罪傾向的遺傳因素。「生物性遺傳特質決定人類行為」的概念在十九世紀相當流行。但隨著達爾文進化論的衰微，目前該觀念已不受重視。

2. 環境決定論: 此一觀點以十九世紀末葉蘇聯的生理學家巴夫洛夫 (Ivan Pavlov, 1849-1936) 為代表。巴夫洛夫認為即使是低等動物，其行為多是由學習而得來。他曾以「制約反應」實驗來說明後天學習環境對行為的顯著影響。他以狗、鈴聲和食物三者間的關係來解釋行為取決於後天的學習。實驗開始是以鈴聲伴隨著食物的出現來吸引狗的注意，這項實驗重複運用，直至狗對鈴聲及食物產生連鎖反應。當狗聽到鈴聲，不管當時有沒有食物，牠可經由過去的經驗（鈴聲伴隨食物同時出現）自然流下口水。事實上，原先刺激內分泌產生食慾而流下唾液的是食物而非鈴聲。鈴聲依過去的學習經驗只是食物出現的一種徵兆而已。然而，鈴聲也可以伴以其他刺激。若果鈴聲伴隨著警棍，每出現鈴

聲，就給予該狗以重擊，當狗學習到此一經驗（鈴聲伴隨著警棍），牠每次一聽到鈴聲，不僅不流口水，還可能發抖得冷汗直流，藏首縮尾逃之夭夭。心理學界所作老鼠走迷宮的實驗，也是制約反應，增強作用（reinforcement）的典型例子，老鼠往食物（reward）奔走，而避開電極（punishment）的路徑。巴夫洛夫的實驗，使一些學者懷疑有關人類行為先天本性之理論，於是孳生環境決定性的理論。根據這種理論，嬰兒出生時其心靈如同一張白紙（tabularasa），純潔無疵。其日後發展之行為心態均為其所處環境培育而成。這種觀點引發了日後之行為主義。行為主義強調學習環境對人類行為之影響，主張藉外在可觀察的行為來解釋內在的經驗，摒除「意識」或「心靈」觀念。美國心理學家華生（John B. Watson）是一個極端的行為主義者。他曾提出以下的理論（1970）：「給我十多個小孩，以我的方式教養他們，我可以保證這些小孩將來會依照我的訓練計劃，成為各種類型的人，如醫生、律師、藝術家、經理，甚至乞丐、醉漢，而不受先天條件的限制」。華生的理論全盤否定了生物決定論的觀點。

3. 社會學的觀點：今日多數的社會科學家似乎已不太重視生物決定論，同時也不完全接受環境決定論。這兒所謂「環境」是指一個人所處的社會環境、文化背景及生活條件而言。今日的社會科學家多認為單就遺傳或是生存環境並不能周全的解釋人類不同行為模式，也不能解釋不同社會成員的不同行為模式。他們相信個人的個性（individuality）主要來自生物及文化兩層面的社會化過程。

(1) 社會化與人類特質的關係：雖然，各類動物的行為不可能都有後天學習的成份。然而，這種後天學習的社會化過程對人類行為或心智的發展可能更具有意義及必要性。依廸佛（Melvin L. Defleur）的看法，社會化對人類比對其他動物較具意義，有下列幾個要素（Defleur,

1972:102)：

　　a. 人類無本能：奧格本 (W. F. Ogburn) 與尼可夫 (Meyer F. Nimkoff) 認為本能是一種相當複雜的行為模式，它是生物與生俱來的。例如一種鳥類的本性，看到紅色的球體即採取攻擊行動；西班牙鬥牛士利用野牛攻擊紅色的本性而發展鬥牛的活動。鳥類或是野牛的這種先天本性所造成的行為模式可說是一種本能。奧格本及尼可夫認為人類有生物學上的內驅力 (biological drive)，卻無本能 (instinct)。飢餓或性慾並不能將人類的行為引向某一特定的目標或是固定的行為模式。因為沒有本能，人類必須學習社會行為模式，以求生存。

　　b. 互動的需要：心理學家哈樂 (Harry F. Harlow) 在其著名的恒河猴實驗中，說明了身體接觸的必要性(Harlow and Zimmermen, 1959: 421-432)。哈樂將小猴與母猴隔離，而在孤立的狀態下養育之。每隻小猴給予兩隻鐵線做成的母猴：一隻手持裝滿奶水的奶瓶，另一隻身穿厚絨布。結果哈樂很驚訝的發現小猴較喜歡依偎在穿絨布的母猴身上，而不願親近手持奶瓶的鐵線母猴。因此，依戀柔軟絨布，類似皮毛的物體對小猴而言，似比食物更重要。此外，哈樂更發現，在孤立成長中的小猴，其身心發展不正常。當牠見到其他小猴時會表現出敵視與害怕，而且長大到青春期時，對性行為似乎較少興趣，自我防禦行為特別顯著。

　　有關人類行為之實驗研究易引起道德上的爭議。因此人類行為的研究多半來自個案研究或是自然社會環境的「田野」觀察。史必茲(Rene Spitz) 對孤兒院小孩智商變動的觀察，認為本來智商上沒有顯著差異的小孩住在孤兒院後其智商將相對的下降。史必茲將這種現象解釋為人類離羣索居所造成的心智創傷。當人們缺乏人際親密的基本關係 (primary relation) 會造成心智上的不均衡發展。離羣索居，缺乏人際間

的互動造成對心智發展或人格發展的傷害不乏事例。典型的例子是美國一農家私生女安娜（Anna）的個案；以及二次大戰在南洋失落的日軍。安娜自出生之日被她的母親安置於小閣樓上有六年之久，結果安娜不能走路、不會說話，更重要的是顯得冷漠不可溝通。另外日軍一士兵，第二次大戰時在南洋作戰，因戰局失利，失落山區，隻身躲藏了三十年，被發現時呈現精神及心智上的困境。這些事例都在說明人際互動對心智及人格發展的重要影響。

c. 童年的依賴：在動物界中，各種動物須受父母扶持幫助以成長的時期不盡相同。然而沒有一種動物比人類需要更長的扶持期。吾人觀察剛孵出的小雞，隔天即可啄食；小貓出生後，數星期之內即可攀援，自行捕食；魚類生來即可游水，自行取食。唯獨人類之嬰孩，其仰賴他人撫育的扶養期特長。我們知道滿周歲的小孩不可以獨自生存，即使是七、八歲的小孩也沒有獨立生存能力。由於人類長期的依賴性，使得嬰孩有更多的機會可以自其周遭的主要人物（通常指父母、兄姊）學習到許多行為模式、技術，同時內化各種的觀念與價值，形成人格發展的主要基石。

d. 語言與學習能力：在「文化」一章，我們當已了解語言的重要功能及其與人類思維模式的密切關係。藉著語言，我們不僅可以表達自己的意向，自己的感受及經驗，而與他人作有效的互動及溝通。藉著語言，人們還可學習外在行為模式以及各種抽象概念。因為人類具有創造語言及學習語言的能力，因此強化了人類的學習內容；擴大了人類的學習領域。藉著語言、文字，人類可將許多知識和抽象概念保存下來，累積形成完整的知識體系，供人們相互溝通與學習。所以語言可以說是社會化的重要基石。

上述的人類特質，構成社會化的必要條件。事實上，「人類生活」

一詞隱含著「人類社會生活」之意義。而社會生活卽是一種人際間互相學習的社會化過程。

(2) 人類生物特性與社會化：一個人的人格型態，與其生物性特質也有相當密切的關係。每個人的天賦不同。世界上沒有兩個完全相同的人，卽使是孿生兄弟姊妹亦有不盡相同的特質存在。生物學上的特質：例如智慧、性別、體型、容貌或性情，在出生時卽已決定。這些特質將在許多方面影響社會化，卽造成社會化內容上的差異。每一個社會，由於嬰兒生理上的差異，常導致不同的社會化內容。通常女孩在小時候，卽被訓練抱洋娃娃，整理家務。女孩的玩具傾向於柔軟圓滑的物體；相對的，男孩子的玩具則傾向於槍劍、汽車等等剛強堅硬的物質。男孩也常被鼓勵去爭狠鬥勇。例如球賽、拳擊等等激烈的活動。性別影響社會化的一個例子是：當男孩子被鐵錘打到手指而向母親哭訴時，母親多半會如此的說：「小寶好勇敢，這一點點擦傷沒什麼關係，你將來要成為英雄，是嗎？那就更不該哭了。儒弱的人才常哭啊！」然而面對相同情況的女兒，母親可能會有不同的反應。母親可能抱著她說：「好可憐喔！」然後讓女兒盡情的哭，也許只說：「妳好乖，不要哭了。」體型與容貌亦常影響一個人的社會化：柔弱矮小的小孩可能會受到父母更多的關照；高大健壯的小孩可能在遊戲中扮演著統治者的角色，或選擇較激烈性的競技活動；美貌的小孩，人見人愛，討人喜歡，因此可能較有機會受到愛撫和誇讚；容貌不揚或是醜陋的小孩可能受到冷漠、譏諷。這種種因體型、容貌而導致人際互動的差異，常會影響到性格的發展與個人的心理狀態。此外，有些嬰孩活潑、活動力強；有些嬰兒柔弱、沈靜。這種不同的性情也會造成父母不同待遇。以上所述是個人與生俱來的生物特性，無可避免的將影響到周遭的人（包括父母）對他的反應而造成不同的社會化過程。

　　(3) 外在的社會文化環境與社會化的關係：社會環境與文化的差異影響社會化過程是相當明顯的。成長於重視個人競爭的西方工業社會的人，其個人冒險進取，個人表現將被肯定與鼓勵；而成長於傳統的農業社會，則重視羣體生活的和諧。因此，在西方文化下成長的人強調個人競爭與外在行為的侵略性；相對的，在傳統農業社會，尤其是原始的部族，則注重人際間的平等關係。一個有趣的例子是有關足球比賽：在西方國家舉行足球賽，兩隊實力相當的球隊往往須延長加賽的時間到決定勝負為止；而這類足球賽傳到大洋洲新幾內亞的唐古 (Tangu) 族時，他們延長加賽的時間是為了要達到兩隊獲得相同的分數才結束比賽。為什麼西方國家與新幾內亞的唐古族會有這種不同的比賽規則呢？因為西方國家社會化過程強調競爭，唯有分出勝負，雙方的球員才肯罷休。一隊享受勝利的光榮和喜悅，另一隊則承認失敗，等待下次復仇，企圖奪回失去的榮譽。而在新幾內亞的唐古族，強調和諧的價值。只有在兩隊分數相同時，才能皆大歡喜，保持整個羣體的融洽氣氛。若是兩隊實力懸殊，比賽得分相差甚巨，則非但失敗的一隊有羞辱感，勝利的一隊亦深感內疚與痛苦。因此，勝利的一隊常禮讓以達到相同的分數，兩隊在共同分享平等與相互尊重的圓滿氣氛下結束競技。中國人也有這種傾向。

　　在重視個人成就及侵略性的社會，一種充滿活力，冒險、競爭，抗拒壓迫與約束的心態人格，將受到其他成員的支持與讚賞。父母親友亦因這類小孩而感到光榮。相對的，成長於注重謙遜的文化價值中，一個人將被塑成自律、謙虛、順從及包容的心態。很明顯的，世界各國因社會環境不同、文化各異，所塑造的國民性也有很大的差別。若吾人分析比較非洲人、蘇聯人、美國人、日本人以及中國人的國民性，將明顯的找出其行為模式與意識型態上的差別。非但不同國家的國民性格不同，

即使在同一國家之內，不同的社會階層，因其有階層次文化，因此也造成不同的社會化過程。中上階級與勞工階級；白人家庭與非白人家庭，其生活方式與教養小孩子方式也不盡相同。以上所述皆屬外在社會環境與文化內容的不同，導致社會化過程的不同。

三、社會化與個人自我、身份 (Self, Identity) 之關係

所謂「自我」，意指個人對於一已之認識、觀念及評價。所謂身份 (Identity) 指個人在社會組織中所佔的位置及自覺，其中包含個人的社會階層及背景，職業、教育、性別、年齡、智商、能力等等。本節強調兒童和其周遭成人間的互動，主要的是小孩如何靠著社會學習的過程而獲得自我、認清自我，以及尋找自我形象。吾人將探討社會科學家們如何以不同的觀點來說明社會化的過程：例如古力 (Cooley) 的鏡中自我形象論 (looking-glass self)，米德 (Mead) 的模仿他人角色論 (taking the role of the other)，佛洛依德 (Freud) 的精神分析說 (the psychoanalytic view)，愛理生 (Erikson) 的人生八階段 (the eight stages of man)，皮亞傑 (Piaget) 的認識力發展論 (cognitive development)，以及可伯 (Kohlberg) 的道德發展說 (moral development)。每種論說並非互斥的觀點，事實上，這些論說對於兒童社會化和自我的出現之釋說深具相輔之功。

1. 古力 (Charles Horton Cooley, 1864-1929)：**鏡中自我論**

古力這位美國社會學者之所以能在社會學史居於顯赫、不朽的地位，可能與他提出「基本羣體」(primary group) 的概念，以及「如何建立及維持人格認同感」有關。古力認為吾人體驗到自己本身是一獨特的個人，吾人與他人是一分離的個體，吾人有與他人不盡相同的特質。這是屬於「主我」的部分。但是沒有「他人」（"He" 或 "They"）能有

「主我」的出現嗎？如沒有他人，我們能認識我們獨特的部分嗎？古力認為是不可能的。由此觀點，他似乎認為吾人意識到外人的存在，是了解獨特的我之先決條件。因此，古力認為自我（self）是社會的產物，當小孩與他人互動之後才漸漸出現的。從行為發展學的觀點，吾人了解小孩在學習語言的過程中，首先學到的是一些常聽到的名詞：例如東東餓，小文要吃；媽媽不要打小文等等。然後在一段混淆的代名詞嘗試應用過程中，才漸漸的把視野從自我中心推展到周遭的他人。至此，他才會巧妙的使用我、你、他等代名詞。

鏡中形象（looking-glass self）可以說是古力人格發展論的重心思想。古力引用該詞彙來解釋他人如何影響我們對自己本身的觀感。古力的銘言：「每個人都面對一面鏡子，反映於正通過的第三者」，其含意是，吾人從想像他人對我們行為想法中獲取吾人對自己本身的認識。古力的鏡中自我（looking-glass self）包含三個要素：(1)吾人想像自己對他人的表現，(2)吾人想像他人對吾人表現的判斷，以及(3)吾人對這些判斷可能的感受。

古力認為一個人的自我形象（self-image）和自尊，主要是基於他被社會所接受，不論是一個小孩、學生、同事、工人、雙親或長輩等等的回饋（feedback）。若缺乏這面社會鏡子，吾人不可能產生自我感（sense of self）。

2. 米德（George Herbert Mead, 1863-1931）：模仿他人角色論

米德受古力鏡中自我論的啟示，將自我的出現（Self-awareness）回溯到母子間的互動。米德認為小孩在很小的年紀即可體驗到依賴他人（通常是母親）而得到幸福快感，同時也了解到他們的行為可以影響別人（通常是父母）。例如：嬰孩學到了哭可換來食物，微笑可換來擁抱。漸漸的，嬰孩更發現了許多激發美好感受或引起他人反應的種種行為方

式。事實上，小孩獲得了一些周遭重要人物（通常是母親或家中成員）所了解的慣例化的重要符號(symbols)，如微笑、尖叫、哭，藉以控制這些周遭的主要人物。米德認爲這些與他人互動學來的符號是社會生活的基礎。這些符號將感情和經驗引入一個標準化的溝通途徑。在學習符號溝通的過程，小孩們常仿傚周遭成人的思想方式。

米德認爲自我(self)包含兩部分。一部分是主動的、天生的、有獨特性的自我，吾人稱爲「主我」（I）；另一部分是社會性的自我(social self)，社會性的自我是指內化了社會期望和要求的自我，吾人稱爲「受我」（me）。米德就古力的觀念作更深入的闡釋。依米德的觀點：「主我」是個人天生特質，「受我」是社會文化的產物。沒有「主我」，社會互動將是機械化和單調乏味的；沒有「受我」，則難產生有秩序的人際交往。由於有主我和受我二互補部分，使吾人能適切反應自己的行爲。同時發展出獨特的個性。

自我（self）並非與生俱來，而是經由社會經驗和社會活動中慢慢出現的。當小孩在一歲左右，開始學走路或說話時，他已對周遭世界有所認識。這種印象常在小孩遊戲中演出。二至四歲的小孩通常樂於作模仿性的遊戲，他們常扮演父親、母親、醫生、病患、警察、小偸等角色。米德稱這種遊戲的型式爲「仿傚他人角色」(taking the role of the other)。事實上，在仿傚他人角色的過程中，小孩子很自然的學習周遭人物的心態行爲。在社會關係中。這類對小孩有重要影響的人，精神病醫師沙里文 (Harry Sullivan) 稱爲「重要人物」(Significant others)。例如：父母對學齡前小孩，老師對學生都是重要人物。從這些人士中，兒童探索學習各種角色，然後漸漸學習到如何從他人的感受中表現各種不同的活動。五至六歲的小孩所扮演的角色特質，可能成爲其內在自我形象的一部份。他們學習了解別人對一情況的反應，毋須親

身經歷。八至九歲的小孩已逐漸自家庭步向同輩羣體與成人世界。孩子們開始對所期待的類型人物或他們認為合適的事情產生了一般性的印象（generalized impression），米德將這種印象冠之以「一般性人士」或「普遍化的他人」（the generalized other）之概念。「一般性人士」包括整個社會的一般態度和觀點。它隱含著羣體生活的種種規則。因此，普遍化的他人（社會規則）一方面提供個人發展自我概念（self concept）的基礎，另一方面指引個人在各種社會情境下的行為。能意識到普遍化他人（社會規則）的八至九歲小孩已領略到較複雜的社會組織。他們已學到了各類運動的規則、風度。在從事各項社會活動時也能以整個羣體或社區的觀點來確立自己的立場。羣體或社區的態度和各類價值因而構成了孩子人格的一部分。

3. 佛洛依德 (Sigmund Freud, 1856-1939)：精神分析的觀點

談到社會化，必須同時討論佛洛依德、米德及古力的理論。他們是同時代的學者，而且思想互相影響。雖然今日正宗的佛洛依德學派的信徒不多，但他的作品卻對人類行為和人格的概念造成一個轉捩點。佛氏終其一生，企圖建立一種類似物理學的精神科學。他認為人類行為的各方面均可藉因果觀念作合理的解釋。他甚至認為無意的言行、奇異的夢，或是幻覺等都可作合理的解釋。一個鮮明的例子是對自己職務不能勝任愉快的職員，常常把住宅鎖匙誤挿到辦公室的門鎖上。被尊稱為現代臨床精神治療之父的佛洛依德，由臨床實際經驗認為兒童時期的經驗對其人格的形成與發展具有決定性的影響。佛氏對個人與社會間的關係也深感興趣。他認為每一社會必須疏導及抑制人類的原始驅力（原始驅力俗指因生理機能而產生的內在衝動）。一個人若期望在社會中與他人一起工作相處，則個人的基本驅力（individual basic drives）與社會需求

(social needs) 之間必須妥協。

佛氏討論始自嬰兒的社會化,他認為嬰兒對道德一無所知(amoral)。嬰兒傾向於自我中心 (egocentric)、侵略性 (aggressive),以及好逸惡勞 (pleasure-seeking)。佛氏認為自我 (self) 可分為三部分: 本我 (id)、理性的自我 (ego),及超我 (superego)。

(1) 本我(id):佛氏認為本我,指人類與生俱來的性衝動、侵略衝動以及生理機能的快感。而社會 (最初常是得自父母的敎導) 常干涉兒童的本能表現。例如: 母親規定在某時間內才可吃糖;大小便被限制在某時、空之內; 手淫或玩性器官可能被責罵。佛氏認為當孩子們努力於適應各種社會要求時,其自我 (ego) 已開始發展出來了。

(2) 理性的自我 (ego) 是自我 (self) 中屬於理性的部分。自我一方面從感官方面獲取消息,動力同時企圖尋求滿足生物方面的需求 (衝動),又要符合社會的要求(規範)。理性的自我須在兩者之間作理性的選擇,求取適當的平衡。

(3) 超我 (superego): 四至五歲的小孩仍有強烈的生物性慾望 (desires),但他們的恐懼也是強烈的。孩子們害怕其性衝動及攻擊性的衝動將遭到雙親或社會強烈的報復,於是努力於塑造成雙親或社會所要求的形象。這是孩子們保護自己的方式之一。超我 (superego) 指的是良心、善良觀念或是道德意識,亦即是社會規範或文化價值的要求。大約在四至五歲時期發展出來。在這段期間,孩子們開始內化其雙親的是非及道德觀念,學習抑制社會不接受的慾求,而將自己的潛能改弦更張,導入社會所贊同的途徑。在此值得一提的是: 在某一時期,暫時抑制原始衝動,吾人稱為潛伏期。例如: 小孩在某一成長階段似乎對性沒有多大的理會 (asexual)。然而,這並不意味著性和攻擊性的衝動消失了,而僅是本我暫時被迫隱藏而已。事實上這些衝動還在潛意識 (un-

conscious) 中維持其活動而影響一個人的行爲方式。在青春期，性的衝動可能再度出現而被導入社會所塑成的行爲模式中。

4. 愛理生 (Erik H. Erikson) 的人格發展理論

愛理生爲佛洛依德的學生。他整合了古力、米德及佛洛依德的人格發展理論。愛氏強調自我 (ego) 扮演個人（本性）與社會（道德）間的協調者角色。愛理生將自我的成長分爲八個階段。每一階段都可能因爲個人爲了適應成長中生理的變化，以及新的社會環境而產生危機，對於這些危機的不當處理將嚴重的限制，甚至阻礙了自我的正常發展。自我發展的八階段如下：

(1) 信任與不信任 (trust vs. mistrust)：此危機產生在嬰兒期。若是母親管教一致，對小孩的需求作出適切的、溫馨的、一致的反應，漸漸地，小孩將認爲周遭的一切是可信賴的、可預期的；若母親對小孩的教養態度行爲不一，喜怒變化無常，則小孩將懷有恐懼、不安的感覺。對未滿一歲的嬰兒管教是否得當，影響孩子的本性甚大。

(2) 自立與羞恥與疑惑 (autonomy vs. shame & doubt)：三歲大約是兒童時期的早期，此時孩子的肌肉和神經已發展到可抓握、理解、走路和控制大小便了。小孩在此一年齡學習如何自立。愛理生認爲母親在此時的教養與訓練方式深具關鍵性。母親應多鼓勵小孩自立，建立小孩的自信。須冷靜，和顏悅色有耐心教導，讓孩子產生安全感。嚴厲苛責、辱罵，易讓小孩產生害羞與疑惑的性格。

(3) 主動創造與罪惡感 (initiative vs. guilt)：發生於四至五歲階段。小孩在此一成長階段，已從對自己身軀的支配（走、跑、說話等）擴展到對周遭世界的支配（攻擊或征服周遭的物質世界）。這時的小孩會將成人的角色表現在遊戲或幻想中。最重要的是孩子在此階段已開始爲自己創造出有意義的活動。在這以前，孩子所扮演的多爲模仿他人

的行為。現在他似乎能整合所見所學而簡單加以應用了。此階段，若雙親尊重，關切孩子的所為，孩子將孳生自我價值感 (feeling of self-worth) 而發展自己的創造力；若是遭到譏笑、冷漠，甚至責罰，孩子們將對自己的行動和目標的價值，感到懷疑。尤其對自己的失敗或不好的行為將深感自責，可能發展出長期罪惡感。

(4) 勤奮與自卑 (industry vs. inferiority)：發生於學齡兒童。此一發展階段，小孩的社會環境已由家庭邁向了學校甚或較大的社區。孩子們開始學到社會中的一些技術和工藝。他們想藉成就以博取讚許，為勤勉而得意。但假如他的奮鬥遭到挫折或不能達到預期成果；抑或他發覺自己的某些個人特質或背景在別人的眼光中令他自己出醜。他將產生惡劣的感受，在這種情況下，小孩易發展出自卑和恐懼感。

(5) 認同一致與角色混淆 (identity vs. role confusion)：發生於青春期。愛理生認為認同 (identity) 的意義是由自我的感覺配合鏡中自我所反映出來的形象。引發出對於自己過去、現在和未來的連續一致感覺。愛理生認為年輕人面對著朦朧的成人世界，將遭受到認同的危機。青春期的年輕人難以整合各類角色而得到一個清晰的認同，導致角色的混淆。各類角色不能適當扮演而有效的整合，常阻礙年輕人與他人建立親密的關係。

(6) 親密熱情與孤立 (intimacy vs. isolation)：發生於成人階段。成年人是否能與他人建立親密關係或是處於孤立，對其身心發展有很大的影響：親密關係可以導致熱情、好客的心態與行為。而孤立常導致心靈上的孤寂與性格上的孤僻。

(7) 活力與消沈 (generativity vs. stagnation)：發生於中年階段。一個人是否具活力抑或淪於消沈，與自己的職業角色和自己對社會的重要性之自我評價有相當大的關係。一個人到了中年，如果能肯定

自我的價值，覺得社會還很需要他，則易產生活力。

(8) 完美正直與絕望失意 (integrity vs. despair)：發生於老年階段。這階段是一個人於入暮之年或臨終前對其一生的總評價。當一個人步入老年，對其人生的回顧，可能產生問心無愧的安樂感，亦可能產生往事不堪回首的絕望失意感。

愛理生認為自我在人一生中的八個發展階段不是獨立無關的，各階段可能相互影響。愛氏認為一個人可因日後的努力而修正早期適應不當的羞赧感或疑惑感的心態；一個人亦可能因日後遭逢強烈震驚、緊張而喪失早期培養的創造力。

5. 皮亞傑(Jean Piaget)：兒童語言智慧發展理論

皮亞傑為舉世聞名的兒童心理學家，終其身致力於兒童語言智力發展研究，自一九二一年始而止於其終，任日內瓦兒童發育研究所之所長，著作等身。

在其一九二四年出版之「兒童之語言及思考」一書中，詳細闡述兒童智力發展之過程及每一階段之特徵。時至今日，他的理論仍為心理學及社會學界所沿用，並且廣泛應用於教育界。根據皮氏之理論，兒童智力發展大約可分為以下四個階段；劃分標準主要為中樞神經之運作能力。

(1) 感官接觸期(Sensory-Motor Stage)（出生至十八個月大）

從嬰孩出世至學習運用語言文字為止。在這時期中兒童在智力上完全缺乏抽象思考之能力，對於外界之接觸亦侷限於五官四肢之感觸。在意識型態上，這時期之初，嬰兒屬於物我不分之階段，皮氏稱這一階段為無分辨期 (Indissociation)，在這一時期之內，嬰孩不能體會物體之連繫一貫性 (Constance Principle)，物體之「出現」與「存在」意義相同，當一個物體消失於其視野時，在他的意識上，此物體就消滅不存

在。

　　(2)　腦力運作前期(Pre-operational Stage)(十八個月至七歲)

　　在這段時期，兒童思考運作主要是以「自我及觀察」爲依據，仍缺乏邏輯思考能力。頭腦中已可以造成簡單抽象觀念，但是卻不實際，主要是反映一己之需求、慾望及以自我爲中心之認知及肯定。當嬰孩牙牙學語，而能夠自我對話，或幻想時，都顯示他已具備初期之抽象思考力，然而在這一時期內，其思考除了極端主觀之外，還不能分辨外在物質世界與內在精神世界之區別。對於在這一時期中之兒童而言，其夢境正如同其日常生活所接觸的事物，一樣是眞實的。同樣道理，對於這一年齡的兒童，漫畫、卡通及幻想也都具有眞實性。

　　在這時期的兒童認爲世界一切事物，都具有生命能力，卽所謂「泛神論」。一草一木一石均有生命，正好似人及其他生物一樣。人既然能感覺痛苦，則草木也能夠感覺痛苦。人有父母兄弟姊妹，則草木石土也都有父母兄弟姊妹。同時兒童認爲每一事物，包括人獸草木，都是由其父母或上帝創造出來的。對於事物之解釋很膚淺，月亮之所以爲月亮，是因爲它在晚上出現，而太陽之所以爲太陽，是因爲它能發射日光。

　　由於強烈主觀自我性，不僅一切思考均以其需要感受爲依據，在這一時期的兒童思考亦充滿現時性 (Contemporality)。需要慾望都必須立卽滿足，旣無過去，也無未來。對於社會羣體之價值規範亦無強烈印象。在這年歲之兒童行走時，他祇知道前後，而不能分辨方位，對於比較抽象的概念無法掌握。

　　對於物品之認識了解亦偏限於類別而非單獨個體。例如同是一斤鐵及一斤紙張，孰輕孰重的問題，七歲以下的兒童必以爲一斤鐵比一斤紙重，因爲鐵比紙重。

　　又在這一時期，兒童旣無法了解，也無法運用代名詞。其所以如此

者，是因爲其他事物都具備獨立特別的性質。當父母在敎導子女時，可以指著一個蘋果，解釋蘋果的定名及特性，依據這一套敎學方式，父母無法解釋代名詞。

除此之外，這時期的兒童對於事物之了解，祇能從一個層面、觀點，而無法從許多層面去認識。所以，對於這一年齡之兒童如果是同一容量不同形狀之兩隻杯子，一隻長形，一隻寬形，如果我們詢問這一時期的兒童，那一隻杯容積較大？多數兒童回答不定，有的認爲是長的，有的以爲是寬的，端視乎其注意之層面是長是寬而決定。

在這一年歲之兒童，在模仿學習時，亦純屬機械性，不能了悟其中之抽象意義。 最明顯的是當他們在舞蹈時， 不論是學習鳥兒飛、 馬兒跑、或是西部英雄，他們都不能體會其中意義，祇知依樣畫葫蘆，作形式上之模仿而已。一般來說，八歲前之兒童，智力發展都侷限於此一階段。

(3) 具體運作期(Concrete Operational Stage)（七至十一歲）

在這一階段，兒童已能分辨某些幻覺與眞實情況之界線，也知道如果兩隻杯子之容積一樣，不論是長是寬其容量都一樣。也能夠分辨南北東西，也知道一斤鐵與一斤紙是一樣重。

總之，第三時期是第二時期之延伸，思考能力已有進步。然而仍未超越具體之境界。在第三階段，兒童已能分辨自然界、精神界及社會文化現象三大不同境界的差異，對於物體之質量、體積等常性已能掌握。

(4) 正式運作期(Formal Operational Stage)（十一、十二歲以後）

根據皮亞傑之理論，普通兒童於十一、十二歲之後，在智力發展上已進入最後一階段，即正式運作期。從這時期開始。人類智慧之發展依賴運用及累積，我們可以下列問題測量一兒童之智力是否已到達最後階

段。

①爲什麼有的東西會浮在水面？有的會沉下去？

②爲什麼一年有三百六十五天？

③如果你的母親是我的妹妹，我是你的什麼人？

這些問題目的在於探測兒童之抽象思考能力，對於自然界現象之領悟，是否具有推理之能力等等。當兒童之智力進入這一階段之後，其特徵：

A、具有抽象的推理運作能力。

B、仍具有強烈自我觀念，一切仍以一己主觀之思想爲出發點，缺乏客觀判斷能力。

C、對未來具有想像力及計畫，然仍以一己主觀之意念爲依據。

D、由於缺乏經驗，所以仍舊缺乏成熟老練的思想行爲。

E、缺乏耐性，常趨於理想化、幻想化，對於社會上複雜的現象及問題缺乏理解能力。

6. 皮亞傑、沙里文（Sullivan）及米德對於兒童語言思考理論的比較

皮亞傑強調兒童語言及思考程序與成年人在質地上有差異，兒童不是成年人的縮影。思考之發展最初以獨特自我的型態出現，以後才逐漸參以邏輯、常理。根據皮氏之研究，在入學以前之兒童語言，多以自我爲中心，也就是我國俗語所說的「自說自話」。俄國心理學家維哥斯基（Vigotsky）發覺兒童在遭遇困難、困擾時，其語言思考趨向自我中心（egocentric）之發展，維哥斯基發覺當兒童開始入學時，以自我爲中心之語言逐漸減少，而社會性之語言逐漸增加。維氏認爲不論語言思考之型態爲何，其目的皆在於解決問題，適應生存。

心理分析學家沙里文（H. Sullivan）強調獎賞激勵對於兒童語言

學習之重要性。兒童在八九月之年齡已開始牙牙學語，發出重覆的單音字。隨而繼續學習模仿，逐漸發展較多音節的語言，在十二月至十八月年齡之兒童，語言都屬於獨特性的，無邏輯，無通俗之意義。沙里文認為在這段時期兒童語言之展現多出自於偶然的機會，每一語言文字亦代表一類物質 (a class of objects)，而非獨特個體物件。例如當一位中國兒童在八九月年齡，每當飢餓時發出「麥」聲，「麥」所指可能是由牛奶 (Milk) 之音轉變而來。也可能是其他食物，如麥片，所引導而成。然而「麥」代表所有的食物，任何足以滿足其食物需要者，都是「麥」。這個嬰孩之所以在八九月年齡發出「麥」聲以表示食物者，另一解釋是「麥」聲是自然單音字，正好似「媽」(Ma) 是自然單音字，人類不須學習，即可發出。

在這一段時期，由八個月至十八月年歲之間，兒童所發出的獨特個別單音字，在母親誘導糾正之下，逐漸改正。誘導 (Reinforcing, rewarding) 包括親切之溫情，人身之誘導。如果嬰孩在這段牙牙學語階段之中，缺乏了這些溫情、誘導、糾正，則會持續其獨特個別性的語言發音 (Autistic language)。

兒童語言除具有強烈之自我意識成分之外，亦同時以目前情況為重心，而且有節略語言文字傾向，例如在學習語言之初，最先是單音字，如果一個嬰孩口渴時，而他已學習得單音字「水」，則他會發出「水」的聲音。如果在更早的年歲（例八九月大時），他還未學習到「水」字，或是無能力發出「水」的語音時，則會以其一己獨特之單音，通常是一個自然單音字 (natural monosyllables)，或是與「水」音相似之音來表示。從這些例子，我們也可以看出兒童語言展現之步驟，最初出現的都是與生存息息相關的重要類別名詞。語言發展的第二階段，包括動詞之出現，例如喝水、吃飯。語言文字發展的第三階段是主詞之出現，

例如我喝水，我吃飯。在這時，我們可以說語言文字之最基本型態，包括功能性的結構運用，已建立雛型。

兒童語言自發展初期至雛型的邏輯通俗型態展現，並不意味兒童之思想結構，也達到同一地步。在這一方面，皮亞傑與乎一些人類學家，如瑪格麗特・米德 (Margaret Mead) 女士之見解，有所出入。皮亞傑強調在入學之前，兒童語言之意義及出發點，仍是以自我為重心，缺乏社會交流之特性。在入學之後，由於人際關係之增加，學習及個人智力之增長，兒童語言之社會交流成分逐漸增加。本來語言具備雙重之功能，第一是表達一己之需要願望；第二是社會交流性，是人際交通之工具。人類學家如米德女士強調在兒童學習語言之初，其語言即以交流為主。比較這兩種理論後，我們可以作一概略之結論，第一，這兩種理論並非絕對衝突，互不相容的，只不過雙方強調之重點不同而已。第二，如果我們一定要在二理論中作一抉擇，則皮亞傑之理論似乎較為合理。語言文字之最主要之功能，乃是表達一己之需要及心情，在兒童習語之初，在尚未建立人際網絡之前，其語言仍是以滿足其一己之需要，表達一己之內心為主要目的。

7. 柯伯 (Lawrence Kohlberg) 的道德發展理論 (moral development)。如同皮亞傑、柯伯將個人道德發展分成四個階段：

第一階段：尚未產生錯與對的觀念。小孩早期的行為，完全是在指示下從事的。他尚未有是非、對錯和善惡的觀念。他的行為完全是在鼓勵或害怕遭體罰的情況下，依指示行事。例如：旁人常鼓勵襁褓中的小孩拍母親的臉或抓母親的髮夾，而娛樂周遭的人。

第二階段：行為基於互惠原則。小孩從不知什麼是道德，隨著年歲的增長，漸漸的了解到人們的行為是互惠的。殺人償命、欠債還錢、以德報德、以怨報怨的觀念。此階段的道德發展著重在外在行為本身間相

互關係的考慮，卻未能同時考慮多項因素而作整合性的結論，同時也少考慮到行爲背後的複雜背景。

第三階段：他人導向的是非觀。小孩逐漸成長，他漸會考慮到別人對他及其行爲之反應。而從他人導向(other-directed)中發展出「對」與「錯」的觀念。此階段的道德發展，雖有了他人導向的是非觀，會考慮到一些其他因素，但缺乏主見或主觀分析的能力。

第四階段：在價值衝突之下評界某一行爲。個人的判斷基於多方的考慮以及周全的思索。同樣的行爲，卻有不盡相同的評價。此階段的小孩，生活範圍擴大了，常與不同的人相處後，他開始體驗道德的衝突。他並且發展了自我導向 (self-directed)，依據客觀資料，配合自己的分析、思索、量度，而在衝突的道德觀下產生自己的觀點和主見。

爲了說明上述道德發展的四階段，柯伯舉了一個有趣的例子。他說：「有一個人，他的太太病危，命在且夕。只有一種藥可醫治，但這帖藥價值 2,000 美元。此人家貧，付不出這筆費用，他要求藥劑師允許他分期付清。但被藥劑師所拒，在無計可施，瀕於絕望的情況下，此人在夜黑風高的深夜破窗潛入藥房，偷了這帖藥。」柯伯以其道德發展說來解說上述的偷盜行爲。

在第一階段，尚未有道德概念的小孩，對該行爲的對錯，是非之評價，完全依他人的指示而行事；第二階段的道德發展之小孩可能基於互惠原則，認爲該太太平常作飯洗衣很辛苦，生病好可憐，應該義不容辭相助；第三階段的道德發展之小孩，已有了他人導向的是非觀，強烈的反對破窗而入的盜竊行爲，因此他可能認爲此人的盜竊行爲是錯誤的。這人是小偷，是「壞人」；第四階段道德發展的小孩，他開始可體會到道德的衝突。他了解此人爲何破窗而入，竊取藥物，然而他又擔心若人人如是，那該怎麼辦？

　　個人的需求，與爲了維護社會秩序之間的種種衝突；或是成人所信仰的各類價值與其實際生活上需求間的種種衝突，漸漸清晰地爲孩子們所體會後，孩子本身將開始產生對某類事件或現象的強烈好感或強烈惡感。基於此觀點，孩子們漸漸有了自己的判斷，漸漸產生了自我導向 (self-directed)，即吾人所謂的個人主見，逐漸的發展出正義、互助、人權平等與尊重人性尊嚴的普遍原則。

8. 良心 (conscience) 的內涵及形成過程

　　所謂「良心」，意指個人內化社會道德，價值規範，形成個人人格的一部分，控制個人之思想行爲，使之合乎社會文化之規範。人性中包含極多的社會文化成分，其中主要成分之一是良心。人之所以爲人，人之所以異於其他動物，「良心」是一個不可或缺的成分。沒有良心的人，不能稱是一個眞正的人，只能稱是一個人間的禽獸。

　　良心並非人類與生俱來的天性，而是在後天社會化過程培養形成的。在傳統社會中，由於社會道德要求嚴屬，價值規範完整統一，絕大多數社會成員都因而培養形成完整無缺的良心。然而在現代複雜多變的社會中，由於道德式微，價值規範多元化而且相互衝突矛盾，加以基本社會組織如家庭、鄰里之破壞，許多社會成員，由於不良的生活環境，惡劣的敎養，無法培育完整的良心，形成各種爲非作歹、變態心理及偏差人格型態。

　　心理分析學大師佛洛依德，曾就良心加以界定，他說：良心就是父親的心理顯象 (Conscience is the psychological representation of the father)。佛氏對於良心的界定，不僅指示良心的內涵，亦同時指示良心的形成過程。佛氏的這項理論，特別適用於解釋傳統社會中個人良心形成的過程。在傳統社會中，父親象徵社會權威，道德及價值規範，透過認同 (Identification) 的關係，子女模仿學習父母的心態行

爲，遂而內化社會道德、價值規範，形成一己之良知良能。在二十世紀的現代社會中，父親已失去傳統的地位，個人不再是透過父親，而是透過雙親、師長之認同，接納社會道德、價值規範，形成一己的良心。

不論是從心理分析學派的觀點，或現代社會心理學的觀點，良心的形成與「認同」的心理過程具有密不可分的關係。僅只是嚴格的教養不足以培養子女的良心，必須配合以親切的親子關係，也只有在親切的人際關係中才能產生兩代的認同。所以我們可以說，良心的形成，親切的人際關係，特別是親切的親子關係，是一項不可或缺的條件。當然，除此之外，父母親在心態行爲各方面都必須以身示範，爲子女建立模範。變態心理的父母，不足培育正常的子女。

第二節　行使「社會化」的機構制度

在現代社會中，由於家庭功能之式微，社會變遷迅速，傳統之迷失，職業、專業化，次文化之繁盛，代溝之加深，個人必須扮演多重的角色，面臨各種衝突矛盾，使得社會化的過程複雜而漫長。而參與社會化的機構制度也相形而複雜繁多，以下我們將討論若干主要社會化機構制度。

一、家　庭

家庭如何影響一個人的社會化呢？首先必須談到一個小孩在何種情況下誕生，人們要有小孩的動機不盡相同，例如延續香火、表現母性、證明自己有生育能力、想看看自己的小孩、塡補生活的空虛、養兒防老、節育失敗等等。因爲父母的動機不同，對待小孩的方式也難免有所差別。父母家庭在孩子出生後的早年歲月幾乎是小孩的整個世界。父母

為小孩的一面鏡子，從這面鏡子，小孩漸漸認識自己。父母這面鏡子也是小孩是非善惡觀念的主要來源。所謂：有其父必有其子。孩子們從父母與家庭其他分子處獲得基本價值以及各種觀念。

1. 社會階級的影響：父母對孩子的某些行為採取鼓勵或抑制，對孩子的性向發展有相當大的影響。從龔 (Melvin Kohn, 1977) 的研究，吾人知道每個社會階級教養小孩方式不盡相同。譬如說，美國勞工階級家庭注重「服從」、「尊敬」、「整潔」及其他傳統行為標準，重視孩子行為的立即成果，強調體罰的重要性。相對地，中產階級的家庭強調孩子的動機意向而較不考慮行為本身的後果。訓練孩子分析能力；重視孩子的好奇心、快樂與自我控制；對孩子的過失常以減少愛及情感上的支持作為懲罰；強調心理上或精神上的處分，較少體罰。

龔氏認為不同社會階級間對孩子教養方式的差異與雙親的職業有密切的關係，尤其是來自職業上的經驗。勞工階級，一般而言，多從事體力工作，多在監督、安排妥當的情況下工作，強調順從與尊敬。因為工作複雜性低，成果立竿見影。相對地，中產階級工作複雜性高，個人在比較獨立而具彈性的情境下，作較長時間的考慮、思索以及籌劃等等。必要時有關人員互相討論，鼓勵貢獻意見與真誠的批評。不同階級間的職業經驗深切的影響了小孩子的教養方式。

2. 權威與寬大容忍的教養方式：阿爾坡(Gordon Allport, 1954)強調寬大容忍教養方式的好處。他認為採取權威教養方式的父母會讓孩子們有一種印象：就是「權力與權威支配著人際關係而非信任與容忍。」「被告誡或抑壓不可手淫或動怒的小孩，常疑惑自己的衝動，同時對他人惡意的衝動（動怒）感到害怕，不敢抗辯。而一個對自己所作所為感到安全與被贊同的小孩，將發展出平等和信任的基本觀念。阿爾坡的觀點受到包仁 (Diana Baumrind, 1966:887-907) 的挑戰。包仁認為寬

大容忍的教養方式是基於雙親勿作太多的干涉之概念；雙親宜多給予小孩贊同與尊重，這對小孩至少會導致二種不良的後果：小孩沒有機會體驗到不順從行爲所要付出的代價（即吾人所說的不知天高地厚）；以及少有機會讓小孩在爭辯中建立孩子自己的立場，依包仁的觀點，她主張雙親應該擁有權威。然而，不應是個極權者。她認爲雙親應強調自己的權力，同時也應尊重孩子們的權利。親子雙方在一種理性和針對事件的爭論上心平氣和的坦誠討論。如此，可使孩子們學到如何在責任與自由間取得平衡。

孩子教養方式的差異不僅存在於階級間不同的家庭，即使在同一階級內的家庭，孩子教養方式也不盡相同。事實上，吾人亦無法保證同一家庭內的兄弟姊妹接受相同的教養。通常第一個小孩是父母剛成爲父母，對小孩付予較多的注意力。剛做母親的總是較爲憂心、注意、干涉小孩的一切。而有經驗的母親常以較輕鬆的心情來教養第二或第三個小孩。此外，兄弟姊妹間的不同生物性特質也影響父母的教養方式。因此，即使在同一家庭內，二個小孩的社會化方式也是不盡相同的。

二、學 校

學校是當兒童逐漸將生活領域擴展到家庭以外之際，引導小孩邁向較大社會的重要機構。學校生活與家庭生活，事實上，有很大的差別。基本上，家庭是一個基級羣體，家庭成員的關係是建立在感情的關係上；而學校是一個正式羣體。學校成員之間的關係主要是建立在正式的規則上。例如：父母親打小孩的屁股，是因爲父母愛小孩，關切小孩；而孩子服從老師，並不一定愛他們的老師，而是他們必須服從校規。一般的學校，其作息時間表或一般行爲的準則都被事前妥爲安排設計，並明文規定。同學們並沒有參與規劃課程或是擬訂行爲規則的機會。在作息時

間中，他們的一言一行或是上洗手間都需事前獲得准許。

學校的目的是教導孩子們技能，啓發孩子們的智慧，傳授各種文化價值和一般社會態度，以便他們日後在公務機構或工、商、服務各行業中，適當的扮演成人的角色。學校除了課業的傳授外，對孩童社會化的影響可從下列兩層面來說明：

1. 學生的組成: 學校的學生有來自中上階層的家庭，或是中下勞工階層的家庭。學生的社會背景對學生生活具有密切的影響。來自中上階層的小孩佔多數的學校，學生們一般較容易培養出奮發向上的競爭心態，日常生活與事務的處理也較傾向於獨立自主。來自中下勞工階級家庭的小孩佔多數的學校，學生們一般容易養成得過且過，逆來順受的心態。他們不善於計畫未來，彼此間互相依賴，少有自己的理想與抱負。

2. 同輩羣體的影響: 多數學校的學生包含不同的家庭背景。由於父母的經濟社會地位，居住地點，或是宗教，種族的差異，常使得出身類似的小孩自然的聚在一起，互相影響，除了出身不同的影響之外，同學們在學校的表現也可能影響其社會化。在學校中，成績表現較好的常形成一個小羣體；而成績表現不好的也自然的形成另一羣體。互相影響的結果， 好學生進步更快， 不好的學生則形成自卑、 挫折及孤立的個性，少年偏差行為的溫床。

學校教育及學校環境深切的影響孩子的社會化。教育的目標，課程的研擬以及學校政策必須多思愼行。

3. 大衆媒介 (mass media)

所謂大衆媒介卽是同時間內將消息傳達給散佈在不同地區的個人或羣衆之媒體。吾人所熟知的報章、雜誌、廣播、電影、電視等等皆是。大衆媒介， 尤其是電影、 電視節目對成長中的小孩有何影響呢？ 基本上，大衆媒介，尤其是電影和電視節目，其影響性質是： (1) 偶然性的

觀察學習；(2) 建立情境的定義。這兩種特質使得電影、電視對小孩心智的發生產生更深遠的影響。從觀察學習中，孩子們不僅可以從聽覺獲悉消息，亦可從視覺看到眞實情況，視聽並用可以加深印象，延長記憶。從塑成情境的定義而言，由於電視、電影節目，尤其是各項廣告或宣傳（商業性或政治性的）可以重複的刊登或顯示於銀幕上，配合令人興奮或恐懼的言語，一再灌輸某種觀念。一旦吾人落入該情境，吾人常以熟悉的廣告定義作爲一己的定義。例如：有人瀉肚子，他就想到服用「幕蒂納斯」或「保胃加治兒」；牙疼就想到獅王力大牙膏；當男女墜入愛河，電視連續劇中的男女互動模式也常被引用。如上所述，吾人很難評估大眾媒介對小孩的影響是好是壞，吾人僅能就其可能的後果作概括性的分析。

(一) 不良的影響

(1) 暴力與色情節目影響小孩的身心發展：從許多有關的經驗研究顯示，常觀賞暴力節目的小孩比較容易參與侵略的行動。暴力節目對侵略性行爲的培養似乎比社會經濟背景、家庭關係、智商，或其他任何單一因素更爲有效。雖然吾人不能明確斷言侵略性行爲與喜好暴力節目的因果，但兩者似有密切的關係。小孩子對強暴或謀殺事件的長期觀賞，將使小孩對這類節目的劇情產生麻痺，司空見慣覺得沒什麼新鮮或不得了。色情電影或電視節目更是影響孩童身心發展，同時可能引發各類型的犯罪行爲及社會問題。雖然吾人不能確定觀賞暴力與色情節目直接會造成侵略或強暴異性的行爲，但吾人似乎可以肯定由於喜好觀賞暴力與色情節目對發育中的小孩與沒有經濟能力的小孩而言，很可能導致學業的荒廢、對異性的幻夢，或是偷盜的行爲。

(2) 偏差、虛假的宣傳或報導，對缺乏分析能力的小孩常導致歪曲的知識。小孩在偶然觀賞節目下學習，印象深刻。小孩常藉用電視或

其他大衆媒介對某情境的解釋作爲自己對該情境的合理說明。因此電視中的俠客或是暴力中的勝利者，常成爲孩子心目中仰慕的英雄，或是神聖人物。一心想模仿其行徑。電視節目中的男女互動模式，孩子們常缺乏選擇性的認爲是普遍社會現象。誇大的食品、藥物、商業廣告、小孩視如眞理。你可以知道小孩的腦子中容納多少口香糖的名稱嗎？你知道小孩靜候觀看北海小英雄、小甜甜以及布袋戲的心境嗎？你可估量楚留香或史艷文在小孩心目中的幻想與地位嗎？對美國的崇拜與對蘇俄的嫌惡可明顯的表示在小孩的認知上。

(3) 奇幻節目對心智未成熟的小孩更具影響：觀賞電視本身就是一種感官及心智活動。長時間的觀賞易生身心疲憊。有些電視節目純屬編劇者所虛構，雖然生動但脫離現實。中國的武俠片，西方的太空歷險，阿拉伯的天方夜譚之類的節目皆屬虛幻性的節目。這類節目多屬前人力所不能及或人所未曾經歷別的新奇事物或迷幻世界，目的是滿足小孩的好奇心、創造慾，引導到一個虛幻的世界。相對地，小孩對傳統的一些課外娛樂，諸如集郵、戶外運動或閱讀名人傳記、名著選讀，愈來愈興趣盎然。

(二) 好的影響：若是單向的指責電視或其他大衆媒介對小孩社會化的不良影響而忽略其功能，那是不公平而且是持有偏見的。電視、電影、報刊或其他大衆媒介雖然有些節目在製作內容上因商業或政治關係而可能有所不當，但多數的節目其目標還是朝向敎育性、挑戰性。吾人可自大衆媒介得到不少消息、寶貴知識和各項啓示，使吾人對所成長的社會有更多認識與了解，同時提供人們更多更廣泛的互動。事實上，許多節目富有敎育性：傳播各類家居常識、醫學知識、人文知識以及科技知識；有許多節目強調爲人處世：分擔責任、互助合作、訓練自制，使得一個人有適當的社會行爲以及與他人保持和諧的人際關係。

電視、廣播、報刊等大衆媒介是偏遠地區或是貧困地區清寒子弟社會化主要來源之一。從傳播理論，吾人了解一個人參與的社團愈多，消息的來源廣泛，則個人態度或觀點受某單一消息來源的影響將相對的減弱。相對的，若消息來源有限，則某單一方面的消息之影響力將相對的提高。偏遠地區或貧困地區，人際間的社會互動及社會參與都有限，消息來源多半依賴電視等大衆媒介。因此大衆媒介對這些地區的居民，尤其是小孩，更負起傳達消息和教育新知的功能。

大衆媒介對孩童社會化的功能，到目前為止很難評估正負的比重。個人性向的不同，節目選擇性的差異，以及各類不易評價的生活背景，使得吾人探討大衆媒介的功能遭到阻礙。從事大衆媒介的人員：新聞記者、編劇、導演、演藝人員、導播、編輯人員，其責任重大。這些人員的知識背景及素質須慎重挑選。節目的製作須在娛樂、教育與訓練各方面詳加研擬思索。

4. 朋輩羣體 (peer group)

一般而言，家庭或學校，其權力是單方面的。不管孩子們了解或不了解，喜歡或不喜歡某些規則，父母或老師可能強迫孩子們服從。然而，在朋輩羣體中，互動的基礎相當平等。靠年齡、性別、等級的力量，朋輩間人際關係的權威是相似的。因此，朋輩常以同樣的眼光來看某件事物。因為朋輩羣體內分子間的互動傾向於平等互惠，所以孩子們更加體認到互換和合作的意義。朋輩間可互換或分享一些父母或老師所禁止的一些知識。例如：性知識的互換與學習；翹課技術的分享；小孩分享抽煙的好奇心；追求異性技巧的切磋等。

朋輩羣體的影響在小孩的成長過程中，似乎愈長大愈重要，青春期時達到顛峯。在如何使下一代適當的扮演成人角色的教育內容上，許多是社會或為人父母所不便解說的。因此常使小孩，尤其是青春期的年輕

男女感到困擾、疑惑。同時年輕人又欲求脫離成人而獨立自主。在這種情況下，建立於平等基礎下的朋輩羣體，其影響力似乎愈趨重要。因爲只有年輕人間的溝通最爲自然。芮思曼 (David Riesman) 在其所著孤立羣衆 (Lonely Crowd, 1953) 一書中提到某些社會力量 (social forces) 使得社會化的重心由家庭轉移到朋輩之間，其中之一是「快速的變遷」。因爲在快速變遷的社會，一切都在變化，父母的經驗和知識往往遠落於時代的變遷。這種事實很容易被下一代認爲是過時或落伍的，趕不上潮流。在美國國民性由傳統導向 (tradition directed) 轉變到內心導向(inner directed)，再轉變到他人導向 (other directed) 的過程中，芮思曼認爲在變遷快速的工業化、都市化及科層化之他人導向社會裏，朋輩羣體是否贊同，成爲個人行爲的準則。包仁(Baumrind)則從另一角度來研究朋輩羣體的影響。包仁的研究發現，當父母親沒盡到指導、愛顧和關切小孩的責任，其小孩更容易受到朋輩羣體的影響。疏離者，少年犯以及一些違反人性的行爲者，其受朋輩羣體的影響遠比受其他機構的影響大。

朋輩羣體對於超齡的單身男女的生活亦深具影響。許多年長的單身人士生活在一起，住於公寓或參加各項社團，常發展出屬於他們自己羣體的次文化 (subcultures)。

以上所談社會化的來源，強調小孩及少年的社會化過程。家庭和學校傾向於提供較有規則性，較正式的教養過程；而大衆媒介和朋輩羣體傾向於提供 偶然性的學習，在娛樂，歡樂當中不自覺 學習到各種經驗、技術和知識。這是一種非正式的學習過程。正式的教養過程與非正式的學習過程互相配合使得一個人獲取更完備的社會化。

第三節　成人社會化

社會化貫穿個人整個人生歷程。

當一個人脫離了孩童時期、少年時期，社會化並沒有停止。當一個人進入勞動力市場；住進屬於自己的公寓；結婚生子成為人之父母；改換職業；改變鄰居或更換配偶；以及步入老年邁向死亡，隨時都在學習適合自己新身分 (status) 的角色 (role)。現代社會中，個人遷移的機會更多，經濟上的變動（改換職業），以及社會地位上的變化更大，因此成人社會化在今日社會更具意義。成人社會化，建立於小孩或少年時代所學習的規範、價值、信仰及習慣基礎之上。對於一個成年人而言，學習新角色多半就是學習如何表現已存於個人本身的價值思想。成人社會化的兩個重要層面是：(1)學習如何適應婚姻生活與扮演雙親的角色，(2) 學習如何適應自己所從事的職業。

一、婚姻與為人父母的經驗

現代新婚夫婦的經驗與傳統社會的婚姻具有相當顯著的變化。昔日婚姻是步入未知狀況的一步，因為很少夫婦在婚前曾一起生活過。在某些社會中，夫婦結婚前素未謀面，在父兄的安排下結合在一起，夫婦二人或其中之一是處子。而今日多半夫婦婚前已相交甚深，雖不敢斷言目前每對夫婦在婚前已有性關係，但婚前性關係的普遍幾乎已成為男女交往模式的主流。然而，這並不表示目前的人對婚姻的認識比前人更正確。相反的，在過去，傳統性的婚姻強調「相互尊重」及家庭的重要性。在今日結婚已不是性關係和彼此尊重的先決條件，男女雙方是否渴望有一個家庭（子女）也是一個深切的疑問。人口壓力，對孩子的需求

減弱，降低了結婚的重要性。目前成人社會化過程中，常經驗到的婚姻難題有以下幾項事實：

1.性要求隨性知識的開放而增多：婚前的性行為可以減少結婚初夜的笨拙和困窘。當前一般夫婦對於性生活可能比其父母了解更多。相對的，他們對性方面的要求也更多。有不少夫婦認為：如果他們沒像新婚那麼頻繁的性行為、或未經驗到如同報章雜誌所描述的性感覺、他們可能認為他們的性生活有問題。事實上，許多婚姻因性生活不和諧而觸礁。

2.職業婦女劇增，子女教養方式產生變化：雖然，似乎愈來愈多人同意婦女有權步出廚房，投入經濟活動的勞力市場，然而，對於就業婦女的家庭，其小孩的安置和教養，並未有周全的研究與解決之道。「鑰匙小孩」、「四小時制奶瓶小孩」、「托兒制度」都是職業婦女增加後所產生的新名詞。這些名詞多少隱含著一種如柏深思 (Parsons, 1955) 所提到的文化剝削 (cultural deprivation)，就是小孩們未能得到他所應得的正常教養。

3.離婚率提高：隨著結婚主旨的變化，以及就業婦女的增加，婦女的生活自主性，經濟獨立性，與社會互動領域相對的提升。離婚的觀念越來越普遍的被接受，婚姻本身已不像從前是一種感情最終的誓約。只要彼此同意，即使任何一方沒任何差錯，亦可隨時結束婚姻生活。中國傳統上嫁雞隨雞，嫁狗隨狗，從一而終的觀念已隨著社會經濟的發展而顯得淡泊了。美國每年離婚對數一直在提升，單是 1979 年即有110萬對 (U.S. Bureau of Census, 1980)。中華民國的離婚率也在加速增加。至於離婚率的算法，有多種爭議。有人主張以某年離婚的對數除以某年結婚的對數，再乘以一百；有人則主張以某年離婚對數除以該地區結婚總對數，再乘一百。我懷疑這兩種計算方式所能說明的現象。我認為較可說明離婚現象的一種計算方法是某期間離婚的對數除以在該期間（一

年、三年、五年、十年，或終其一生）結婚的對數，再乘一百。

　　婚姻生活的結果，讓絕大多數的夫婦體驗到爲人父母的角色。這也是一項新的學習，新的經驗。當孩子隨著美滿的性生活降臨後，家庭的成員增加了，夫婦角色因身分的增添而須重新界定。已經習慣的婚姻生活，現在必須調節適應新生的嬰孩。在孩子的成長過程中，家庭的種種關係也繼續在變化。當夫婦步入中年，小孩離家後，爸媽再回到結婚初期的夫婦生活。配偶死了，又是一種新的衝擊，新的體驗。每一種改變都導致新的角色，新的情境，新的學習經驗。

二、職業經驗

　　成人社會化除了學習如何過婚姻生活以及學習如何爲人父母外，另外二個重要的體驗是就業經驗的學習。當一個人有了職業，形成了某組織中的一個成員。無疑的，經過了一段時間的學習，人們學到了一些技術、言語詞彙以及組織中一些正式和非正式的指令、訓示與規則。對組織而言，社會化某一成員是要令其服從組織內各項要求，並了解組織的目標。老板可在社會化過程中顯示自己的權力。對新成員而言，在某一組織裏從事社會化，是將自己的期望適應到現實職務上。學習新系統，建立新的忠誠，同時發現自己的潛能等等。

　　不同的社會經濟情勢，常常培養並選擇不同人格特質的經理人才或決策人員。一般而言，在穩定成長，欣欣向榮的社會，公司或機構所選用的經理人才或決策者傾向於守成人物。這類人性傾向保守，言行做事謹慎，易受公司控制。可謂道道地地的「公司人」(company men)。而在不穩定的經濟情勢，公司或其他機構所選用的經理人才或決定者傾向於創業人物。這類人具侵略性、冒險性，善於投機，企圖主宰公司的命運。這類人善於玩票，在多變化的經濟情勢下敢孤注一擲，吾人稱這

類人為投機的機會主義者（gamesman）。

　　由以上所述，不同的職業有不同的職業經驗與其特有的次文化，同時不同的經濟環境也培養出不同人格特質的決策人員。這些都是成人社會化所免不了會遭遇到的經歷與學習過程。由於成人就業經驗普遍有所變化，每改換一種職業，即須重新社會化，學習另外一種不盡相同的經驗與價值觀念。因此，吾人在此必須了解「再社會化」（resocialization）一詞的概念，以及其過程。

三、再社會化 (resocialization)

　　「再社會化」一詞就是吾人通常所說的「洗腦」（brainwashing），「洗腦」傾向於政治上的術語。

　　一個人從事某一行業，通常是基於他既有的個性、興趣及所擁有的基本技術和知識。但在許多經歷上還是須要學習。一個人要成為精銳軍隊的一員，要成為一個忠誠的警員，成為一個醫術超羣的醫師，或是一個傑出的經理人才，必須經過再社會化。

　　1.再社會化的基本原則：再社會化最重要的原則是在訓練方案上，須研擬一些規則，有意無意的去除或貶抑以往社會化所造成的自我形象（self-image）以及認知，而以一種新面貌和新的自我形像來取代。再社會化須經過一段時間，循著教育、訓練的程序，逐漸以新價值觀念和新的行為模式取代既有的價值觀念與行為模式。

　　2.再社會化的步驟：再社會化的經驗因職業的不同、個人的不同而有所差別。然而，約略可分為下列幾個階段：

　　（1）造成不同的感覺：造成不同的感覺是去除既存自我形象的先決條件。不同的感覺最直接的就是外表的改變。公司、政府機構或軍隊、學校的制服、僧侶、囚犯、新兵髮型的改變等都是造成不同感覺的

一種手段。

(2) 與外界隔離：爲了強化這種差異感，加速過去形象的抑制或去除，許多再社會化機構都要求新成員與外界作暫時的隔絕，例如道士、新兵、囚犯等，入伍的新兵非但不可與家人、親友會面，就是連通信也暫時被禁止。

(3) 既存自我形象的壓抑：在自我形象的壓抑上，常用一些能力以外的職務來困擾或侮辱新成員，令其對自己過去的一切產生懷疑，缺乏自信而重新評價自己，此階段主要內容可細分如下：

　①侮辱：侮辱或施以不名譽有二種目的，抹去新成員的傲氣或除去對新職業的偏見。

　②造成心理的衝突和困擾：在新成員不能完成眼前的職務而失去信心時，他會因過去的認知和目前的事實截然不同，而造成心理上的衝突，進而對自己產生新的估量。

　③絕望：在感到與以往不同，被侮辱以及衝突，困擾下，新成員將漸漸感到失意，甚至絕望。在相互衝突的規範與價值的襲擊中，他將不可能維持原來的自我感 (sense of self)。漸漸的，他並不想對任何事辯解，只好依令行事。事實上，他已停止反抗。

(4) 新價值的灌輸：再社會化真正的目標，發生在此階段。當一個人過去的自我形象被壓制而對於衝突的價值規範失去抗辯的意志時，灌輸新的價值比較容易被接受。一個愈希望成爲該羣體的新成員，新的規則、新的指令對他就更具意義。新成員漸漸的習慣於新規則、新指令、新價值觀念以及新的生活方式。

(5) 自我肯定：個人內化了新職業的價值觀念，學習到了新的行爲模式，他將自己接納爲該行業的一個成員。

各項職業的再社會化，軍隊、警官、醫師、護士，甚至公司、企業

人才等等的訓練方案多少都應用這些原則，只是程度有別而已。

四、老年社會化

美國自一九〇〇年以來，總人口增加了一倍。然而六十五歲以上的人口卻增加了五倍。臺灣地區自一九五三年以來，總人口增加了一倍，六十五歲以上的人口卻增加了3.4倍。而且臺灣的人口結構正值由年輕人口結構轉換到老年人口結構的轉型期，因此可預期老年人口的比例將由目前佔總人口的4％加速提升。老年人口比例的提高加上社會經濟結構的變遷，老年社會化的難題愈來愈受到重視。

老年社會化最明顯的是退休與鰥寡的體驗。大部分步入老年的人，其社會化重心是脫離社會 (socialization of social withdraw)。尤其是在公司、工廠或其他公敎機構服務的人員，其撤離現象更是明顯。因為絕大多數的人都是受雇員工，很少是自當老板，因此，多數的人不能自選退休時間：公司或工會都訂有退休年限，公敎機構也有正式退休年限。卽使具有生產力，活躍的員工，終究要被迫自勞動力市場撤離下來。

寡居生活的適應也是老年人必須經歷、學習的。在美國社會，如同臺灣社會一樣，婦女的平均壽命比男人長。在七十五歲這一年齡層，每一百個女性，只有七十五個男性。而且年齡愈增，男女性比例愈懸殊。在這種情形下，將有部分的老年人不能享有往日所習慣的夫婦日常生活。布勞 (Blau) 在轉變社會中的老年人 (Old Age in A Changing Society, in Keller & Light, 1979:136-138) 乙書中提到：「退休者或鰥寡者常自許多主要的角色中退出，突然間中斷了原先習慣的生活方式，而不僅是從某一階段轉移到另一階段的生活。因此，他所產生的墮落也是極端的。」身分的喪失、聲望、經濟收入、權力以及社會地位都有重

大的改變，面對這種急遽變化的新環境，無疑的會產生身心上適應的難題。布勞認爲有許多方法可以克服老年生活的失落感及孤寂感。例如：維持一種活躍的社會生活或是找幾位親密朋輩聊天，卽可維持士氣，使精神免於崩潰。許多退休的老年潛心著作，培育花木，或是參加晨操運動，都是維持活躍的社會生活，布勞與米德 (Margaret Mead) 均極力主張有意義的工作，如此可使一個人減少孤寂消除自卑失落的感覺，又可使社會利用他們的技術與經驗。

第四章 社 會 組 織
(Social Organization)

第一節 「社會組織」一詞之意義

社會組織，指社會中定型持續的人際羣體關係。社會組織又稱社會網絡(Social fabric)。社會中每一個人，每一個羣體、機構，都好似網絡中的一個結，與其他無數的結相互關聯。當社會網絡的一部份受到衝擊時，其他部門也會受到感應，當社會網絡的一個單位遭受破壞時，其他單位也隨之受到影響。每一個社會組織同時也在不斷的成長發展，不斷的變動，而只有直接參與其中的人才能眞正了解一個社會組織之內容及運作實況，旁觀者難以了解其中奧秘。

社會組織中，有的單位、部門較爲重要，影響整個社會組織之生存運作；另有些單位、部門則不太重要，只影響少數人。以一個大學的組織爲例。大學組織包含校長、教授、學生、行政人員，及敎務處、總務處等等部門。另外還有數以百計的社團、附屬機構。其中有的很重要，有的不重要，例如敎務處是大學組織中最重要的一環，敎務處之組織功能如果失誤，影響及於整個大學之運作。相反地，如果同學組織的橋牌

協會在組織功能上發生失誤，最多只影響橋牌社社員的活動，對整個大學的運作沒有影響。

第二節 社會組織的層次

社會組織大約可以劃分成爲三個不同的層次，卽個人之間的關係、羣體之間的關係，以及社會整體組織。下列表一展示社會組織之層面及其內涵，並分別討論於下：

表一： *社會組織層面及其內涵*

層　　　　　　面	內　　　　　　涵
①個人之間的社會組織	定型持續的人際關係，例如師生、親子、夫婦等。
②羣體之間的社會組織	羣體與羣體之間的定型持續關係，例如合作競爭、共生、寄生等。
③社會整體組織	廣泛性的社區社會組織，例如城市、鄉村、資本主義社會、共產社會等。

一、人際關係

人際關係是社會組織的最基本單位、最基本層面。譬如說朋友之間的關係，夫婦之間的關係，師生之間的關係，親子之間的關係，僱主與佣人之間的關係，都是人際社會組織之最好例證。然而人際社會關係並非完全是親切融洽的，也包含不協調，衝突矛盾性質者。

社會是由人組合而成，所以人際關係是社會組織基本單位。除了以上所列舉的人際關係之外，又有「領導」、「附隨」、「合作」、「敵視」等等可能性。

二、羣體關係

羣體之間的關係，與人際之間的關係相似，只不過擴而大之。羣體與羣體之間可以「合作互助」、「衝突敵對」、「征服滅亡」、「同盟協商」、「和平共存」等等方式相互發生關係。羣體關係構成社會組織的第二層面。

三、社會秩序

整個社會賴以維繫生存的組織方式，是爲社會秩序。例如現代工業社會，有的是以自由貿易爲本的資本主義社會。其基層社會組織是以契約性的人際關係，自由競爭，平等的人際關係爲主。在羣體的層面則以企業公司，工廠組織，自由貿易競爭方式爲主。除此之外，現代資本主義社會組織牽涉及市場、勞資關係等等特性。綜合資本主義社會的各種特性，我們可以稱之爲現代資本主義社會之社會秩序，以別於中古時代歐洲之封建制度，十六、十七世紀出現的以海權爲主的商業社會秩序，或是傳統中國君主制度之下的農業社會秩序。

第三節　　整體社會組織的類別

從大處著眼，社會組織的形態，隨時代而變遷。自從十九世紀以來，研究社會組織的學者，對於社會組織之形態類別，陸續發表許多大同小異的理論，都是以傳統的農業社會組織與現代的工業都市社會相形

對比，其中著稱者，可以德國的湯尼 (Tonnies)、法國的涂爾幹 (Durkheim)，及美國的貝克 (Becker) 三位學者之理論為代表。

一、湯尼 (Ferdinand Tonnies, 1963)

湯尼劃分人類社會組織為兩大形態，即禮俗社會 (Gemeinschaft) 與法理社會 (Gesellschaft) 兩種。如果以中國歷史為依據，二十世紀以前的農村社會屬於前者，而二十世紀以後的大都市則屬於後者。二者間之差別是相對性的，而非絕對者。就中國社會整體而言，整個中國社會組織，自從十九世紀以來，由於受西方文明、工業革命及都市化的影響，逐漸由禮俗社會轉化為法理社會。這一項轉化過程是緩慢的，時至今日，我國社會中仍有許多地區維持禮俗社會組織形態。如果以中國社會與西方社會相比較，中國社會仍是偏於傳統禮俗社會的形象，而西方社會則偏向於法理社會。依據湯尼的分析，禮俗社會包含以下諸特性：

(1) 社會分工制度粗淺，侷限於傳統式分工制。以十九世紀以前之農業社會為例，社會成員中絕大多數隸屬農民階級，其他行業分化很少。

(2) 家庭親族制度是社會組織最重要核心，非親屬性的羣體不重要。

(3) 人際關係多屬基層形態，情感的成份重於功利的成份，以隨和、無拘束之關係為主。四鄰之間的關係一如親屬。社區組織以村落為主，成員關係親密。

(4) 行為規範以傳統習俗為主。

人類學家米德女士 (M. Mead, 1935) 在描述一個初民社會的村落生活時，她說：全村的人好似一個密結的網絡，休戚相關，每一個人對於其他成員的生活底細、生活狀況都熟悉了解。一個陌生人進入村落之後，引起全村的騷動。全村的人關懷著風浪是否會影響他們出海打漁？

出海的村人是否安全？某家要生孩子，是男是女？某家的某人病了，近況如何？某某兩家之間的爭執發展到如何情況？米德所描述的初民社會是禮俗社會的典範。

相對地，法理社會之特色大致如下：

(1) 社會分工趨向複雜、精緻。以醫生爲例，四十年前在中國大陸上，一位醫生必須兼顧各種病症，從外科而內科，從眼科而至於皮膚科，一應俱全。相反地，目前的醫學分工極爲精細，包含的項目不下數百數千。隨分工之精緻而帶動長時期的教育訓練，以一位專業醫生爲例，必須經過二十年的學校教育及五年的專業訓練，才能成爲一位專業醫生。現代社會分工制以科技知識爲劃分原則，原始社會則以性別、年齡爲主。

(2) 家庭變成爲專業性的社會組織，家庭失卻許多傳統的功能，諸如宗教、法律、教育功能，後者皆由其他社會機構取代。工商業都市社會中新興的大型企業機構，工廠代替了昔日的宗族、教會，控制全社會。政府及企業組織龐大，以科層制度 (Bureaucracy) 爲基礎。

(3) 人際關係逐漸趨向功利主義。缺乏親切，隨和的特色。人際關係也缺乏持續性，個人對於其他社會成員失卻關懷，不注意四鄰的行動趨向。多數人只有在職務關係中發生聯繫。

(4) 法律逐漸代替傳統習俗，成爲行爲規範之最主要部門。傳統習慣對於現代工業都市社會之運作，已失卻控制約束的功效。

較之傳統禮俗社會，現代的法理社會缺乏和諧性。由於精密之分工，功利性之人際關係，社會組織龐大複雜，社會規範及生活方式亦因而日益制度化，嚴格的法律制度逐漸取代鬆弛的傳統習俗。

二、涂爾幹 (Emile Durkheim, 1933)

　　涂爾幹劃分社會組織為機械性連繫 (Mechanical Solidarity) 及有機連繫 (Organic Solidarity) 兩種，以區分傳統社會與現代工業都市社會之組織形態。涂爾幹之概念出自於十九世紀末期新興之生物化學知識，從有機物與無機物之間的區分，因而聯想到傳統社會與現代工業都市社會之區別。無機體是由無數性質相同的分子結合而成，而有機體是由許多性質不同的元素化合而成。以水為例，水是由兩份氫元素及一份氧元素化合而成，而且水的性質與其組成分子氫或氧的份子截然不同。無機物之性質則與其組成份子性質一樣。有機物與無機物之組織結合方式也不同，無機物之分子是以併聯方式結合在一起，有機物則由不同之元素化合為一體。依據涂爾幹的看法，初民社會，甚或十九世紀以前之農業社會，其社會組織與乎無機物之組織相似，組織簡單，由同質的分子併聯結合而成。十九世紀以後之工業都市社會由於組成份子性質複雜，組織類似有機體，由各種不同份子化合成為緊密的一體。

　　除了有機無機物之比擬之外，涂爾幹在指述社會演化過程時，強調社會分工的程度不同，以及許多湯尼在劃分禮俗社會與法理社會時所提出的對比。

三、貝克 (Howard Becker, 1957)

　　貝克是二十世紀中葉的美國社會學家。在他編著社會學理論(1957)一書中，劃分社會組織為神聖型及世俗型 (Sacred and Secular)。在神聖的社會組織中，道德性的價值規範為社會組織的核心，人民生活的目標，行為之典範。社會成員對於一切社會制度、禮俗都非常尊重，而社會制度及禮俗都具有強烈神聖、神秘的意味。在傳統的西方社會中，基督教義及十字架形成教徒之中心信仰。在中古時期數以萬計的教徒，為了保衛基督教而參與聖戰，歷時數百年之久。在印度，牛被尊奉為神

聖物，所以印度人民雖然缺乏食物，每年餓死的數以萬計，然而卻不能吃牛肉。

在傳統中國社會中，婚姻、貞操觀念都被尊崇爲神聖的制度，特別是對婦女而言，這些觀念更是重要。對於傳統之中國婦女，保護個人貞操，維護婚姻關係，其重要性更甚於一己之生命，這些都是傳統神聖社會之特色。

然而現代工業都市社會之社會組織及人際關係，逐漸失卻了傳統社會組織之神聖性質，而轉變成爲世俗、功利性。人與人之關係，社會制度及禮俗不再包含神聖傳統之使命，人與人之結合多是爲了一己之利益，而社會制度也只是爲了滿足社會成員之需要，增進其利益而設立。在現代世俗社會裏，人的一切活動都是爲了具體的個人利益而發動。

神聖社會組織具有強烈的統一、一致性，社會內部安定而和諧，社會價值及人際關係被視爲絕對的、自然的、不可侵犯的。相對地，在現代世俗社會中，社會價值及人際關係之意義變成爲相對的、人爲性的，而且僅具有實利之意義。

以上所討論的三種社會組織類別，大致上將兩種不同的社會組織、傳統社會及現代工業都市社會劃分開來。三位不同社會學家從不同的尺度，強調這兩種社會組織在本質上的基本差異。從這些理論中，我們大約可以了解在社會演化過程中，社會組織在質方面所產生的一些演變。

第四節　人際關係之禮節儀式

社會組織，人際關係之維繫，有賴於許多大大小小繁文縟節的禮節儀式。親切的社會組織如家庭者，份子間之聚合共餐、交談、互助合作，在這不斷交流中，家庭份子之密切關係賴以維繫；同理，朋友間之

友誼也是在許多大大小小之禮節儀式之中維繫成長。譬如說，朋友在見面時，一定很親切的招呼對方，週末假日聚合在一起共餐或其他活動，有疑難問題的時候相互幫助慰問，平時不論是口頭上的讚美，或是物質上的饋贈，都足以維繫增進雙方的友情。人際關係不論是親情或友情，都是建立在相互對應 (Reciprocity) 原則之上，所謂有來有往。如果只是一方付出情感的代價，而對方並不付出相等的回饋，則時而久之，彼此間之情感關係必將日形黯淡。相互對應原則是社會組織的一項基本原則，絕大多數的人際關係（親子可能除外），都是建立在這個原則之上，在親子關係之中，子女對於父母親之愛及苦心都不甚了解，很少回饋。卽使是貴如親子關係，如果子女過份侵犯「相互對立」的原則，也必然會影響及於二者間之關係。

在高夫曼 (Goffman, 1959) 的著作中，討論多種形態的人際關係禮節儀式，第一種是顯示情愛友誼及尊敬對方者，例如夫婦間時常以口頭讚賞或禮物表示對於偶伴之情懷，朋友見面時之親切招呼，平時之互相邀請，以及時而讚賞對方，其他如微笑、注目等等都構成維繫情感的方法。

第二種人際關係禮節儀式是躲避對方，當二人之關係惡劣時，愈少見面愈好。如果不幸彼此必須時常見面，也避免注目而視，避免交談，以最冷淡的方式接觸對方。我國俗語之所謂「迴避」、「視若無睹」屬於這一類的禮儀。在街頭人與人迎面相遇時，雖然是輕淡的一瞥，輕微的面部表情，也都展示許多意義。在日常生活中與人接觸，點點滴滴的表情交談，目視等等都足以顯示一方或雙方之印象。一對陌生的男女見面時，如果兩情相悅，則雙方在表情言談各方面，卽使是最細微的眼神、微笑也很清楚的顯示二者間之關係。在淡淡的一瞥之間，兩人已產生會心的交流。相反地，同樣是兩位陌生人聚集在一起，如果一方憎惡對

方，則其表情、行爲也都處處顯示其心態，即使是瞬間清淡的一瞥，也都顯示其內心的憎惡。然而在現代社會中許多時候，我們不便於輕舒情懷，一展內心之喜惡，讀過社會學的，如果留心觀察，即使是最微妙的僞裝，也可以洞穿其眞象。

第三種禮儀屬於維繫性的。親友在節日的互相贈送禮物，聚會，使得彼此之關係，得以維繫不斷。

第四種是承認性的禮儀。當婚喪葬禮，生子離婚的時節，我們給予對方的賀卡、花圈，或是口頭上的禮賀、慰問都構成承認性的禮儀，目的在於告訴對方，雖然情況轉變，而彼此間之關係不變。

第五種是日常見面離別的禮儀，包括見面打招呼，離別時之慰問握手道別等等，都在於提示雙方彼此間之情懷不變。

所有人際關係間之禮儀，主要目的在於顯示對於別人及一己之尊重。其功能可以類別如下：第一是指示性的功能，使得我們能維持恰當的關係。親戚朋友或是兩相情願的陌生人在友善的招呼表情中，可以了解對方之心態。而兩相不悅或仇視的人，則盡力避免交往，其心情亦表現於眉目之間，使得雙方不致更形惡化造成直接衝突。如果一位已婚女士發覺一位男士對她注意而且處處表示情懷，而她不想沾惹麻煩則應處處表示冷淡更而在必要時表示拒絕、厭惡之態度以拒絕對方繼續進展。

高夫曼認爲人際關係的第二項功能是自我的保護及肯定。在一般親友的交往中，使我們肯定了自己的價值，在社會衆人以及親友心目中的地位，使得我們能對自己滿意，形成和諧的內心。相反地，我們避免與仇敵接觸，避免刺激損害自我形象。人類在生活過程中時時都在追求自我之滿足，以及內心的寧靜，在人際交往之禮儀中，我們時時得到自我肯定，知道自己在別人心目中，在社會上的地位，受別人愛護重視，與別人及整個世界和諧相處。如果一個人時時處處與別人爲敵，在人際交

往中，時時得到惡劣的反應，如此一方面會影響自我形象之維護，一方面也會損害及內心之安寧，長此以往，不僅這個人的精神情緒會產生各種困擾，卽使在生理上也會產生許多疾病。

第五節　社會位置及角色行爲
(Social Status and Role Behavior)

「社會位置」及「角色行爲」都是社會組織基本概念。社會組織以社會位置爲基本單位，而社會位置又透過角色行爲，反映於每一社會成員的心態行爲之中。社會位置與角色行爲是一體之兩面。每一位社會成員，透過個人所佔據的各種不同社會位置，成爲社會組織的一份子，與社會網絡中的其他部門、其他份子扣緊關係。同時也透過角色行爲，展現個人在社會組織中之各種職份功能。而整個社會組織，也必須透過種種的社會位置、社會成員的角色，才能夠運作，發揮其功能。以下我們將分別討論「社會位置」及「角色行爲」這兩個概念。

一、社會位置

社會位置，顧名思義，是個人在社會組織中所佔據的位置，也是社會組織的最基本單位。每一位社會成員，在同一時間或不同時間，佔據許多形形色色的社會位置。

　　1.先賦社會位置及自取社會位置 (Ascribed Status and Achieved Status)

社會位置又有先賦社會位置與自取社會位置之分。先賦社會位置是個人由於先天遺傳，或是自然而然形成的社會位置。例如性別、年歲、種族、爲人子女、兄弟姊妹都屬於先賦社會位置。在通常情況之下，個

人的國籍是一種先賦社會位置。然而在目前國際情勢之下，個人的國籍也可以是自取性的社會位置。一個美國人可以申請中國國籍，而一個中國人也可以透過申請方式，變成為一位美國人。

自取社會位置，是個人透過後天之努力，志願的或非志願的參與一個團體，行業成為其中的一份子，而取得的社會位置。例如一位大學生，他的學生身份、學生的社會位置是自取性的，是由於他的志願、努力而得到的位置。又例如一位年輕男士在部隊中服役，擔任一名士兵，這不一定是他的意願，但是也屬於自取性社會位置。在現代社會中，大多數的社會位置都是自取性的，特別是各種職業位置。

在傳統社會裏，先賦社會位置對於個人之影響較大，決定個人之地位、財富及前途。在現代社會中，自取社會位置較為重要，在民主平等的原則下，個人可以依賴自己的努力尋求發展，開拓自己的未來。然而在事實上，個人之家庭背景對於個人之前途影響仍然重大。生活在貧困中的少年從小遭受許多挫折、障礙，在學業、事業方面都不易與中上階層子弟競爭。貧困的子弟要想力爭上游，爭取社會上一席之地，除了必具優越的智力之外，更須額外努力，克服環境中的困難、障礙，才能期望有所成就。

2.重要社會位置 (Salient Status)

在個人一生中所佔據的各種社會位置，有的重要，有的不重要，對於個人之人格前途發展而言，最重要者莫過於個人之職業位置。如果一位婦女決定以家庭主婦為業，則家庭主婦的社會位置對於她的人格及前途影響最大。除了職業位置之外，其他社會位置，諸如為人父母、夫婦，由於牽涉責任重大深遠，對於個人之人格，前途影響也很大。世界上，不知多少雄心壯志的年青人因為婚姻，因為對於子女的責任，而放棄一己之前途。相對地，也正因為這些深遠的職責關聯，也不知拯救了

多少失魂落魄的年青人，使他們能夠緊緊的扣緊社會組織，克盡一己之職責，而不致於迷失心志。

除了重要社會位置之外，在人生歷程中，我們也時時據有不甚重要的社會位置。例如我們去參觀一場舞蹈表演，作爲一個「觀衆」。這一項「觀衆」的社會位置是短暫性的，對於我們的人格及前途影響輕微。

二、角色行爲 (Role Behavior)

「角色」概念，源自於戲劇學。演員在舞臺上扮演的人物，是爲角色。由於人生與舞臺在許多層面都極盡相似，所謂「人生舞臺」，所以社會學家套用舞臺的「角色」概念，用以描述每一成員由於其所佔之社會地位而發揮之行爲心態。所以「角色行爲」就是一個人佔據一項特殊社會位置，隨而展現之心態行爲。換言之，角色行爲源自於社會位置之各種職責權利、價值規範等等。當一位社會成員佔據這個社會位置，以行爲心態表現出這個位置的職責權利、價值規範等等時，是爲角色行爲。

例如，一個大學生，必須按時上課，請敎師長，參加測驗，用功讀書，不可缺課，不能作弊等等，這些行爲心態都出自於大學生社會位置之職責權利、價值規範。

當個人在發揮角色行爲時，除了受社會規範之約束之外，也同時受一些外在因素影響。例如參與者之人格、情況等等。如果一間大公司裏的一位職員，是來自一個有權有勢的家庭，則他在這間公司裏，表現其小職員的角色行爲時，必然會受到他顯赫家世背景所影響。例如在一九六〇年代，福特汽車公司董事長的兒子，大學畢業，參與福特公司工作，擔任一項工頭之職位，然而因爲他是董事長的兒子，所以他的實際權力影響很大。

角色行爲之行使，也受個性影響，例如在每一個家庭中，夫婦之關係，常常是由兩人之人格特性決定，如果先生是一位大男人主義者，而太太很溫順，則二人之間關係，先生佔據顯著的領導、控制地位。相對地，如果太太個性很強，而且能幹，而先生則很軟弱，則家庭中會形成牝鷄司晨的現象，先生處處依順太太。

除此之外，特殊之情勢也會影響個人角色行爲之行使，例如在第二次大戰期內，由於戰爭的關係，美國總統之職權很大，幾乎是一位獨裁者。這種獨裁式的角色行爲，在平時是不會爲美國人民、國會所接受的，然而因爲戰時的需要，美國人民及國會都容許他們的總統採取額外的權力行動。

三、角色叢 (Role Set)

角色叢的概念，指一個人因爲佔據一社會地位，因而牽涉及於其他許多社會位置，而產生的各種關係行爲，總合在一起時，構成一角色叢。例如一個大學生，在社會組織中，他除了與大學敎授發生必然的關係之外，也同時與學校行政當局，其他同學，以及其他附屬於學校之羣體間發生關聯，這些必然性的關聯，構成大學生的角色叢，因爲是一個大學生，他除了上課考試，也必須註册、繳費，也必須住宿舍，與敎官發生關聯，與同學發生關聯，也必須日日去餐廳，與餐廳之伙計們發生關聯，這種種關聯所產生的行爲心態，是爲其「角色叢」。

四、角色行爲行使的原則 (Pattern Variables)

對於角色行爲的行使，社會組織之操作，美國社會學家柏深思(Parsons) 及錫爾 (Shils, 1951)，曾創立模式行爲原則 (Pattern Variables) 以解釋之。依據二位學者的意見，一切角色行爲的行使，都

受四項對立性的原則所約束，這些對立性的原則，柏深思及錫爾命名爲
「模式行爲原則」。以下我們將分別討論這四項基本角色行爲的原則。

1.普遍主義 (Universalism) 及特殊主義 (Particularism)

社會組織之運作，角色行爲行使的第一項對立原則是普遍主義與特
殊主義。所謂普遍主義，是在做人處事方面，以同一標準，同一方式對
待所有的人。例如我國每年舉辦的大專聯考，就是普遍原則運用之最好
例證。每年參與會考的十餘萬學生，有貴爲王孫公子，有貧無立錐之地
者，然而國家舉辦的聯考，一視同仁，完全以學生的考試成績作爲取決
標準。又在學校裏，當老師審核學生的成績時，也應該依據普遍主義。
決定學生之成績，不能因私人之好惡，親戚朋友之沾聯而評判學生的成
績。

所謂「特殊主義」，是依據各種特殊之人際關係而決定對人對事的
態度。在私人親朋好友的人際網絡中，人際關係，對人對事，我們通常
依據特殊主義行事。譬如說，一位很熟的朋友，或是一位近親需要幫忙
時，我們一定會全力以赴。如果是一位普通朋友或相知來求助，則要看
事情之輕重而決定，而個人協助出力時，也必然不如對待至親好友時盡
心盡力。如果是一位不相識、不相干的人請求協助，則被請求者會更愼
重，如果事情嚴重，關係個人利害，則參與性必相對而減低。

在一個法治社會裏，除了私人事務之外，一切公開的社會人際關係
及事務都應該依據普遍主義運作，然而中國幾千年來，都是以人治爲
主，直到現在仍無法改變這種習性。在下面的這篇短文中——中國社會
的特色：人情——筆者描述中國社會中由於特殊主義之盛行，混淆了社
會秩序及法治精神，阻礙中國社會之進步。

中國社會的特色——人情

中國是一個龐大的社會，包括**臺灣及大陸十億以上人口，一千**一百多萬平方公里的面積，以及四、**五千年的歷史文化，**具有形形色色的各種方言與風俗習慣。然而中國社會也具有許多共同的特色，其中之一是「人情」。

所謂「人情」，顧名思義，就是人與人之間的情感關係。幾千年來，這種人與人之間的情感關係，滲進社會組織的每一部門，每一角落。從好的一面看，「人情」使得中國社會充滿人性的色彩，使得每個中國人都生活在滿懷溫情，自然而有生命氣味的環境中。從壞的一面來看，「人情」破壞了中國法律制度，破壞了社會規律及安定。

「人情」構成中國社會文化的一項特色，與西方社會之著重法律制度，形成顯著的對比。以當今的美國社會爲例，美國是一個法治社會的典範。當然這並不是說美國社會裏沒有人情人事關係；祇是比中國少得多了。在美國社會裏，法律及司法機構獨立於立法、行政機關之外，並具有絕對的權威及尊嚴。在法律之前，人人平等。權勢顯赫如總統者，亦接受司法機關的公平判決。遠者如七十年代尼克森總統因水門事件而下野；近者如最近美國國會通過的新移民法案，對於外國人之諸多不公平限制，被美國司法機關駁回，宣布無效。在我國，由於濃厚的「人情」色彩，使得我們的法律制度失卻實效，更因人而治，造成各種特權舞弊的畸形社會現象。

在臺灣的公路上，我們時時聽見刺耳的喇叭聲。依照法律規

定，這種刺耳的喇叭是違背規定的，然而無數形形色色的汽車包括小轎車、公共汽車及計程車等等，都裝設這種喇叭。如果是小轎車，我們還容易了解，這是特權階級，裝設刺耳的喇叭是他們的特權。然而為何公共汽車、計程車也敢裝設這種非法的設備呢？原來公共汽車公司的老板是特權人物，他可以包庇屬於他的公共汽車，而有的計程車司機是黑道人物，有頭有角的，他們也享有特權地位，也可以裝設這種違法的喇叭。

又在人頭擁擠的商業區，處處充塞著「原裝進口」的舶來品。最顯眼而種類最多的是各種電器，特別是電視機和錄音機，以及各種音響設備。以目前最流行的錄影機為例，一架國內產品最低價格是三萬多元，而一架外來的水貨可以低到兩萬多元。這一類外來品數量極多，幾倍於國產品數量，絕不是少數漁船能夠走私帶入的，大多數都是透過各種「人情」而非法進口的。

再以違反交通規則的事件為例，本來這是一件清楚明白的法律問題，違反交通規則者，應受法律制裁。然而在國內，違反交通規則的後果，則因人而異。如果當事人是有地位的，可以大事化小，小事化無。以民國七十二年兩件公共汽車撞死人的案件為例：其中之一的被害者是一位無名小百姓，死後由公車老板賠款幾萬元了事；另一車禍的受害者是一位高級官員，那一次車禍造成轟動一時的社會新聞，最後司機被判入獄，賠款自不在話下。除了嚴重的車禍之外，其他形形色色，無以數計的交通事件，都是在「人情」的脈絡中，大事化小，小事化無，祇苦了那些沒有權勢，而又無關係的小百姓。

從這些日常生活中常見的例子裏，可以看到人情在中國社會中所扮演的重要角色。許許多多的法律規定，都因為人情關係而無法

實施，無法產生預期的效果。使得法律喪失尊嚴，造成社會紊亂無秩序的現象。然而這種人情關係，又是中國社會幾千年來的傳統，構成中國社會文化不可分割的一部份。要想徹底消除這種毛病，也不容易。這種「人情」的特色，染污了我國的法律制度，破壞了我國社會秩序規律，也同時阻礙我國邁向科技、進步和發展。

再以師生之關係來說，也牽涉普遍主義及特殊主義之衝突矛盾。中國之傳統「吾師吾友」，在現代教育制度之下，是很難辦到的。現代教育制度講求公平，所謂「公平」就是普遍原則的一種，老師對待學生應該一視同仁，不因個人之好惡而決定學生之成績。在各種聯考中，我們之所以運用彌封試卷，也就是為了徹底執行公平原則，避免特殊主義之干擾。然而中國傳統強調，作為老師的也應該是學生的朋友。如果老師是學生之朋友，勢必無法作公平之裁判。

美國社會學家柏深思 (Parsons) 曾經就師生關係，寫過一篇專文，認為吾師吾友是不可能同時並行，二項衝突矛盾的原則，為人師者，必須以普遍原則，決定學生之成績，而為人友者，必須採取特殊主義以對待，柏深思最後的結論是為人師者，在魚與熊掌不可兼得的情勢之下，應該放棄與學生為友之企圖。為了達到教育機構之最主要任務──傳播學識，追求真理，公允的對待所有學生，為人師者有時不得不捨棄與學生為友之目標。

2.工具性原則(Instrumentalism)與表意性原則(Expressiveism)

社會組織運作及角色行為行使之第二項對立性原則是工具性原則與表意性原則。所謂工具性原則者，指人際關係以參與者之利害為取決，人際關係成為個人達成目的之手段。例如，公司老板與被僱用之職員間的關係，一般而言，都屬於工具原則之範疇，公司老板及職員為了各自

之私利而相互結合。大多數學生升學也隸屬工具原則之範疇，求學祇是一種工具，以求尋找職業、財富及地位。

表意性原則則正相反，在表意原則之下，人際關係或是行爲之本身構成目的，具有內在價值(Intrinsic Value)。個人自一項人際關係中，或是一件行爲事件中，得到內心之滿足，而這種滿足是得自於這一項人際關係或是行爲事件本身。例如一般人在戀愛時，「戀愛」本身就是追求之目標，一般人是爲了「愛」而愛，而不是爲了追求社會地位、財富才去愛一個人。同理，在「友誼」的人際關係中，朋友相交是爲了友誼本身之價值，而不是爲了追求社會地位、財富，或是其他外在於友誼的目的。所以我們說「愛情」、「友誼」都各具內在之價值。事實上，也有許多人是因爲社會地位或財富去追求愛情、友誼；在這些情況之下，愛情及友誼都變成個人的工具。

3.專門性原則 (Specificity) 及泛佈性原則 (Diffusedness)

在人際關係角色行爲之中，又有專化 (Specific) 與泛佈 (Diffusedness) 之區別。例如一位眼科醫生，對於病人之職責非常專業化，僅限於眼部之疾病。一間企業公司的會計師的角色行爲也是很專業化的，僅限於公司帳務之清理。但是一位公司老板的女秘書之角色行爲就比較廣泛，不僅負責老板各方面的公務，也同時管理老板的許多私人事務，諸如爲老板的生日宴會準備；老板旅行時，代爲訂購機票，老板生病時，爲老板約定醫生；老板的太太、兒子生病時，女秘書也要爲之約定醫生。但是女秘書的職務還是有限制的，她的工作時間一定，工作地點一定，她與老板的關係也是以契約爲限，任何一方不滿時，也隨時可以解除二者間之關係，解除個人角色行爲之職務。

在所有角色行爲中，親子夫婦關係所牽涉之權利義務最爲廣泛，在時間方面，通常涉及個人之一生，每天二十四小時，每週，每月，每年

時時刻刻個人都浸潤在這些關係之中。個人之人格、心態、行爲也時時與其親子之角色、夫婦之角色相關聯。然而在親子關係中，二者之角色行爲，或是權利義務不是絕對平衡的。通常父母對於子女之付出，還超過子女對於父母之回饋。所謂「天下父母心」，對於子女之關懷、照應，無時無刻，至死方休。

在傳統社會中，夫婦關係及角色行爲也是極爲廣泛的。然而在現代社會中，夫婦角色行爲有逐漸契約化、專門化的傾向。夫婦之關係不再是至死方休，任何一方不滿時，可以隨時終止二者間的關係，同時二者之關係也不似昔日之親密。以目前國內法律爲例，夫婦雙方可自理財產，更由於工作上的需要，夫婦異地而居的人數甚多。

廣泛性的人際關係牽涉及個人生活、人格之諸層面，例如，在夫婦關係之間，雙方之角色行爲，牽涉及於對方生活、人格之每一層面，似乎夫婦之間祇有兩人的存在，而無個人之存在。

4.先賦性原則 (Ascription) 與自致性原則 (Achievement)

在角色行爲裏，又可劃分爲先賦性及自致性兩種。這兩種不同的角色行爲，已於前節「先賦社會地位」及「自致社會地位」中討論，在此不再複述。

依據這四項對立性的原則，我們可以將人類的角色行爲劃分爲許多類別。例如普遍性——工具性——專業性——自致性的角色行爲，或是普遍性——工具性——專業性——先賦性的角色行爲。前者以現代工商業社會之職位爲例，例如一個公司老板，一位職員、教員的角色行爲都可以化入普遍性——工具性——專業性——自致性的角色類別；而古代的祭師之角色行爲則爲普遍性——工具性——專業性——先賦性。

柏深思及錫爾希望藉此四大程式行爲原則，劃分所有人類角色行爲，以及社會組織之形態，其目的不外乎增進我們對於角色行爲內涵之認識

了解。

五、角色衝突 (Role Conflict, Role Strain)

由於每個人佔據許多不同的社會位置，行使、扮演諸多不同的角色行為，有時個人之諸多社會位置之間會產生不協調的現象，個人所扮演的許多角色行為之中，也會發生衝突矛盾。角色行為衝突矛盾最明顯的例子，是現代受過高等敎育的職業、已婚婦女。一方面作爲職業婦女，社會規範指定要求從業者專心致力於事業，必須積極、堅毅、果敢獨立。然而作爲一個家庭主婦，社會規範的要求與乎作爲專業者之要求發生顯著的衝突矛盾，作爲一位家庭主婦之角色行爲要求個人放棄家庭以外之事務，專心致力於相夫敎子，整理家務，維持家庭的和諧；在個性上必須溫柔、體貼、隨和。總之，在現代社會中，職業婦女的角色行爲與家庭主婦的角色行爲極不相容，一位受過高等敎育的婦女在這二種角色之間，有魚與熊掌不可兼顧的情勢。當然，如果家庭經濟很富裕，可以請一位管家來管理家務，請一位廚子做飯，請一位褓姆照顧孩子，則現代婦女之角色衝突也可以減低。然而不幸的是家庭經濟富裕的很少。一般職業婦女都必須身兼數職，回家以後，擔任管家、廚子、褓姆以及丈夫的情婦。

除了以上的例子之外，社會中角色衝突之現象，彼彼皆是。每個人在日常生活中，時時面臨社會地位不協調，角色行爲衝突的可能，以一位華人在美國的生活經驗而言，不論這位華人地位多高，是一位大公司老板、醫生或是大學敎授，然而由於他是黃色人種，每一位白人卽使是貧無立錐之地的乞丐，也因而可以鄙視這一位華人。對於這一位華人，他的人種及他的職位不協調，造成許多角色行爲及心態上之衝突與不平衡。

六、解除角色衝突之方法

解除角色衝突之方法大致上可以劃分成爲三種不同的層面：第一是社會制度方面，第二是藥物方面，第三是個人內在心靈自我防禦的層面。以下分別討論：

1.社會制度的解決方法

爲了要減除社會成員之角色衝突，社會規劃了許多制度法規。例如在部隊中一位軍官，對待士兵的角色關係中，牽涉及兩項衝突矛盾的規範，第一軍官對待士兵必須嚴格，軍令是部隊中最重要的法則，所謂「軍令如山」。然而軍官也應該與士兵維持親切之關係，才能同仇敵愾。然而，這兩項要求互不相容；要嚴格執行命令，就不能顧及朋友之情，而在軍隊中軍令是最重要的事務，爲了貫徹執行軍令，軍隊的法規及設置都在在使得軍官與士兵無法建立親切之關係。任何時候士兵與軍官見面，必須肅立敬禮，不容任何隨便的行爲，更而軍官及士兵各有獨立的餐廳、寢室及俱樂部，使得二者在生活起居上完全分隔，以免軍官士兵在角色行爲上，由於情誼而發生衝突矛盾。

2.個人性的解決方法

目前社會中普遍運用的鎮靜劑，包括酒精、安眠藥等等都是在於消除減低個人內在心靈之衝突矛盾。如果一位職業婦女在職業與家庭之間，無法作適當之調適而引起內心嚴重之衝突矛盾時，可能會運用藥物來減低內心衝突不寧。

除了藥物之外，亦可以運用其他多種不同的「自我防禦方法」，當個人發生角色衝突時，用以維護內心的平衡。自我防禦之概念出自佛洛依德的心理分析理論，認爲個人內心產生衝突矛盾，爲了維護精神平衡、心靈之平靜，會採取諸多潛意識之心理方法，以維持自尊自信，維護

內心平衡，在這一方面最明顯的例子，是西方社會軍隊中的隨軍牧師 (military chaplain)。隨軍牧師扮演兩種截然不同的角色——軍人及牧師。前者的使命是去殺人，不容任何慈悲的心念，後者之使命是愛人，拯救世人。在這種極不相容的兩種要求之下，一位隨軍牧師要想維護內在心靈的平衡，勢必運用自我防禦的方法。在這種情況之下，隨軍牧師通常運用分域自我防禦（Compartmentalization）以解除軍人與牧師在生活行為上不同要求所造成的干擾。所謂分域卽劃分精神生活為許多不同領域，互不相干，當他執行軍人的使命時，他生活在軍人的精神生活層面；當他執行牧師的使命時，他生活在牧師的精神生活層面；二者互不干擾，而不致發生精神之不平衡，精神上之困擾。

自我防禦的方法很多，其目的都在於維護內心之平衡，在不同的情況之下，不同的人運用不同的自我防禦方式，以消除角色衝突所引起的內在衝突矛盾。

總之，個人在生活過程中，時常會遭遇角色衝突導引起內心之不平衡，為了避免角色衝突，社會設置許多制度，個人也會運用許多方法，包括藥物及自我防禦等等，以減低消除角色衝突所帶來之心靈困擾。

第六節　社會解組 (Social Disorganization)

當一個社會中持續規律的人際關係，社會機構之運作，法律之執行，社會價值規範，以及社會秩序之維護遭受破壞時，是為社會解組。例如當一個社會裏，家庭倫常關係喪失，犯罪及偏差行為猖狂，政治經濟不上軌道，或是社會上呈現普遍不安紊亂現象時，可謂為社會解組。社會解組是一個相對性的概念，我們可能發現甲社會較乙社會完整，而丙社會之社會解組情況較乙為嚴重。在同一社會之內，每一社區之情況又不

一樣。一般來說，都市社區組織較農村爲散漫，大都市中心區問題最嚴重。

社會解組的指標

許多社會現象可能指示社會解組的程度，這些現象稱爲社會解組指標。通常，一個社會的犯罪率、離婚率、偏差行爲率等等都可以算是社會解組的指標。然而也不盡然，譬如說，以目前美國社會爲例，其離婚率、偏差行爲率，甚至於其犯罪率都是世界數一數二的，較之南美、中美或是亞洲國家均爲偏高。然而美國社會是否較之其他社會面臨更嚴重的社會解組問題呢？答案是否定的，根據作者在美國二十年之生活經驗，發覺美國並沒有嚴重社會解組之問題，較之中南美洲或多數亞洲國家，美國社會比較完整統一。美國的民主政體是世界上最完美的制度，美國的司法制度很完美，目前美國經濟遭受挫折，但是並無社會失序之現象，人民生活仍呈現一片安和樂利的現象，較之其他社會更爲安定。美國在工業、都市發展方面，較諸中南美及亞洲國家優先，因此產生許多工業先進國家之特徵，諸如偏高之犯罪率、離婚率及偏差行爲率等等。

所以「社會解組」的現象，最主要的是社會秩序之破壞，特別是政治、法律、經濟秩序之破壞，以及社會價值規範之破壞，人民對於本土社會之向心力、內聚力之喪失。如果以這些因素作爲指標，我們會發覺美國較之中南美及亞洲社會安定。所以，一般通用的社會解組指標，諸如犯罪率、偏差行爲等等，並非絕對正確的標準。而社會解組的現象也相當複雜，以美國社會爲例，在偏差行爲方面、離婚率方面可能有嚴重解組現象，然而在政治、法律方面卻又非常完整，多數亞洲社會在家庭制度及個人行爲規範方面很有規律，然而在法律政治方面則較爲紊亂。

第五章　群體與社團
(Groups & Association)

第一節　羣體之概念

社會組織的最基本單位是一個「羣體」。所謂羣體（group）是由兩個以上的人集合而成，成員之間具有認同、歸屬感、及溝通交流（Communication）。溝通交流也並不一定是直接面對的方式，有時個人與其親友雖各據一方，偶而透過隻言片語，仍可以維繫彼此間親切的關係，仍不失爲一羣體。羣體中，成員之關係亦同時具備一定之形式，受社會規範所約束；同時，羣體成員之間具有相互依賴性（Interdependence）。根據這個定義，街頭上擁擠的行人，並不構成一羣體，而且圍觀交通失事的人羣聚合（Collectivity）也不是一個羣體。一個羣體必須具備以上所列舉的四項特性。

羣體又可分爲「基本羣體」（Primary group）與「次級羣體」（Secondary group）。基本羣體主要特性是成員之間的關係建立在情感的基礎之上。基本羣體發揮許多重要的功能，包括滿足許多人類心理上的基本需求，例如親和（love）、所屬（affiliation）、以及安全感

等等。除此之外，基本羣體對於社會整體亦發揮許多貢獻。基本羣體是塑造「人性」不可或缺的社會組織機構，也是個人與社會整體之間的環節。透過「基本羣體」社會乃得以扣緊每一位社會成員於社會組織之中，社會組織亦透過基本羣體而落實於每一個人身上。

　　早在古代希臘時期，希臘先哲亞里斯多德曾經說過：人是社會性動物。又說：離羣索居的人，不是神就是野獸。現代社會學及心理學也都同意亞里斯多德的這種說法，認爲人類具有「羣屬」的天性。一般人都必須在親切的人際關係中，才會感到舒暢、自在、安全、落實之感。由於人類這種天性，基本羣體之出現乃屬必然者。最早出現的基本羣體，也是最親切的羣體，即「家庭」。家庭成員透過血緣、婚姻關係，連結成爲一個密切的小羣體。遠在人類社會出現之前，早已有家庭與家族的存在，而許多初民社會也只是家族之聯合或擴張。幾千年來，家族在中國社會中扮演了一份重要的角色。中國人一直以家族作爲最主要羣體而產生強烈的認同所屬感。國家、社會還在其次。所以，基本羣體具有先「社會性」，較社會國家更早形成。對於個人而言，基本羣體之功能作用更甚於社會國家。

　　在現代社會學中「基本羣體」的觀念最早出現於二十世紀初葉，美國社會心理學家古力的著作中 (Cooley 1909)。根據古力的界定，基本羣體指具有親切關係，經常接觸，互助合作的小羣體。古力認爲這種羣體之主要功能不僅是滿足人類基本需求，更是塑造人性，不可或缺的社會組織。依據古力的見解，人性之塑造必須建立在親切人際關係基礎之上。在基本羣體中，例如家庭、友羣、個人與羣體產生強烈認同所屬感，個人與羣體融匯爲一體，透過這些基本羣體，社會乃得以傳遞其基本價值規範於每一成員。在親切的人際關係中，個人產生強烈認同感，於是乃接受羣體之價值規範，內化爲一己之價值規範，形成所謂「良

知」、「良能」。沒有親切的人際關係，個人不會產生強烈之認同，也不會內化羣體之價值規範。家庭是基本羣體之典範，也是社會化，塑造人性不可或缺的社會組織。

第二節　基本羣體之特性

基本羣體有助於人性之成長，與乎個人之生活幸福，心理健康息息相關。對於個人而言，是為最重要的社會組織結構。其特性分別討論於下：

1.基本羣體最顯著的特性是人數較少，其份子經常見面，人際關係以感情為基礎。以基本羣體的範例家庭、朋友而言，都具備這項特性。社會組織亦有具備類似特性，但非屬基本羣體者，例如個人工作機構。雖然工作機構屬員經常見面，朝暮相處，交往頻繁，然而由於其中人際關係不是建立在情感基礎之上，故不屬於基本羣體。同時，基本羣體也有例外情形，有人數較多者如舊中國社會之家族，亦有很少交往者，例如離別分居之近親好友。

2.基本羣體中人與人的關係涉及個人人格之全部，而非偏限於個人人格之一隅。基本羣體如夫婦、親子、兄弟姊妹、或是好友之間的關係。涉及個人生活之每一層面，同時不受時間、空間的限制。除此之外，基本羣體人與人之關係更具有獨特性，無法取代，也不能更換。例如張三與他妻子之間的關係，無法由任何外人取代。同樣道理，每一個人與其父母的關係也是獨特無二的，外人既無法取代其父母之地位，如果不幸父或母去世，父親續絃或母親改嫁，子女與繼父、繼母之關係情感也不同。

基本羣體中每一個成員熟習了解其他份子的背景，生活習慣及個性。

關係愈久愈深者，如親子、夫婦，了解牽連亦愈深。許多結婚多年之夫
婦，當一方去世時，另一方會感到痛不欲生，即使繼續生存下去，也會
有悵然若失的感覺。許多母親與子女產生過份之親切關聯(Bonding)，
時時牽掛，當一方逝世時，另一方則會悲不欲生。許多母親因為年幼子
女夭折，而喪失求生的意志；更有許多母親在惡劣困苦的情況之下，與
子女共同自殺者。也有兩情相悅的男女，因為不為社會所接納，而雙雙
自殺者，在在顯示基本羣體中，個人與羣體密不可分的關係。

　　然而在現代工業都市社會中，社會組織龐大複雜，人際之間關係已
由情感之基礎轉移至功利，人際組織由基本羣體轉變為次級羣體。次級
羣體之間的人際關係缺乏情感，雖然次級羣體中之成員會產生認同所屬
的心理，但其基本動機不同，個人是為了一己之利益，不論是錢財、
地位或是權力而與次級羣體認同。基本羣體及次級羣體的人際關係之差
別，可以「情侶」與「顧客——娼妓」之關係作比擬，情侶之間的關係
是建立在情感的基礎之上，而娼妓與其顧客之間的關係則建立在利益基
礎之上。

　　次級羣體中人際關係正好與基本人際關係相反。次級人際關係是可
以轉移取代的 (Transferable)。由於次級羣體中成員之關係是建立在
工具性功能基礎之上，是而任何人能滿足其功能需要者，都可以取而代
之。在日常生活中，個人與餐館中跑堂之間的關係，即為次級關係之明
顯例證。每個人每天去不同的餐館用餐，遇見許多不同的跑堂，而個人
與每位跑堂的關係也大都一致。

　　原則上，個人在工作處所與老闆、同事的關係也屬次級。特別是在
現代龐大的企業機構中，工作人員可能終其生而無機會與其主管謀面交
談。同一辦公室內，許多同僚的關係也是純功利性的，彼此為了工作謀
生，被強制的安置在一起工作，平時除了點點頭，或工作業務上發生牽

連之外，絕少交談，更無感情可言。

　　然而在工作場所，同僚主屬之間，由於相處日久，也會產生日久生情的現象，由同事，主屬而變成爲友好。醫院中醫生與護士結婚者比比皆是，公司中老板與其女秘書的關係更是人所皆知。然而，一般說來，次級人際關係都是感情膚淺的關係。當一位工作人員聽聞其公司大老板去世時，他可能會去參加葬禮，但是不一定會流淚，不一定感到悲痛。這與夫婦、親子之間的關係，眞可以說是天壤之別。

　　社會中也有人際關係是介於基本人際關係與次級人際關係之間者。例如，一家公司中老板與一位工作已久的人員之間的關係；此外，學校中師生之關係也是介於二者之間。所以，雖然我們可以劃分基本關係及次級關係之界線，然而在實際社會人際關係之中，這種差別只是程度上的劃分。由最親密的人際關係，如親子、夫婦，乃至於最淡薄的人際關係，如馬路上的行人。

　3.基本羣體份子之間溝通交流 (Communication)

　　基本羣體的第三項特性是其成員份子之間的溝通交流具有深度，而且涉及廣泛的層面。例如我們與至親好友交談時，可以討論任何問題，從工作上的問題，而至於個人情緒、財務；而至於社會、政治、經濟問題。問題的性質有深有淺，從膚淺的旅行郊遊、晚會，而至於個人婚姻大事，夫婦之間之交談則更是深廣，除了極少數個人秘密之外，幾乎都可以作爲話題討論。

　　相反地，在次級人際關係中，交談的內容通常是專業性，直接與工作職業相關者，抑或是膚淺的示意性的交談。一個初到美國的中國人，在與人交談時，常感到很奇怪，爲什麼所有人見面時總是離不了兩句口頭禪：「你好嗎？」以及「今天天氣眞好！」久而久之，慢慢地習慣了，也了解其中的道理，原來美國社會中人際關係多屬次級性質，人與人之

間祇希望維持表面性之和藹親善，盡量避免與人衝突。然而在美國社會，似乎任何的問題都足以引起爭執，都可能發生衝突，唯一例外的似乎是這兩句口頭禪。在美國居住的中國人，了解美國人的心態以後，也學會了他們的見面招呼方式。

　　然而，人類是社會性的動物，個人的情感需要滿足、宣洩。在次級人際關係中，在守口如瓶的社會制度中，人類的天性遭受壓抑，無法宣洩，久而久之，會影響人格情緒之發展，造成精神之困擾，形成憂鬱、緊張、挫折的感受。這些心理發展都不利於個人精神健康，或是個人心理衞生。

　　在親切的人際中，特別是情人、夫婦之間的交流，更不限於直接會話交談，而可以許多間接方式，以及動作語言，身體語言，傳遞情懷。所謂「眉目傳情」、「盡在不言中」，都充分展露人際交流之許多間接方式。

　　次級關係中人際交談不僅是限於專業性，或膚淺的交換，更而受時間、空間的限制。公司老板與職員之關係只限於業務上的問題，工作場所及工作時間之內。超越這些限制都是不恰當的。如果男性的老板與女職員在交談過程中，涉及任何職務以外的話題，都可能被解釋爲「性騷擾」。次級人際關係源自於社會組織結構，因此人際交往也受嚴格社會規範所限。相反地，基本人際交往出自於人類天性需求，比較自然，不受社會規範之約束。

　　次級人際關係中，人與人之接觸是「間接性」的。人不是以個人的身份與別人相交，而是以社會位置、社會角色的身份與人相交。次級人際關係只是一種媒介，一種工具。透過這些媒介、工具，人類可以滿足其各種需求。例如，生存、地位、權力等等。基本人際關係出自於人類自然天性，直接滿足某些人類的需求，如愛、安全、親切的接觸等等。

基本人際關係本身構成人類追求之目的。

4.在基本羣體內，人際關係建立的衡量標準，是個人內在的品質，例如道德、學問、品貌，以及其他許多個人性的特質。眞正的友誼、戀愛旣無社會階級的隔閡，也沒有種族、敎育等之外在形式上的限制。我們喜愛我們的朋友、情人，是因爲這位朋友或情人個人內在的優點、特質，不是因爲他的財富、地位或權力。

在次級人際關係中，人際交往的抉擇正好與基本關係之抉擇相反。次級人際關係中，人與人之關係取決於個人之社會地位、財富、權力，及其對於個人之影響。例如公司的小職員都希望與老板結識，結識的動機是出自於老板的社會地位、財富、權力，及其對於一己之影響。

在現代社會裏，許多人際關係之抉擇介於這二者之間。例如，在選擇婚姻對象時，特別是婦女選擇丈夫時，不僅注重男人的內在條件，如身高、體重、品德等等；同時也重視對方的社會地位、財富及其他外在的條件。

5.基本羣體之主要功能是滿足人類精神心靈上的需求。

在基層羣體中，個人得以享受親切和諧的溫情、關懷，滿足個人羣居、安全之需要。在基層羣體中，個人不因其財富地位，或者是功利性的價值而決定其身價、地位。個人以其人格、個性，或是血緣的關係被其他份子接納。基層人際關係本身，由於人性之需求，構成一項有價值，有意義之目標。在交往之中，可以造成參與者精神上的滿足，情緒之舒解。

基層羣體成員通常是日日相處在一起，生活起居與共。然而這種親切之關係一旦建立之後，雖然是分離兩地，二者之間的情懷仍然能持續，給予個人情感上支持，滿足個人親和、安全之需要，維護個人人格之和諧發展。所以個人從誕生而至於老死，不論生活在世界那一個角落，

都是在溫暖和諧的基層人際關係之中。當個人處身於外鄉異境，親屬朋友之片紙隻字，都會為我們帶來內心之溫暖，正好似多日之陽光，使我們振奮、愉快，使我們能夠更勇敢、堅強的生活下去。

6.基本人際關係是自然發生、自然成長，而基本人際關係之內涵則以情感為主。舉凡親子、夫婦、朋友之間的關係都是好的例子。相對地，次級人際關係則是由人所制定，在人為的環境限制之下成長維繫。例如，公司內僱主與僱員之間的關係。通常都是由僱主採取主動，為了特殊的目的，而僱用某種特殊人才，一旦僱用之後，二者之間在契約規定範圍之內，維持一種功利性的關係，而二者之間的關係本身祇是一項工具。

基本羣體內人際關係具有內在的價值 (Intrinsic Value)，構成人類追求生活目的之一。基本人際關係好似一件有價值之物品，人們追求它，而且在得到它之後可以產生滿足的感覺。相對地，次級人際關係不具備內在之價值，只具有外在的價值 (Extrinsic Value)。次級人際關係是為了達到外在目的而建立的工具。

7.基本人際關係中的人員與其他參與份子產生強烈的認同感及所屬感，接受基本羣體之價值規範，以基本羣體之目的職責為一己之目的、職責。在強烈的認同，所屬感影響之下，有的基本羣體成員與其羣體產生融滙一體的感覺，例如，在第二次世界大戰末期，日本面臨滅亡的時候，許多忠誠的日本航空員參與自殺飛行的任務，以一己之生命與美軍船艦同歸於盡。許多結婚多年之夫婦，當一方病逝時，生存的另一方亦希望了斷其生命，與其結髮侶伴同生死。這些例子都顯示基本羣體強烈認同、所屬感所導致的個人心態行為。

8.羣體之大小並非決定羣體人際關係之必要條件。通常，基本羣體都很小，包含極少的成員，然而並非所有小羣體都是基本羣體。相反

地，大的羣體在特殊狀況之下，也可能形成基本羣體。例如在長期戰爭中，整個國家的人民會產生強烈認同所屬感，形成一個基本羣體。在第二次世界大戰的末期，中國人歷經八年之生死戰鬥，國家之存亡利害與國民之存亡利害融滙爲一體，中國人民產生強烈同仇敵愾的心理，全國人民形成了一個基本羣體。

9.基本羣體是塑造人格個性，維護個人精神平衡，提供個人心理安全之所在。從個人福祉的角度來看，基本羣體極其重要，然而這並不意味，次級羣體不重要，只不過二者所發揮的功能、對象不同而已。次級社會羣體對於整個社會之運作、生存維繫之貢獻不亞於基本羣體。以一所大學爲例，大學是一所標準的次級羣體，其中之人際關係也是以次級關係爲主。只有在次級人際關係中，老師才可以公允的心態處理學生的作業，以求增進學生的知識技能。龐大的政府機構、軍隊、企業公司都必須在次級人際關係之範疇中運作，以圖達到高度效率完成使命。中國社會過份強調親切的人際關係，因此在中國社會中，法律制度都無法有效執行，形成一個「人治」的社會。

10.基本羣體具備許多對個人成長有利的特性。相反地，次級羣體具備許多對個人成長不利的特性。但是，這種差別並不意味二者有善惡之分，也並不意味二者功能的大小。在維護法律制度之有效運作，及促進龐大機構效率，達成使命，次級人際關係是不可或缺的條件。

當基本羣體之成員採取過份強烈的認同時，有時會阻擾社會整體之團結合作。例如在傳統中國社會裏，個人的家族觀念過於深厚，以家族爲本位之基本羣體形成堅強的羣體堡壘，每一家族之間壁壘分明，個人對於家族效忠的程度超越對於國家之忠誠，視家族之利益爲最重要之事務。在這種情況之下，中國社會四分五裂形成許多各自獨立的家族地方團體，中央的命令與家族之使命相衝突時，會遭受阻礙。

社會中，各種人際關係，可以依基本人際關係及次級人際關係的標準，劃分成爲不同的等級，有的人際關係具有極度親切，例如親子、夫婦，次而公司、學校中之同學、同事，仍具備基本人際關係之特性，然而並不一定強烈。再而是師生之間的關係，介乎基本人際關係與次級人際關係之間。再而是小機構中主屬關係，屬於次級關係，然而仍有若干基本人際關係之特性，最後是大機構中的科層制度，其中人際關係是極端的次級關係。彼此之間無情感可言，通訊都有賴正式之方式，例如無記名的書信，在交談來往中，亦只限於特殊之公務，不滲涉情感私事。

第三節　社會網絡圖(Sociogram)

社會網絡圖是社會學家設計的圖形，以描述社會組織之中的基本人際關係及其他特性，例如誰與誰是好朋友，誰最有聲望，誰最有能力等等。社會組織不論大小，複雜程度，均具有非正式結構 (Informal Structure) 之一面。在龐大的企業機構、政府、軍隊之中，亦都隱藏著許多形形色色的非正式小組織。這種小組織是不列入組織章程之中，是自然形成的。這些非正式小組織中之人際關係，有的是建立在情感基礎之上，也有的是建立在功利基礎之上。然而它們最主要之功能，是滿足社會組織成員個人之目的、需要，而非社會組織整體的需要或目的。

以一間企業公司爲例，我們可以用社會網絡圖描述其中私人關係，誰是死黨，誰是仇敵，誰的人緣最好，誰最有能力聲望。在小羣體中，我們也可以社會網絡圖指示羣體中之社會階層關係以及其中人與人之關聯。例如以一所大學社會學系一年級班學生爲例，我們可以社會網絡圖指示其中各種人際關係。

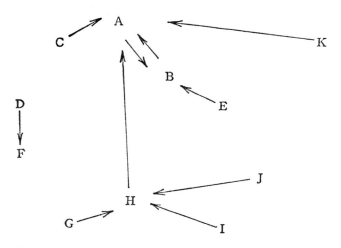

圖一： 東大社會系七四年班，友誼網絡圖 (Friendship Sociogram)

在上圖中，我們可以看出許多獨立的小友羣。A 是最受歡迎的人物，H 是第二受歡迎者，K 則獨立孤立，D 與 F 形成一個獨立的小集團。

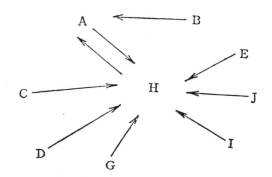

圖二： 東大七四年社一聲望網絡圖 (Prestige Sociogram, Sociology Class, 1984)

在第二圖中，可見 H 最具有聲望。聲望取決的標準，亦可以由研究

者決定，通常以工作能力、成績、或是品德爲取決。

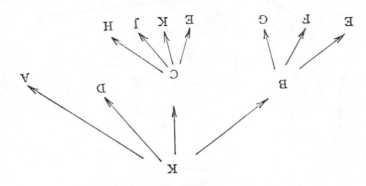

圖三：社會系、權力結構社會網絡圖

上圖中顯示，社一班之權力結構是以K爲首領，透過B、C，影響及於全體，D、A則成爲K之附庸，然而D、A對於其他成員沒有影響力。

美國懷特氏 (William Whyte, 1943)，在其名著街頭幫會 (The Street Corner Society) 一書中，以社會網絡圖，描述美國芝加哥城中街頭幫會成員之間的權力階層結構。

第四節　基本羣體與社會控制(Social Control)

基本羣體亦具有社會管制之功能，控制社會成員之思想行爲。在傳統社會中，基本羣體扮演重要社會管制的角色。以舊中國社會爲例，由於交通不便，法律鞭長莫及，中央及地方政府遂運用鄉里及家族組織，以管制人民。中國大家庭制度中，有宗族會議，由各家族元老組織而成，除了節日奔葬聚會而外，隨時可以召集特別會議，以處理家庭急務。當家族成員中，有違犯法律道德嚴重事件發生時，家族會議遂決定

處置方法。除了正式聚會處理非法行為者之外，平時在敎養督導方面，對於年幼家屬，時時施以身敎、言敎，潛移默化，促使家族成員遵守社會規範。

除了家庭、家族之外，鄰里在傳統社會中，也是一個強而有力的社會管制羣體。當個人觸犯社會規範時，鄰里之指責、排斥，甚至嚴厲的處罰對於個人都形成有效的管制。在目前的農村社會裏，鄰里仍舊發揮有效的社會管制作用。

友羣 (Peer group) 是第三類基本羣體社會管制機構，然而友羣對於其成員之管制，與乎家庭、鄰里不同。家庭與鄰里通常代表社會國家，依據法律道德，約束成員。友羣則代表社會各種支文化或反文化。友羣的價值規範亦不一定反映社會正統價值規範。例如在發育成長的少男所參與的友羣，其價值規範端視乎其社會階級背景，居住環境等等情況。在發育成長的時期，友羣對於靑少年之影響，更勝於家庭學校。如果一位靑少年參與的友羣是正派的，則其行為思想亦必遵循社會道德規範。如果一位靑少年由於家庭因素，居住環境或職業關係，接觸不正當的友羣，則其思想行為亦將隨而走向偏差的途徑。例如在都市中貧困區域的少年犯罪集團，吸引貧困、學業無進展的靑少年。目前國內年靑工廠職工，由於收入低微，工作枯燥，社會地位低落，因而造成煩悶自卑，無法宣洩的心情，遂而參與朋黨、吸毒、酗酒，以及其他偏差行為。從以上的例子中，我們可以看出，友羣的社會管制作用具有兩面性質：一則可以幫助社會社區，維護正統之道德規範，然而也可以促使個人做出違反社會法律道德之行為。在成長時期，友羣對於靑少年之思想行為影響深遠龐大。目前臺灣治安混亂，其所以如是者，是因為大多的貧困失業靑少年，受環境驅使，利慾引誘，不惜違背法律道德，參與各種為非作歹的集團，從事非法行為。這些集團在本質上都屬於基本羣

體，成員之間維持親切關係，羣體份子產生強烈認同所屬感。

　　目前國內青少年問題猖獗，除了造因於社會風氣，工業都市社會所帶至的社會文化失序因素之外，升學主義也必須負一部份責任。升學主義危害絕大多數無法入學的青少年，使他們士氣低落，走頭無路，背著沉重、自卑的心情，不甘心而勉強的參與職業工作，或流落至失學、失業的境地。因失學而導致的強大打擊足以促使青少年走向迷惘偏差的途徑。

　　為了解救數以萬計的不得志青少年，政府應該考慮開放大學之門，使得有志升學而成績合乎一般標準者，均可以進大學。如此不僅可以提高國民教育水準，亦同時可以提高青少年自尊自信，以免走向偏差犯罪的思想行為。

第五節　青少年幫會組織研究

　　美國社會學家威廉・懷特 (William Whyte) 親身參與芝加哥城的一個青少年幫會組織（姑且名之為十三太保），從事研究其中成員之關係及心態行為。在其書中(Street Corner Society, 1947)，他指出「幫會」對於其成員心理人格之影響。參與該幫會的青少年都出自貧困失學背景，缺乏適當良好職業者。在幫會組織中他們尋求親切的人際關係，透過幫會，他們尋求人類共同的願望、地位及榮譽。他們對於其所屬的幫會產生強烈認同、所屬感，接受幫會之價值規範，以幫會的目標為一己的生活目標。在密切的人際關係中，強烈的認同心態之下，個人以幫派組織為一己安全之磐石。在幫會中，每一位成員成為一位「有價值」的人。成員之間相互勉勵、關切。幫會組織成為其成員維護自我之大本營。當幫會成員在組織中發生人際困擾時，直接間接影響及於其情緒精

神健康。在以下的一段節錄中，我們可以透視兩位幫會成員——陳龍及王虎，由於他們在幫會組織的地位、人際關係發生變動，遂而影響及於其人格心態行爲。

陳龍是靑竹幫組織中的一位邊緣份子。他是十三太保老大胡風的好朋友，透過老大而與幫會其他份子建立親切關係，經常參與各種聚會活動。然而陳龍不屬於十三太保的正統體系，因此他對於其他成員之影響只能是間接的。當靑竹幫的老大決定捨棄十三太保而投效更龐大的黑社會組織一竹聯幫時，十三太保的一位小嘍囉李紀升爲領導人物。由於胡風老大離開了十三太保，陳龍在十三太保幫會中的地位一落千丈。陳龍仍時而參與十三太保的活動，也時而隨著胡風參加竹聯幫的活動，然而因爲胡風不是竹聯幫的頭，所以陳龍在竹聯幫內無地位影響可言。以往當胡風是十三太保老大時，陳龍在十三太保幫內具有顯著的社會地位，親切的人際關係，陳龍生活愉快，保持充分安全感及自信心。自從胡風轉入竹聯幫之後，陳龍失卻了他所依據的磐石，從此陳龍感到流離失所，喪失了安全感及自信心。

十三太保及竹聯幫份子最主要的娛樂活動是保齡球。陳龍本來是保齡球高手，過去在十三太保幫會中是數一數二的。然而自從他的好友胡風轉移地盤之後，陳龍的保齡球技衰退，地位一落千丈。

自從陳龍在十三太保內的社會地位降落之後，隨卽產生許多心態問題，例如失眠、心神不寧等等，時時作惡夢，夢見自己死亡。他的好友胡風對他頗爲關懷，因而向懷特請敎，懷特向胡風建議在竹聯幫中時時帶領陳龍參與竹聯幫活動，同時協助陳龍增進他在竹聯幫內之地位。當陳龍遭受別人冷諷熱嘲攻擊時，胡風應出面袒護之。胡風遵照懷特之指示，帶領陳龍在兩個幫會中建立親切人際關係，重建其社會地位並且時時對陳龍透露關懷。不久之後，陳龍遂又恢復原來的愉快心情，失眠症

及惡夢也隨而消失，而且他的保齡球技也恢復正常，成為兩個幫派中的保齡球高手。

不久之後，胡風不幸失業了，由於財力的限制，胡風不能維持以往在幫會中頭目身份的作風。以往，胡風以首領的身份，疏財仗義；幫會聚餐時，通常由他付帳。但是自從失業之後，因為缺乏財力，胡風不常參加幫會活動，更無法維持以往之生活習慣，反而必須處處依賴其他份子之財物支助，這對於胡風的自尊是一項嚴重的打擊。自失業以後，胡風時時患頭痛、頭暈的症狀，特別是當他參與幫會活動時，失卻了原有的風采。又過了幾個月，胡風找到了一份收入頗豐的工作，他又恢復參與幫會各種活動，恢復往日主動、領導身份之氣派。

懷特的這篇短文，主要在於申述基本羣體對於個人安全感、心理健康之維繫的重大影響。當個人失卻基本羣體之支持，失卻親切的人際關係，失卻在親友中之地位、關懷時，其人格精神狀況，亦隨之而走向迷惘消沉。在多變的社會人際關係之中，個人人格之安定繫諸於基本羣體之支持維護。至親好友的鼓勵，親切愛護足以維護個人之「安全感」、個人情緒之平穩、個人心理之健康。

第六節　工廠組織研究：基本羣體對於工人工作效率的影響

(節錄自 Roethlisberger, F. J.; W. I. Dickson, Management and the Worker, Cambridge : Harvard University Press, 1938)

從一九二七至一九三二年之間，哈佛工商管理學院在西方電器公司之霍桑工廠內從事工作效率之研究。研究重心之一是工人所屬基層羣體對於其工作效率之影響。研究對象是電話接線機(Telephone Switchboard)裝釘工人。工廠結構規定每一間工作室內有九位線路工人，四位銲接工人，另有二位檢查員。每一架電話接線機由許多塊線路板拼合而成。首先由線路工人裝設電線在線路板上，然後由銲工將許多線路板銲接在一起，形成一架電話接線機，最後由檢查員檢查成品質地。

每一工作室構成一工作單位，工人之收入取決於整個工作單位每週之成品數量，除此之外，公司更以獎勵制度鼓勵員工生產，其獎勵方式包含以下三種：

1.每位工人每小時工資，依據其過去生產量計算，其每週工資則以其每週工作時間乘以其每小時工資計。

2.如果每一組工作成品率超過規定數額，則公司每週給予每位成員以「花紅」，花紅的數目依據成品率決定。

3.由於電話接線器必須整組製作，然而每組工人工作效率未必一致，因此工作迅速的工人可能受工作緩慢的工人限制其生產量，公司將斟酌個人生產率以決定個人工資。

依據公司所訂立的工資方案，公司認為工人們應該會通力合作，以求增加生產，增加工資，增加每人的收入。為了增加個人收入，每一位工人不僅應該努力增進個人之效率，更會鼓舞工作緩慢的工人，增進工作效率。

然而事實上，工人們工作方式及想法與乎公司的想法大有出入。在霍桑工廠中，工人自行訂定工作標準，他們認為每天每一位工人應該生產兩隻電話機，如此，大眾不必工作過於勞累，而同時也可以有足夠之收入。如果工作室內某一位工人工作效率過高，就會遭其他成員懲罰，在平時交談上加以閒言閒語，「要錢不要命」，「公司的走狗」等封號。同時工人亦可能施以體罰，故意衝撞某位工作率過高的工人。

工人們也都贊成維持一定水準之工作效率，不高不低，一方面適合

大多數人之工作進度，不致於過分勞累，但同時也可以滿足公司之要求。他們認爲如果每人工作效率提高，公司可能改變工作要求，訂立更高的工作標準，使每位工人過於勞累。如果工作效率過低，公司不能賺錢，則工人不僅不能賺錢，更有被辭職解雇的危險，所以最好的方法是維持中等的生產率。

在工作室中的工人形成一基層羣體，爲了維護大多數人的利益，不容許個別份子爲了一己之私利去討好公司，破壞其他人之利益，違反羣體規範者，受羣體之制裁、懲罰。

在其他許多工廠工作效率研究中，許多人發現工作小組是一項有效的方法，可以促發工人工作效率、情趣，減低工人失職、離職的比數。總之，不論是在工作或日常生活中，每個人都需要親切的基本羣體，以滿足個人的安全，親和需要，促發個人的生活情趣，工作效率。相對地，個人也時時受其所屬基本羣體之約束。

第七節　羣體內領導階層分工制度

卽使在基本羣體中也必須有領導份子，以維護羣體之生存延續，有效運作。哈佛大學社會學家貝爾 (Bales, 1954) 認爲基本羣體必須具備兩種不同性質的領導人物，他稱之爲「才能性」的以及「情感性」的領導人物。才能性領導人物的功能在於維持羣體之有效運作，生存發展，達成任務。情感性領袖之功能在於維護羣體內部之和諧，認同，向心力。以家庭爲例，在傳統社會中，父親通常是才能性領導者，他的職責是賺錢養家，使得家庭經濟充裕，提升家庭之社會地位、福利、財富。母親的主要功能是照顧丈夫及子女，維護家庭內部之秩序、和諧。中國人的俗語：「男主外，女主內」與乎貝爾之區分，意義大致相同，很少

有人能身兼二職者。在現代西方社會中，由於離婚率之遞增，許多家庭中只有母親，或是父親，在這種情況之下，獨一的母親或父親要想兼顧情感及才能上的功能，實爲困難，常常無法兼顧，易致顧此失彼。

　成長中的青少年，通常偏愛屬於情感性的領袖而不喜歡智能性的領導者，因爲後者強調理智、約束、犧牲、工作之重要性，而十幾歲的青少年著重情感之發洩、慾望之滿足、不喜歡法律規範之約束、不喜歡工作，所以在二者中必須選擇其一時，成長中之青少年羣體多選擇滿足其情感需要者爲領導人物。

第八節　社　　團

　社團又稱正式組織或組織 (Association, Formal Organization, or Organization.) 在現代工業社會中，社團是社會組織中最主要，最顯著的部門。不論是在政治、經濟、宗教或其他領域中，龐大的社團成爲各種社會活動的主幹。最明顯的例子是龐大的政府機構、銀行、工商業機構，他們的勢力遍及於社會每一角落，影響及於每個人的一言一行，一衣一食。社團又稱正式組織 (Formal Oraganization) 或組織，許多人都以組織社會 (Organizational Society)，冠稱現代工業都市社會，以別於傳統農村社會。

　工業社會中的龐大社團大致上又可劃分成爲「行政社團」及「自動參與性社團」(administrative association and voluntary association)。前者指政府、銀行、公司、工商業機構，後者指政黨以及許多配合人民利益、興趣的社團組織，如獅子會、登山協會等等。行政社團是現代工業社會的特色，而自動性的社團，則是民主社會的特色。我們可以自動性的社團的數量及性質，作爲一國民主自由政治的指標。例如

在歐美民主國家內，人民有集會結社的自由及習性，形成自由民主政治風氣。民主政治之行使亦必須透過這些自動參與的社團，才能夠實施運作，在同一社會中，我們也發現教育程度愈高，社會地位愈高之人士，參與自動社團亦愈多、愈頻繁。然而近幾十年來，人民集會結社之意識風氣隨著自由民主之成長而日益風盛，即使是低收入、教育程度較低的人士也逐漸參與各種自動社團活動。

行政與自動性社團在組織上也會產生自然轉變的現象。許多大公司在最初建立之階級，是以自動參與的方式，然而一旦公司建立鞏固的正式組織之後，行政性遂取代自動性。最明顯的例子是現代工會組織，以下是一九一一年德國社會學家米雪爾 (Michels) 所著的「寡頭政治鐵律」描述十九世紀德國工會發展過程，由民主體制轉變爲獨裁的寡頭政體。

第九節　米雪爾的「寡頭政治鐵律」
(The Iron-law of Oligarchy)

社團領導者之重要性依據社團組織之大小及複雜程度而定。在小羣體中領導者自然發生，成長，其地位、影響力脆弱，而報酬微薄。領導者與其他成員之地位相當，大多數成員參與羣體之決策及行動。

然而，所有人類羣體都必須具有領導者，以統一整合羣體內部之意見及行動，代表羣體與外界接觸交涉，爲達成羣體社團之目的、任務，作決定，採取行動。

任何民主體制，爲求一致行動，統一整合不同意見，達成任務目的，必須有組織。而任何社會組織都必須建立分工合作制度，羣體中某些人必須作決定，整合衆人意見，代表羣體對外交涉，這些職責即爲

「領導」。

　　根據米雪爾的分析，造成寡頭政治的因素，大約可歸類為以下七項：

　　1.領導者由於其權力及職務，因而累積特殊知識、技能、經驗及特權。由於這些特性，一般人無法取而代之，領導者之特權使其地位特殊，超越社團份子之控制。

　　2.由於領導者在社團內部統治以及對外聯絡之技能、經驗，使得社團其他份子必須倚仗這些領導人物，以維繫羣體之作業、生存。

　　3.由於社團份子依賴領導者，促長後者之權力及影響。

　　4.領導者統治內部，具有選擇社團內工作人員及繼承人物之權。領導階級利用此職權選擇忠於其人其事者，建立個人權力制度。

　　5.領導者統治內部，控制內外消息、通訊，因而可以影響社團份子之意見、輿論。

　　6.領導者由於其特權、地位，逐漸與羣衆分離，形成獨立的羣體，其權力及特殊之工作經驗、技能，亦因而集中於此少數人的集團。

　　7.統治階級之權力，更因為社團大多數人不過問政治，對於政治權力無興趣，社團份子對於統治階級之忠誠而增長。

　　大多數社團份子都只注意其個人，家庭生活，日日為生計而思慮，只重視個人收入，職位之升遷，無暇顧及社團領導者之工作及職務，而且社團份子也都具有專門職務，工作繁忙。他們也自認缺乏領導之能力及經驗，無意與領導階層爭一日之長短。

　　由於領導者權力，統治經驗技術之增長及集中，更且由於統治階級之獨立，以及被統治者無暇顧及統治大權，因此領導階級形成獨特的機構自行延續，維繫鞏固其權力地位。統治者為求自保，為求其個人之安全，常運用社團組織及特權為一己謀利益。例如工會之主席，慣於其特

殊生活方式，無意放棄其職務特權、地位，無意重返勞工之貧賤生活，因而急於保持其特權地位。

米雪爾認爲人類具有追求權力慾望，而擁有權力者，則渴望更多之權力，對其已有之特權，更不輕易放手。由於統治階級之心態傾向，他們常會運用社團組織機構，社團人員爲其一已謀福利。而領導階級與被統治者之利益，日益分野。在非民主社會中，社會成員缺乏控制政府機構之方法，統治者遂建立政策制度，以增進一已之利益，鞏固一已之地位。

領導階級之安全，維繫於社團之安全、及安定，因此社團之安定安全，形成社團之重要任務目標。常常爲了達成這些目標，領導者放棄其他更重要的職責及任務。爲求安定安全，領導者所採取之行動，多謹愼小心、緩慢，避免任何冒險行動，爲了避免發生內在衝突矛盾，領導者常常改變，折衷其政策。以配合各種社團人士，以免引起顚覆行爲。根據米雪爾之調查研究十九世紀之歐洲工會，當建立廣大羣衆基礎、完整制度之後，遂改變以往使命而與政府合作，採取保守性政策。

米雪爾認爲一切民主制度均具有傾向寡頭政治之趨勢。領導階級與被領導階級者之分野、分隔亦爲必然之趨勢。米氏認爲唯一可以抵制這種傾勢者，首先須了解一切社團均有傾向寡頭政體之趨勢，然後乃因宜設制防止這種自然傾向。

爲了防護自由政體轉向寡頭政治，必須提高人民之警覺，人民批判之意識，人民參與政治之心願，爲達成此目的，必須首先提昇人民之生活水準、敎育水準、生活安定。

第十節　社團中之正式結構與非正式結構
(Formal Structure and Informal Structure)

　　社團既然是爲了特殊的目的而設立，因而必須建立一套特殊之組織結構，以期達成目的，完成任務。這一套組織結構，是爲社團之正式結構。以一個現代企業公司爲例，如果這一個公司的所有權隸屬若干人或許多人，則這些人爲掌握公司決策而組織董事會。董事會中又必須設立領導者，是爲董事長。然而股權人士未必有時間、能力去經營這間公司，於是董事會必須任命一位總經理，掌握公司行政大權。爲了達成有效的運作，這一間公司在行政方面，又必須分工合作，劃分公司之業務爲幾個主要功能性部門，例如生產部、運輸部、宣傳部門等等。大的生產企業公司，例如汽車製造公司，又必須作更詳細的分工。例如在生產部門之下，又劃分引擎生產部門、刹車生產部門、電池生產部門、車身生產部門等。如果是世界性的企業公司，在運輸部門之下，又必須劃分爲亞洲、歐洲、美洲、澳洲等等分部。在各個生產部門之下，又必須作更詳盡的功能劃分，由總經理而分部經理，組長，督導而致於每一位工人。

　　在一個龐大的企業公司之中，由上至下，可以有十多個不同的層次，這一些爲了達成社團特定目的而籌劃之分工組織，是爲社團之正式組織。現代政府之組織是正式組織結構最好的例子。在大學課程裏，我們可以修讀政府組織，公共行政，企業組織結構等等課程，以圖了解社團正式組織之建構過程以及其功能運作。

　　然而，在所有社團之中，特別是龐大的企業機構，政府組織，都必然存有一些非正式之組織結構。社團之正式組織是爲了達成社團之任務

而建立。然而社團是由人組成的。社團的正式組織沒有考慮及其成員個人需要，個人因素。除此之外，社團之正式組織結構死板，不能適應許多特殊情況 。為了達到靈活運用的目的，社團也必須具有一些非正式之組織結構。既然社團脫離不了人，社團就必須形成非正式的組織結構，以滿足其中人員的需要，適應人性及特殊情況。例如我們在街頭所見的數以百計、千計的小攤販、推車等都是違法的，然而卻成為我國商業的一項特色。依據法令，這些小攤販都必須取締。但是，我們的司法人員事實上卻沒有遵照法律，取締這些攤販，為什麼呢？

在每一個社會中，一定有許許多多貧困、失業的人，無法維持生計，也無能力營業。而我國政府並無社會福利制度，照顧這些人。然而這些人必須生活。為了生活，他們必須有收入，他們既然找不到工作，又無資本自行營業，在這種情況之下如何營生呢？在我國似乎只剩下兩條路，一是做小本經營，二是做非法的活動。如果政府一定要嚴格的禁止各種小販，這些人勢必流入非法的途徑，參與非法的行業。對於整個社會國家而言，很顯然地，小販雖然是不合法，但是卻無害。如果他們參與偷刧違法的行為，則危害及於社會人羣安全福利。所以政府為了防止更壞的可能，只好任由小販們自行營業。這些小販行業就是企業組織中的非正式組織結構，為了適應人情而自然形成者。

除了以上的情況之外，還有許許多多人的因素，社團的正式組織無法處理，例如在一九六〇年代福特汽車公司老闆的兒子亨利福特三世剛自大學畢業，他父親替他在福特公司生產部門安置了一份小工作——工頭，由於亨利福特三世之特殊身份，他雖然只是一個領班，然而影響力卻很大，即使是公司的總經理也必須要考慮他的意見。福特公司的人都知道這位工頭——亨利福特三世，將來會成為公司的老闆。亨利福特三世在福特公司裏的特殊地位及影響力，也都是福特公司中非正式組織結

構的一部份。

　　又大企業公司老板的私人秘書在正式組織上沒有地位，職權很小，然而在實際行政中，由於他與首長之密切關係，卻有很大的影響力。任何下屬外人要想接觸老板，都必須透過這位秘書。中國歷史上時常出現宦官外戚把持政治，也是非正式社會組織結構的好例子。宦官本來是「人下之人」，是宮廷中之奴婢，然而因爲他們與皇帝親切的關係，因而產生強大的影響力，操縱左右政府。

第十一節　職權與影響（Authority and Influence）

　　在社團組織人際關係之間，有兩種不同形態的權力。第一種是職權（Authority），是由工作職位所賦予的權力。例如政府機關首長，根據法律、組織章程規定，在其一定職權範圍之內，具有某些權力。例如司法行政部長，有制定全國刑法、民法之職權，也有任用全國司法人員之職權，同時對於部內人員亦有任免之職權。

　　在一般人際關係或是社團組織中，另一種權力是非正式的影響力。羣體或社團之成員，依據其個人之特質，私人的關係，對別人產生影響力，是稱爲「影響」。以先前所舉之福特汽車公司爲例，福特二世是公司董事長，他的兒子是生產部門的領班。[「領班」本身在福特公司之職權地位很低。但是福特三世因爲與公司董事長的特殊關係，對公司其他人員影響力很大，福特公司內的職員，從上到下，都以這位「領班」馬首是瞻。

　　「職權」是社團組織之部份特性，而「影響力」則是人際關係中之普通現象。二者都是社會組織之重要因素，缺一不可。

　　在注重「人情」的中國社會組織中，「職權」與「影響力」之間的

界線不清。類似亨利福特三世在福特汽車公司內的情形，層出不窮。許許多多年青的人士，由於其特殊家庭背景，在社會上發揮龐大無形的影響力，超越職權，濫用職權。

第十二節　科層組織 (Bureaucracy)

科層組織是指龐大複雜的社團，為了達成其目的，推行其職務而建立之正式理性組織，其中權職分明，每一部門之間都具有清楚明確之功能及相關性。

科層組織是二十世紀初葉，韋伯所提出的概念，在韋伯之著作中，他強調科層組織具備以下之特性。

1.詳盡的分工制度，每一部門均具有特殊的使命、任務。

2.清晰的劃分權力與義務。每一層次之間均形成直屬權力管轄，不得越層報告。以便於管制。

3.人員之任命完全依據其專業訓練及才能。

4.明文規定整個機構之行使、運作。

5.機構中人員之升降亦依據一定之規則。

科層制度是現代社會中，根據理性原則而建立的大規模社團，其目的在於有效的運用大量的人力、物力，以期達成特殊之任務。現代的政府、軍隊，以及企業機構都運用科層制度的原理，以期集合大量的人力、物力達成特殊的使命。科層制度是現代西方文明的結晶，與乎傳統的非理性，以家族、個人為本位之組織，在本質上有許多顯著的差異。最主要的特色是科層制度避免許多人為性因素困擾社羣之運作。科層制好似一個龐大的機械，每一個人就好似機械中的零件，科層制之運作也依循科學、理性的原理。盡量防範一切人的因素，例如私人情感，性向

干擾。科層制度是現代社團組織之典範，任何龐大的社團，在組織結構及運作方面，都必須依循科層制度的原理進行，才能達到最佳工作效率及效果。所以，科層制度是現代工業社會不可或缺的一項制度。

第十三節 社會制度與制度化
(Institution and Institutionalization)

「社會制度」一詞，在平時運用中，含意混淆，常常與社團並用。然而社會制度一詞正確的意義指一種已經成立的方案設施計劃，例如，政黨政治是一種制度；中國傳統的婚姻方式，由父母指配，也是一種制度。很顯然地，政黨政治以及中國傳統的婚姻方式都不是一個社團。

社會上許多設施，方案，行為規範都是在自然情況之下成長為一種制度。而制度形成之過程，是由無組織無規律的人類行為，社會羣體之運作，演變成為持續定型的方式者是為制度化 (Institutionalization)。例如在我國，專制君主政體，轉變為民主政體，歷經數百年之演變，此演變過程是為民主政體制度化之過程。又我國傳統之婚姻制度為父母指配方式，由於西風東漸，目前年青的一代多傾向自由戀愛，自行決定配偶。所以，自由戀愛也逐漸在中國社會落地生根，形成為新的婚配制度。

結 論

基本羣體及社團是社會組織兩大基本型態，牽涉及社會整體運作，社會成員生活之每一層面。基本羣體與社團在組織結構及功能上亦各異，各司其職，各行其是，而同時相互為用，相輔相成，構成社會不可或缺

的組成因素。大致而言，基本羣體之功能在於滿足社會成員個人性的需要，在於塑造人格，而社團之功能則在於增進社會整體之效率，維護社會人羣之安全，生存，促進生產。基本羣體人際關係是建立在情感基礎之上，是自然而然發生形成的，而社團之中人際關係則建立於理性功利主義基礎之上，是人爲創設而建立者。現代工業都市社會以社團組織爲骨幹。然而社會仍是由人構成的，所以在現代社會中，基本羣體之功能地位雖然不及以往，卻仍舊是不可抹滅，不可或缺者。

第六章　偏差行爲 (Deviance)

第一節　偏差行爲之意義

　　從社會學的觀點，凡是違背法律、道德以及任何社會規範之行爲，都屬於偏差行爲之範疇。一項行爲是否構成偏差行爲，取決之標準由社會羣體決定；行爲的本身並不具備偏差犯罪的本質。以「殺人」爲例，在所有人類社會中，殺人都是最重的罪行，然而如果在戰場上殺敵人，則不但不犯罪，反而是一項功勳事蹟。

　　偏差行爲具有時間性、地域性，以及「人」的因素。以「吸毒」爲例，在十九世紀中葉以前，抽鴉片在我國是合法的上層社會行爲，然而自從林則徐奏章嚴禁吸食鴉片之後，抽鴉片變成嚴重的違法行爲，吸毒法令最嚴格的時期，販毒者得處以極刑，目前世界各國對於食用或販賣鴉片仍處以嚴重刑法。

　　偏差行爲亦具備地域性。以抽吸大麻爲例，目前在歐美國家，抽吸大麻不構成嚴重罪行，形同違反交通規則處理，然而在亞洲國家，抽吸大麻仍是嚴重的犯罪行爲，販賣者可處以極刑，而應用者亦處以重刑。

又偏差行爲之界定亦因人而異，例如世界各國規定，祇有成年才可以飲酒，未成年人飲酒則構成犯罪行爲。

除了以上之三項特性之外，偏差行爲亦有輕重之分。例如殺人、搶刧，吸毒是嚴重的罪行，而駕車超速，穿越紅燈、則屬於輕度的違法，又未婚性行爲、同性戀在我國是嚴重違犯道德規範行爲，然而未婚性行爲如牽涉及未成年人則是嚴重犯罪行爲，而成年未婚者之間的性行爲，則不嚴重。又如個人在用餐時不用筷子而用匙、用左手寫字，在我國均屬於偏差行爲，只不過這些偏差行爲既不違犯法律，也不侵害衆人之福利。

無受害者之犯罪行爲 (Victimless Crime) 在嚴重的犯罪性偏差行爲之中，又有無受害者之類別。例如娼妓、賭博、黃色電影書刊等等。依據現行法律，這些偏差行爲都是違法的，然而這些罪行卻無受害者。從社會學的觀點來看，這一類偏差行爲對於社會人羣固然有損，然而亦同時具有其貢獻。例如娼妓對於未婚者、軍隊、船員等無法透過正常關係滿足其性行爲者，都有莫大之貢獻。這一類偏差行爲之所以爲世人所唾棄者，主要原因乃是其與傳統道德規範相抵觸。

除此之外，有的偏差行爲在本質上相似，而社會法律之處置卻截然不同者，例如酗酒與吸毒。在我國酗酒屬於偏差行爲之一種，似乎除了其本人及其親屬之外，並無受害人，社會人羣並不重視酗酒問題，只當作是個人偏差行爲。相反地，在本質上與酗酒類似的吸毒行爲則被視爲嚴重罪行，我國對販毒者處以極刑，吸毒者處以重刑。何以酗酒、吸毒行爲，二者在本質上相似，然而法律處置截然不同，主要原因不外乎是社會成法及傳統之影響。

又以娼妓爲例，直至目前爲止，有所謂公娼與私娼之別，公娼是合法的買賣行爲，而私娼則否，這更證明娼妓行爲本身並不具備偏差的本

性變態 (Transsexuals)

現代歐美社會中最常出現的性變態方式，是男人化裝成
為女人，不僅是服飾行為女性化，在心態認同方面，這
些變態的男人也都以女人自居。

龐 克

1980 年代歐美大都市中出現之「龐克」，是歐美青少年的新行爲模式，服飾鮮艷怪異，眉髮染色，臉上更塗抹濃厚脂粉。「龐克」反抗舊有價值道德規範，生活起居與普通人不同，吸食各種毒品，性生活開放，從事同性戀及各種雜交，以賣唱、娼妓生涯爲生。

質，娼妓之是否違法，是由政府決定。

　　除此之外，我國更規定老百姓不得私自擁有槍械武器。這純粹出自於國家之安全、社會人羣安寧而制定的法律，與乎煙酒公賣相似，國家認為某些事業、某些物品，影響及於社會人羣福利，因而制定法律管制。

　　從以上的各種偏差行為類別以及其與國家社會之關係來看，偏差行為之界定是由社會羣體根據道德原則，以及國家社會人羣之福利安寧為準則而決定，規定某些行為列為偏差，某些為犯罪，某些加以嚴厲懲治。

吸　食　大　麻

　　吸食大麻已成為歐美社會大衆化的行為，特別是在青少年羣體中。歐美政府對於吸食大麻者處罰輕微；在東方國家，吸食大麻屬嚴重罪行。

第二節　偏差行為之類別

偏差行為之類別，以法律界定，可以類分為犯法及不犯法的偏差行為，以下將分別討論各種偏差行為。

一、酗酒 (Alcoholism)

酗酒是西方社會嚴重偏差行為之一種。一般而言，中外人士均視酗酒為病態行為，雖然酗酒可能危害其本人及其親屬，但是世人均以同情的眼光對待酗酒者。在美國，酗酒是一項嚴重的偏差行為，數以千萬以上的美國成年人以及青少年感染這種惡習，直接影響這些人的健康，造成財產之損失，更間接損害社會國家勞動力及衆人之安全。在美國週末假日之時，數以萬計的酒醉人士駕駛汽車在公路上行駛，這些醉酒駕車者不僅危害本身之健康、安全，更危害及於無辜之路人。

酗酒與醉酒不同。酗酒是一種情緒病症，患者以酒為命，以酒為生，養成整日酗酒的習性，隨時隨地不能離開酒。酗酒反映心理疾病，患者精神壓力過於沉重，時時感到焦慮不安，無以自處，不得不「借酒消愁」，借助酒精減低精神情緒上之困擾。不論酗酒之根源為何，酗酒者與酒已建立不可分離之關係。

「醉酒」是一種生物化學現象。當個人的血液中，包含百分之零點二 (0.2%) 酒精成份時，中樞神經失卻控制的現象。當個人血液中酒精成份高達0.3～0.4%時，則形成昏睡之狀況，這時醉酒人沉睡不醒，直至血液內酒精逐漸排除，降低百分比之後，才逐漸甦醒。

每個社會中酗酒的嚴重性不等；歐美社會酗酒問題極為嚴重。以目前美國社會而言，根據社會學家調查，約有千萬以上的美國人感染酗酒

之惡習而不能自拔。在蘇俄,酗酒問題更是嚴重,酗酒者佔全國人民之百分比更超過美國。然而在東方國家,酗酒從未構成嚴重的社會問題,即使是在美國長期居留的中國人,酗酒者亦少之又少。

何以中國人及亞洲民族,酗酒的比例較低,歐美民族酗酒率較高,這實在是一項有意義的社會學問題。雖然社會學家及心理學家對於酗酒問題之研究已有數十年之歷史,然而對於人種社會之間酗酒之差異,仍無肯定之解釋。我們只能揣測酗酒之遠因,源自於精神情緒之困擾,而這些困擾又造因於社會文化及人際關係因素。中國社會之傳統、社會組織,及人際關係,顯然與西方社會有別,而中國社會之這些特性不僅不會導致個人酗酒之習慣,更有制止個人染上酗酒之作用。相反地,西方社會文化之強調競爭征服,人與人之間關係冷漠、鬥爭,足以導致許多精神情緒問題,因而造成酗酒之習性。再從心理分析學派的觀點來看,中國社會文化對於個人之壓抑較小,同時,中國社會之人際關係給予個人較多保障。

中國哲學講求靜態生活,講求適應、忍讓,這一種哲學可以幫助個人抑制社會文化之壓力,抑制人際關係之磨擦,減低個人之煩躁憂鬱。中國人所喜好的娛樂,諸如,釣魚、下棋、太極拳等等,均有宣洩情緒之作用,因此中國人的生活方式及個性均構成防範酗酒之因素。西方人在生活方式,在個性上缺乏舒解調劑精神之方法,因而不得不借助藥物以解除、降低個人精神上之緊張及壓力。

近年來在工業先進國家,青少年酗酒更是形成嚴重的社會問題之一。以美國為例,根據最近統計資料 (Goodman, Marx, 1982),美國中學生有三分之一左右每年醉酒數次,而大學生中竟然半數以上每月至少醉酒一次。美國青少年酗酒之原因很多,有好有壞。首先,從好的一面來看,是青少年社會化過程之一部份,青少年步入社會,參與社會活動,

模仿成年人行為。由於飲酒是美國成年人社交活動重心之一，所以年輕人亦從事酗酒。第二，飲酒可以帶來興奮、刺激，以及情緒上之鬆弛、舒暢。年輕人亦藉酒澆愁，尋歡作樂。第三，青少年飲酒反映社會風氣，自第二次世界大戰結束之後，美國社會風氣轉變迅速，色情、酗酒、吸毒日益風靡社會人羣，更而青少年、婦女從傳統社會角色中解放出來，參與各種社會活動。第四，從青少年心理着眼，青少年飲酒行為可以視之為反映青少年尋歡作樂的心態。在成長中的青少年喜歡刺激，不受社會約束，情緒變動甚大。以國內青少年吸毒的情況為例子，失學或工廠中青少年吸毒比例較大。這些青少年在學業事業上遭受挫折，初臨社會，一切都感到無聊無奈，在個性上又沒有建立嚴格之紀律，缺乏理性，因而感染吸毒之習慣，不計後果。從以上的各種解釋中，不難看出青少年酗酒之各種面向，更而根據芬氏 (Finn, 1979) 之研究，青少年酗酒者長大成年之後也會變成酗酒者。最後，歐美社會青少年酗酒之習性反映歐美社會嚴重問題。以美國為例，離婚率甚高，家庭破裂者衆多。年青子女在破裂家庭中遭受之精神情緒困擾至為嚴重。美國青少年酗酒的習性，同時反映其他社會問題，美國社會除了家庭破裂，人際關係冷漠，其他各種偏差行為，諸如，同性戀、精神病患者亦衆多，青少年生長於問題衆多的家庭社會中，自然產生諸多精神情緒困擾，而酒是社會上所容許的解除情緒困擾簡便方法之一。

二、吸　毒

我國由於法律森嚴，吸毒現象並不嚴重，祇限於少數成年人吸食興奮劑、鎮靜劑藥物，以及青少年及貧困階級應用強力膠等。在歐美社會中，吸毒問題至為嚴重，毒品涉及種類繁多，毒品性質亦遠較國內所運用者強烈，同時，吸毒人口亦極為廣泛。以大麻為例，美國十二歲以上

人口，幾乎過半有吸食大蔴經驗。自一九七〇年以來，注射海洛英又形成
風氣。以下我們將分別討論吸毒之概念、毒品之類別及吸毒問題之情況。

　　1.毒品之意義

　　首先，所謂「毒品」是一項法律觀念。要解釋吸毒問題，必先了解
「藥品」(Drug)。從社會學的觀點來看，凡是足以改變人類精神情緒
之物品，均稱之爲藥品。因而不論是興奮劑、鎭靜劑、安眠藥、酒、
茶、香煙都屬於藥物之範疇。其次，所謂毒品者，凡政府禁止人民私自
應用的藥物皆爲毒品。以我國法律爲例，大蔴、鴉片、嗎啡、海洛英等
屬於嚴重毒品，販賣吸食者處刑極重。其次，是醫藥界運用之藥物，如
果有醫生開方，則運用合法，否則卽屬非法。例如興奮劑、鎭靜劑、
安眠藥，如果病人經醫生開方服用之，是合法的行爲。如果不經醫生開
方，而擅自應用，卽構成非法行爲。其他如強力膠，本屬工業用品，然
而，吸食之亦可以產生興奮作用。吸食強力膠對身體有害，祇有貧困、
無知之人士，爲了貪圖一時之樂，而甘冒法律禁忌，殘害身心健康。

　　2.毒癮之定義 (Drug Addiction)

　　如果毒品、藥物沒有上癮的危險，則不論是爲了刺激，或解除精神
困擾而吸食之，亦無可厚非。然而不幸的是毒品都有上癮的後果，所謂
毒癮具有三大特性：

　　(A)個人在生理及心理上，對於藥物的依賴性 (Dependence)
嚴重的毒品如嗎啡、海洛英、鴉片等，吸食一二次以後，卽可能形成依
賴性。染上毒癮之後，吸食者形成不可一日無此君之心理、生理狀態。

　　(B)斷禁症狀 (Abstinence Syndrome)　吸毒者在缺乏毒物
之後，二十四小時至七十二小時之間會產生強烈極端痛苦的生理、心理
反應，唯有毒品才能夠解除這些斷禁症狀。

　　(C)耐藥性 (Tolerance)　吸毒者經過一段吸毒時期之後，對

於毒品之要求量不斷增加。以海洛英為例，在剛開始吸用的時候，吸毒者僅需極少量卽可達至高度身心快感狀況。服吸成性，久而久之，吸毒者必須運用多量的藥物，才能達成同樣的效果。

這三種毒癮特性，可以說是吸毒之致命傷，也是何以各國對於毒品嚴禁之主要原因。

3.毒品之類別

從社會學的觀點，依據毒品對於人之作用而言，大致上可以類分為三：

(A)鎮靜劑　主要作用在於緩和抑制中樞神經活動。以鴉片為例，主要作用在於鎮靜安眠。除了鴉片之外，新近發明的化合藥品，種類繁多，不可勝數。鎮靜劑在醫學上的價值很大，醫生動手術時通常都必須運用鎮靜藥物，以減低病人痛苦。除此之外，工作繁忙的人、心情繁重的人，或是工商業都市社會中許多人都必須運用鎮靜藥物，以緩和內心緊張憂鬱。這一類藥物可以很容易自醫生處取得。

(B)興奮劑　這一類藥物之作用與鎮靜劑正好相反，刺激提升中樞神經活動，更而造成興奮快感。毒品中，海洛英、安非他命等都屬於興奮劑。從醫學的觀點來看，這一類藥物之主要醫學用途，是應用於精神病患者，特別是情緒低落的病人。然而由於工業都市中，遭遇挫折憂鬱的人數很多，因而許多人都希望藉興奮劑，以提昇精神情緒。這一類藥物，因為具有毒品特性，為各國政府所禁止，所以屬於非法藥物。

美國自從一九七○年以來，海洛英之用量大為增加，目前估計數以百萬計的人口吸食注射海洛英。通常一劑海洛英之價格大約在美金五十元至一百元之間，不是普通中產或貧困階級可以負擔者。因此應用海洛英的人，不是中上層階級就是犯罪份子、娼妓。由於服用海洛英而導致犯罪的問題也因而日益嚴重。

目前，在國內，由於法律森嚴，吸食嗎啡、海洛英之人很少，注射安非他命的比例較高，一針安非他命大約是四十元新臺幣。最初使用者每日一二支，然而日久之後，注射量增加，竟而有每日注射數十支者，這些嚴重吸毒份子幾乎變成了「毒人」，其精神情緒必須依賴毒物以維繫生存，其費用亦遠非一般人可以負擔者，所以在國內安非他命之運用，相當於海洛英在美國之情形。

又強力膠也屬於興奮劑之一，然而吸食強力膠除了會上癮之外，更會引起明顯之後遺病症，長期服用足以導致腦神經細胞之破壞，服食實為不智之舉。然而強力膠費用低廉，購買方便。一支十餘元新臺幣的強力膠可以供一個人吸用十餘次，所以，對於下層社會以及青少年之吸引力甚大。由於民國七十年政府限制安非他命之銷售，近年來強力膠形成國內主要毒品。這是很危險的發展，這些吸食強力膠的人，中年以後，可能發展成為精神錯亂，或是其他嚴重疾病。

　　(C)迷幻藥　這一類藥物不僅可以製造興奮情緒，更有干擾中樞神經之作用，使人產生幻想幻覺幻聽的現象。服食迷幻藥者通常以「旅行」(trip) 稱之，以服食迷幻藥之後，所產生心靈旅程，使人可以暫時脫離現實而進入心靈幻境。目前在美國盛行的大麻，及 LSD 都屬於迷幻藥。

三、精神疾病 (Mental Illness)

從社會學的觀點，所謂精神疾病指任何人精神情緒狀況足以嚴重干擾其日常生活運作，以及正常人際關係者，均可以精神症狀冠之。精神疾病是與一般生理疾病相對的概念。一個人可能因為感冒傷風不能工作。同理，一個人也可能因為特殊情況而造成嚴重精神情緒障礙不能工作。

然而一般來說，精神疾病與一般性的疾病，又有顯著的區別。區別之一是精精疾病多導因於長期生活環境壓力，所以，一旦發作之後，難以復原。其次，精神疾病與一般疾病之最大區別是當一個人罹患一般性疾病，病況愈重時，病人了解病況嚴重，急於求治。例如，一個人突然發高燒、嘔吐，或是腿骨折斷，通常都會立刻送醫。然而精神疾病正好相反，由於個人自我防禦的作用，精神病患者其病情愈嚴重，自知程度愈低，這也造成醫治上之一大困擾。通常醫治病患，必須得到病患本人之首肯，然而精神病患者決不承認生病，自然無由就醫。

其次，由於精神疾病與正常心態行為之間界線難以界定，因此除了專業人員或是對於病人非常熟悉者，無由得知病情，更而由於各種迷信的無知觀念，導致對於精神病誤解疏忽診治之困難。

從社會學之觀點，精神病大致可以類分為三種型態：

（A）精神病（Psychosis）

當一個人的思想行為已經完全脫離常軌、脫離現實、超越理性邏輯，是為精神病。精神病之類別也很多，以精神分裂症（Schizophrenia）最為普遍。精神分裂症患者之言行、思考，已脫離邏輯理性之範疇，無法從事正常社會工作、正常人際關係。精神分裂症患者佔精神疾病之百分比例小，總共不及百分之一。然而，精神分裂症患者卻佔精神醫院、精神療養院人數三分之二以上。除了精神分裂症之外，精神症還包括妄想狂、憂鬱狂等等病症。

（B）心理病（Neuroses）

以往稱之為神經病，病症之主要症候是過度緊張、焦慮。通常心理病之病因潛伏於個人潛意識之中，不為病患者所感受。潛在之焦慮緊張，其所展現的方法，鬼怪離奇。例如酗酒、吸毒者絕大多數都出自於心理病。同性戀中亦包含甚多心理病患。除此之外，在普通人口中，罹患心

理病者比比皆是。心理疾病是現代工商業都市生活之產品，在繁忙沉重的工作，缺乏親切的人際關係中，人的精神情緒遭受不斷的打擊壓力，而因造成緊張焦慮。

以世界著名的影人依麗莎白泰勒而言，她可以說是集才華、財富、地位於一身。然而根據她的自傳，近二十五年來，她終日與毒品酒精為伍。泰勒生活多彩多姿，她的婚姻生活也為世人所注目，她曾經婚變七次，我們可以想像每一次離婚都給予她精神情緒上嚴重打擊，因而形成嚴重心理病。此外，在我國影劇界許多知名的女明星都自殺身亡，也都是在過度壓力緊張之下，心力憔悴，而走上自盡之途。

(C)心身病 (Psychosomatic Disorder)

所謂心身病，指由心理因素而造成的生理疾病症狀。心身病種類繁多，最常見的例子是頭痛、失眠、胃病、盜汗、作惡夢等等。心臟病、腦溢血也都可以算是心身病。

(D)人格偏差 (Personality Disorder)

由於不良教養、惡劣環境、特殊人際關係，或是生理 遺傳因素而導致於人格偏差。偏差人格中最明顯、最主要的類型是反社會人格型態 (Anti-social Personality)。這一類型人格偏差主要特徵是缺乏良知良能，其形成因素主要是由於缺乏教養，親子關係之失調，早年受父母或其他親人排斥、冷落。也有的是導因於生理疾病，例如大腦病症。反社會人格型態又稱為缺乏良知型 (Sociopath)，黑社會及犯罪份子中這一類的人較多。然而，在正常人羣社會中，亦時時包含少數這一類型人物。例如報章上時常登載之經濟犯、政治犯、貪污枉法者，許多都是在人格上有偏差，缺乏良知良能。

社會上許多犯罪的人都具有反社會人格，以下的案件中，罪犯的人格心態，可以歸納入反社會人格類型。

中華民國七十四年五月一日

利用迷藥犯罪案件漸增多
奉勸女性可要警覺防範
別爲惡徒外表所惑失身失財

台中市警局刑警隊及副隊長陳坤湖昨天指揮所屬查獲下迷藥搶劫及強暴的嫌犯陳君平，痛責陳君平是強盜、強暴和勒索「一貫作業」的惡徒。

陳坤湖說，最近一、兩年來，夕徒用迷藥把人迷昏後做案經常發生，成了目前新的犯罪模式。

他說，但到現在為止，以迷藥犯罪的夕徒，他們目的多只限於單純的為財或為色而已。也就是說，夕徒做案並不以婦女為唯一目標，有些男女是而只了。垂涎被害人的財物，諸對方迷昏後，劫掠財物；也有些則是為了占有對方身體；用迷藥設法迷昏，但極少是既劫財後又劫色的。

陳平的做案方是勾當很可怕。每一次做案以前，他都先物色目標，把對方引誘到手後，在第一次約會時，伺機在飲料中放下迷藥，在被害人被迷倒後，就帶到賓館或旅社中醫室，然後洗劫被害人的金飾、財物，而且又趁被害人昏迷加以強暴，還將強暴的過程一一拍成照片。

陳君平再利用那些見不得人的照片，向被害人勒索財物。如果被害人有意報案，他就利用這些照片，以公開要脅，手段上真是毒辣異常。

（郭錦湖攝）

涉嫌強盜強暴的陳君平，昨天被台中市警刑警隊捕獲。

根據報紙之報導，這位罪犯之所作所為，已超越一般犯罪行為之範疇。這位罪犯在洗刼、強暴女被害人之後，更拍攝婦女被迫害的過

程，以資勒索。從作案的整個過程中，我們可以揣測犯案人之心態，不僅是毒辣，可以說是缺乏「人性」。這一類的人缺乏良知良能，漠視道德規範，是社會中的害羣之馬，是人間的敗類，不幸的是，隨着工業都市社會的滋長，文化脫序，家庭功能之式微，這一類型的變態人格日益增長。

四、同性戀 (Homosexual)

在馬斯特及詹生 (Masters and Johnson, 1971) 的人類性行為一書中，強調：「人類性慾是僅次於生存慾念的強烈需求。」孔子也說過：「食色性也。」可見從古至今，先聖名賢都體認人類性慾之重要。然而幾乎所有人類社會對於性慾都加以嚴格的限制，除了婚姻關係之外，其他一切性行為均被視為偏差非法。

同性戀，顧名思義，指兩位同性人士參與性行為者。在人類歷史中，只有極少數的時期中，曾經流傳同性戀行為，例如古代希臘羅馬時期，以及二十世紀中葉，德國納粹政府官員之間。在我國野史中，也偶而流傳「斷袖」的故事。在現代工業都市社會中，同性戀日形普遍。

根據最近的研究 (Hunt, 1974)，美國人口中，百分之二的男性以及百分之一的女性屬於同性及雙性戀者*。此外，美國人口中，百分之十的男性及百分之四的女性曾經有過同性關係的經驗。

幾無例外，同性戀的行為都是由於變態心理所導致。在一九七四年以前，美國精神病協會出版的精神病手冊中，將同性戀列為精神病類別之一。一九七四年以後，由於同性戀組織勢力龐大，美國精神病協會乃不得不自精神病分類中撤銷同性戀者。大多數同性戀者都具有異常的人格、精神特質，包括內疚、焦慮、幼稚的自我防禦、性心理變態，以及

---

* 雙性戀者對同性、異性性行為均參與。

童年遭受嚴重的精神挫折及錯綜人際關係的困擾。

在一九八四年出版的管理雜誌中，一位中國女同性戀者的自述，可以使人概略了解這位女士演變成為同性戀之心路歷程。她說，她自幼即與父親關係不好，對父親印象惡劣，及至青春期，結交的第一位男朋友又是一位品行惡劣的男人。反過來，她覺得女性友伴親切、和善、善解人意、溫柔體貼。從此，她變成了一位同性戀者。當然這位同性戀者的自白過於簡單，從這段簡單的自白書中，我們無法了解這位女士所經歷的困擾及其複雜的家庭背景。但是，大致上我們可以說，由於童年及青春期，兩性關係中之嚴重挫折困擾 (Trauma)，使得這位女士的人格發展走向異途，普通的兩性關係不能滿足她的需求。換句話說，由於她的特殊生活經驗，她養成了獨特「性」的愛好。這與我們「嗜好」、「習慣」培養的過程並無不同之處。

男女同性戀者在動機上又不一樣。亨福瑞 (Hunphrey, 1971)，在他的名著茶室交易 (Tearoom Trade) 一書中，詳細描述男性同性戀行為。根據亨福瑞及其他性心理專家，如金賽博士 (1949，1953) 的分析，男性同性戀行為主要是以發洩性慾，排斥焦慮、緊張、煩惱、苦悶，或是茫然不知何所從的情緒。而女性同性戀行為的主要動機是追求長期、永久性的感情關係。換言之，女性同性戀者是因為無法從男性中尋取溫情，轉而向女性同伴求取。男性同性戀者則不然，他們是因為精神上之困擾而發狂，產生變態心理，從同性性關係中尋求發洩解脫。

近幾十年來，不僅同性戀者日益增加，政府及社會人士對待同性戀者亦日形寬大。英國於一九五七年宣佈同性戀行為合法，美國於一九七五年隨行。依據目前的發展趨勢，同性戀行為有日益普遍化的趨向，即使是傳統保守的中國社會，同性戀的事件也日益普遍。

五、犯罪及少年犯罪 (Crime and Delinquency)

　　罪犯及少年犯是偏差行為中最引人注目的類別，也是違害社會人羣最嚴重、最深的羣體。這些人由於敎養不良，缺乏良知良能，不守社會規範，遂而破壞社會秩序，侵奪別人財物、生命。總之這些人是社會的害羣之馬。

　　在現代工業都市社會中，由於社會文化脫序，人人急於追求功名財富，而不顧道德法律，因而犯罪人數日益增加，成爲社會秩序安定之主要障礙。民國七十三年十一月我國政府開始一淸專案掃黑運動，對於犯罪集團之打擊甚大。做這種工作必須持之以恆，而且必須建立更徹底之制度改進，才能期望安定之未來。

　　犯罪指標 (Crime Index)

　　美國政府以七項主要犯罪之累積數字作爲社會犯罪情況之指標，這七項犯罪是:

　　　A. 兇殺案

　　　　a.謀殺

　　　　b.強姦

　　　　c.強盜

　　　　d.暴力犯罪

　　　B. 財產罪

　　　　e.竊盜

　　　　f.偸竊

　　　　g.偸竊汽車

　　通常，官方所報告的犯罪數字遠較實際犯罪數字爲低。以美國聯邦調查局一九八一年之犯罪報告與實際調查受害人之統計相比較(見表一)。

表一: 美國官方犯罪記錄及實際受害人調查索

記錄　　　　　　犯罪以每十萬人口爲基數計算　1980

	美 國 官 方 記 錄 (1/100,000)	實 際 犯 罪 調 查 (實際受害人報案)	官方數字與實際犯罪比例
強　　姦	36	167	1:4.64
強　　盜	244	589	1:2.41
兇　　殺	291	2685	1:9.23
刼　　盜	1668	8591	1:5.13
偷　　刼	3156	11985	1:3.80
汽車刼盜	495	1250	1:3.54

資料來源: U.S.: FBI. Crime Report, 1981

　　由以上比較數字可見，美國官方之犯罪數字已經很高，而實際嚴重犯罪數字更高，實際犯罪情況更嚴重。

　　與乎美國犯罪情況比較，我國犯罪數字偏低（見表二）。卽使與以犯罪率低著稱的瑞士比較，我國嚴重罪行率也比瑞士低了三倍（一九八二年多，中華民國犯罪研討會議，內政部警政署署長報告，臺北）。但是與往日比較，我國的犯罪數字則蒸蒸日上，有日益嚴重的趨勢。

表二: 中華民國犯罪統計（民國七十一年）

罪　　　　　　　　　　行	案 件 數 字	犯　　罪　　率 (1/100,000)
強盜 (Robbery)	694	3.86
謀殺	5305	29.5
傷害	5952	33.1
刼盜 (Burglary & Larceny)	9334	51.9

資料來源: 中華民國法務部，犯罪報告，1982

第三節　解釋偏差犯罪行爲之理論

一、生物學理論

十九世紀末葉，意大利犯罪學家郎布索（Cesare Lombroso, 1911）認爲犯罪行爲與許多身體特性有關。個人由於在胚胎發育時期發生變故，成長以後展現原始人類的心態行爲，產生犯罪行爲（atavism）。根據郎布索之理論，犯罪者具有若干特殊體型特質，例如低額、鬍鬚疏鬆、寬濶的下巴、毛髮較多等等。

一九五〇年，美國犯罪專家格魯克夫婦（Glueck and Glueck, 1950）提出體型理論以解釋少年犯罪，認爲身體健碩的青少年（Mesomorphic）易於犯罪，易於走上偏差行爲之途徑。

近二三十年來，在生物學界又出現變態染色體理論，普通男人之性染色體爲 xy，女性爲 xx，變態性染色體包括多種，例如 xyy、xxy，甚至 xxxy。布萊斯（Price）及其同僚（1966, 1967）發覺具有 x-yy 染色體者犯罪、偏差行爲可能性較大。

二、心理學理論

心理學派在解釋偏差犯罪行爲時，通常著重心理缺陷、變態心理人格特質、反社會人格等等因素的解釋。這一派的學者多強調早期兒童之家庭環境、人格成長以及許多潛意識因素以解釋各種偏差犯罪行爲。例如心理學派解釋同性戀行爲時，認爲這些人在性別認同上發生偏差，主要由於童年生活經驗中與父母關係發生問題，導致後來性別心理之變態、偏差行爲。

一九五〇年代少年犯罪研究者，例如格魯克夫婦（Glueck, 1950），

強調少年罪犯之人格特質，其中包括自卑感、衝動、不穩定、不成熟等等，導致青少年犯罪偏差行為。

目前，**多數社會學家、心理學家均同意個人人格及動機是構成犯罪偏差行為的主要心靈根源。**然而，人格及動機因素卻又是由環境因素所造成。

三、社會學理論

社會學理論著重社會文化環境因素，解釋偏差犯罪行為。牽涉及偏差犯罪行為之社會學理論甚多，現僅列舉其重要者。

1.社會文化脫序論 (Anomie Theory)

這一派學說以十九世紀中葉法國社會學家涂爾幹為主，在他的自殺論 (1897) 一書中，他劃分自殺行為為若干類型，其中之一為脫序型。在現代工業都市社會中，由於社會文化脫序，在眾多的支文化，各種衝突矛盾的價值規範之下，個人感到無所適從，因而導致精神困擾、自殺行為。例如，目前中國人在性行為之價值規範方面即產生脫序現象。以婚前性行為為例，現代西方教育強調性生活開放，而我國傳統文化則反對，年輕的中國人似乎感到無所適從。除此之外，在生活上，似乎學校教育與現實生活亦發生脫節的現象。學校裏所講授的道德、價值觀念與乎日常生活之準則不同。例如學校教育嚴格禁止欺騙、作弊、賄賂，然而在日常生活中，似乎欺騙、賄賂是很普遍的事，年輕的學生們為此而困惑；又根據學校及法律規定，賭博是很嚴重的偏差犯罪行為。然而政府卻又販賣獎券，鼓勵人民賭博；在教育中，我們強調娼妓是違法不道德的，然而同時我們又有公娼制，娼妓可以合法營業。從這些明顯的例證中，我們可以看出現代人所面臨的無所適從、左右為難的困境。

一九三八年，美國社會學家麥爾頓更將脫序理論具體化，（見第一

章）以解釋各種偏差犯罪行為。時至今日歷經四十餘載，麥爾頓之社會文化脫序犯罪理論仍被社會學者尊奉為經典之作。

2.差別結合理論 (Differential Association Theory)

一九三九年美國兩位社會學家蘇德蘭 （Sutherland） 及克里塞 (Cressey) 發表差別結合理論，以解釋犯罪偏差行為之形成過程。依據蘇德蘭、克里塞的理論，偏差行為一如正常行為，都是在社會生活、人際關係中學習而得到的，所不同的只不過是學習的環境及對象不同而已。生活在正常環境的子女，學習得到合法守秩序的行為價值規範，因而成為一位守法的公民。然而生長在貧困混亂無章城區環境的青少年，則必須接觸各種犯罪、偏差行為之文化，在不斷的接觸中，許多貧困的少年因而受感染，形成犯罪、偏差的行為心態。蘇德蘭及克里塞的理論，形成現代犯罪學理論之主流，強調社會解組；社會失序與偏差犯罪行為之間的關聯。

3.同心圓理論

芝加哥學派之布吉士 (Burgess)，更以同心圓理論 (Concentric Zone Theory)，以人文區位學的觀點，解釋犯罪偏差行為。布吉士認為都市之發展，通常以同心圓方式向外擴張，而形成許多不同性質之同心圓區域。通常，城中心區（第Ⅰ區）是都市金融企業集合之所在，銀行、商行、貿易公司都設置在第Ⅰ區（見下圖）。

都市的第Ⅱ區，在都市金融中心的週遭，是都市早期發展的遺址，其中包含許多陳舊的建築、貧困居民，各種犯罪、偏差行為之聚合中心。在這一區中，人口流動率最大，犯罪偏差行為率最高，社會解組問題最為嚴重。

都市的第Ⅲ同心圓區包括中小型工業；第Ⅳ區為工人住宅區；第Ⅴ區為中產階級住宅區；第Ⅵ區為郊區，為現代工商業社會中上階層住宅

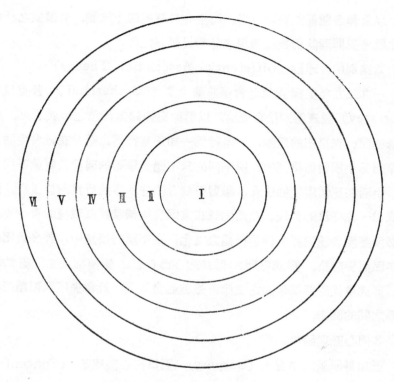

圖一: 布吉士的都市同心圓圖形

區。犯罪、偏差行爲及離婚率等等由城中區間外依次遞減，社會解組情況愈嚴重者，犯罪離婚及各種偏差行爲比率也愈高。

　　布吉士的都市同心圓理論發展於一九二〇年代，成爲支加哥學派理論體系之主流，時至今日，一般都市社會學家仍以同心圓理論，解釋都市發展、都市社會解組與偏差行爲之關係。

　　造成都市社會解組的因素很多，急驟的工業、都市發展，西方文化的衝擊，舊有道德規範之崩潰瓦解，人民生活起居方式之急驟轉變。以往以鄉里 爲居的農民， 逐漸走向都市， 向工商業謀發展。 都市人口集中，聚合各種不同性質的人口，而同時原有農村社會數百年、數千年之

宗族、鄉里、傳統都逐漸消沉。在這種情形之下，人民生活逐漸失卻重心，失卻信仰，缺乏約束、牽制，形成了特殊的都市生活、人格型態。由鄉村移往都市的農民，流離失所，無所依據，在價值規範方面，與都市格格不入，面臨貧困，缺乏家庭朋友之支持，在這些壓力之下，他們逐漸迷失，走向犯罪、偏差行為的途徑。

　　以目前國內社會情況而論，近二十年來，地痞流氓的人數日益增加，形成社會治安、社會秩序之嚴重威脅，傳統中國社會中所標榜的農民人格型態，和平、樸實的性格在都市中消失，代之而起的是都市下層社會人格型態，奸詐、橫暴、巧取豪奪。新興起之都市下層社會人格心態，造成社會普遍不安。近日(七十三年十一月)政府嚴厲取締黑社會組織，非常有成效，是我國數十年來大規模掃蕩黑社會運動之始。然而在掃蕩之後，我們必須開始心理重建工作，推翻目前都市下層社會之人格模式。重新建立起尊重法律、道德、個人榮譽、負責任、守紀律的新人格型態。如此才能夠根除我國黑社會地痞流氓，重建社會秩序。

　　4.標籤論 (Labeling Theory)

　　標籤論代表最新社會學犯罪理論趨向。根據標籤理論，偏差犯罪行為本身並不具備任何偏差犯罪之因素，行為之界定為偏差或犯罪，端視乎社會文化之價值判斷。以吸食大麻為例，在一九三七年美國仍未訂立大麻法案之前，吸食大麻是合法正當的行為。自一九三七年之後，由於大麻法案，吸食大麻成為嚴重刑事罪行。然而自從一九七〇年代以來，由於吸食大麻極為普遍，社會人士及政府又改變態度，吸食大麻又轉變成為合法正當的行為。

　　在我國，吸食鴉片也經歷類似演變途徑。在十九世紀中葉以前，吸食鴉片是合法正當行為，然而自從林則徐參奏以後，抽鴉片被訂為嚴重犯罪行為，時至今日，這種嚴格的態度仍舊維持。

　　又以同性戀爲例，在一九六○年代以前之美國，同性戀被視作爲嚴重偏差行爲，然而自從一九六○年代以來，同性戀日益普遍。自一九七○年代以後，同性戀已不再是犯罪行爲。目前，大多數美國人不以同性戀爲偏差行爲。其他如離婚、墮胎、婚前性行爲，以及通姦等等，都由偏差行爲轉變爲合法合理的行爲。

　　標籤論不僅指出行爲之是否偏差犯罪，是由社會衆人決定，標籤論更指出偏差犯罪的標籤對於牽涉者之嚴重影響。如果一位靑少年因爲犯了一次錯誤而被標籤爲「少年犯」，則從此以後這位少年之心靈遭受打擊，而社會人士亦以少年犯視之，影響及於其人格發展及前途。同樣道理，社會人士對於某些行爲之指責，對被指責者影響深遠。

　　標籤論興起於一九六○年代，以貝克 (Becker, 1963) 之外圍人 (The Outsiders) 一書爲代表作。自一九六三年以來，標籤論發展迅速，成爲解釋偏差犯罪行爲主要理論之一。

「迌迌郎」──目前臺灣下層社會之模式人格

　　記得是民國七十二年時，國內流行一首歌曲，叫做「迌迌郎」，風行一時，不可一世。時至今日，在電視、收音機中，仍時見播放。這部歌曲具有特別的格調，描述當今都市社會中下層階級的英雄人物，一個一無所有、一無所依的小人物，居然能夠與社會中龐大組織勢力對抗，而最後能夠勝利，音樂中流露的那種瀟灑、脫俗，不受法律、規範牽制的心態，與社會大勢力相爭時，而又處處能夠贏得上風。這是我國在最近十多年，由於都市急驟發展而產生的新英雄人格模式，與乎美國開拓時期的「牛仔」相似。

「迌迌郎」不是中國傳統文化人物。在數千年中國歷史文化中，從未見迌迌郎的人格型態。中國歷史中有所謂「流浪漢」，但是不爲社會所尊重，與乎販夫小卒、癟三、地痞列入同流。與迌迌郎觀念最接近的大約是日本文化中，所流傳的「野武士」「散民」，在日本歷史中，這些流離失所，失卻家鄉田園的野武士，到處漂泊，依賴一隻劍，四處生活，心目中無所謂法律，所有的只是生存適應。通常都是以違反政府法制的心態，暴力的手段，奪取財富，爭取地位，謀害人命，破壞社會秩序，與政府社會勢力公然爲敵。

在美國建國兩百年中，也產生類似的人物，即西部牛仔(Cowboy)的人格型態。這些人在思想意識、行爲規範方面與乎日本的野武士大同小異，也都是缺乏社會秩序的社會中所出現的下層社會人物。以暴力方式，反抗社會，以爭取一己之財富地位，爲下層貧困階級建立模式英雄人物。

不論是迌迌郎、野武士或是美國西部的牛仔，都可以麥爾頓的理論來解釋其形成之過程及其人格心態結構。以目前我國社會爲例，由於工業都市之急驟發展，西方文化之衝擊，舊社會秩序之消失，造成社會失序之現象。在現今之都市社會中，貧困的社會階級，爲了爭取財富地位，不再遵從法律道德，不再甘心貧困低下的生活，然而他們要想從正當的途徑中，以和平正當的方式，謀取財富地位的機會很少。他們成功的捷徑在於反抗社會，反抗法律、道德價值規範，以巧取豪奪的方式，謀取財富地位。影片中所展現的迌迌郎是一位衣冠不整、行爲不拘的落魄人，受社會之壓制，爲求生存、財富、地位而奮鬥。

目前在臺灣，迌迌郎的人格型態在下層階級人士中非常流行，成爲貧困人士之英雄模式，這種英雄人物之所以建立以及流行，早

見於日本戰國、美國西部。目前我國社會面臨急驟的演變，下層社會不再甘心屈服，因而發展出類似之英雄人物人格模式。從下層社會的利益來看，這種英雄模式似乎是一種必然之趨勢。然而從整體社會秩序安寧的觀點，這種下層社會之英雄模式足以破壞社會安寧，造成黑社會勢力日益猖狂，地痞流氓人數日益增加，社會秩序日益混亂。

「迌迌郎」是在工業都市急驟發展中，中國舊社會秩序遭受破壞所產生的現象，從社會秩序的觀點來看，迌迌郎是一種偏差人格型態，是社會解組的產品，而反過來又造成社會動蕩不安。

第四節　社會控制

人類社會為了維護傳統道德規範，因而制定法律，運用各種機構、各種方法，以懲治違犯法律道德，並防患於未然。「社會化」也是社會為了維護法律道德，維持社會秩序所制定的一套教養方法，透過潛移默化的方式改變人性，使人民能循規蹈矩，不逾越法律道德之範疇。

社會控制之方式甚多，難以勝數，大致上我們可以劃分為正式及非正式社會控制兩大類別(Formal and Informal Social Control)。正式社會控制，指明文規定而由政府機構執行者，明文規定犯罪行為之類別型態及其懲治處理的方法，嚴重罪行如殺人罪通常處以極刑，輕者如違反交通規則者則以罰款了事，執行正式社會控制之機構包括法院、警察、警備總部、調查局等等，處置各種輕重不等的罪行。

非正式社會控制之機構及方式，包羅萬象，從個人內在的良知良能，以及鄰里間流傳之謠言，朋友同伴間的冷嘲熱諷，人際間之冷落輕視，

以及怒目而視，不可勝數。總之不論其方式為何，社會控制之目的均在於警告、懲罰違犯道德規範者，希望違犯者不致於再犯，更而以殺雞儆猴的方式，警告未犯者。

全部制度化 (Total Institution)

　　現代監獄，或是軍隊中，履行全部制度化。不容任何獨特個人思想行為發展。在監獄中，個人完全失卻自由。日常生活起居、服飾，都由監獄管理人員制定，目的在於打破個人以往之心態、習慣，而重建合乎社會羣體要求的新心態行為，新的生活習慣。

　　以學生之行為為例，如果學生上課時睡覺、看小說或私下交談，通常老師會注目以視，警告該學生。如果學生蹺課，則老師會通知其家長。嚴重的罪行如考試作弊，則以記過、開除處罰。

　　在朋友之中，如果某人所行不義，則會受到所有友人之冷落、絕

交。同性戀者受正常人排斥，也都屬於社會控制。總之，社會國家為了維持社會常態，運用各種方法，包括正式及非正式者，鞭策人民就範，不作違法犯罪之事。

第五節　對於偏差行為之展望

　　社會不斷地在演進，社會羣體對於偏差行為之界定也隨時日而演變。社會變遷愈速，偏差行為增加亦愈速。造成偏差行為之因素甚多，隨社會組織複雜化，文化多元化而日增。同時，社會羣體對於偏差行為之界定亦日趨開放。許許多多在過去社會中被界定為偏差行為者，現在都被接受為正常行為。例如離婚、婚前性行為、同性戀、墮胎等等。

　　目前之世界局勢以及社會文化變遷過於迅速，無法估計三五十年之後之情況。不過我們可以預測，社會文化走向多元複雜之不變原則。在這種趨勢之下，對於偏差行為之界定必將更形開放。許許多多之現在被認為是偏差行為者，幾十年之後都將被接納為正常行為。以美國社會為例，目前吸食大麻、同居、同性戀等等都已被社會衆人普遍接受，而不再是偏差行為。在未來多元性的社會文化體系中，道德價值觀念亦將日趨開放，融滙各種新的不同的道德價值觀為一體。然而同時新的文化、新的行為模式又將繼續出現，新的偏差行為將層出不窮，以各種型態不斷展現。

第七章 社會階層
(Social Stratification)

第一節 社會階層之意義

　　社會階層就是依據財富、收入、聲望地位、職業、敎育等等標準，將社會上每一個人安排在一個高低不等的階級體系之中。社會階層包括許多不同的階次 (Stratum)。每一個階層的人，不僅在財富、敎育、職業等方面具有共同特徵，在其他生活層面，例如家庭生活，子女敎育方法，價值規範，宗敎信仰等等也都類似。社會階層是以家庭爲單位，所以個人之社會地位不僅影響及於一己之生活前途，更而影響及於子女及後代之前途。一個大公司老板的子女，受好的敎育，有好的人事關係，財力資源豐富，其未來前途亦因而開濶。相反地，如果是一個貧困工人的子女，旣無財產資源，又無人事背景，平時缺乏營養，缺乏良好敎養及敎育，成長以後，其前途多暗淡，無法與一位出身財富的子弟相比擬。

　　通常，我們將社會階層體制劃分爲政治權力、經濟利益、以及社會聲望三個不同的層面（如圖一）。

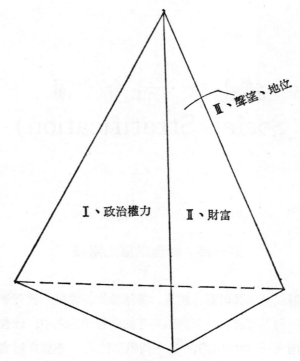

圖一: 社會階層體制之三個層面

　　通常，這三者之間相互關聯，有錢的人，通常也有聲望，有權力。然而很多時候，這三者之間並無明確的關係。例如以目前國內的政府官員而言，權力很大，社會聲望高，然而收入不高，中央政府部長級的薪資不過是五萬元左右，而工商業的小主管、小店主，即使是菜場營業者都有五萬元收入。所以，在現代多元化的社會裏，社會階層組織也變成多元化，不似傳統社會之單純、統一。

　　社會階層的本質就是不平等。人類不平等有兩種基本原因：第一是天生的不平等，例如，人的智慧、能力、體力各異，這是自然現象。除了天生不平等之外，是人為的不平等。社會階層屬於後者。二者間之關

係，通常是相互為用，然而許多時候也不盡然。通常，智慧高、能力強的人，社會地位高；智能低的人社會地位也低。然而也有許多例外，許多財富世家的子女，由於承繼父母的事業財富而成為上流社會人士，本身並無才能。相反地，許多有才能的人，由於地域、家庭之限制，而默默無聞。例如民國七十四年初，國內轟動一時的經濟案件，臺北的一家銀行倒閉，銀行的董事長出身世家，三十幾歲時即身兼數十家公司董事長之職，不可一世。追究其原因，只是因為他生得命好，出身於臺灣首富之家，另外，有許多智慧高，有能力的青少年，由於出身貧窮，又缺乏良好敎育，而終身無所事事。所以社會階層的不平等，參涉及許多人為性不公平的分配待遇。在下節，我們討論世界各種不同的社會階層制度時，即可以看出社會階層的本質。解釋社會階層根源的理論也很多，在社會學的領域之內，大致可以劃分為兩大派別，即功能學派及衝突學派，在社會階層理論一節中，我們將分別詳細討論。

第二節　社會階層的類別

在人類歷史中，曾經出現許多不同型態的社會階層制度，其形成的根源、過程，及其決定社會成員地位的方式也都不一致。以下我們將分別討論不同型態的社會階層體制。

一、世襲階層制度 (Caste System)

在世襲階級制度中，每個人的社會地位，是以個人的出生背景，家庭為依據，而終其生，並且世世代代均保留其所世襲的社會階級。在十九世紀以前的印度社會階層，即屬於世襲階級制度。當時印度社會階層劃分為四個不同的階級，最高的婆羅門敎徒，他們是印度敎的敎士，也

是印度社會中地位最高的階級。其次是政府官員、貴族、大商賈，以及
政治經濟界的高層人物。第三級是一般老百姓、勞工及農人。第四是奴
隸。印度的社會階層制度，規格嚴屬，每一個人的權力、地位、職業，
劃分明顯。舊印度社會階層體制更包含許多習俗規範，限制每一階層之
行為生活。譬如說社會階層之間互不通婚的規定。傳統印度社會是以婆
羅門教徒，政治、經濟領域之高層人士以及一般老百姓為主的社會，賤
民階級構成社會中特殊份子，與社會主體隔離。除了職責關係之外，不
發生關聯。正好似十九世紀以前，美國社會中是以白人為主，黑人構成
附屬性的部份；在古代希臘羅馬社會中，也有這種現象，希臘羅馬的公
民是社會中之主幹，而奴隸則是附屬份子。

　　要了解印度世襲階級制度之根源及形成，勢必從印度歷史著手，遠
在紀元前三千多年，當印度民族從北歐移至印度時，本來是一個以婆羅
門教為主的神權社會，在當時的神權社會中，婆羅門教徒一身掌政治、
宗教、軍事大權，集財富、地位與權力於一身。這種神權制度因襲維持
至十九世紀末葉。十九世紀的英國哲學家吉普林 (R. Kipling) 在他的
一本名著中「生而為王」(One who was born to be a king) 描述
十九世紀英國人征服阿富汗的故事時，對於當時阿富汗的神權制度描述
的很清楚。

二、半開放式的社會階級制度

　　十九世紀以前，絕大多數社會的階層制度都是屬於半開放式。一方
面世襲，家庭背景仍是決定個人前途之主要因素，社會階級分明。然而
同時個人也可以憑藉一己之能力、才華而超越家庭背景的限制，攀越社
會階梯，成為中上層社會人物。十九世紀以前，中國社會的階層制度，
就是半開放式的典範。

中國社會，自古以農立國，自公元前五世紀，春秋戰國時代以來，傳統之貴族因襲制度被摧毀，代之而起的是以士大夫、政府官員爲首。以農人爲本位，以工商爲輔的社會階層制度。在這個階層制度中，士大夫、政府官員擁有權力及崇高榮譽、地位。農人則是傳統中國社會的主幹，是中國社會的靈魂。然而傳統中國社會中的農人只有極少數是地主及自耕農，絕大多數則爲貧困低落的佃農。這些佃農一日三餐不飽，更無榮譽、地位、前途可言。勞工階級的社會地位比農人低，收入則與佃農相當。

在傳統中國社會中，由於尊重勤勞刻苦誠實的價值觀念，所以商人的社會地位低落，受士大夫及農民所唾棄。然而事實上，從財富及權力的角度著眼，商人是中國舊社會中的中上階層，也是平民、貧困之士攀昇階級的途徑。一個不學無術的佃農、勞工，如果具有商業的頭腦、能力，也一樣可以飛黃騰達。而且幾千年來，商人們也可以其財富，換取一官半職，成爲高級政府人員，其親屬子女亦可以透過學府考試，而成爲士大夫階級。

除了經商致富之外，傳統中國社會經常舉行各種區域及全國性的考試，具有才華的人民，不論年齡、階級，均可以參與。一個眞正有才華、有決心、有能力的人還是有機會可以上升。當然在事實上，絕大多數貧困的人士，從小缺乏教養，無由進階。

除了考試制度之外，傳統中國社會之婚姻制度也構成社會階層流動的一項重要因素。二十世紀以前的中國社會，上至皇帝、貴族、公卿、大臣，在選擇配偶時，一方面是遵照門當戶對的原則，但主要的抉擇條件仍舊是婦女的容貌、才華、品德，其中尤以容貌爲最主要的條件。所謂「傾國傾城」，充分的表示婦女的容貌在選擇婚姻對象的過程中，佔據的重要地位。西方社會也是如此，從古代希臘羅馬而至於今日，婦女

之容貌仍舊是婚姻抉擇最重要因素。在容貌方面,上帝造人是很公平的,對於所有的人,不分貴賤,都可能擁有絕世之容貌、才華。所以貧困的家庭,可能因為生下一位才華容貌絕世的女兒,而飛黃騰達,躍昇皇親貴族之列。中外歷史,這類故事層出不窮,我國歷史中記載楊貴妃的故事,以「後宮三千粉黛無顏色,而世間從此不重生男重生女」,可以看出在中國歷史上,婦女的容貌在社會階層流動中,所扮演的重要角色。

除了以上幾種合法的途徑之外,中國歷史上,每隔一二百年即發生一次全國性的階級顛覆革命運動,在這種特殊時候,民間具有特殊能力之士,如劉邦、項羽之流,以「彼可取而代之」之心推翻舊有的王朝,建立新的朝代,隨之而興起一羣新統治階級,建立新的貴族,新的上層社會階級。所以,二十世紀以前的中國舊社會階層,雖然階層分明,不平等,絕大多數的人民都只求一日三餐,溫飽而已,然而舊中國社會階層制度並不如印度的世襲階級制度之僵化死板。在舊中國社會階層制度之下,少數有才華的人士仍舊可以升遷,成為統治階級,或是大富大貴,高官大賈,此所謂半開放式的社會階層制度。

三、開放式的階級制度

自從十七世紀英國大憲章運動之後,十八世紀法國、美國革命以來,西歐、北美社會中,人民之權力、地位,迅速提升。在這些民主自由的社會中,以及二十世紀以來所建立的社會主義國家中,家庭背景不再是限制個人前途的重要因素。在這些社會中,大多數的人民,可以透過全民教育制度,發展個人之才華,攀登社會階梯,成為中上層社會人物。在現代社會中,個人的社會地位主要取決於其才華及努力。社會階層具有充分自由的流動性,此即所謂開放式的社會階級制度。

目前絕大多數工業國家的階層制度都是開放型的,大致說來每個人

在爭取財富地位權力的過程中，都是平等的。然而在事實上，仍有不平等的現象存在。不論是美國或是中國，一個有錢有勢的家庭之子女，其前途未來通常較一位來自貧困家庭背景的少年爲優。所以，我們可以說，現代社會階級制度，在原則上是平等開放的，然而個人的家庭背景仍然是影響其前途之主要因素。

第三節　權力 (Power)、權威 (Authority)、影響 (Influence) 及合法性 (Legitimacy)

社會階層之一主要層面是政治權力。所謂權力 (Power)，依據韋伯之界定，如果某甲能使某乙做一件事，而不必顧忌某乙之意願，則謂某甲擁有控制某乙的權力。決定個人權力的因素包括社會地位、傳統、人格特質等等。依附於社會位置之特殊權力，是爲權威 (Authority)。社會上每一個機構的行政首腦、官員，都具備一些特殊權力，是爲其權威。以警察爲例，其權威包含管轄人民在刑事法及民事訴訟法範圍之內的行爲。

影響 (Influence) 屬於非正式權力之一種。個人透過其人格特質，或社會關係，因而左右另一人之行爲，是爲影響。例如學生因爲受老師的影響而參與社會福利工作、輸血運動等等。金融界大亨或黑社會人士，也可以透過諸種人際關係，影響司法，立法界人士的行爲。

權力的行使，又有合法性 (legitimate) 及不合法性 (illegitimate) 之分，合法性指個人權力的行使，是否合乎社會道德規範的約束而言。「合法性」與乎「遵守法律」 (legal) 又小有區別；法律的範圍狹窄，而社會道德規範則寬廣。許多時候，權力的行使並不違反法律，然而卻違反道德規範。例如一位老師，如果以其個人之好惡，而非以絕對的標

準，衡量學生的成績，是不合乎道德規範的行爲，但並不一定違法。目前，在我國社會裏，由於過於重視人際關係，權力的行使常常違反社會道德規範，是爲不合法性行爲 (illegitimate behavior)。

第四節　社會階層理論

一、功能學派理論 (Functional Theory of Social Stratification)

社會階層的本質是一種人爲的不平等制度。社會成員依據其能力、家庭背景，或是機緣，爭取財富、榮譽、地位及權力。幾千年來這一種不平等的階層制度，遭受人道主義者之唾棄、指責。然而，事實證明，社會階層制度是古今中外社會所共有的現象，形成爲人類社會組織中的必備部門。如何解釋這種普通存在的社會階層制度呢？一九四五年，美國兩位社會學家戴維士 (Kingsley Davis) 及莫爾 (Wilbert Moore, 1945)，提出社會階層的功能理論，以功能學派的觀點，解釋社會階層之普遍存在。

在這一篇理論中，戴維士及莫爾認爲任何人類社會爲了要生存延續、有效的運作，必須要設立一套制度，保證社會中最重要、最艱巨的工作，由最有能力的人來擔當。例如一個社團的領導人物，其責任重大、艱巨，必須由一位有才能，受過特殊訓練，而且經驗豐富，樂於任勞任怨的人來擔當，這一個社團才能發揚光大，才能夠生存延續。如果是由一位無能、懶惰、沒有受過特殊訓練、缺乏經驗的人士來擔當，則這個社團必定無法發展，難以生存延續。中外歷史中，層出不窮的例子，每一個朝代如果是在一位英明的君主領導之下，則發揚光大，如果換了一位懦弱無能的君主，則國勢衰落，甚而至於滅亡。

然而，如何保證社會上最重要、最艱巨的職務是由最有能力的人物

來擔當呢？我們必須提供金錢、榮譽、地位及權力，滿足人類的基本慾望、需要，以吸取有能力之士，參與社會重要艱巨的職責。社會階層就是爲了保證社會上重大艱巨的工作，由最有才能的人士擔當的一套制度。這一套制度是自然形成的。

以當今美國社會爲例。美國總統是美國社會中最重要、最艱巨的職位。在每四年一度的大選中，美國最有才能的人士都參與逐鹿，而最有能力者當之。這些強而有力之士之所以競爭逐鹿總統之職位，是爲了美國總統職位具有世界最高的榮譽及權力。在財物收入方面也相當不錯，綜合美國總統的各種特權及榮譽，可以說是美國社會，甚或是世界上最有價值的職位。由於這些因素——總統之權力、榮譽、收入——使得美國社會中有才有德之士，均整裝以待，希望有一天能獲取這一份職位。

再以外科醫生爲例。在美國，專科醫生的地位可以說是「一人之下，萬人之上」的行業，不僅待遇高，更具有殊榮顯著的社會地位。外科醫生對於社會人羣的貢獻，在於維護人類的生命。他們不僅是要判斷病人之情況，對症下藥，還需要有靈巧的手技，豐富的知識經驗，解剖病人的身體，解除病人身體上的疾病。近二十年，心臟科的醫生幾乎經常成爲世界頭條新聞，南非一位心臟外科醫生巴納(Bernard)，就是因爲心臟手術，而成爲世界上最出名的人物，可謂名利雙收。然而這一項工作不是普通人能夠擔當的。首先，希望成爲外科醫生者必須具備高度之智慧，專心一致於學業，以臺灣近二十年來的情況而言，參與大專聯考醫科學生之入學成績遠超過其他科目，其次在臺灣的七年醫學院中，所接受的訓練也是相當辛苦的，遠超過一般大學生，醫學院的學生必須勤奮讀書實習，犧牲許多年青時代的樂趣，譬如說是交女友、參加舞會、郊遊等等。爲了要成爲專科的外科醫生，除了一年之實習外，還要五年的專科訓練。除了以上諸多艱難要求之外，外科醫生更必須具備一

雙靈巧的手、平靜的情緒，才能夠臨危不亂，在血肉橫飛的場面中，專
心一致的為病人解剖。一個手腳粗笨、不細心（臨危慌亂）的人，永遠
不能擔當外科醫生。所以，外科醫生之享有特殊社會地位以及很高的收
入及殊榮，是鼓勵有才能的人士之勇於參與。從社會整體的角度來看，
外科醫生之殊榮及收入，可以保證有才能的人士樂於逐鹿，擔任這份工
作。

　　社會為了要生存延續、有效運作，務必建立規格精密的社會階層制
度。如果不是因為這種制度之牽引帶動，人類社會必無法精進發展。

　　社會階層之功能理論，對於社會階層之形成發生之解釋，可以說是
合情合理，當然這一種理論也必然有許多缺失。杜門（Tumin, 1953）在
一篇批判功能學派的文章中，指出功能理論的缺陷。此外，衝突學派對
於社會階層的解釋，也彌補了功能學派之許多不圓滿的地方。總之，人
類社會是很複雜的現象，社會階層制度也是如此，沒有一套單純的理
論，可以涵蓋解釋所有的現象，社會階層的功能理論，所能解釋的現
象，祇限於當前民主自由社會中，所形成的社會階層制度，未必適用於
其他時期，其他情況之下，所形成之社會階層。

二、衝突學派理論

　　以馬克斯為主的衝突學派，對於社會階層現象之解釋，則以個人以
及小羣體之利益為出發點，認為社會階層之形成源自於人類無盡之慾望，
而世界之物質資源有限，在爭奪財富、地位、榮譽的過程中，有的人、
有的羣體取得優勢，因而形成上層領導階級。絕大多數人，則佔據劣
勢，形成社會的中下階級。衝突學派強調社會階層不和諧的現象，強調
社會階層不平等的本質，是人羣鬥爭的後果。是人類羣體之間壓迫利
用、剝奪的現象。

　　功能學派強調社會整體之統一和諧性，衝突學派則強調社會內在分歧衝突矛盾之性質。功能學派認為社會階層是人類社會組織的一部門，發揮正功能，足以提供維繫社會生存運作之功效，而衝突學派則視社會階層為個人羣體之間衝突之結果，社會階層就是有錢有勢有能力的人羣，欺詐剝奪無錢無勢無能力的人羣現象。

　　以馬克斯為主的衝突學派，著重社會階層之經濟因素，認為不平等之社會地位主要源自於個人在經濟生產中所佔據的地位。

三、韋伯（Max Weber）的多元性社會階層理論

　　韋伯的社會階層理論與乎馬克斯之解釋社會階層理論差異頗多。第一，韋伯認為社會階層具有許多不同的形象，不同的層面，其中最主要的三個層面是經濟、政治、聲譽，每一個社會階層層面均構成獨立體系，而每一個人在每一層面中所佔據之地位亦各不相干，各不相屬。韋伯的理論主要源自於二十世紀初葉歐美社會現象，當時之歐美社會階層已具備多元性，政治、經濟分離。其次，韋伯認為社會階層之間並無絕對衝突矛盾之現象。第三，韋伯對於社會階層之根源發展之解釋，大致上，遵循功能學派的理論，認為社會階層是社會分工的自然結果。最後，韋伯認為，由於現代資本主義社會階層之多元性，無法如馬克斯所預言，形成兩大敵對的集團，產生革命的現象。社會階層之間必然會產生敵對的現象，然而這種敵對競爭，對於社會生存進步具有正面的貢獻功能。

第五節　社會階層之測量

社會階層之測量，大致上可以類分為二，客觀性及主觀性的衡量。

一、客觀衡量

客觀方法衡量社會階層之劃分，是以社會成員之財富、收入、教育、職業等等來衡量，決定每一個人的社會階級。然後再把整個社會階層體系劃分為若干階層。一般人都以為現代社會階層制度包含三個階級，即上層社會階級、中層社會階級及下層社會階級，然而事實上，並不一定如此。例如在一九四〇年代，華納 (Warner et. al, 1944) 所主持的美國社會階層研究，劃分美國社會階層為六個階級，其區分如下：

（1）上上層階級，包括家世淵源已久，社會上公認的財富世家。

（2）次上層，包括新貴發跡者，沒有顯赫的家世，然而擁有高度政治、經濟權力。

（3）中上層，包括許多專業人員，如律師、醫生、教授等。

（4）次中層，包括絕大多數下層公教人員。

（5）下層社會階級，包括大多數勞工份子。

（6）下下層社會階級，包括無業遊民，以及接受社會救濟的人士。

一九三七年林德夫婦 (Lynd and Lynd) 對於美國社會階層的研究中，劃分五個不同的社會階級，由上層社會階級，而上中層，中中層，低中層，以及下層階級。因為美國社會是以中產階級為主，上下層階級人數很少，林德之社會階層劃分方式，可以作為往後對民主自由工商業社會階層制度研究之借鏡。

此外，森德士 (R. Centers) 在一九五〇年代的研究中，劃分美國

社會階層爲四等：上層階級、中層階級、勞工階級及下層階級，在其他許多著名的社會階層研究中，階級之分類，也都是不定的。由此可見，社會階層制度並不是絕對的客觀現象，並無一定的數量。

在客觀的標準中，除了財富、收入及教育之外，最重要的是職業地位。職業之地位受社會價值、社會傳統所決定，與其收入並無必然的關係。在現代社會中，由於急驟的社會變遷，各種行業之收入變化很大，職業之收入與乎其地位之關係，更是不相符合。

二、主觀衡量方法

社會階層之主觀衡量方法，即以個人之主觀意識，決定一己之社會階層，在探測個人之主觀社會階層時，我們詢問被研究者：「如果我們把社會階層劃分爲三級，上層、中層及下層，你認爲你是屬於那一個社會階層？」根據以往在美國多次調查結果，顯示個人主觀意識決定之自我社會階層，與乎別人以客觀標準界定他的社會階層不盡相同，以美國研究結果爲例（見表二）。

表二：美國社會客觀、主觀社會階層分配表

衡量標準 階層等級	客　觀　社　會　階　層 （以收入、職業、教育衡量）	主　觀　社　會　階　層 （個人自行決定）
上　　層	6％	6％
中　　層	53％	87％
下　　層	40％	6％
	100％	100％

(參閱 R. Centers, 1950)

上表中顯示現代民主社會中，絕大多數人均以中產階級自居，民主

國家人民的中產階級認同心態，具有多種重大意義。第一，絕大多數人民以中產階級自居形成社會安定的心理基礎。中產階級意義象徵法治、和平、安定、繁榮、自足。民主自由必須以廣大的中產階層爲基礎，民主自由的社會 就是中產階級的社會， 其次， 對於中產階級之認同， 卽對於中產階級思想、 價值規範之認同。人民因此在心態行爲上亦趨向保守、 勤奮、 節儉、 力求上進、 愛好和平、 自由。 社會心理學家湯姆士 (W. I. Thomas)。在他的主觀界定理論 (Social Definition Theory) 中曾強調：「如果一個人認爲一個情境是眞實的，這種意識卽可能造成許多眞實的後果。」，主觀界定論是當代社會心理學主流之一。 根據這種理論，我們可以了解人民對於中產階級的認同心態，足以影響決定其行爲心態，培養人民自尊自信、守法勤奮的生活習慣。

第六節　職業聲望

一、導言

在現代社會中，影響個人生活至巨者莫過於「職業」。一般而言職業決定個人財富收入，聲望地位，生活方式甚至於個人人格結構(Reissmen, 1959)。同時， 每一類型的職業構成一個特殊的社會經濟團體，具有特殊的利益以及意識形態。當代學者在研究分析社會階層現象時，多以職業爲社會階層之最主要表徵 (Warner, et,al, 1949; Hollingshead, 1957; Ellis, 1963)在戴維士及莫爾(K. Davis and W. Moore, 1945) 的社會階層功能理論中，二氏將職業與社會組織結合爲一體。他們認爲職業之報酬及聲望是依據其對於社會羣體之貢獻，以及行使該項職業所需之才能，敎育及訓練而決定。

　　每一種職業享有不等的物質報酬、不等的權力，以及不等的聲望地位。通常，一項職業的聲望地位與這項職業之收入，及權力是相當的。對於社會羣體貢獻較多的職業，其收入、權力及聲望地位較高，反之則低。然而職業聲望除了反映其功能作用之外，也同時反映許多歷史文化的因素 (Edwards 1943)。例如在傳統中國社會裏，士大夫階級享有高度的聲望地位，而商人則享有低下的聲望。士大夫階級與商人之不等聲望地位，與乎傳統中國社會的價值觀念有密切的關係。所謂「萬般皆下品，唯有讀書高」，自古以來，中國社會推崇士大夫階級而排斥商人。商人地位特別低是因為商人的價值規範與中國傳統相違背。其次，在印度社會，幾千年來，司宗教職務的布拉門教徒，享有高度的社會地位。最主要的原因，是由於傳統印度社會崇尚宗教價值，以宗教組織為先。在幾千年印度歷史中，印度文化對於宗教信仰之崇敬，歷久而不衰。使得布拉門教徒得以維持崇高無尚的地位。

　　一般而言，「職業聲望」與「社會階級」之意義有所出入 (Lasswell, 1965)，社會階級之含意較廣；職業聲望可以反映社會階級，為社會階級指標之一，然而並不足以代表後者 (Grichting＜顧浩定＞，1971)。

　　一九四六年，兩位美國社會學者，諾斯及哈特 (North and Hatt, 1946)，首先開始探討職業聲望的問題。兩位學者以三千名代表美國人口的樣本，為訪問的對象，徵詢他們對於一百二十項代表性職業的聲望評估。諾斯及哈特在問卷中所擬定的問題是，「請就你個人的觀點，衡量以下各項職業的價值」，而職業的價值又可分類為五個等級，依次是「最佳的職業」、「次佳的職業」、「還可以的職業」、「不好的職業」以及「最壞的職業」。其次，諾斯及哈特劃分職業聲望等級的分數。最佳職業為一百分，次佳職業為八十分，還可以的職業為六十分，不好的職業為四十分，而最壞的職業為二十分。當三千名美國人給予每一項職業評

分之後，諾斯及哈特計算每一項職業所得的平均分數，此平均分數卽構成該項職業的聲望積分。

根據以上的方法，諾斯及哈特將九十一種職業，依其聲望積分而排列如下（見表三）。其中，最高聲望的是大法官，爲九十六分；最低聲望的是擦鞋匠，爲三十三分。

表三　諾斯—哈特之職業聲望評價表（部分列出）

職 業 排 名	職　　　　　　　　　　業	職業聲望分數
1	大法官	96
2	醫生	93
3	州長	93
6	大都市市長	90
7	大學敎授	89
8	科學家	89
9	國會議員	89
10	銀行家	88
13	政府機構中級主管、司長、次長	87
14	牧師	87
18	律師	86
19	大企業公司董事	86
26	大公廠廠主	82
30	音樂家	81
32	上尉	80
36	中小學老師	78
39	自耕農	76
42	記者，編輯	74
44	水電工	73

46	社會福利機構工作人員	73
48	記者	71
50	文書	68
53	商業推銷商	68
55	警察	67
57	郵差	66
58	木匠	65
59	汽車修理工人	63
64	軍隊士官	61
65	工廠工人	60
67	商店店員	58
71	廚子	54
72	貨車司機	54
74	加油站員工	52
75	夜總會音樂家	52
76	農工	50
80	餐廳工作人員	48
82	守夜、值更	47
85	理髮師	44
86	公司、機械之管理員	44
88	收垃圾者	35
89	清道夫	34
91	擦鞋	33

參閱: North and Hatt, 1946.

一九五六年英格士及羅西 (Inkeles, Rossi 1956) 比較西歐及美國五個國家的職業聲望結構，他們發現這五國對於許多類似的職業評估極為相近。

近年來許多國際職業聲望研究的結果顯示，不論是西方或者是東方國家，不論是工業發達的國家，或者是落後的國家，對於一些相似的職業，其評估也都大致相同。各個國家對於這些類似職業聲望的評估，其相關係數為 0.83 (Marsh 1971; Hodge et, al 1956 A; Treiman, 1977) (見表四)。

表四　國際職業聲望研究結果類似者

澳　　洲	荷　　蘭
巴　　西	新　西　蘭
加　拿　大	挪　　威
丹　　麥	菲　律　賓
德　　國	波　　蘭
加　　納 (Ghana)	瑞　　典
英　　國	中華民國
印　　度	土　耳　其
印　　尼	蘇　　聯
日　　本	美　　國
桑　比　亞 (Zambia)	薩　　爾 (Zaire)

參閱: (1) R.N. Hodge et, al., 1966A
　　　 (2) R.M. Marsh 1971
　　　 (3) I. Beeghley 1978. p.109
　　　 (4) Treiman, 1977

一九七〇年特理門 (Treiman, 1977) 更創設國際職業聲望表，根據他及其他社會學者在許多國家之研究調查，發覺各國人民對職業聲望之評價類似之處甚多。（見表五）

表五: 特理門 (Treiman) 國際職業聲望表

（張華葆譯）

一、科技人員		4.理髮師	(32)
1.自然科學家	(66)	5.警務人員	(35)
2.建築師、工程師	(56)	**五、農業**	
3.社會科學家	(60)	1.農人	(40)
4.醫生	(60)	2.農田僱工	(22)
5.統計、數學、電腦學家	(56)	3.砍閥木材工人	(24)
6.經濟學專家	(60)	4.漁人	(32)
7.會計師	(62)	**六、生產事業**	
8.法律學專家（律師）	(73)	1.工頭、領班	(46)
9.教師	(61)	2.礦工	(32)

　　10.教會人士　　　　　　（46）
　　11.作者　　　　　　　　（58）
　　12.雕刻家、畫家、攝影師（51）
　　13.音樂家、歌星、明星　（48）
　　14.體育運動家　　　　　（49）
　　15.公司經理　　　　　　（63）
二、文員
　　1.辦公室負責人（例如：人
　　　事室主任、會計室主任、
　　　出納室主任）　　　　（55）
　　2.政府中級官員（科長、專
　　　員）　　　　　　　　（58）
　　3.打字員、文書　　　　（46）
　　4.收費、櫃枱小姐　　　（38）
　　5.通訊交通管理人員　　（50）
　　6.公共汽車司機　　　　（32）
　　7.郵差　　　　　　　　（30）
　　8.電話接線生　　　　　（44）
三、商業
　　1.經理、小商人　　　　（45）
　　2.商店職員　　　　　　（28）
四、服務性職業類別
　　1.廚子、調酒、餐館招待（26）
　　2.女佣　　　　　　　　（22）
　　3.大樓管理人員、清理人員（22）

　　3.鐵工　　　　　　　　（38）
　　4.木匠　　　　　　　　（29）
　　5.化學工人　　　　　　（40）
　　6.紡織工人　　　　　　（29）
　　7.食品加工廠工人　　　（34）
　　8.煙草工廠工人　　　　（34）
　　9.裁縫　　　　　　　　（34）
　　10.鞋匠　　　　　　　　（26）
　　11.木工　　　　　　　　（36）
　　12.石刻工人　　　　　　（38）
　　13.鐵匠　　　　　　　　（36）
　　14.鐵工廠機器操作工人　（43）
　　15.電工　　　　　　　　（41）
　　16.音響電器操縱人員　　（44）
　　17.建築工人　　　　　　（38）
　　18.珠寶、刻印　　　　　（43）
　　19.作花盆、瓶工人　　　（31）
　　20.油漆工　　　　　　　（31）
　　20.泥水匠　　　　　　　（31）
　　22.報紙排印工人　　　　（38）
　　23.碼頭工人　　　　　　（22）
　　16.政府機構議員及政府主
　　　管級官員（補一科技人
　　　員）　　　　　　　　（64）

　　近年來，在國內，也有許多專家學者從事職業聲望之研究。民國六十年代臺北教育局所主辦的職業聲望調查，結果不盡理想。最近（民國73年12月）臺灣大學劉若蘭、黃光國二位教授作了一項規模龐大的職業聲望調查研究，這一項研究與民國六十年代之研究具有同樣的缺陷，在探測全國職業聲望時，他們詢問的對象都是大學生，而不是社會各階層人士，大學生由於其特殊社會地位，取決特殊社會價值觀念與乎一般社會人士不盡相同。例如在劉、黃的研究成果中，我們見到大學講師的職業聲望高過公司銀行之董事長，助產士的職業聲望高過縣市議員，與乎一般人、常理似乎相違背。如果我們希望建立一套可信度較高的職業聲望表，必須從事更徹底的研究，探詢的對象必須是一般社會人士或是專

家們，不能以大學生為準。

　　民國七十四年，筆者針對臺灣大學劉、黃二敎授職業聲望研究之缺失，重新取樣研究國內職業聲望之階次。這次研究是以三百四十位在職人士為樣本，探問他們對於七十多種臺灣職業聲望的看法。研究結果顯示這次研究與美國的研究、特理門的研究結果很接近。與劉、黃民國七十三年的研究結果大致相同，然而小有出入。

二、臺灣職業階層結構

　　從這次研究所得，我們可以抽離若干事實，建構臺灣職業階層結構（見表六）。在最上層的是領導階層職業，由國內負責實務的政治軍事首領組合而成。這些職業的聲望地位，似乎與功能結構學派的看法相似，與乎傳統中國社會之階層制度一致，與乎目前中國社會組織的權力分配制度也一致。這項發現也印證了馬奇亞維利學派的觀點（參閱Lenski, 1966）。馬奇亞維利學派認為，政治實權乃是社會階層的決定因素，由政治權力而產生經濟利益以及聲望地位。

　　臺灣職業結構的第二階層是所謂「上等職業」，這些人負責政府的中級職務，例如次長、司長、少將或是企業機構的領導人物如董事長、總經理等，再而是科技專業人員，具有高度學識、專業技能者，包括醫生、律師、大學敎授、工程師等。

　　臺灣職業結構的第三階層是上中等職業，這一階層之職業聲望分數由七十八分至七十三分，職業類別包括銀行經理、小學校長、中學敎師、上校、作家、推事、中醫師、藥劑師等。在這一階層中，也包含縣市議員。縣市議員的實質社會地位，無論是從財富或是權力來看，似乎都遠超越這一階層，然而由於他們的行徑與傳統道德有所抵觸，所以，在聲望方面，被貶謫至這一階層。

表六　臺灣職業階層結構

Ⅰ 領導階層	職業聲望分數	89	85	84												
	職業類別	省主席	交通部長	上將												
Ⅱ 上等職業	職業聲望分數	83	83	83	82	82	82	82	81	80	80	80	80	79	79	
	職業類別	大法官	大企業家	大學教授	工程師	中學校長	監察委員	醫師	縣長	立法委員	律師	董事長	少將	總經理	大學講師	
Ⅲ 上中等職業	職業聲望分數	78	78	77	77	76	75	75	74	74	74	74	74	73	73	
	職業類別	銀行經理	小學校長	會計師	警察局長	中學教師	上校	作家	科長	推事	小學教師	縣市議員	中醫師	藥劑師	農會總幹事	
Ⅳ 中等職業	職業聲望分數	72	72	72	71	69	69	69	68	68	67	67	67	67	66	
	職業類別	空中小姐	上尉	鎮公所課長	護士	科員	憲兵	工廠課長	商店老闆	銀樓老闆	鎮民代表	農人	警察	助產士	村里幹事	
Ⅴ 中下等職業	職業聲望分數	65	63	63	62	62	61	61	60	60	59	58	58	58	58	57
	職業類別	裁縫	工廠班長	演員	導遊	漁人	司機	歌星	工廠作業員	船員	商店店員	車掌小姐	理髮師	清潔工人	礦工	推銷員
Ⅵ 下等職業	職業聲望分數	55	54	52												
	職業類別	餐廳女侍	女傭	攤販												
Ⅶ 職業	職業聲望分數	42														
	職業類別	舞女														

（白領職業）涵蓋Ⅰ～Ⅴ

　　臺灣職業結構的第四階層是所謂中等職業，包括大多數白領職業及工商界職業，例如鎮公所課長、護士、科員、工廠課長、商人、警察等等，其中值得一提的是農人，雖然不屬於白領階級，但是在聲望地位方面，也被排列在中等階層，似乎反應我國傳統文化之尊重農人。

　　臺灣職業結構的第五階層是所謂的中下等職業，這一階層所包括的，主要是藍領階層的技術性工人及半技術性工人，例如：裁縫、司機、船員、商店店員、礦工、推銷員。值得注意的是演員及歌星，也被列入這一等級，從實質社會階層的觀點來看，演員、歌星在現代工業都市社會裏，享有高度的地位，財富及權力（影響力）。然而，從我國傳統的價值觀以及功能結構學派的觀點來看，他們似乎是無足輕重。

　　影星、歌星不僅在傳統中國社會中，地位非常低，在西方傳統中也是毀譽參半。在古代希臘時代，柏拉圖在他的共和國一書中，曾明白表示他對於影星戲劇界人士的鄙視。在他的理想國度裏，他不容許任何戲劇界的人士參與。柏拉圖的觀點反映西方傳統道德觀念，與乎傳統中國社會的價值觀不謀而合。距離柏拉圖二千五百年後，在一九六〇年代，希臘的軍事獨裁政府又重演柏拉圖的故事。當時一位聞名世界的希臘籍性感女性，被希臘軍事政府放逐，不承認其希臘國籍。其次，在美國所作的職業聲望調查中 (1947, 1963)，歌星的地位聲望也很低。影星、歌星之地位聲望偏低，其因素很多，一則是他們的行徑與傳統道德直接抵觸，再而由於他們對社會的貢獻很小，第三，這些職業所需的教育、專業訓練也很低。

　　臺灣職業結構的第六階層是「下等職業」，包括女佣、餐廳女侍及攤販等。這一階層屬於典型的非持續性勞工以及非正式工作（攤販），收入低微，教育程度低，其所需的才能及訓練低少，而且對於社會羣體的貢獻也低。古今中外，這些行業都被視為下等職業，享有最低的聲望

地位。

最後，在臺灣職業結構中，尚包含一項為人所不齒的職業，姑且稱之為「賤業」。在這次研究中，我們發現一般人對於舞女的評估特低，其聲望地位與乎一般職業距離甚大。

從以上的臺灣職業階層結構中，我們可以看到臺灣職業階層之間的界線分明，與乎社會階層的理論一致，也與世界各國所作的研究結果類似。除了最上層及最下層是特殊階層之外，其他的職業可以劃分為上等職業，上中等職業，中等職業，中下等職業，以及下等職業五個階層。中等職業是以白領職業為主幹，而中下等職業則以藍領階級為主幹，二者之差別不在於其收入，而是在於其所需之教育以及社會價值之取向。自古以來，中外社會對於白領職業都比較尊敬，對於藍領階級則歧視。上中級、中級及中下級職業，構成現代社會勞工之主力，特別是中級及中下級職業。

第七節　不同社會階層的生活型態

社會階級對於個人之前途影響至巨，每一社會階級人士之生活方式亦各異，以下是上、中、下三社會階級之各種顯著差異（表七）。

表七: 各社會階層生活行為顯著差別

差　別	下　層	中　下　層	中上層　上層
1.生育率	高	低	低
2.家庭子女數	較多	介乎上下層之間	較少
3.收入（年薪）(1975)（美金）	國中畢業及低於國中者 7,000	高中畢業 14,000	大學畢業 20,000
4.離婚率	23%	10%	6%
5.生活愉快的感受	29%	38%	56%
6.大選投票率	34%	45%	55%

　　由上表中可見，上層社會階級與下層社會階級在生活方式、心態行爲方面具有許多顯著差異，第一，上層社會階級家庭中，子女數目少，中上層社會著重子女之敎養，對於生育控制較爲認眞。第二，在收入方面，上中下三階級幾乎成爲等比級數，上層階級在一九七五年的年薪平均爲兩萬元，中層爲一萬四千元，而下層階級爲七千元。這種收入上顯著差異的現象在我國也極爲明顯，如果我們將國內人士依據敎育水準劃分爲：

　　　　上層　大學畢業者

　　　　中層　高中、高職、專科畢業

　　　　下層　國中畢業或低於國中者

　　　（其收入、職業地位、聲望亦有顯著差異。）

第三、在離婚率方面，上、中、下三階層也成顯著差異，上層社會之離婚率（6％）較之下層社會階級之離婚率（23％）差別幾爲四倍。可見家庭經濟狀況、敎育程度等等足以影響家庭安定、婚姻生活之幸福，又從社會心理學、社會交易論的觀點來看，上層階級婦女不願意離婚，因爲他們離婚之後的出路、遭遇較差；相反地，下層階級婦女在困苦生活煎熬之下，抱著「一無所失」的念頭，認爲離婚之後，情況祇會好轉，不可能再壞了。第四，在生活感受方面，上層社會人士也顯然比中下層愉快多了。這些資料也明白地告訴我們，個人的物質生活條件與乎個人之生活情趣似乎有必然的相關性，物質生活好的人，自然生活也比較愉快。試想一個家庭如果不能滿足基本的生理物質需要，時常爲著衣食、居住而煩憂，這種家庭的成員又怎麼能愉快呢？第五、在參與政治活動方面，從上表中我們可以看出，上層社會階級之參與率較之下層社會爲高。

從以上這些統計數字中，我們可以看出社會階層對於社會成員之生活影響至巨，而社會階級之主要決定因素又是以金錢財物教育水準等實際生活情況爲基礎，所以我們可以說個人之物質生活條件對於個人之心態行爲影響至巨。

第八節　社會階層與精神疾病

霍林海與瑞德里 (Hollingshead, Redlich, 1958) 在美國康州所作的研究調查，分析所有公私精神病院之資料，發覺上層社會具有精神病 (Psychoses) 之比例遠低於下層社會。霍、瑞二氏劃分社會階層爲五級，最下層階級精神病患者爲最上層之十一倍。對於精神疾病之調治，下層階級之醫療亦遠不及上層階級。

社會階層與精神病關係之第二項研究是芮新 (Rashing, 1969) 在美國京城華盛頓所作之研究調查，亦發現下層階級染患精神病之機率遠高過上層階級。而且下層階級及感染精神病之後住院之機率亦遠高過中上階級。一般說來，精神病醫院對於精神病治療功效不彰，上層社會精神病患者多透過私人醫生或私人診所治療。

有關社會階層與精神疾病之第三項研究是斯洛 (Srole, 1975) 於一九五〇年代在紐約城所執行，發覺紐約城居民百分之二十三具有嚴重精神情緒困擾現象，而且精神疾病與社會階級又有密切之關係。在最下層階級中，幾乎百分之五十曾經罹患精神疾病，而在最上層階級，僅祇有百分之十二左右。

解釋社會階層與精神疾病關聯之理論很多，首先，下層社會之生活方式、居住環境使得他們易於染患精神疾病，例如在香港社會，低層工人之工作極其繁重，收入低、生活困難、居住環境惡劣，許多人感染吸

食鴉片之習慣，可能更多淪落爲精神病患者。第二下層社會之生活壓力
較重，易於導致精神疾病。第三、下層社會由於敎育程度較低，對於精
神疾病缺乏認識，並且具有諸多錯誤的觀念，卽使具有明顯之症狀時，
亦缺乏能力聘請醫療，因而長期的精神情緒干擾導致嚴重的精神疾病，
第四、具有精神疾病的人易於流落入下層階級成爲無職業或低收入階層。
第五、醫療機構對於下層社會之偏見，慣於冠以精神疾病之頭衞。在精
神疾病療養的過程中，上層及下層階級所接受之醫護治療之品質亦截然
不同，上層社會由於其財力，得以受到醫生細心之照顧，而下層社會
則無法得到專家之細心照顧，由於這種種因素造成上下階層精神疾病之
差異。

第九節　社會流動(Social Mobility)

一、社會流動槪念

　　社會流動，指社會中個人在社會階層制度中升遷移動的現象。社會
流動大致上可以劃分爲三種，向上升遷、下降、以及平行式的改行。例
如一位小學敎師工作了許多年，後升遷爲小學校長，後來竟然升爲臺灣
省主席，卽爲向上升遷；又如果一位公司老板，因經營不善而淪落至攤
地攤，也是社會流動，是爲下降。又譬如一位小學老師，工作了十多年
之後，改換行業，成爲汽車公司之推銷員。汽車推銷員之收入固然比學
校老師爲高，然而就職業地位而言，則大致相當，是而這位人士所產生
社會流動現象，爲平行式「改行」。

　　社會流動也可以依據個人社會階級演變之期限而劃分，第一類是所
謂世代之間社會流動 (Intergenerational Mobility)，親子兩代之間
在社會階層上的差距。例如一位農夫之兒子因爲努力工作勤奮，得以接

受大學教育更而擔任公職，最後成為政府高級官員。父子兩代之間的社會階級具有顯著之差異。是為世代社會流動。

　　就一位青年而言，從開始擔任小學教師而後晉升為政府高級官員，則為個人社會流動現象 (Intragenerational Mobility)。

二、決定親子兩代間社會流動之因素

　　布勞及鄧肯 (Blau and Duncan, 1967) 在其所著美國職業結構 (The American Occupational Structure) 一書中，分析社會流動之決定因素。根據他們的分析，影響第二代的職業之因素有四，其關係如下圖所示：

圖八：　兩代之間社會流動決定因素關係圖

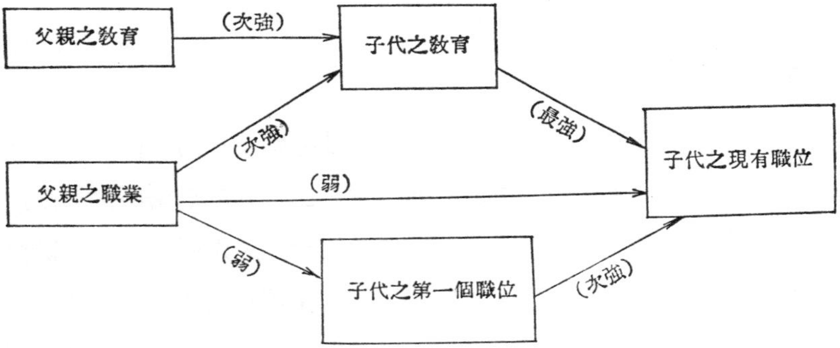

　　在上圖中我們可以見到，首先，就子代的職位變遷而言，最重要的是子代本身之教育程度，其次，是子代之第一個職業。再者，就兩代之間之社會流動而言，父親之教育職業是決定子代教育之最主要因素，除了以上所列因素之外，此外：(1) 個人生長環境是大都市或鄉村對於個人職業前途亦有顯著影響，生長於大都會的工人子女，升遷之機會較大，由於大都會中接觸較廣發展機會較多。(2) 家庭內，兄弟姊妹之數目亦

足以影響個人社會地位之流動，兄弟姉妹數目愈少者升遷之機會愈大，依據利浦塞及班廸士 (Lipset and Bendix, 1959) 的理論，在現在工業社會中，子女之成就需要父母細心之栽培，需要花費許多的財力、精神。子女數目太多的家庭，父母無法照顧所有的子女，子女數目少的，則所照顧愈爲週到，成就率亦同時增加。

三、社會流動社會心理學研究

繼布勞及鄧肯之後，亞力山大等人 (Alexander, et al, 1975) 從社會心理學的角度，分析個人社會流動的因素。依據亞力山大等之研究分析，除了布勞及鄧肯所列舉的因素之外，母親的教育程度，個人的學識成就、能力，個人的教育期望、職業期望，以及父母、師友對於個人之期許，都足以影響個人之教育、職業前途。

四、婚姻遲早

根據社會學研究，發現遲婚者之成就較早婚者爲高。薩瓦拉 (Svalastoga, 1957) 在丹麥所作之研究，發現二十五歲前結婚之男士，在其一生之職位中有下降之趨勢；二十五至二十九歲之間結婚者，職位穩定；而三十歲以後結婚者升遷之比例較高。在美國所作的研究結果大致也很接近這項丹麥的發現。事實上，遲婚與事業成就之間的關係是顯而易見的，特別是在現代工業都市社會中，一個具有妻室兒女之累的年青人，將所有的精力都花費在家庭妻子生活之中，而一位無妻子之年青人則可以將全部精力放在學業事業上。十九世紀時社會思想家馬克斯曾經說過，宗教是貧窮人士的鴉片，我們在這裏也可以說妻室子女是有志青年前途發展之墳墓。

五、婦女職業升遷的情況

以上分析社會流動因素，祇限於男性，不能解釋婦女職業升遷之現象。直到最近二、三十年，婦女就業的現象在西方社會雖然已很普遍，然而卻不受重視，主要原因是婦女職業在二、三十年前仍屬次要性，一般婦女就業祇是爲了貼補家用，而不是爲了事業前途。近二、三十年由於女權迅速擴張，婦女就業之性質亦隨而改變，更而離婚率迅速增加，婦女主持家計的人數日增，不再是家庭副業性的工作，國內近幾年對於婦女就業之研究頗爲可觀。

一九八〇年呂玉瑕女士所發表的「社會變遷中臺灣婦女事業觀」，對於中國婦女的就業態度作詳盡分析討論，根據呂玉瑕之研究，影響婦女就業態度之主要因素爲(1)婦女個人教育程度(2)年齡(3)婦女的家庭社會經濟情況，其中之關聯性可見下表:

表九:　中國婦女就業態度與其教育、年齡、家庭社會地位、
　　　　父親教育之間的關係

百分比 因素	贊成終身性事業取向之工作		
	低	中	高
1.　年　　　　齡	41.2	18.7	14.5
2.　教　　　　育	8.5	31.9	61.0
3.　家庭社會經濟地位	11.8	28.9	37.1

表九中顯示婦女之就業態度與其教育程度、年齡、以及其社會經濟條件具有密切關係。年齡愈輕、教育程度愈高、家庭社會經濟愈好的女性，期望終身永久性事業之比例愈大，相對地，年齡愈大的婦女、教育

程度愈低、家庭社會經濟地位愈低的婦女，持向傳統婦女角色的比例愈
高。呂氏之研究更證明婦女之家庭背景，例如父母之職業教育等等，對
於他的職業態度影響很大。

第十節　香港的社會階層制度

（節錄自 International Journal of Sociology, July, 1978.
　作者：張華葆）

導　言

　　每一個社會都具有社會階層。社會透過社會階層制度，分配其財產
收益，給予每一成員。然而造成社會階層的因素衆多，因此每一社會的
階層制度也都不同。幾千年來印度社會奉行嚴格的卡斯特制度(Caste)，
每個人自出生卽決定其社會地位，子子孫孫世代相傳。幾千年來中國社
會履行半開放式的階層制度，士大夫及地主形成社會的統治階級，而絕
大多數的農民，則形成被統治者，然而，舊中國社會亦間而容許具有特
殊才能之人士，升入上層統治階級。歐美社會，由於工業革命、政治革
命，以及其他社會經濟歷史因素，其社會階層逐漸演變爲平等開放的體
系，上下階層之間不再有嚴格的鴻溝、界線，個人社會地位主要取決於
能力及努力，而不是他的血統、家庭背景。

　　香港是一個中國人的社會，然而政治上是英國的殖民地。自從一八
四三年中國割讓香港給英國，在這一百五十年時期之中，英國殖民主義
與中國文化在香港融滙結合，成爲一套獨特之社會文化體系。在五百五
十萬(1984)的人口中，中國人佔據了百分之九十八以上，英國人不及百
分之一。在風俗習慣、法律道德，價值規範各方面，香港社會均包含著
傳統中國文化與英國殖民文化之特色。依據英國殖民政策之一貫作風，

英國人與殖民一貫維持分隔的原則。然而自從第二次世界大戰結束以後，一則由於中國大陸變色，許多有錢有勢的中國人湧入香港，成爲香港本地的財經集團，特別是在韓戰時期迅速發展。由於中國人勢力抬頭，英國人不得不與上層中國社會發生局部的接觸，最後，對中國人作局部之讓步。然而，直到一九七○年，香港的政治經濟組織仍是維持傳統英國殖民地的色彩，英國人掌握主要政治，經濟大權。自一九八○年以來，由於中共加諸於香港之壓力，情勢逐漸改變，英國政府對當地人民一再讓步，並且作政策性之轉變。一方面從香港撤出英國經濟力量，一方面與中央訂立政治協議於一九九七年將香港主權歸還給中共。以下是一九七○年時期香港社會階層狀況。

一、政治組織──英國殖民政策

香港在政治組織上赤裸裸的呈現英國殖民政策。香港政府由英國派員統治，香港的中國人無參與之權力，無政黨，無投票權。在一九七○年代時，依據香港殖民政府規定，四百五十餘萬人民中，只有二十九萬人有選舉權。香港的部份數選舉權還是英國工黨當政所施捨的部份殖民地權利。當時地方選舉中，少數選民中又只有百分之五的選民眞正參與投票選舉。

在香港的英國殖民政府，自十九世紀成立以來，刻意培植少數中國人作爲其政府的中下層幹部，殖民政府於十九世紀末設立香港大學，全部以英文教學。香港大學畢業生可以任職政府官員及公立學校。公職的地位及待遇特優，足以吸引中國人之精英份子參與。至一九七○年，全校學生數目只有二千名。在一九六三年因爲受中國人新興中產階級壓力，而創設香港中文大學，地位與香港大學相當，唯可以用中文授課。至一九七○年止，中文大學全校學生也只有二千人。香港政府預算三分之

一用在公敎人員薪金方面，這些少數的中國知識份子，由於接受殖民政府的思想及照顧，忠心爲殖民政府服務。除了這兩所官方大學之外，香港有許多私立的書院，殖民政府不承認其大學地位及學位，因此畢業的學生，雖然也是大學畢業生，卻不能擔任公職或是在公立學校敎書。

二、香港之經濟體制

香港之經濟體制具備許多現代西方社會之特色。目前在亞洲地區，香港人之平均收入僅次於日本，每年約六千美元（1984）。除了隨英國殖民政府而來的龐大英國貿易公司之外，另外是二次大戰以後，自中國大陸流落香港的企業，例如，上海之紡織工業。第三是香港本地人的企業，例如，造船公司、進出口事業、電影事業、電子事業等等。香港地處亞歐澳三大洲之間，港灣水深平靜，具備世界通商貿易港口之條件，加以英殖民政府採取自由免稅政策，而且戰後中共受自由世界貿易封鎖了二十年，其間貿易依賴香港爲轉運口。香港經濟以輕工業及進出口貿易爲主，本身缺乏農業、漁業及礦業。

由於所處之地理條件優越，加以殖民政府之刻意發展，中國大陸沒落後，資本、工業及科技人員轉入香港，使得戰後香港在工業貿易方面迅速發展，欣欣向榮，在工商業發展，人民生活水準，佔據亞洲區第二地位，僅次於日本。

一直到一九七○年，香港社會絕大多數中國人的生活都很貧困，百分之九十的人民生活在貧困邊緣，另外百分之五左右的公務人員，及百分之五的工商界人士構成香港之中產階級，此外不及百分之一的英國人及極少數的中國財閥構成香港之上層社會。

上中層社會之特色，除了人種之外，其次是敎育，中層階級大多數來自香港大學，少數則爲戰後興起的進出口貿易商。第三項特色是語言

文字上，中產階級幾乎都會英文，卽使是未受教育的中國商人，爲了適應進出口貿易之需要，也學會運用英文。不僅如此，英語是香港的官方文字，公文佈告都是以英文印行，所以任何人想要與政府交涉，勢必要懂得英文。

　　分析香港社會階層體制，可以得到以下的結論，第一，香港之階層制度是一項人爲性的安排，是英國人征服香港之後，所設立之階層制度，其中以英國人自居統治階級，刻劃少數中國人爲其媒介人員，形成中產階級，絕大多數的中國人民則爲被統治者，卽無權力，又無財富地位。在一九四九年之前，英國統治階級在生活上完全與當地居民隔離，香港的階層制度只有兩個，一個是少於百分之一的英國統治階級，一個是被統治者，約占百分之九十八的中國人。一九四五至一九七〇年間，百分之一的中國企業家擠身於香港上層社會，然而無任何政治權力。另外，百分之十左右受殖民官方敎育的中國人及工商界人士，形成社會中層幹部。

　　自一九六五年至一九八五年，香港的政治經濟產生急驟變化，目前中產階級之人數比例急驟上升，人民境況也發生急驟轉變，同時由於中共政治宣傳影響，香港之政治局勢迅速轉變。例如一九八四英殖民政府決定將香港交還中共，香港之人民中除了少數中共幹部之外，百分之九十五以上都是反共的。依據香港民意調查，在面臨殖民地與歸還中共的抉擇中，他們毫不遲疑的選擇英國殖民政府，這眞是人類歷史上的大悲劇。「香港的中國人」，沒有自決的權力，而由殖民政府與一個共產政府國家決定了他們的命運。

三、香港社會階層特色

根據筆者之分析，香港社會階層制度在本質及結構上的特色，可以由下圖中展示：

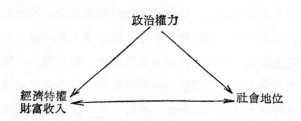

在香港階級制度中，政治權力構成階層制度的決定因素。英國人武力佔領香港，迫使滿清政府簽約，更而以軍事武力統治香港。所以，香港階層體制取決於英國殖民政府的政治軍事力量，在殖民政府政治、軍事力量之下，決定香港社會財富的分配，決定香港社會成員社會地位。在第二次大戰之後，新興之工商業界人士及以殖民教育晉昇的知識份子，憑藉其財富、教育也取得社會地位，然而卻無法取得政治權力。

總之，香港的社會階層制度與乎功能學派所描述的自然成長之階層制度大相迥異，而與衝突學派的理論相當，香港之階層制度刻劃人與人，羣體與羣體間之相互對立、衝突、壓迫及利用。香港社會階層主要是人爲性的不平等，反映武力征服及征服者，政治經濟的榨取。

第八章　少數民族 (Minorities)

第一節　種族觀念

不論是在世界上那一個角落，只要是不同民族雜居在一起，都有多多少少的種族問題。在中國大陸上是漢族與其他民族間之糾紛，在臺灣是平地人與高山族之對比，在美國是白人與有色人種之糾紛，在南非是白人與黑人的對立，在日本是日本人與非日本人之對立。各地之種族問題或輕或重，然而問題之本質則大同小異，都出自不同種族、文化之羣體間的糾紛與對立。以下我們將分別討論有關種族問題之概念。

一、種族 (Race)

依據人類學的標準，人類可以劃分為三大種族，即白種人、黃種人及黑種人。三種族原有之居地亦各異，白種人原居歐洲大陸，黃種人居於亞洲，而黑種人居於非洲。然而自十五世紀末葉以來，由於新航路、新大陸之發現，以及歐洲殖民主義之擴張，世界人口之流動，造成世界上各人種之雜居。五百年來雜居通婚之結果，目前人種界線混淆難分。

二、民族 (Ethnic Group)

由於地域文化之不同，同一種族又劃分成為許多歷史文化大相迴異的羣體。通常以民族 (Ethnic group) 稱之。例如黃種人之中又分中國人、日本人、韓國人、泰國人等等。而中國人之中又分漢族、滿族、蒙族等等。

不論是種族或民族，都是由於地域天候之差異而自然形成之人類羣體，與乎國民 (Citizen) 之觀念不相同，國民是一國之公民、人民，而國家是人為性的政治團體，非自然成長者。

第二節　少數民族 (Minorities)

所謂少數民族 (Minority group)，指社會中處於劣勢地位的種族或民族。少數民族之正確名稱是劣勢民族。與少數民族對稱之羣體是多數民族 (Majority group)，或稱優勢民族。劣勢民族與優勢民族之區別在於後者具有政治統治權，統治前者。除了政治權力差別之外，優勢民族更具有優越的社會地位及經濟權宜。通常優勢民族人數較多，但是人數並不是決定優勢、劣勢民族的條件。以中國為例，漢族是優勢民族，在人數上也佔絕對優勢；其他民族如滿、蒙、回、藏、苗、傜、黎，則屬弱勢民族，而且在人數上屈居少數。美國社會中，白人是優勢民族，而且在人數上也佔絕對優勢。美國黑人及亞洲籍美國人則為劣勢民族，他們在數量上也較少。

然而在其他許多社會中，優勢民族與劣勢民族之比例並不依照常例分配。以香港為例，香港社會中，中國人佔據全人口中百分之九十八左右，然而中國人在香港卻是劣勢民族。英國人在香港只佔全人口百分之

一，然卻是香港的優勢民族。此外在南非，黑人在數量上佔絕大多數，然而是劣勢民族，白人佔少數，卻是優勢民族。

世界上也有許多社會，其中包含不同種族及民族，然而在不同民族之間並不構成優勢、劣勢之分者。例如瑞士，瑞士包含德國人、法國人、意大利人等等民族，然而彼此之間，並無優劣勢之分，不論在社會地位、政治、文化各方面，這些民族都以平等地位相待。

第三節　種族成見及偏見
(Racial and Ethnic Stereotyping and Prejudice)

種族成見及偏見，通常指優勢民族對於劣勢民族之刻劃及態度。例如幾百年來，歐美白人認為黑人智力較低、懶惰，遂而輕視、虐待黑人。在我國亦有類似的情況，幾千年來，漢人以天朝人自居，視其他民族為蠻夷而虐待鄙視之。

種族成見 (Stereotyping) 及種族偏見 (Prejudice) 之形成，發展都源自於歷史過程中兩個不同的種族或民族接觸時，其中之一以征服者或優勢者的姿態出現。例如在中國數千年的歷史中，中國文化一直是超越性的，使得四鄰的民族都仰慕中華文化，而來學習朝拜，自甘臣服。十五、十六世紀，當歐陸殖民主義向外擴張時，歐洲之高度文明及強大之武力與落後之非洲土著遭遇時，造成歐洲人對於非洲黑人之成見及偏見。十七、十八世紀時，歐洲文明開始與中國文化接觸，在接觸的初期，歐洲人極為欽佩中國文化。十八世紀時，中國文化流行於歐陸，被歐洲之皇親貴族崇尚為高級文化。然而到了十九世紀，歐洲工業殖民主義急驟擴張，與中國直接發生衝突，最後歐美民族以武力征服中國人，列中國人為其征服者。同時，歐美民族，有鑑於其工業科技之進步，以

優勢文化自居，逐而與亞洲民族形成優勢、劣勢民族之關係。

第四節　種族關係(Race and Ethnic Relations)

在同一社會中，不同種族,民族之間的關係可以劃分成爲許多類型，現分別討論於下：

一、奴　　隸

在二十世紀之前，歐美民族與被征服民族之間，通常是征服者與被征服者、主人與奴僕之關係。例如在美國南北戰爭之前，白人與黑人之關係就是主奴關係。黑人被白人從非洲俘虜販賣至美洲爲奴隸。依據當時美國之風俗習慣及法律，黑奴不具備「人權」，旣無投票權，也不能入敎堂，可以隨時被拍賣，黑人家庭隨時可以被解散。

二十世紀以前，美國白人與印第安人之間的關係亦大約與白人、黑人之間的關係相似。印第安人被白人征服，被視爲蠻夷人士，遭受虐待歧視，紅人無法律地位，紅人、白人之間亦無交流。黃種人在美國之情況雖然較黑人、紅人爲優，然而也不相上下，五十步與百步之分而已。

二、美國黑人自覺運動

二十世紀以來，特別是第二次世界大戰以後，美國人種關係發生顯著的改進，以白人與黑人之間的關係爲例。在第二次大戰期間，當美國黑人與白人士兵並肩作戰，對抗種族優越主義的德國及意大利時，美國黑白的界線及其意義已開始消沒。德國軸心國的失敗，更象徵種族主義的崩潰、人種優越理論的錯誤。大戰以後，美國朝野有識之士，不分黑白，遂齊心合作致力於黑人民權運動。

自一九五〇年代開始的人權運動，參與者雖以黑人爲主，但其中也不乏白人理想份子。在他們合作努力之下，黑人人權得以迅速擴張。一九五五年時，在種族觀念最深的阿拉巴馬州內，由馬丁路德金領導，抵制歧視黑人的公車制度，經過一年多的奮鬥，終於廢除了幾百年來歧視黑人的措施。這次黑人運動之成功，不僅有賴於黑人本身之努力，同時也假諸白人有識之士之助及輿論界的鼓吹。從一九五五年以後，黑人解放運動在馬丁路德金領導之下，如火如荼，迅速展開。馬丁路德金也逐漸形成爲黑人運動之領袖及象徵 (Fishman & Soloman, 1963)。雖然馬氏於一九六六年時爲白人偏極份子所殺，然而他所倡導的黑人人權運動卻從未中斷，繼續發展。

在另一方面，黑人解放運動又得到政府的支持，法律的保護。一九五四年，美國最高法院宣判黑白學生分校制度違反憲法。這項宣布，給予種族歧視制度以致命的一擊，聯邦政府同時派遣軍隊，強制推行黑白合校的政策。這是美國政府劃時代的措施，影響之深遠，自不在話下。

美國最高法院判決黑白合校之舉，除卻法律意義之外，亦具有深刻社會學的意義。美國朝野有識之士，早已覺察黑白分歧對立之危險，惟恐將來影響及於社會之安危，國家之存亡，爲未雨綢繆之計，乃提出防患未然之措施。目前黑人佔美國全人口百分之十二有餘，然而由於黑人生育率較強，將來黑人所佔的比例會更高。爲了消彌種族紛爭仇視，提升彼此間的友誼情感，最好的方法莫過於使他們從小在一起求學生活，學習共事相處。

一九六〇年代，美國南部黑人發動一連串的民權運動，震盪全國。他們一反往昔自我貶薏的態度。直接向不平等的制度挑戰，一位南部的官員見到這些黑人運動之後，不僅感嘆而言：「這些黑人真是膽大極了，我們以往從未見過如此膽大妄爲的黑人」。(Fishman and Solomon,

1963)。

　　同時在一九六〇年代，黑人的民族獨立運動也開始萌芽發展。首先
興起的黑人宗教運動，黑人追溯其非洲歷史淵源，發動黑人回教運動，
鼓吹黑人種族及政治意識，強調黑色種族之光榮歷史。以往黑人由於數
百年來的奴隸制度，喪失了自尊自信。新興起的黑人回教運動，正好似
一支強心針，重新喚起他們生命的意識 (Marx, 1969)。黑人回教運動
除了民族宗教意義之外，又爲憤怒怨恨的黑人開啓了一條精神性的舒暢
途徑，更爲黑人文化開闢了另一境界。(Lane, 1964)。

　　繼宗教人權運動之後，黑人的激烈民族運動亦相應而生，其中以黑
豹組織最爲顯彰。黑豹組織不僅主張黑人民族自立，更主張以武力對抗
一切種族歧視壓迫。在一九六〇年代末期及一九七〇年代初期，黑豹組
織在美國大都市中相繼成立。在同一時期內，黑人武力暴動事件更層出
不窮。這一切都象徵著美國黑人不再沉默忍受種族歧視及虐待，轉而積
極謀求平等、自尊及自信。(Marx, 1969, Meyer, 1968)。

　　從社會心理學的觀點來看，黑人的激烈民族運動顯示其民族自我意
識之提昇，黑人不僅不願承受種族壓迫，不僅要求公平的待遇，更而宣
揚黑人的歷史文化，發展黑人種族意識，要求種族獨立。自一九六〇年
代所興起的黑人運動中，黑人的中上階級也踴躍參與，並且成爲其中的
領導份子，這些跡象都顯示黑人已逐漸建立民族自信心(Marx, 1969)。

　　除了人權種族運動以外，美國黑人的社會經濟地位亦有顯著的進步。
根據費根 (Feagin, 1970) 的調查，一九六〇年代美國南部地方選舉
中，黑人政治勢力逐漸抬頭。由於黑人在南部許多郡縣中佔人口的優
勢，更而由於他們團結合作，使得他們的政治勢力逐漸擴張。一九七〇
年之後，黑人的政治勢力更擴充於全美諸大都市。至目前爲此，許多美
國最大的都市，如洛杉磯、亞特蘭大、底特律等等，其市長均由黑人充

任。黑人政治勢力之抬頭，不僅反映黑人的民族自覺及努力，也同時反映白人有識之士的支持。以洛杉磯爲例，黑人之能夠當選爲市長，除了黑人支持之外，也必須依靠自由開放的白人支持。在一九八四年的美國總統大選中，黑人候選人傑克遜居然能夠在各州贏得許多的選票。雖然他居於候選人的第三位，　無法當選總統，　然而他所代表的意義卻很深遠。

在敎育方面，黑人地位之提昇更是顯著，自一九五四年聯邦政府宣布黑白合校之後，至一九七〇年時，黑人學生中百分之八十二已進入黑白混合學校。(HEW News 1/14, 1971)。

在家庭方面，以往黑人家庭之所以不穩定是由於奴隸制度及種族歧視所造成。在舊社會中，黑人男人的社會地位及經濟能力均被剝奪，無法建立威信。黑人父母亦無保障子女的能力。在這種情況下，黑人之子女旣不會與父母產生認同，也無法產生安全感，影響及於其人格發展至巨。在第二次大戰之後，由於黑人社會經濟地位之提昇，黑人中產階級之擴張，在黑人的家庭中，父親的權威隨著增加，家庭之內聚力及穩定性亦隨時日而增強，黑人子女對父母尊敬的程度增加，對父母認同亦愈深，其人格自我之發展亦因而趨於正常。

在美國工商界、娛樂界及體育界，許多傑出的黑人更是飛黃騰達，成爲其中之佼佼者。這些飛黃騰達的黑人，形成爲黑人青少年參考模仿的對象，激勵後者向上發展，增強黑人的種族自信。

除此之外，戰後美國社區發展的新趨向，一方面是中產階級白人大量遷往郊區居住，另一方面是大量黑人自農村移往大都市，集中居住於城中區。這種黑白更換的現象，逐漸造成了美國大都市中獨立的黑人社區。在這些新興的黑人社區中，黑人不再遭受白人壓迫侮辱。更而由於黑人種族、民權及宗敎運動，這些社區逐漸形成黑人獨特之社會及文化

組織，他們以黑色爲榮，發揚黑人民族文化。在這些社區中，黑人之人格發展及自我形象亦因而得到保障，能夠趨向正常的途徑發展。

自一九六〇年代開始，多次民意測驗中，顯示黑人已建立起自尊自信。在一九六四年的一項全國性調查中，發覺百分之九十九的黑人認爲他們在智力上與白人相當 (Marx, 1969)。一九六七年的全國調查顯示，百分之七十七的黑人對黑人的前途充滿希望，百分之六十的黑人認爲黑白關係已大有改進，百分之八十的黑人認爲美國社會日漸趨向完美的境界，百分之七十五的黑人認爲黑白種族合而爲一之日指日可待。(Luck, 1967, Kvaracent, 1965) 一九六八年在美國十五所大都市中調查發現，三分之二的黑人認爲戰後黑人地位改善甚多。這許多的研究調查，在在顯示黑人的心態充滿希望及信心，他們對前途樂觀，對自己充滿自尊自信。

三、融滙 (Amalgamation)

不同種族、民族接觸之後，也可能發生融滙一體的現象。例如在中國歷史中，漢人與滿人之關係。滿人於十七世紀中葉入主中國，統治漢族，然而在文化制度方面卻尊奉漢人文化。在滿人二百多年統治時期中，漢滿人不論是在種族上或文化上，都融滙爲一體。

西班牙人於十六世紀征服中南美洲時，與當地土著間之關係亦復如此，西班牙人與土著混交雜居，經過幾百年之融滙，目前已無法劃分二者之間的界線。

四、多元主義 (Pluralism)

包含許多不同種族的社會，亦有採行多元主義者。在政治、經濟方面，諸民族歸屬於中央政府管轄，然而在文化，特別是語言、生活習慣

方面，則各行其是。目前在加拿大境內，法語系與英語系的民族之間的關係卽屬多元主義，法語、英語都是合法的語言。瑞士更是多元主義的典範，國內德語、法語及意語系民族各自維持獨立之語言、生活習慣，而絕大多數瑞士人都精通數國語言，民族之間並無隔閡。當前美國之政策亦偏向多元主義，雖然英語是唯一的官方語言，而且白人對有色人種仍持有相當程度之偏見、歧視，然而美國政府積極推行多元主義。在少數民族居住地區的學校內增設民族語言課程，鼓勵少數民族子弟學習母語。譬如在華人區的學校，則增設華語課程，鼓勵華裔課程，鼓勵華裔美國人學習華語。在日裔美國人區，或是印第安人地區亦復如是。

五、種族絕滅政策 (Genocide)

當一個社會裏諸多種族之間的關係惡劣，敵視鬥爭白熱化時，可能產生種族絕滅之可能。二十世紀中葉以來，在德國之猶太人卽遭受德意志民族之殘殺。六百多萬的猶太人，在不到十年的時期之內，被德國納粹政府所殘殺。此外，數以百萬計的猶太人逃離德國。二次世界大戰以後，歐洲猶太人在巴勒斯坦地區建立猶太人的國家——以色列。德國境內之猶太人，經過這一次浩刼之後，幾乎完全消失。

種族絕滅政策，或是奴役少數民族之政策，除了因為政治、經濟利益之外，亦可能建立在種族優越主義 (Racism)，以及宗教狂熱主義 (Religious fanaticism) 基礎之上。歐洲中古時期，十字軍東征，討伐阿拉伯民族，可以說是宗教狂熱主義的好例子。第二次世界大戰中，德國人殘殺猶太人，一方面出自於德意志民族優越主義，一方面出自於德國人以猶太人來洩恨。德國人在第一次世界大戰失敗之後，遭遇嚴重之經濟困難，遂以猶太人作為排洩其挫折憤怒之對象。

種族優越主義構成奴役、虐待少數民族主要原因之一。以美國為例，

從十七世紀開始，白人奴役黑人數百年。一八六五年，美國內戰之後，雖然在法律上解放了黑人，然而種族歧視虐待制度持續，直至一九六〇年代，由於世界及美國國內局勢之迅速演變，才緩和下來。

一九六九年，美國著名科學家詹生（A. Jansen）發表了一篇有關黑人智慧的論文。根據其研究，黑人之平均智商較白人低十分至十五分左右。詹生由於其崇高學術地位，其研究引起全世界之震盪。在詹生論文發表之前，科學界極力鼓吹種族平等，強調不同種族先天上的一致性，詹生的研究再次引起種族差異的爭論。

詹生的研究具有若干基本的缺陷，首先，目前在美國已很難發現純種的黑人。根據統計，百分之七十的黑人具有部份白人血統，而百分之二十的白人具有部份黑人血統（Hunt and Walker, 1974）。此外，至目前為止，生物學家仍無法指認智慧遺傳基因（Genes），或是染色體。如果我們不能直接指出黑白人在生物學上的差異，即無法肯定黑人、白人智商之差別是出自人種的差異。事實上，絕大多數社會科學家們仍然堅持黑白人在智商的差異，乃出自於生活習慣、社會環境、文化之差別。

第五節　人種歧視的心理因素

形成人種歧視的原因很多，除了人種優越主義、政治經濟侵略、佔領剝奪、奴役之因素之外，還有許多心理因素亦足以構成個人種族歧視之基礎。

人種歧視之最主要心理因素是所謂代罪羔羊的心態（Scapegoating）。在任何社會裏，任何時候，一定有許多人，因為無法滿足其一己之慾望，無法提升個人之政治、經濟地位，因而滿懷憤恨，在現代工業

都市社會中，這種現象更是普遍。個人累積的怨憤通常以各種不同的心理防禦方式 (Defense Mechanisms) 發洩出來，最普通發洩積怨的心理方式是投射 (Projection) 及轉移 (Displacement)。

所謂「投射」，指個人以其一己之私慾、缺陷投諸於外人身上，最明顯的例子是社會中教育程度低的下層階級。他們不能忍受貧困及受社會之歧視，因而將其一己之缺陷投諸於代罪羔羊有色民族之身，所以在每一個社會裏，下層社會人士中，具有人種偏見的比率較高。

除了投射之外，人種偏見亦透過「轉移」的心理過程。所謂「轉移」，即個人將其積怨憤怒，發洩於代罪羔羊之身。

分析人種歧視，必須綜合社會文化的因素與乎個人心理因素，才能夠產生透徹的了解。（參看 Allport, 1954; Simpson and Yonger, 1972）

第六節　美國社會種族階層現象

（參閱 Persell, 1984: 213～276）

當前美國社會，由於幾百年來種族歧視，白人與有色民族在社會階層方面，具有許多顯著之差異。

職業分工方面

表一: 美國有色民族在各種行業中所佔比例: 1940～1980

解釋: 下列圖表中，每一行業項目之下的百分比數字，顯示有色民族實際參與之人數，與應該參與人數之比率。例如 1980 年在專業項目中 (Professional and technical)，有色民族之實際人數與他們應該參與人數之比率為 .78，表示在專業項目之中，如果有色民族應該有一百個人參與，實際上則只有78個人。

職　業　羣　體	1940	1950	1960	1970	1980
一、白領職業					
1.專業人員	.36	.40	.49	.61	.78
2.經理	.17	.22	.23	.33	.41
3.文書	{ .12	.29	.46	.76	.99
4.售貨員		.18	.23	.31	.41
二、藍領職業					
1.技工	.27	.38	.49	.61	.75
2.機械操作	.57	.94	1.08	1.34	1.34
3.非農業性勞工	2.06	2.56	2.59	2.18	1.52
三、服務性					
1.家庭內傭人	4.66	5.92	5.46	3.89	3.00
2.其他服務性	1.53	2.00	2.02	1.77	1.61
四、農業					
1.自耕農或農莊經理	1.31	1.22	.78	.45	.20
2.佃農、農工	2.57	2.28	2.46	1.68	1.36

[a]Because of changes in the occupational classification and the form of questioning, data for 1980 are not strictly comparable with earlier years.

資料來源: For 1940-1960, Glenn, 1963: Table 1. Ratios for 1970 and 1980 are computed from basic data in *Monthly Labor Review* and *Employment* and *Earnings* 27 (May) 1980:table A22.

　　從上圖表中，我們可以見到美國有色民族在高級職業中，從1940年至 1980 年之間有顯著進展。以專業人員爲例，在 1941 年時，有色民族參與實數只佔應參與數之百分之三十六，1980年時增至百分之七十八；在下層的白領職業中，1940年時，有色民族之實際參與數只佔應參與數之百分之十二，而1980年則增加至百分之九十九。在經理階層雖然也有顯著的進步，然而至目前爲止，實際參與數比率仍偏低（0.44）。此外在低級職業類別之中，有色民族之參與比數偏高，特別是在家庭傭人項目內。這些數字顯示至目前爲止，美國白人與有色民族仍未達到平等的境界。

　　在收入方面，以 1980 年的家庭每年收入爲準（見圖二），白人中 42％在 $25,000.00 以上，28％介乎 $15,000～24,999 之間，20％介乎 7,500.00 至 14,999.00，10％在 7,500 以下。

圖二　美國白人、黑人家庭收入之分配1980

年　薪　等　級	白　人 （%）	黑　人 （%）
高　收　入 （$25,000以上）	42	20
中　等　收　入 （$15,000-24,999）	28	23
中　下　收　入 （$7,500-14,999）	20	27
低　收　入 （低於$7,500）	10	30
	(100%)	(100%)

資料來源　U. S. Bureau of Census. 1982b. pp46-47.

表二中顯示美國黑人家庭收入在 $25,000.00 以上的祇佔 20 %；
$15,000~24,999 佔 23%； $7,500~14,999 的佔 27%；而$7,500以
下者佔30%。

另外，從平均收入來看，黑白之間的差距也很大。一九八〇年白人
家庭平均收入爲 $18,400.00，而黑人則祇有 10,900.00 元。黑人的收
入不及白人的 60%。

此外，在政治界，除了地方官員之外，中央政府內黑人之比例偏
低，在最高決策部份，例如，參議院、衆議院行政部門，黑人參與數更
低。總之，不論從職業分配、收入以及政治參與來看，美國社會中黑人
以及其他有色民族仍處於絕對劣勢

第七節　臺灣山地問題 (參考，李亦園1984)

目前，在我國也有山胞的問題。山胞指臺灣非漢語之土著民族。不
論在種族上或語言生活習慣上，山胞與漢人差別很大。我國山胞的地位
情況與美國紅人的地位相似。山胞有其特殊的文化、風俗習慣，也有其
保留地區可居住。山地保留區多在臺灣東部山地，以花蓮、臺東爲主，
西部苗栗，北部宜蘭一帶亦間而有之。有的山胞住在保留區，有的則與
漢人雜居平地。目前山胞之總數大約是三十萬左右，約佔臺灣總人口之
1.7%。

我國政府對於山胞之政策，始自民國四十年臺灣省政府所頒佈的「
山地施政要領」，其中要點如下：

1.設立二十四萬公頃山胞保留居地。

2.民國七十一年以前，山胞免收賦稅。

3.中央、省、縣民意代表保留名額。

4.山地學生獎學金及入學優待。

5.生活水準提升，經濟技能改善補助。

從客觀的角度來看，臺灣山胞的社會地位及生活情況與美國紅人、澳洲土著大致相似，然而由於美國及澳洲具有強烈的人種偏見，而我國高山族與漢人則同屬黃種人，外形上差別不大，所以在人種關係方面，高山族遭受漢人之禮遇，遠較美國紅人、澳洲土著爲優。

以 1978 年山胞的生活情況爲例（見表三）

表三: *臺灣山胞之教育、職業及收入1978*

	教　　育 （初中以上人口） 比　　例	農業人口 比　　例	每 戶 總 收 入 (年)
臺　灣　省	38.9	35.5	N.T. 282,900
山　　胞	21.3	75.5	112,700

資料來源: 羅海源 1983

從上表（表三）中，我們可以看到山胞在教育水準及收入方面都遠較平地人（漢人）爲低，特別是在家庭收入方面，山胞每戶總收入只及臺灣平均收入的40％。此外，我們更可以比較山區山胞與平地山胞之生活情況。根據蕭新煌（1984）的研究，山地山胞與平地山胞之收入不相上下。由此可見，在我國山胞不分地域，仍處於社會經濟之劣勢。

在種族關係方面，筆者曾經在東海大學作非正式的調查，向東海學生提出以下問題:

(1) 如果有一位男士（或女士），在各種條件上，都符合你徵婚的要求，如果他是一位美國白人，你是否願意與他結婚?

(2) 同樣的情形，如果是一位美國黑人，你是否願意?

(3) 同樣的情形，如果是一位山胞，你是否願意?

同學們的回答大致如下：

(1) 如果是美國白人，幾乎百分之百的學生都願意考慮。

(2) 如果是美國黑人，幾乎百分之百的學生都不願意。

(3) 如果是山胞，幾乎三分之一的同學不願意。

由於筆者擔任社會心理學的課程，幾次測驗，從同學處所得到的反應大致相似。從這些測驗中，我們可以得到以下的結論：

(1) 國人對於山胞具有相當程度之種族歧視。

(2) 國人對於黑人具有嚴重之種族歧視。

(3) 國人對於白人之態度反映我民族自卑感。

(4) 國人對於黑人、山胞之態度，亦反映部份種族自卑感。

第八節　落後民族、種族自卑感的問題

美國的黑人、紅人以及在美國的亞洲人、澳洲的土著，以及我國的高山同胞都是社會中的劣勢民族，而劣勢民族都普遍具有種族自卑感。自一八三八年法國歷史學家托基勿（Touqueville）在美國的民主一書中，詳細描述美國黑人自我貶蔑、自我非難的心態行為之後，劣勢民族自卑感的問題遂如星火燎原，形成社會心理學界研究之主題。從二十世紀開業以來，新的社會心理學理論，特別是文化交流論（Symbolic Interactionism），又為種族自視研究奠定學術理論的基礎。一九四一年，社會心理學家路文（Lewin）在猶太人的自我仇視一文中，更以場域理論（Field Theory）的觀點，刻劃有色民族的自卑心理。根據路文的分析，劣勢民族在潛意識上對優勢民族採取認同的態度，接納後者的價值觀以及其人種偏見，反過來以後者的種族態度評判自己的民族，因而產生民族自卑感（Allport, 1954）。

　　劣勢民族的自卑心理是很複雜矛盾的。 以黑人爲例, 當黑人對白人採取認同的態度時, 由於這種認同, 一方面可以帶來社會地位以及物質性的報酬, 但同時也帶來無盡的 痛苦及惆悵。 其所以痛苦者, 第一是因爲他們無法跨越種族的界限。 雖然他們向白人認同, 希望參與白人社會, 然而由於膚色之不同, 以及白人之人種偏見, 黑人永遠無法脫離黑人的社會羣體, 這種矛盾痛苦的現象, 在劣勢民族的中上層社會裏更是顯著。 這些中上層的人士, 由於他們優越的社會經濟地位, 自視甚高, 鄙視其同胞, 然而由於膚色的限制, 卻無法擠身於白人社會。 根據路文的理論, 劣勢民族份子的社會地位愈高, 其自我仇視、自相矛盾的心理亦愈嚴重。 (Simpson and Yinger, 1972)

　　劣勢民族之自卑感爲他們帶來痛苦的第二個原因是人類具有維護完美自我形象的需要。 然而在種族歧視制度之下, 劣勢民族無法滿足此種需要。 這種心理上的需要是由人類求生的本能衍生而成。 除非在萬不得已的情況之下, 每個人不願意放棄其完美的自我形象。 根據第二次世界大戰期間, 對德國集中營內猶太人所作的研究, 證明人類祇有在極端壓迫之下, 爲了生命之延續, 才會放棄自尊自信。 根據精神醫學的研究, 卽使是精神病患者仍然不斷努力企圖維護其自尊, 大多數精神病患的心態及行爲也都是爲了維護自尊而產生的, 祇不過他們所採取的方法異於一般人, 故而被一般人視作爲精神病。

　　第二次世界大戰之後, 代表白種民族優越感的德國及意大利都被摧毀。 在聯合國的旗幟之下, 亞非民族都獨立了, 在國際上, 他們與歐美諸國並駕齊驅, 平等共處, 同時, 在美國社會內部也發生了急驟顯著的變化。 一方面是美國黑人及其他少數民族之社會經濟地位迅速改進, 另一方面是民族平等運動及敎育廣泛推行。 一九五〇年代, 以馬丁路德金爲首的人權運動, 在美迅速展開, 一方面鼓吹黑人自覺自動, 也同時喚

起有良知的白人，共同參與。在內外局勢急驟扭轉之下，美國黑人的民族意識，自我形象得以自壓迫中逐漸解放，轉向自尊自愛的途徑發展。

自從第二次大戰以後，雖然劣勢民族之社會、政治經濟地位，有顯著的進步，劣勢民族之自我觀念也有顯著的改善，然而劣勢民族自卑感仍普遍存在於落後民族或是其他劣勢民族之中。依據筆者之意見，劣勢民族自卑感的問題恐非短暫時期之內可以消除者。

第九節 結 論

種族問題幾乎是世界所有國家都有的問題，或輕或重。目前美國、澳洲、南非面臨嚴重的種族問題；白人與黑人、紅人或當地土著之間因為膚色以及體形上的顯著差別，加上文化、生活習慣上的鴻溝，優勢民族與少數民族間之 歧見糾紛難以解除。 反之， 在其他國家裏， 諸如瑞士，雖然也包含許多不同民族，然而既無種族膚色之嚴重界線，也沒有嚴重的文化差異，諸民族之間和平共處，沒有嚴重的種族問題。

介乎其間的是臺灣，平地人與山胞之間在種族上有少許差別，在語言文化上有顯著的差別，然而近幾十年來，由於政府之積極同化政策，加以中國人對於外族無嚴重之歧視問題，所以山胞雖然在實際生活上仍然顯著的落後，但是並不構成嚴重的種族問題。反而是外省人與本省人之間之權力鬥爭問題較為嚴重。

雖然世界各國都在積極謀求改善國內種族關係，然而「冰凍三尺，非一日之寒」要想徹底解決種族問題之糾紛，恢復劣勢民族之平等社會經濟地位，以及其民族自尊心，非一朝一夕可致者。

第九章　家　　庭

第一節　家庭之定義及功能

所謂家庭，指兩人或是多於兩人，因血緣、婚姻或認領關係而結合定居的一個羣體。家庭是人類最古老恒久，最重要的社會組織。在沒有人類社會之前，已經有家庭之存在。許多社會更是由家族擴充而形成。時至今日，雖然家庭逐漸喪失了許多傳統的功能，然而不論是對於個人或是社會，家庭仍舊是最重要的社會組織。家庭在組織結構上雖然類別甚多，然而在功能上則大同小異，其功能約可劃分為以下七項：（參看Horton and Hunt, 1976)

一、性慾之滿足及管制

家庭一方面滿足成人的性慾，一方面發揮管制的功能。由於性慾是一種強烈的人類本能，為了使得人類得以生活舒適，免除性慾泛濫而導致災害，是而社會創設家庭。在家庭中夫婦可以充分滿足其性的需要。同時也因為性慾是人類強烈的本能，社會施以嚴格之管制，以免貽害社

會衆人。所以規定只有在家庭內夫婦名份之下，才可以發生性愛。

二、生育的功能

人類社會爲了傳宗接代、生兒育女，而設立家庭制度。在傳統的社會裏，不論中外，都強調生育之功能，更而甚至規定男女性行爲之目的即爲生兒育女。時至今日，天主教會仍持此種觀念，禁止婦女使用避孕藥物。然而由於時代之演變，這一項功能之重要性已逐漸爲人們所忽視。特別是在當前世界人口情況之下，處處鬧人滿之患，各國多在謀求減少人口之計，一般人也受到這種潮流之影響而謀求節育。

然而在中國社會，由於傳統文化特別重視家庭傳宗接代之功能，所以時至今日，人民仍然重視此傳統。據民國七十二年的統計數字，臺灣家庭平均子女數爲 3.5 人，這與傳統中國家庭之人數很接近。然而在同年之人口調查中，詢問年青中國婦女，她們將來期望的子女數目，絕大多數都希望兩個小孩。這項研究結果顯示民風轉變，在不久的將來，可能中國家庭會逐漸縮小。(見孫得雄，1984、賴澤涵，1982)，根據臺灣家庭計劃研究所主任孫得雄之估計，臺灣人口發展實況與預期之縮減計劃仍有出入。大致上說來，中國人重視子女之觀念在短暫時期之內仍不會消失。

三、社會化的功能

根據中外家庭專家之分析，社會化功能是一項世界性的家庭功能。在所有的人類社會中，不論家庭的組織結構如何，均具備社會化的功能。所以我們可以說，社會化是家庭最主要的功能。家庭的其他功能，或者可以由不同的社會組織機構取代，然而至目前爲止，似乎未見任何社會機構可以取代家庭的社會化功能，有關社會化之意義，早在前第三章中

詳細討論，在此不擬多作陳述。

四、滿足人類感情上的需要

　　早在兩千多年以前，亞里斯多德卽已體會到「人是社會性的動物」，
更而說「離羣索居的人，不是神就是野獸」。這一句至理名言，至今仍
爲社會科學家所沿用，自二十世紀以來所出版的社會科學書刊中，亦在
在強調人類親和之需要本能。至目前爲止，大多數心理、社會學家均同
意親和是人類的天性。在此，姑且不論親和是人類之天性，或後天培養
而出之需要，總之我們可以說是人類迫切的需要。從心理分析學派的觀
念來看，如果人類親和之需要不能得到完美的滿足，不僅會導致人格之
畸形發展，更會導致諸種精神情緒病症。家庭建立目的之一，是滿足當
事人情感上的需要，給予結合之夫婦以充份完美的情愛，同時亦給予子
女最完美之愛護照顧。試問有誰能比父母親更愛護其子女的呢？在一個
溫暖和藹的家庭中，一方面可以維護夫婦及其他成年人人格正常發展，
同時可以培育子女之正常人格。

五、賦予社會地位之功能

　　在一個講究階層地位的社會中，家庭的這一項功能也是不可忽視的。
子女的社會地位、前途、宗教信仰、種族等等，都在出生時就已建立基
礎。有的是不能更動的，有的則是可以改變的。例如人種、國籍，通
常是不能變更的，然而社會地位則可以改變。個人自出世就受家庭之影
響，在有形的物質環境，及無形的價值規範影響之下，個人的前途通常
早已在家庭中建立雛型。我國俗語說「從小望到老」，也就是說一個人在
孩提時代卽可看出其未來前途遠景。雖然在現代民主社會中，不講究個
人之家世背景，然而在事實上，個人之成就與乎其家世背景息息相關。

生長於大都市富庶家庭的子女，從小卽佔盡各種優勢，接受良好的敎養
照顧，良好環境薰陶，接觸的人士也都是顯赫之士。在這種環境下成長
之小孩，能夠發揮其最大的潛力，而且不需勞累，卽可以擠入上層社
會。相反地，一個生長在窮鄉僻境，貧苦家庭的小孩，卽使是具有最好
的天份，其未來發展也是很黯淡的。一顆寶玉鑽石都需要發掘、琢磨，
才能發揮其光彩，那些生活在貧困家庭之天才兒童，正好似埋藏在深山
中的寶石，被發掘琢磨的機會不大。雖然世界上流行之名言「貧困爲成
功之母」，而且在世界偉人中不乏出自貧困之士。然而這些都是特例，
少之又少，這些人除了具備特殊之才能之外，更需要有特別之時勢，才
能發展成爲世界一流的人才。世界上絕大多數有成就的人都出自中上社
會階層，我們可以說，家庭對於子女之前途影響至巨。

六、保護子女之功能

這一項功能，與乎前幾項是密切相關的。子女在成長之過程中，處
處需要成人之照顧。正好似一棵幼小的花草，經不起風吹雨打；小的動
物無法抵抗外來野獸之殘害。子女在幼年時沒有獨立之能力，祇有在父
母照顧之下，他們才能夠生存發展，卽使是十餘歲的兒童，雖然在體型
上已與成人無異，然而他們在心理上未趨成熟，又缺乏經驗，難以獨立
生長，仍需父母之不斷維護照顧。在現代社會裏，中上階層通常照顧其
子女至十八歲左右。有不幸的兒童，缺乏父母照顧者，如臺灣之養女，
他們很早就必須自力維生，然而由於缺乏生活技能、學識經驗，再加心
理上之不夠成熟，多變成社會之犧牲品，一無所成，一無所獲，終其生
在生命邊緣掙扎。

七、經濟性的功能

在原始社會及舊有農業社會中，家庭是經濟生產單位，通常以父親為主腦，母親負責內務，子女則依據其年齡、性別，輔助父母，這種以家庭為單位之經濟生產組織，是世界上最古老、最自然的經濟生產組織。這種以家庭為主的經濟生產，一直維持到近代工業革命之後，由於工廠、現代官僚制度或大型企業之興起，才逐漸沒落。

在現代工商業社會中，家庭之經濟生產功能已逐漸式微。然而在目前之臺灣，一方面由於工業發展還未達到大型企業之地步，一方面或者也因為中國人重視家庭觀念，所以以家庭為基礎之工業、商業仍佔很大的比數。農業方面則更不用說，因為中國施行小農精耕制度，所以以家庭為單位之農莊最為恰當，也最為普通。所以在短暫之將來，在中國之社會中，家庭仍將扮演重要的經濟生產角色。

然而在都市，或工業先進國家裏，家庭在經濟方面已由生產性之功能轉變為消費之單位。家庭內部仍舊牽涉及分工合作各種問題。通常是父親出外工作賺錢，母親在家裏煮飯照顧孩子。但是在近幾十年來，由於工業進步，婦女教育、地位之提昇，影響到婦女就業，以我國為例，民國七十年時，我國婦女就業率為成年婦女百分之四十。事實上這項統計數字還沒包括許多家庭主婦從事零工，或是在家庭中從事工商業者。所以目前許多家庭中都是夫婦就業。

第二節　家庭的類型

一、大家庭、小家庭、主幹家庭

家庭以其組織結構之特性可以分為大家庭 (Extended family) 及小家庭 (Nuclear family) 或稱核心家庭，在二者之間又有主幹家庭 (Stem Family) 。

所謂小家庭指父母及其未成年未婚子女結合而成者。大家庭則是家庭人口中參與其他的親屬，如祖父母、叔伯、子姪等，皆謂之大家庭。在大小家庭之間，我們加以主幹家庭，它包括父母及其子女，以及父母中任一方的父母。三種不同的家庭，我們可以圖形表示。

1.小家庭

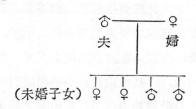

2.大家庭

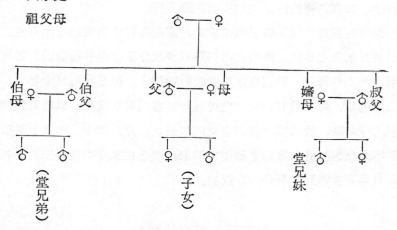

3.主幹家庭或稱折衷式家庭

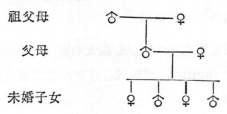

二、父系家庭、母系家庭、雙系家庭

除了組織結構之簡單複雜劃分之外，又可以傳遞次序及權力結構劃分為父系家庭 (Patrilineal)、母系家庭 (Matrilineal)，及雙系家庭 (Bilateral)。

所謂父系家庭，是以男方之血緣為主，計算家庭傳遞之次序，注重男方的親屬，視之為直系親屬，而不重視母系之親屬，視之為外親。中國之家庭制度是父系制度之典範。母系制度正相反，以母親之血緣親屬為主體，視父親之血緣親屬為外親，母系家庭制度之社會比較少。雙系家庭制度則同等重視父母雙方親屬，視之為同等。當今歐美社會之家庭制度歸屬雙系家庭體制。

三、血緣家庭、姻親家庭

家庭分類同時亦可以其重視血緣或姻親基礎二分為血緣家庭及姻親家庭。血緣家庭是以血緣關係為主。例如中國舊時之大家庭，在家庭中以親子關係為結構之重心，中國大家庭由於是父系家庭，所以父子關係最為重要。姻親家庭，顧名思義，是以婚姻為基礎而建立之家庭。其中包含之主要份子是夫婦及其子女，家庭結構是以夫婦關係為重心。現代的小家庭多屬姻親家庭。

第三節　舊中國家庭之特徵

根據孫本文 (1943) 之分析，舊中國家庭具有以下八項特徵。現分別討論於下：

一、父系承繼，男女不平等

舊中國社會是一個典型的男權社會，家庭繼承以男性為主，家庭中男女極不平等。

二、父權制

在家庭內部權力結構方面，中國舊家庭依據絕對父權制度，父親對於子女之權力是絕對的；所謂「父叫子死，子不得不死」。又家庭中丈夫對妻子的權力也是絕對的，所謂「七出之律」，在許多情況之下，例如妻子不能生育男性子嗣，不孝順父母，感染疾病，或是具有惡劣習性都構成丈夫休棄妻子之理由。

三、大家庭制度

舊中國社會崇尚大家庭制度，標榜大家庭之價值觀。中國歷史中有所謂九代同堂者。以舊中國社會之經濟型態，交通不發達，農村中親族共居之現象應該是極為普遍的事實。然而根據賴澤涵（1982）之研究，傳統中國社會之家庭組織，雖然是以大家庭著稱，然而事實上，在中國歷史上則以折衷家庭為主。大家庭制度祇是徒具其名，祇有大地主、大商賈、大官才有財力支持大家庭，普通人家無力負擔。從家庭人數之研究（見許倬雲，1967、高達觀，1982、李景漢，1982），中國從西漢而至於二十世紀中葉，每家平均人口大約是五至七人。

在權力結構方面，自有歷史記載以來，我國家庭屬父權制。除了父親掌握家庭主權、子從父姓、娶媳到家之外，父權制更表現於一夫多妻制。對男性祖先之崇拜，以及男性子嗣掌握繼承家庭財產、地位。

中國家庭在結構上也同時屬於父系家庭，父子關係重於家庭中其他

關係。而父子關係又是傳統中國家庭組織之軸心。婦女的地位極低。依據中國家庭組織原則，婦女既非家庭組織之重心，又無權力地位可言，祇有透過其所生育之子嗣，才能建立母親之地位。舊中國社會中溺女嬰、棄女嬰之事層出不窮，都是因為婦女在中國社會地位低落之故。

在夫婦關係中，古訓「夫者天也」，婦人不僅要遵守三從四德，更受七出之約束，形同奴隸。婦女一旦出嫁，成為夫家之媳婦後，即喪失一切權利，直到她生育兒子之後，才能透過兒子，再取得地位權利。總之，傳統中國社會在男女權力劃分上是一個絕對男權社會。（見賴澤涵，1982）

四、重視親族關係

所謂「血濃於水」，是舊中國社會倫理觀念主要原則之一，親屬之間，關係親切而且互助合作。

五、家庭經濟之共有權制度

在經濟生產及消費方面，傳統中國家庭形成一獨立單位，家庭中父母兄弟及未婚姊妹共同享有及負擔經濟權利義務，家庭產業公有。「父債子還」，「兄終弟及」都是傳統中國社會有關家庭產業財務之一些基本原則。

六、卑幼者地位低，權利少

舊中國家庭特色之一是「尊老」，年紀構成階層權利決定因素之一。相對地，卑幼者在家庭社會中地位低而權利少。美國上層社會也有類似現象，長輩之權利地位似乎是源自於經濟地位。例如在美國上層階級家庭之中，年長者控制一家之財產，亦因而具有絕對之權威地位。舊中國

社會家庭之產業也操縱在年老一輩的手中，因而產生絕對之權威及崇高之地位、聲望。

七、重男輕女

舊中國社會是一個絕對的男權社會，男性具有崇高之地位、權利，而女性則被視爲附屬、奴隸。夫婦關係之間（丈夫對妻子的權力也是絕對的），如果妻子不能生育男性子嗣，即構成男方娶妾或休妻之條件。舊中國社會中，更採用滅絕女嬰之傳統，貧困人家或是女兒衆多的家庭，時而採用之。

八、重視孝道

孝道是舊中國社會倫理價值規範之最主要原則，其普遍性及重要性勝過於其他一切人際關係之規範，幾千年來中國社會賴似維繫，時至今日，孝道雖日形式微，然而在農村地區仍具有相當的影響力。

第四節　家庭制度之演變

自十七世紀以來，由於工業革命帶動了一連串的社會變遷，諸如生產方式之改變，都市之興起，價值觀念之改變，學校之興起，政府功能之擴充等等都影響及於家庭之組織及功能。當前的家庭制度與乎傳統家庭，在功能結構方面有顯著的差別。以中國家庭爲例，近五十年發生許多重大的演變（朱岑樓，1981）。大致上說來，二十世紀中國家庭之演變也反映整個世界局勢，歐美及其他國家之家庭也經歷類似的演變。以下分別討論各項中外家庭之演變。

一、小家庭制度日盆興盛，而傳統大家庭制度則日盆式微

這不僅是中國家庭演變的趨向，也是時代潮流之所趨，大家庭制度反映定居農業經濟體制。在傳統農業社會中，每一個家庭份子不論年歲，都構成一份勞動力。三、五歲的小孩子也可以跟隨父母在田野中採摘。然而工業革命以後，工廠代替家庭，成爲生產工作之中心。工業都市社會具有高度之流動性，個人爲了生活，不得不四處流動。隨著經濟體制之轉變，家庭組織亦隨而改變，小家庭制度適合流動性的都市工廠生活。

二、父權制轉變爲男女平等權

傳統的家庭，不論中外，都是以父權體制爲主。「父權」反映傳統社會之經濟權力結構。然而在現代社會中，女權逐漸擴張，婦女教育水準提高，就業率增加，社會地位提升，政治權力擴張，隨之而來的是婦女在家庭中地位之演變。在現代家庭中，婦女不再是男性的奴隸、附庸，而是平等的夥伴，共同參與，決定一切重要事情及作業。

三、長幼關係之平等化

在現代家庭中，除了婦女權力擴張之外，子女的權力亦同時日形擴張。以往在傳統社會中，父親對於子女具有絕對的權力。然而在現代社會中，由於中央政府權力的擴充，剝奪了傳統家庭中之父權。子女的權利受到法律政府的保障，父母親對於子女之權力受到法律之限制。以目前中外社會法制爲例，父母親如果體罰子女，都可能會受到法律制裁，更不用說其他更嚴重的懲罰。由此可見，在現代社會中，國民之權利超越個人在家庭中的權力義務。子女雖然受父母管教，但是主要是一國之

公民，屬政府管轄。

四、職業婦女日增

在現代工商業社會中，婦女就業率日增。在西方社會中，婦女就業率已高達百分之五十。在我國婦女就業率也抵達百分之四十之數（孫得雄，1984）。事實上，中國婦女就業率比這項官方統計數字為高，例如許多家庭主婦從工廠中提取工業產品在家庭內作業。

五、家庭功能之縮減

隨著大家庭制度之消失，家庭之功能亦逐日式微。許多傳統的家庭教養子女的功能被學校取代。家庭功能在縮減之過程中，也產生專業變向。傳統家庭具備一般性功能，而現代家庭最主要的功能是養育子女及滿足家庭成員之基本需要。

六、孝道日趨式微

孝道是傳統中國社會價值規範之主體，然而在工業都市發展過程中，在西風東漸影響之下，這一項傳統中國社會規範逐漸消沉，代之而起的西方觀念，著重父母親對於子女之義務而無相對的權利。換言之，現代的父母必須養育子女，然而子女卻無養育父母的義務。

七、家庭子女數目之降低

與乎傳統家庭比較，現代家庭之子女數目顯著下降。子女數目下降之原因甚多，價值觀念之改變、遲婚、婦女就業，以及新的避孕藥品之發明運用均構成重要的因素。以往中國社會之多子多孫多福之觀念已經消失，代之而起的子女養育負擔的觀念。依據美國勞工處，於一九八〇

年之估計，一個子女從出生至成年所需扶養費用大約是二十萬美金。目前在臺灣最低估計也至少需要一百五十萬至二百萬元新臺幣之數。父母之收入積蓄有限，中等收入之家庭，要想好好的扶養兩個子女長大成人已經很不容易。所以在現代社會中，一般父母親都能運用理智，決定是否生男育女以及子女之數目，不再似以往的任其自然生育。除了價值觀念之演變、婦女教育、就業率之提昇，以及避孕藥物之發明，均足以降低生育及子女數目。

八、教養子女方法之演變

現代家庭在教養子女方法上與傳統社會亦有顯著的區別，傳統社會重視紀律道德，在教養子女方面，父母以嚴格管教方式，督促子女使其循規蹈矩，成為一個守法的公民。現代社會重視個人人格之發展，在教養方面，強調個人人格之獨立自由發展。為了培養獨立自主的人格，現代父母採取寬鬆放任態度，任其自然，由子女自行發展。姑不論這教養子女方法之好壞及其後果，時勢之所趨，勢在必然，似乎是無可挽回之新趨勢。

九、重男輕女的觀念改為男女並重

在傳統社會中，男性子嗣較受重視，特別是在父系社會中，如中國、阿拉伯等等國家。傳統中國社會把女兒視作為外姓人，而女兒也不能承繼父業父產。然而這種觀念，隨著西風東漸，受西方雙系承繼制度之影響逐漸趨弱，代之而起的是男女並重。

十、家庭內部關係之演變，聚會時間之減少

隨著家庭功能之遞減，家庭成員與外在社會機構之關係日益增加。

相對地，是個人在家庭裏的時間減少。家庭成員之間雖然仍具有高度親切之情感，然而在法律、財產方面關係，日益疏離。在舊中國大家庭制度之下，父母及子女共享家庭財產，也負有共同義務，所謂「父債子償」「兄終弟及」。然而這種關係已不存在於現代社會中，現代社會著重個人主義，各自為政，家庭份子雖然具有血緣關係，然而在法律上都是獨立個人。以最近（1985）發生的臺北第十信用合作社倒閉案件為例，蔡家父子叔伯兄弟，各自把持金融企業界之一方，為當代中國最大財閥集團之一。然而蔡辰洲所負責的十信、國塑倒閉了，他的父親、叔叔及兄弟並無法律責任，也並不因為父子手足之情感道義而擔承責任。

除此之外，在傳統社會中是「日出而作，日落而息」，家庭是個人最主要的去處，然而現代都市社會中，外在之引誘甚多，大都會如紐約、東京、香港等等，都是不夜城，娛樂之項目種類應有盡有，每個人都是樂不思蜀，當然停留在家中之機會隨之而減少。

十一、自由戀愛以抉擇對象代替傳統之父母指配婚姻

現代社會在婚姻方面之最大特色是婚姻當事人自由抉擇對象。在傳統社會中，特別是中國，年青人之婚姻都是憑父母之命，媒妁之言。在舊時代中，幾乎多數婚配對象在婚前都沒有交往的機會。然而時代變了，現代男女都受時代風氣之影響，強調自由戀愛。

十二、貞操觀念削弱，兩性關係開放

現代婚姻最大特色之一是貞操價值觀念之改變。以往婦女視貞操重於生命，所謂「守身如玉」，而今在西風東漸影響之下，舊有的貞操觀念已失卻價值，特別是在大都市中，受過高等教育的年輕男女，受西方思想之影響，改變了傳統貞操觀念，年輕的一代，婚前有性經驗之比數日

增。

十三、單身家庭及無子女家庭數目增加

隨著時代演變，獨身者包括離婚男女，以及無子女之家庭數目日增。獨身數目之增加原因很多，現代男女敎育年限很長，再加上兵役，所以我國平均婚姻年齡，男性爲二十八歲左右，女性爲二十五、六歲左右，同時婦女就業率之增加，亦相對地減低其結婚之可能。獨身主義者增加的第二項因素是現代男女對於婚姻觀念之改變。在傳統社會中，婚姻是人生大事，然而許多現代人由於破裂家庭之經驗，無意之中形成對於婚姻家庭之恐懼，視之爲畏途，敬而遠之；而且，由於「同居」普遍化，兩性生活開放，婚姻已逐漸喪失其重要功能，許多人可以不必結婚而得到各種滿足。

無子女家庭數目之增加亦導因於許多因素。首先是現代社會對於子女價值觀之改變，子女被視爲「負擔」，過去「養兒防老」以及「多子多孫多福氣」的價值觀念已消失殆盡。此外，現代醫學進步，防範懷孕生育之方法簡便，不願意生育之父母可以控制生育。另外，無子女家庭數目之增加亦可能導因於現代人對於婚姻態度之轉變，在傳統社會中，婚姻最主要功能是傳宗接代，生兒育女被視爲婚姻之必然後果。現代社會中男女結婚之目的主要是爲了滿足其個人之需要。由人口學統計數字上，我們可見到許多西方工業社會，如東德、西德、英國等等之人口每年遞減。近年來我國之人口生育率亦迅速下降，由此種種統計數字，可以看出家庭子女數目之減少以及無子女家庭數目之遞增。

十四、年老父母無人照顧，老年人問題日趨嚴重

隨著中國舊家庭制度之式微，年老父母不僅喪失昔日之尊嚴地位，

亦同時喪失親情之溫馨及家人之照顧。小家庭制度之興盛，女權之提倡，家庭內部關係之演變，都促使年老父母無法繼續與成長之子女繼續共居，更不用說維持傳統之權威，因而造成社會上老年人的嚴重問題。西方社會早已如此，中國社會亦日形嚴重。至目前為止，我國農村地區中，年長父母與已婚子女共居之比率仍相當大，而大都會中則相形銳減。根據民國七十四年初，臺灣家庭計劃中心之報告，大約百分之五十三之新婚夫婦仍舊與父母共居（孫得雄，1985）。更而根據陳寬正及賴澤涵（1983）的研究，折衷式的家庭，子孫三代，包括年長祖父母、父母及子女，不僅是傳統中國社會最盛行的家庭制度，而且也將是未來自由中國最普遍的家庭組合。如果陳寬正及賴澤涵預言正確，則不僅是中國老年人之福，也是中國社會之福。傳統中國社會最有價值的一項制度——折衷式家庭，是最理想的家庭結構，在折衷家庭內「老有所終，幼有所養，長幼有序，康樂安寧」真是人間之樂園。只可惜西風東漸，在工業都市現代化衝擊之下，折衷式家庭是否能長此以往而維繫下去，實在是一大疑問。

十五、少年犯罪偏差行為人數日增

少年犯罪以及青少年偏差行為之驟增，最主要因素是家庭組織之破壞，家庭功能之喪失以及社會文化之脫序，社會控制之削弱。隨著傳統家庭觀念之消沉，急驟社會變遷，工業都市現代化而帶來的是少年犯罪及青少年偏差行為人數之驟增。家庭失卻了昔日的溫馨、權威，也失卻了昔日完整規律，而至於父不父、子不子、夫婦失序、長幼無尊之情況。

十六、代溝之日形嚴重

隨著急驟之社會變遷而帶來嚴重之代溝問題，社會價值規範轉變太

快，因而使得親子兩代之距離無法彌補、結合。親子兩代之間在生活方式、價值規範各方面都形成嚴重無法溝通的鴻溝。

十七、安土重遷觀念之式微

在舊農業中國社會中，土地及不動產是個人及家庭之根基，也是農業社會最重要價值觀念之一。然而隨著工業都市社會之來臨，舊有的安土重遷觀念隨而消沉，代之而起的是社會流動觀念，「隨遇而安」，爲著工作發展隨時移動。

十八、鄰里之親切關係，守望相助之倫理觀念之消沉

現代工業都市社會特色之一是鄰里失卻了傳統的親切感，失卻了守望相助、社會控制之功能。鄰里在性質上之轉變，直接影響及於家庭在社區中之地位以及造成現代家庭之孤立。在現代都市中，雖然家家戶戶比鄰而居，然而在人際關係方面，卻如有山川之隔、老死不相往來之趨勢，家家鐵門深鎖，對於外人都投以懷疑不安的眼光，每一個家庭成爲一個孤立的個體。

十九、家庭分工制度之演變

在傳統社會中，家庭內部分工方式是男主外，女主內，然而由於婦女經濟地位之提昇，普遍就業，傳統之分工方式，亦開始改變爲男女合作的方式，以往丈夫在家中是一家之主是家裏的老板，太太等於是他僱用的伙計。在現代家庭中，夫婦是合夥經營，太太是家庭股東老板之一。

二十、離婚觀念之改變

　　在傳統中國社會中，婦女在婚嫁方面遵從之規範是從一而終。同時，傳統中國社會對於婦女制裁嚴厲，使離婚婦女感到生不如死。在舊中國社會中通常由於丈夫提出「休妻」，而解除婚姻關係。然而在現代社會中，婦女社會經濟地位之提昇，使得他們不再仰賴夫家，離婚不再被視為羞恥。而離婚後，婦女也可以獨立謀生，以謀再嫁。同時，目前離婚之手續也很方便，所以不論是中外，離婚之風氣盛行。在一九八〇年代之初，美國之離婚率已高達結婚率之百分之五十，在臺灣則為百分之十一左右。城市與鄉村差別甚大。然而離婚之風氣日盛，將來可能更形普遍。

　　離婚雖然日益普遍，為社會人士所接納，然而其對於離婚當事人或未成年子女之遺害則很深刻。一九七〇年代，美國統計數字，美國婦女離婚後百分之四十需要精神治療，而離婚之男士需要精神醫療者佔據百分之二十五。離婚正好似一場暴風雨，一場嚴重之災害，事前事後，當事人所遭受之困擾、經濟上之損失等等，更是不堪設想。以下我們概略的討論離婚對於子女之影響。

離婚對於子女之影響

　　社會上普通人士都了解離婚對於子女之損害深重。當父母離異之後，子女們常常感到被父母遺棄，感到悲傷、痛苦，更而時時為父母之事而苦惱，時常為此而思索煩悶，影響及於其生活情緒。

　　由於近年來離婚率日益提昇，社會科學家亦開始研究離婚對子女之影響。他們所得到的結論與乎一般人得到的結論一樣，認為父母離婚造成對子女嚴重之痛苦感受。在一項研究中，訪問調查一百

三十一位兒童，幾乎所有的兒童都期望他們的父母可以重修舊緣，即使是在父母離婚五年之後，子女中有三分之一之數仍是生活在痛苦不愉快的回憶中。許多都有精神抑鬱、孤獨的感覺。另外則有許多兒童時時感到憤恨。

從研究中亦得知，隨時間之消逝，子女對於父母離婚之影響隨時日而日趨冷淡。如果監護子女之父親或母親照顧子女很體貼入微，則子女可以從悲痛之經驗中恢復過來。特別是當子女之父母雙方仍給予子女充分之愛護關懷。

從另一角度來看，生活在具有強烈火藥味的家庭中，父母親經常吵鬧打鬥，則其對子女之惡劣影響更甚於分居離異之家庭。在家裏如果父母之一方排斥其子女，或甚而虐待子女，則其貽害更深。更值得注意的是有時離婚對夫婦雙方或一方有利，然而對當事人有利者，對子女則未必。有一位九歲的女孩在其父母離婚九個月之後說：「我想離婚對我母親而言是一件好事，然而對我則未必」。

二十一、未婚同居數目之增加

有鑑於離婚之困擾痛苦，同時也由於社會風氣之改變，男女性生活開放，同居的人數日增。美國在一九七〇年時約有五十餘萬對同居者，至一九七八年時增加一倍有餘。而在一九七九年，一年之內即增加了百分之十九之多。可見近年來同居之風日盛。最初是大學生，次而是一般青年人，更而擴充及都市中年人，再而鄉村。至一九八〇年代，同居不僅形成美國社會普遍風氣，更蔓延世界各地。目前在臺灣，同居的現象日形普遍，特別是在大都會中年青人及中年職業男女，同居人數日增。

二十二、雙重職業家庭日增

所謂雙重職業家庭（Dual-Career Family）即一家之中，夫婦均工作，由於婦女社會經濟地位之提昇，就業之普遍，加上由於物價膨脹，生活費用增加，一家中一個人工作收入難以維持生計，由於以上種種因素，夫婦同時工作之家庭數目日益增多。夫婦同時工作，對於家庭結構以及家庭功能，子女及夫婦間之關係的影響深遠龐大，一切惟有待來日方知。

二十三、契約性婚姻日益普遍擴張

有鑑於婚姻日益缺乏保障，婦女權利日益擴張，舊式從一而終、白頭偕老之婚姻制度已經沒有意義，代之而起的是一種契約性、功利性的關係，夫婦為了二者之利益而結合，同時也可能因為二者利益衝突而分異。在婚姻證書上亦可以明文訂定雙方之權利義務，這種契約式的婚姻是時代的新趨向。

二十四、分居兩地的婚姻（Commuter Marriage）

這種婚姻方式是由婦女普遍就業而形成，有時夫婦難以在同一地區內尋覓恰當之職業，因而分居異地，只有在週末假日聚合。這種婚姻家庭與傳統的方式差距最大，其中問題亦可能最多。然而為適應男女雙方就業的要求，不得不如此。

以上是自十九世紀以來，中外家庭演變的概況及特徵。由於各國工業現代化程度不一，各國風俗習慣亦異，因此各國家庭制度演變的步調也不一致。然而以上所討論的各項家庭演變，是世界潮流之所趨，是人類歷史、社會發展的方向。傳統國家或是落後國家的家庭體制，日後都

必然朝著這些演變方向邁進。

第五節 婚姻制度

婚姻指兩性經過合法程序結合而成立家庭者。所以，家庭是自然形成者，婚姻則為人類文明之產物。在各種人類社會以及人類歷史過程中，曾經先後出現許多不同型態的婚姻制度。現就其主要者分別討論於下：

一、以婚姻對象之多寡而劃分

1.一夫一妻制（Monogamy）是當前最盛行之婚姻制度，是歐美國家之傳統習俗。由於每一社會中，男女數目大約相當，所以一夫一妻制最符合人口學的原則。此外，從人權平等、家庭和諧的角度來看，一夫一妻制也是最恰當的制度。目前，絕大多數社會均立法規定一夫一妻制。

2.多夫多妻制（Polygamy）與一夫一妻制相對立的是多夫多妻制，多夫多妻制之中又可類分為三種：

①一夫多妻制（Polygyny）是人類歷史中最盛行的婚姻制度。根據人類學家麥爾度（Murdock）之研究，人類歷史社會中，大約百分之七十五曾經先後施行一夫多妻制。二十世紀初葉以前的中國社會，即採用一夫多妻制，目前，阿拉伯國家仍採用之。雖然在舊中國社會裏，一夫多妻制是合法的，但是絕大多數人仍奉行一夫一妻制度，其原因也很簡單。第一、傳統社會中，男女數目相當，特別是在男性社會中推行絕滅女嬰的制度，婦女數目更相形削弱，基於此項人口現象，一夫多妻制無法廣泛推行。一夫多妻制之無法廣泛推行第二項理由更重要，即經濟能力，普通收入的男人要想維持妻小子女之生活已很困難，更不要說

是三妻四妾。

以香港社會爲例，香港自一八四二年成爲大英帝國殖民地之後，一直履行大清律法，直至一九七一年爲止。大清律法容許一夫多妻制度。筆者於一九六〇年代末期居住香港，根據個人之觀察，一夫多妻者很少，只有極少數的商人擁有妻妾，百分之九十九的人口則採用一夫一妻制度，從香港的婚姻實況我們可以推論在舊中國歷史上，也只有高官貴戚、巨商、大地主才有經濟能力供養妻妾。普通人一日三餐不飽，想討一個太太已很困難，更不用說是二個妻子了。

在西方歷史中，亦曾出現一夫多妻制，最近的例子是十九世紀美國的摩門教徒，履行一夫多妻制，二十世紀以來由於美國憲法的限制，摩門教徒乃改行一夫一妻制。

西方社會慣以人道主義爲藉口，批評一夫多妻制，視之爲不人道，奴隸婦女的制度，事實上並非如此。以中國歷史爲例，絕大多數時期普通人家一日三餐不飽，而多數人家子女衆多，所以對於絕大多數中國家庭而言，子女負擔是一大問題，出賣子女者，特別是女兒，比比皆是。在貧困經濟條件之下，如果有錢有地位的男士願意多收納一二位妻妾，實在是一種善行，不僅解決當事者之生活問題，更而女家之父母兄弟姊妹亦受益不淺，何惡之有？

現在大都市中，男女比例不平均，呈女多男少的現象，以目前西方大都會爲例，如紐約，其成年性別率爲八五，即一百個成年女性中只有八十五個成年男性。造成嚴重女性婚姻問題。美國大都市中女多男少的現象以及所帶來之問題，遠自第二次世界大戰結束以來，即已非常嚴重，其成因源自於現代工業都市之職業結構，偏向於婦女勞力之運用。美國大都會中早已流傳一句俗語「好的男兒都是人家的丈夫」，也就是說好的男人都已結婚了。在目前情況之下，世界大都會中如果不採用一

夫多妻制度，則數以萬計的年青婦女將永遠無法尋到對象，只有建立非法的關係，同性戀或是維持獨身。

此外，現代社會人口之壽命愈來愈長，以美國爲例，一九八〇年代美國男人之平均壽命 (Life Expectancy) 爲七十一歲，而女性爲七十九歲，男女之間差別八歲之多，顯示女性壽命較長。依據最近國內人口資料，我國男女壽命亦有顯著差別，男人平均壽命約爲七十歲，女人約爲七十五歲。現代社會人口壽命之增長，以及女性壽命之偏高，也造成中年及高齡女性求偶之困難。所以在原則上，在中齡高齡人口中，亦必須施行一夫多妻制度，才能夠合法的解決絕大多數中齡、高齡婦女之婚姻問題。

②一妻多夫制 (Polyandry) 與一夫多妻制相對應的是一妻多夫制。由於人類歷史中，絕大多數社會皆隸屬男權社會，所以一妻多夫制並不普遍。根據麥爾度 (Murdock) 之研究，人類歷史中，只有四個社會曾先後施行一妻多夫制，中國之西藏、印度南方之土達部落皆隸屬之。最奇妙的是在這些社會中，一妻多夫制卻是建立在絕對男權男系基礎上。以中國西藏爲例，西藏社會是一個絕對男權社會，重視男嗣；同時西藏由於地理位置，貧困異常，因此，絕滅女嬰之事經常發生。然而由於對女嬰之殺害，而造成男多女少不平衡的人口現象。男人成年之後，無法尋找適當之對象，爲了解決家庭子嗣問題，男性配偶問題，不得不採用一妻多夫制，通常以兄弟共有或是兄終弟及的方式共享一女。

③羣婚制 (Group Marriage) 在人類文明未開發之前，人類與其他動物一樣，可能施行羣婚制。然而自有文明以來，羣婚制只偶爾出現於人羣社會之中，從未爲任何社會接納爲主要婚姻制度。羣婚制與一般法律規範之原則相違背，無法普遍化。

在一九六〇年代，美國社會發生青年改革運動，反抗傳統美國文化

制度，不少靑年建立公社，共居共產，亦有採用羣婚制度者。然而根據
生活雜誌 (Life Magazine) 之報導，施行羣婚制問題甚多，無法消
除人際間妒忌以及子嗣法律地位等問題。

二、依據婚姻決定權宜誰屬而分類

1. **自由戀愛結婚制度**　是西方社會之傳統，是現代社會最流行之婚
姻制度。婚姻當事人於婚前結識交往而決定婚姻大事。自由戀愛之婚姻
制度，有其優點，也有其缺點；其優點是憑藉個人自由意志之抉擇，結
婚以後，卽使發生困擾亦無可埋怨；其缺點是年靑人在擇偶時常抱以不
切實際之幻想，不切實際之標準爲依據而造成婚後之怨偶，以及離婚事
生。然而姑不論自由戀愛婚姻制之利弊得失，其爲時勢之所趨，則無庸
置疑。

2. **父母擇配**　在傳統社會中，以舊中國社會爲例。年靑男女之婚姻
對象都是由父母之命、媒妁之言而定。婚姻當事人在婚前無接觸溝通之
機會，全憑父母之命。這種擇配的方式有利有弊，與乎自由戀愛正好相
反，父母擇配的好處是父母憑藉其生活經驗，以事外人客觀之立場，爲
子女作最佳抉擇；其缺點是常常違背當事人之旨趣。

三、依據婚姻關係中權力分配而分類

1. **男權制 (Patriarchal)**　多數傳統社會採行之。傳統中國社會、
日本社會、阿拉伯社會中採行絕對男權制。婦女在家庭中之地位，形同
奴隸。

2. **女權制 (Matriarchal)**　太平洋島嶼民族中，曾經出現女權社
會，通常與母系制度並存。婦女在家庭中的地位較男性爲高，母女之關
係密切。

在美國社會中，黑人下層社會家庭亦以女權爲主。美國黑人家庭之所以形成女權制是因爲黑奴制度之下，男性黑人之地位尊嚴完全喪失。相對地，在奴隸制度之下，女奴之地位較男奴爲高，因而形成黑奴家庭內女權之優越。除了這些特例之外，很少人類社會採行女權制家庭。

3.平權制　夫婦分享家庭權力，是西方社會之傳統，也是現代潮流之趨勢。

四、依據婚姻對象之所屬羣體而定

1.外婚制（Exogamy）　是世界絕大多數社會推行之婚姻制度，從狹義的觀點而言，外婚制限制血緣關係人通婚，例如中國社會限制父系親屬通婚，西方社會禁止三代以內近親通婚。

外婚制之功能甚多。第一防範血親近親發生性關係而擾亂家庭倫理道德。第二外婚制鼓勵不相關的羣體結婚，以促進社會人羣之親切關係。外婚制更具有生物學之意義，依據十九世紀以來生物學家之發現，近親通婚可能導致隱性劣等基因之遺傳，所以外婚制可以防止此項生物性惡劣後果。

2.內婚制（Endogamy）　在人類歷史中，內婚制時而出現於皇親貴族之間。歷史上之埃及王室、大英帝國王室、夏威夷島嶼之統制家族，以及日本王室都曾履行內婚制。內婚制之優點甚多，偏重於權力財富之鞏固保留。內婚制之唯一遺患是生物性的，卽隱性劣等基因透過內婚制而遺傳後代。

第六節　中國婚姻制度及其演變

二十世紀以前中國傳統婚姻制度具備若干特殊的性質（參考郝繼隆，

1979)。

1.擇偶是依父母之命，媒妁之言。年青男女當事人旣無權力，婚前亦無接觸交往認識之機會。少數之青梅竹馬或是透過近親關係而聯婚者不在此限。除了少數例外者，男女婚前交往結識爲禁律之一。

2.男女婚後與夫家父母共居，這是中國社會之傳統。特別是長子，旣有承繼父業之權利，也有扶養父母之義務，因此長子婚後必須與父母共居。

3.婦女婚後必須順從夫家雙親，特別是婆婆。這也是中國傳統習俗之一。媳婦必須順從婆婆，不僅造成歷史上許多悲劇故事，也是極不人道的措施，然而傳統中國父系家庭制度之維繫，必須建立在這項條律之上。

現代中國社會婚姻制度之特徵，與乎昔日正相對應，包括以下幾點特徵（參考郝繼隆，1979）：

1.年青男女擇偶日趨自由，然而仍尊重父母意見。

2.男女之間婚前約會頻繁。

3.自由戀愛風氣日盛。

4.新婚夫婦脫離夫家父母，另建新居。

5.新婚夫婦獨立生活，不再受制於夫家父母，媳婦不再聽命於婆婆。

第七節　中國婦女地位之演變

由於近幾十年來，中國社會急驟之演變，影響及於中國婦女的社會家庭地位。根據呂玉瑕的研究（1981），現代中國婦女對於其家庭職務，以及其社會功能之看法，新舊參半，在某些方面受西方的觀點，而在其他方面，則維持中國之傳統。呂氏發覺：

1.百分之六十八的中國婦女仍主張服從丈夫。

2.百分之六十的中國婦女認為家庭及其丈夫的利益，比她個人的事業重要。

3.百分之五十二認為已婚婦女，不應外出工作，以專心致力家務。

4.百分之五十二認為婦女不應佔據領導地位。

然而在其他方面，現代中國婦女之態度顯示與傳統中國婦女之角色截然不同。

1.百分之八十認為婦女應參與社會活動。

2.百分之九十四認為在決定事情時，男女應平等。

3.百分之六十二認為婦女可以參與政治。

4.百分之六十二認為婦女可以與男性競爭。

從以上統計數字中，我們可以看出現代中國婦女在社會家庭中所扮演的角色，與乎傳統規範婦女之角色有所出入。

總之，從以上的諸項研究中，我們可以看到最近幾十年來，中國社會經歷急驟變遷，中國家庭亦隨而發生重大變化。新的婚姻制度、婦女角色及普遍婚前性行為等等，都顯示現代中國婚姻家庭，中國婦女之地位，與乎傳統中國之模式大相迥異，而與乎歐美社會之模式日趨接近。我國社會正面臨急驟工業都市發展，在家庭、道德規範各方面亦都無可避免的走向西方社會之前轍。

第十章　宗　　教

第一節　宗教之意義及其分佈情況

　　所謂「宗教」，即人類對於神靈及超自然界的信念。十九世紀末期人類學家泰勒（E. B. Tylor）對於宗教所下的定義，至今仍爲大多數人文社會學家所採用。以宗教學說的觀點，宇宙包括兩個不同境界，卽自然界及超自然界（Natural and Supernatural World）。自然界是我們日常生活的領域，超自然界則不是我們可以直接接觸的，屬於宗教的領域。

　　宗教之種類繁多，難以數計，然而世界上主要宗教類別，則祇有六、七種（見表一）

表一：世界主要宗教體系

宗　　　　　教	信仰人口數（百萬爲單位）
佛　教	255
天主教	582

基督教	338
東方正教（天主教支派）	79
儒 教	158
印度教	476
猶太教	14
回 教	587
新教（佛教支派，日本）	57
道 教	31

資料來源　大英百科全書　1980

＊ 中共、蘇俄及其他共產國家宗教信仰資料不全。美國宗教信仰，缺乏統一資料

　　根據上表，似乎基督天主教是世界最大宗教，回教、印度教其次。然而事實上，佛教之傳播及影響可能遠比表格中所展視的深遠廣大。佛教傳播及於亞洲各國已有兩千多年的歷史。在中國歷史中，許多朝代的君主均遵奉佛教為國教。由於兩千年來之融滙，佛教與儒教、道教之界線很難劃分。此外，日本之新教也只是佛教支派之一，不能從佛教中劃分出來。所以表一中所展示的世界宗教分佈情況可能有錯誤，過分高估基督天主教之勢力，而低估佛教及回教之影響。

　　宗教組織及宗教信仰是所有人類社會所共有的現象，不論是遠古初民社會，或是現代的工業都市社會，不論是西歐國家，或是中東、亞洲國家，都具有宗教信仰組織。為了要了解宗教之普遍性(Universality)，我們必須討論宗教之意義。十九世紀末葉，人類學家泰勒 (Tylor 1889) 認為宗教源自於遠古時代，人類對於大自然、死亡、夢境、各種現象，缺乏了解，而深懷恐懼，因而產生神靈、鬼怪的觀念，是為宗教之起源。然而在科學昌明之今日，雖然我們對於大自然現象、死亡、夢境等等都已有明確科學的解釋，而人類宗教信仰不但沒有消沉，反而日形增

長。可見宗敎信仰之起源並不完全是由於人類之無知，而是與人類之基本需要，特別是心靈上的需要息息攸關。

世界各種宗敎均包含「神聖」(Sacred) 之意念，而「神聖」之意念亦構成宗敎信仰之核心觀念。「神聖」可以顯現於人身，如佛敎之釋迦牟尼，基督敎之耶穌，儒敎之孔子等等；它也可以是一個抽象的神、鬼觀念，如我國儒敎所信奉的玉皇大帝，掌管陰司的閻羅王；也可以是一個動物，如印度敎之牛；也可以是一件自然界的物質，如穀物、石頭等等。

散佈諸太平洋島嶼的玻里尼西亞民族 (Polynesians) 及南太平洋的美拉尼西亞民族 (Melanesians)，信奉「瑪拉」(Mana)。「瑪拉」是一種無形的、無所不在、無所不能的神力。當它聚滙在一件事物之上，這一件事物即具備「瑪拉」的神力，可以產生神跡。在這些太平洋島嶼民族中，如果穀物豐收，則他們就相信是「瑪拉」附著於這些穀物之上。如果他們所飼養的牛羊繁殖茂盛，他們就認爲「瑪拉」降身於牛

印度敎信奉牛爲神

回教徒朝拜

印度教徒在他們的聖河（恆河）中沐浴

佛教徒信奉之釋迦牟尼

羊之身。如果他們所建造的船隻能夠風行無阻，也是因為「瑪拉」神力的降臨及保佑。 如果出海打魚， 他們的漁網也必須有 「瑪拉」 神力附會。如果他們希望其所製造的弓箭能夠射殺敵人，則弓箭上也必須附有「瑪拉」的神力。總之，太平洋島嶼民族相信一切事情之能有成果，都是「瑪拉」神力所附會，「瑪拉」神力所建造。(Codington 1965)。

所以，一切人類宗教信仰均以「神聖」之意念為中心。 由於 「神聖」意念而建立人類信仰以及道德力量。然而神聖的觀念也不僅侷限於宗教之領域。在政治界，一個國家的元首、國旗、國歌等等，也都賦有神聖的意義。所以，宗教除了神聖信念之外，還包括許多其他要素。

第二節　宗教之組成因素

宗教組成的要素共有四項:

一、信仰 (Belief)

以基督教爲例，基督教信仰包含上帝、天堂、上帝之子耶穌、聖母瑪利亞，以及其他許多有關上帝、耶穌的事跡。佛教徒相信釋迦、觀音、天堂、地獄、人世輪廻等等觀念，一切宗教都必須具備一套特殊的信仰，以其特殊的神聖人、物爲中心。神聖的人或物都具備超越世俗的能力，不受大自然或人世間的限制。近幾百年來，由於科學發展，許多人對於神靈之信仰逐漸世俗化，減低信仰的深度，改變信仰之內容。然而直到一九七六年，美國人口百分之九十四仍維持對神的信仰。美國人中百分之六十八認爲神靈在暗中監視人類行動，獎賞行善者而懲罰惡行。(蓋洛普測驗，Gallup Opinion Index 1976)

二、儀式 (Ritual)

宗教之第二項組織要素是「儀式」。所有宗教都包含儀式，有的複雜隆重，有的輕易簡單。所謂儀式，即具有神聖意義之宗教活動，例如天主教會之望彌撒，基督教會之禮拜、祈禱，佛教之燒香拜佛、求神驅鬼。以基督教之入會受洗禮爲例，禮節隆重，意義深長。受洗前後，個人在基督教會中之地位截然不同，受洗以後，成爲神的信徒，接受神的恩典，死後可以得到赦免，可以升天; 不受洗的人不僅不是基督教徒，不能接受神的恩典，不能得到赦免，也不能升天，由基督教洗禮過程中，我們可以見到這一項儀式之神聖意義及使命之重大。

三、感情 (Emotion)

所有宗教信仰都包含感情之成份。中國人所謂「不誠不信」，對於神的信仰，除了「誠」之外，更須放棄個人世俗的信仰，更具備謙卑、尊敬等等情感成份。宗教信仰不是理智分析的後果，而是感情上的投入。教會宣道人士在勸說人入教時，都強調放棄一己世俗之見解，「接受」神。在宗教儀式中，不論是基督教的禮拜，或是佛教的朝拜，參與者均抱著虔誠的心情，謙卑的、尊敬的向神請示求助。透過這些宗教性的情感，信徒們乃得以建立、肯定、維繫神的神聖地位。

四、社羣組織 (Community Organization)

所有的宗教都包含社羣組織，包括教會、教堂等組織。天主教會之組織最為嚴密，誠然是一個宗教帝國，佛教之組織則較為鬆懈，除了共同之信仰、宗派之外，每一所廟宇形成一個獨立的佛教組織。在天主、基督教會之中，由於人與神之關係是透過教會教士而建立，所以教會教士的地位重要。在佛教中，人與神之關係是直接的，神是無所不在，每一所廟宇都是神的居所。在廟宇中，參拜者直接與神交通。僧院之主持、和尚祇是廟宇的管理人，既不代表神，也不具備特權。

中國的儒教也是宗教，因為儒教也有教堂、教會組織。例如目前之孔廟，由孔子之子孫主持。然而中國人崇拜祖先的信仰，雖然流轉了幾千年，並不形成宗教，最主要的原因是因為中國人之祖先崇拜沒有具體的社區組織。

第三節 宗教之功能

宗教之功能，可以劃分為個人性的及社會性的。前者指宗教對於每

個社會成員所發揮的作用，後者指宗教對於社會人羣整體所產生的功能。
以下我們將分別討論之。

一、減低個人之恐懼、緊張及痛苦

不論是遠古或是現代，人類經常面臨許多超越個人能力之外的事情
情況。當個人設身處地於這些身不由己之情況中，因而產生恐懼、痛
苦、憂鬱，然而卻無法解決時，只有訴諸於超越人類之神靈，以圖解決
問題，或是解除個人情感上的壓力。例如當一對恩愛夫婦，夫或妻突然
病逝，留下的這一位必然痛苦萬分，然而卻無法彌補事實，只有透過宗
教信仰，個人才可以緩和痛苦的心情，相信死後仍可以與親人聚會。在
戰爭中，在災荒禍亂中，個人面臨生死危機，然而卻沒有能力可以解救
自己的命運。在此種情況之下，個人乃訴諸於至高無上的神靈，祈求神
靈，幫助他們贏得勝利。在古代希臘之戰爭中，雙方均祈求他們的神幫
助他們，懲罰、毀滅對方。基督徒在戰爭中也祈求神的指示、幫助，回
教徒亦復如是。生活於貧困中的人們，無法解決生活問題，只有祈求神
靈幫助。如果不能直接解除痛苦，至少也可以寄望來生。所以馬克斯曾
經說過「宗教是貧困者的鴉片」。十九世紀德國哲學家尼采也曾說過
「宗教是貧困無能的人的保護者，普通人就好似小鷄一樣，逃往母鷄翅
膀之下，以求保護安寧」。

二、解釋不可理解的事物及現象

宇宙世界之中以及個人生命歷程中，隨時會產生許多不可理解的事
情及現象。例如，大自然界之種種現象，生命之奧秘以至於生、老、
病、死，都是不可理喻的，為了減低個人對於這些現象之困惑，宗教提
供簡單清楚的答案。例如，基督教的信仰主張神造世界的觀念，解除人

類對於自然界之困惑。佛教之生死輪廻不僅將善與惡、生與死、病痛與健康、痛苦與快樂，建構成統一邏輯性的體系，更而提供世人一套道德的原則、準繩，透過佛教之信仰，自然界及人世間的一切現象，不僅能夠清晰的解釋更變得有意義、有目的。由這些例子，我們可以看到宗教之偉大。

三、尋求意義

宗教不僅對未知的現象提供解答，更而提供意義。例如：生命之意義為何？對於世俗的人，這是一項無法回答的問題，然而透過宗教的信仰，這些基本的問題可以得到簡單明確的答案。在生命歷程中，我們也時時會提出一些有關「意義」的問題，例如，人為什麼要結婚？為什麼人要生子？什麼是善？什麼是惡？這一類問題都只能透過宗教之信仰才能得到答案，透過宗教信仰，人類乃能夠結合心靈世界、物質世界及超自然世界為一體。在宗教信仰、道德的原則之下，一切事物乃具有意義。

雖然許多哲學理論也能夠提供意義性之解答，然而能夠接觸領悟哲學思想的人數太少，不能普及，不如宗教思想之簡單清晰、普及眾生。同時，宗教信仰，假藉神靈超越的能力，對於人類之影響遠較世俗的哲學思想為大。

四、支持社會道德規範

宗教對於社會人羣之重大貢獻之一是維護社會道德規範。道德規範是社會的基石，沒有道德規範即無從建立社會秩序，維護社會安全。維護道德之機構很多，政府的司法機構、家庭、學校、宗教都發揮維護道德規範之功能。其中尤以宗教及司法機構更是專司維護道德的部門。宗

敎更透過神靈的力量,使人類接受遵從道德規範。以臺灣目前情況而言,絕大多數老百姓仍信奉神靈。在神靈的影響之下,這些老百姓心悅誠服於法律道德規範。先進國家也不例外,以美國為例,最近的調查顯示百分之九十四的美國人仍相信神靈 (蓋洛普調查資料 1976),在神的力量指示之下,這些人從內心臣服於法律道德的行為準則。

五、維護社會統一

從遠古而至於中古時期,敎會統治多數的社會。中國受天人合一的支配,君主就是「天子」,是神也是人。在西羅馬帝國時代,帝國之威力遠及於世界各地,然而西羅馬的皇帝仍必須假藉神的力量,與基督敎會合作,以統治羅馬帝國人民。在遠古神權時代,宗敎就是國家。從中古以後,政敎分離,然而宗敎仍透過神發揮統一的功能。

涂爾幹 (1912) 在他的原始宗敎信仰一書中,更強調神與社會兩面一體的學說,認為神靈的觀念導源於社會羣體,社會就是神。宗敎思想反映社會人羣之集體意識、情操,而社會羣體意識是社會統一的基礎,更而塑造社會成員的人格型態。透過宗敎儀式、典禮、集會,社會人羣乃得以聚集,共同參拜社會,加強統一。宗敎集會正好似我國的升旗典禮、週會,以及其他各種代表國家民族的儀式,唯一的區別是前者更包含神靈的性質。

第四節　中國民俗信仰及外來宗敎
(選自李亦園敎授著作)

目前臺灣宗敎信仰之分佈,似乎是中國民俗信仰與西方基督敎會二分天下。如果廟宇的數目足以顯示中國民俗信仰分佈狀況。敎堂之數目

可以顯示基督敎傳播的情形，則根據最近之統計，臺灣至少有九千所以上的廟宇（林衡道，1974），基督天主敎堂約三千餘所。廟宇的數目雖多，然而許多都是極小型的神堂。相反地，基督敎、天主敎堂的規模都比較大。所以，廟宇敎堂之數字並不能正確指示二者信徒之數目。以下我們將分別討論，我國民俗信仰及在我國傳播之西方宗敎。

根據日本人調查資料，民國二十九年臺灣廟宇總數約爲三千五百座，而二十年之後，卽民國四十九年的調查資料顯示，臺灣之廟宇總數大約爲三千八百座。二十年間祇增加了三百多座。然而，民國六十三年的調查顯示廟宇的數目已急驟增加至九千多所，在短短十四年之間（1960～1974），臺灣的廟宇竟然增加了一倍有餘，這眞是奇蹟。

就廟宇與人口比例而言，目前臺灣每一千八百人或每十四平方公里卽有廟宇一所。如果再加上三千多基督天主敎堂，我國廟宇與人口之比例，佔世界之首位。

根據劉枝萬（1960）的研究，我國廟宇中供奉的神靈有二百四十七種之多，其中又以下列九種最爲普遍：

1. 王爺廟（717所）
2. 觀音（441所）
3. 媽祖廟（383所）
4. 土地公（327所）
5. 釋迦牟尼（316所）
6. 上帝（266所）
7. 關公（192所）
8. 保生大帝（140所）
9. 三山國王（124所）

以上九種共佔據臺灣全部廟宇之76%。

　　為什麼這九種神會這樣普遍被奉祀呢？假如我們從臺灣漢人移殖史的觀點去瞭解，就會覺得這是十分自然的事。臺灣漢人從福建、廣東兩省移來，在移民的過程中大致可包括四個步驟：渡海、開拓、定居與發展，這四個步驟也可以說是移民的四個時期，而在每一時期中移殖的先民都藉一種神的力量為象徵以完成其艱辛的工作。

　　在渡海飄洋而來之時，移民們的航海技術尚屬幼稚，也沒有氣象預報的設備，何況臺灣海峽水流湍急，颱風又極頻仍，所以他們都隨船供奉與海洋有關的神，如媽祖與玄天上帝（北極星神，作為航海指標），以求平安渡臺。到了臺灣之後，他們就把隨船而來的神像供祀廟中，這就是臺灣媽祖神最興盛的原因，也是較不為人所熟知的玄天上帝廟竟居第六位的原因。

　　在渡過海峽來到臺灣開拓之初，首先面臨最大的問題是瘴癘瘟疫的肆虐。在移民開拓的社會裏，不要說沒有醫生跟隨而來，即使醫藥也極缺乏，所以只有藉奉祀瘟神以安定恐懼的心理，這就是「王爺神」之所以高佔首位的原因。王爺原是閩南人的神，有驅瘟疫的力量。拜瘟神時常見有紙糊或木製的王爺船，在祭典後燒掉或送出海，就是把瘟癘驅送出境的意思。王爺在神格上遠較媽祖等神為低，且其廟宇亦小，所以為數佔最多，但無論如何是代表移民初期開拓之神則甚清楚。

　　在渡過險惡的海峽並避去開拓初期的瘟疫之難後，移殖的先民開始定居下來。但是定居下來之後問題又陸續出現了，首先是防備高山族的攻擊，其後又要與不同移民羣體競爭土地（所謂漳、泉、客的械鬥），最後且要組織不同羣體以建造大規模的灌溉系統。要解決這三個陸續出現的問題，主要的方法是組成堅強的社羣團體。可是早期的移民都是零星渡臺，很少有舉族而遷的，所以他們無法利用固有的宗族或氏族以達成目的，只好藉同鄉同村的關係作為組織的根據，而原來同一區域所共

同供奉的神就很自然地被用作團結整合的象徵，這是居第八及第九位的保生大帝（泉州人供奉）、三山國王（客家人供奉）等神盛行的原因；而上述閩南人所奉祀的王爺也同樣地在瘟神之外加上地方神的作用。同時，也應該是在這時候，土地公跟著普遍地奉祀於各個農村之中，而成爲土地與五穀之神。

在定居建立田地並發展水利之後，移殖的社會逐步穩定下來，人口跟著逐年增加，城鎮市集也就逐漸出現，而隨之而來的就是商業交易的頻繁，到這時候一個正常而發展的社會於焉建立了。在定居而形成逐步發展的社會之後，人際間的關係，特別是在商業性的相互交往之間，亟需一種講信用義氣的象徵作爲行爲的標準，此時關公的崇拜就因之而出現。關公原是一位武神，但是因爲三國演義小說的影響，就被崇拜爲信義的象徵，尤其在商人階層的社會裏最爲普遍供奉。近年來較大城市裏「恩主公」廟的堂皇與興盛，正代表著這一趨勢的發展。關公的轉變成爲商業神，其本身就是一件有趣的現象；但更重要的是，這種「神職」的轉換卻代表一種極爲普遍的臺灣民間信仰的現象，這也是我們在下文所要加以引申的論點。

從上面四個移民史發展步驟的分析，我們可以明白爲什麼媽祖、玄天上帝、王爺、保生大帝、三山國王、土地公及關公（除去二個佛教神觀音與釋迦之外）等神會成爲臺灣民間最普遍崇奉的神明。由於這種歷史淵源，不但使其信仰深入民間，而且經過數百年歷史至今仍然興盛不衰，不但興盛不衰並且經常轉換其原有功能，而加上一些「現代化」的職務後更加普遍起來了。這種「舊瓶換新酒」的現象，一方面可以看出其歷史淵源的深厚，一方面又可從下列幾種原因去瞭解它：

（一）日據時期日本人爲了實現其「皇民化」的政策，曾逐步禁止我國民間神祇的崇拜，而推行日本的神道教。但傳統信仰由於歷史的淵源

在民間牢不可破，所以在光復之後，就像一種受約束而忽然解除的力量，廟宇就如雨後春筍般不斷建立。再加以後來經濟的繁榮進步，也就有更多的財力流於廟宇的建造了。

(二)本省光復三十多年來突然自農業社會轉變為工業社會；工藝技術在很短時間內可以有很大的轉變，但是人際關係社會結構都較難在短期間內立即改變。因此在這種急遽改變的過程中，在個人方面則產生困惑、憂慮與挫折，在社會羣體方面則尋求重新整合的方法，於是傳統的信仰方式，由於其歷史淵源，就很快而很普遍地被採用，並賦予新的生存的、整合的功能。

(三)宗教的虔信者一般說來都是社會中較特殊的一羣，他們經常因各種心理的需要而藉宗教以謀求滿足。毫無疑問的，在本省那些熱衷於傳統民俗信仰的人，大部份都是知識水準較低的一羣，有的則是在職業上或其他社會身份上屬於特殊的羣體。這些人不但尋求宗教的滿足，而且以傳統宗教為「認同」的手段，同時更由於地方派系的活動，就更容易促使作為宗教活動中心的廟宇無形增多了。

一、童乩、法師與神棍

最近童乩作法的新聞一直是社會大眾談論的話題。對於從中國大陸北方來的特別對童乩的問題感到奇怪和茫然；但對於福建、廣東二省的人，尤其是從南洋歸國的華僑，對童乩則司空見慣。這是因為閩粵兩省及南洋一帶，童乩作法也和臺灣一樣地常見。為什麼在閩粵臺三省童乩作法的現象遠較北方各省為多呢？要瞭解這一問題應先對我國道教的派別加以說明。

我國的道教大致分為南北二大派：北方的一派稱為全真教，教義以標榜老君的清靜修行為宗旨，道士多居於道觀或道院修道，不常涉及世

俗之事；南方的敎派卽所謂天師敎或正乙敎，以符籙呪語爲要諦，驅邪押辟煞鬼爲秘訣，其間又分爲靈寶、老君、瑜珈、閭山、三奶及天師各派，其道士稱司，不一定住於道觀中，常爲民衆作法施術。所以北方道士較屬於靈修的敎士，南方的道士較偏向於巫師一面。唯南方的道士在大陸各省較有統屬：京師設有道錄司、府有道紀司、縣有道會司以統督道士，但在臺灣道士旣不住於道觀，亦不成系統，大都各自爲業，於自宅中設壇爲人作法，俗稱「司公」，完全是一種私人營業的法術師形式。由於臺灣道士的這種缺乏組織型態並注重於符呪驅鬼法術，遂有與另一派屬於更古老的作法者——法師、童乩等合流的趨勢，甚而助長了法師和童乩的流行，這是臺灣民間盛行各種法術的基本因素。

現在臺灣流行的各種作法者的關係可就下表表示之：

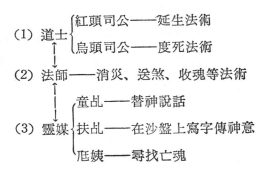

(1) 道士 {
紅頭司公——延生法術
烏頭司公——度死法術
}

(2) 法師——消災、送煞、收魂等法術

(3) 靈媒 {
童乩——替神說話
扶乩——在沙盤上寫字傳神意
尪姨——尋找亡魂
}

目前在臺灣鄉間及城市的若干階層中最爲流行的是扶乩與童乩的作法。扶乩的作法大部份是團體性的，所以除去有超過宗敎活動範圍之外者，引起爭議較少，童乩的作法大都是個別的，其後果所引起的爭議是最受注目的，所以我們特別要對童乩加以討論。

童乩就是替神傳達「諭旨」的人。「乩」是卜問的意思，在古時候做乩的都是年輕人，所以稱童乩或乩童。一般相信神可以附在乩童身上並藉他的口說話，這種傳達神諭的靈媒 (spirit medium) 在世界很多地

方都常見到。典型的靈媒出現於東北亞，通稱爲「薩滿」(Shaman)。臺灣的童乩有男有女，但以男性爲多，他們崇拜的神很多是神格較低的。童乩的作法普通分爲私人和團體儀式兩類：私人作法是應村民或附近居民的邀請爲之治病驅鬼，也有請求解決疑難、問運途吉凶等等；團體的儀式則是在廟神誕辰或村中賽會時舉行，這時童乩則扮演甚爲戲劇性的角色，經常用刀劍或釘球砍擊自己的身體，以致於流血滿身；有些則用鐵筋鑽通兩頰或用刀割舌，更有本事的甚至爬刀梯、睡釘床等。總之，在團體儀式中童乩藉這些「特技」的表演以顯示其有神力的護守，一方面用以令觀衆信服，另一方面也增加儀式的神異氣氛。

童乩作法時最主要的特徵是進入精神恍惚 (trance) 的狀態，也就是認爲是神附在他身體上了。當童乩進入恍惚之時，求醫的病人就可以開始諮問了。通常問答之時，有一助手在旁協助，特別是在「宣示神諭」時，都經助手「翻譯」。童乩所說的話並非眞正不可懂，而是把有意義的話夾雜在無意義的語頭語尾之中，不懂其竅門的自然需人翻譯了。童乩治病通常最主要的是給病人香灰符咒，有時也開點草藥，同時也解釋致病原因；較複雜的並指示病人回家作各種措施。

童乩作法治病最關鍵的問題是他和他的信徒都認爲有神降附在他身上，他所說的話並非他自己的話，而是神藉他的口以示意。從科學的立場而言，童乩作法時的精神現象是一種習慣性的「人格解離」(personality dissociation)，而不是眞正有神附體。在這一精神狀態下，童乩本人平常的「自我」暫時解離或處於壓制的狀態而不活動，並爲另一個「他我」(other self) 所代替，這個「他我」就是他熟識的神。在這種精神狀態下他模仿別人的話語，甚至可以說出他平常不懂的話，而且因爲感覺遲緩，所以受到皮肉之傷也不甚感到疼痛。

童乩作法雖不是眞正有神附體傳諭，但是找童乩治病解難的人卻非

常多。筆者於民國六十年在南投縣研究的一個童乩，在一個月之中共有
220 位病人登門就醫 (Li, 1975，1976)。 美國華盛頓大學的精神醫師
Arthur Kleinman (1975,1977) 前幾年在臺北進行童乩的醫學人類學
研究，據他估計臺北一市的童乩約有 700 個之多。假如說臺灣省的人口
爲臺北的八倍，那麼照倍數推算，臺灣全省應有童乩五千個以上。事實
上這一數字也許還保守了一點，因爲如上文所舉，臺灣省有七千以上的
寺廟，一些私人神壇尚未計算在內，通常一廟有一童乩（有的尚不止一
個，受天宮在五年前有十五個），如此則童乩總數也應在七千以上。

　　爲什麼童乩會這樣盛行呢？最主要的是童乩在某一程度內確能醫好
若干病症。根據 Kleinman 的報告，他在臺北研究時，發現90％來找
乩童的病人都是屬於輕微疾病、慢性精神疾病 或生理心理病症， 只有
10％的人是嚴重的生理疾病。 Kleinman 曾抽檢 19 個病人研究他們是
否因看過童乩後就把病治好了，他發現在病人之中有17位眞正病癒了，
有二位沒有治好。而那些治病有效的病人都是輕微疾病、慢性病及精神
心理疾病患者，那二位沒有效果的病人則是嚴重的生理病患，由此可以
看出童乩治病產生效果的程度及其範圍的一般。

　　可是爲什麼這些用香灰、符咒及草藥爲人治病的童乩會在某一程度
內治好病人呢？這是一個相當復雜的問題，簡單地說這是一種心理的和
社會文化規範的治療。 來找童乩的病人就如 Kleinman 所報導的大都
是精神、心理疾病或其他慢性疾病的患者，對這種病人而言，他們並不
興趣一般病理，他們只注意爲什麼是我生病，而不是別人生病，童乩恰
好在這種心理下滿足他們的需要，童乩用傳統社會文化的因素，如祖先
牌位或香火無人奉祀、墳墓風水、田地承繼等等爲病人解釋致病或不幸
的原因，並要病人立即採取處置，病人回家後照童乩的話去做種種應做
的處置，心理自然解脫很多，病情無疑地跟著改進了。這種治療方式在

醫學上稱爲社會文化治療 (socio-cultural therapy) 或民俗精神醫術 (ethno-psychiatry)，在醫學人類學的領域中目前是十分熱門的研究項目。

　　平心而言，在傳統的農村裏，童乩對於因人際關係所引起的種種心理生理疾病，以至若干普通病症，在某一程度內確能產生效果；卽使在現代化的城市之中，對那些知識水準較低的人，童乩對他們的若干疾病仍然有效。因爲生理的疾病有很多是與心理有關的，童乩給知識水準低的人以一種心理上的依賴，就像知識水準高的人對精神醫師或家庭諮詢顧問的依賴一樣。不過，話又說回來，目前我們所看到的童乩或其他術士，已和過去大有不同。現代的社會一切都已商業化了，一切都變得很現實，從前的童乩只收象徵性的紅包，現在卻變成一種賺錢的手段，從前只是業餘的工作，現在卻專業化了，這種轉變就像武聖關公轉變成商業神一樣，但是其趨勢卻朝危害社會的一方面走，很多人藉此騙財、欺詐，甚而騙色，而童乩就成爲社會所詬病的神棍了！

二、抽籤、算命與忌諱心態

　　臺灣目前的宗教狀況不但廟宇衆多、童乩等行法術者泛濫，而且到廟宇去燒香、拜菩薩、抽籤、卜卦的人也極多。根據中研院民族學研究所在臺北市郊一個社區的研究，發現該社區有93％的人都曾經或多或少地到廟裏燒香、問神，而 91.99％的人認爲燒香問神是相當靈驗的（文崇一等, 1975），這個比例數不能不說相當大了。但是究竟這些到廟裏問神的人是些什麼樣的人？他們是屬於什麼階層？他們的教育程度如何？他們問神解答的是些什麼問題？這無疑也是很值得多加瞭解的問題。

　　社會學家蔡文輝 (1968)，曾在臺南三座有名的寺廟研究前往抽籤的人的背景與原因。他在一星期內共記錄了 706 個到廟裏抽籤問卜的人，

在這 706 人中，女性比男性多出三倍以上，佔全體的 77.90％。在敎育
程度方面，小學程度及不識字者佔91.35％，而中學程度者僅有4.65％，
無一人爲大專程度者（未詳者４％），由此可見前往抽籤問卜者大都敎
育知識水準甚低。至於受訪者的年齡則有相當平均的分配，與一般認爲
拜廟者都是年齡較大的人並不相同。關於求神的原因，如表一所示，以
問命運和事業兩項最多，若把這兩項與發財一項加起來，則佔全部的一
半以上（57.63％），其他次多的項目是疾病，這四項總和已近75％，由
此可看出一般人心中所關注的是些什麼問題。

表　一

原　因	命　運	事　業	疾　病	婚姻	遷居	考試	發財	吉凶	生育	其他	未詳
百分比	29.46	26.62	17.00	8.21	5.52	3.25	1.55	0.84	0.80	5.24	1.51

　　在我們最近的一項研究中，更顯示另一種宗敎行爲的趨勢，那就是
有相當比例的人不但求神問卜以解答未知，而且更進一步企圖以超自然
的辦法來改變命運或解決困難。我們的研究是在臺北松山區及彰化鹿港
鎮分別進行，共訪問了 77 位報導人，研究的一小部份材料初步整理如
表二（見許、馬、李報告）：

表　二

種　類	命卜相	蓋　運	安太歲	安　斗	安土神	收　驚	安胎神
百分比	50.65	25.97	48.05	36.36	22.07	67.53	20.78

　　由上表所示，我們可看出在 77 位受訪者中有一半以上的人做過算

命、卜卦或看相的事(不包括抽籤在內)。而在這些人中他們不但求神或求超自然預告未知，而且進一步更積極地用超自然辦法來改變命運。表二中所列蓋運、安太歲、安斗和安土神四種都是民俗信仰中改變命運求平安的特特別辦法，在受訪者中有將近一半的人做過「安太歲」，做過「安土神」的人最少，但也佔 22%。表二最後兩項所列的「收驚」及「安胎神」是兩種傳統與疾病有關的法術，在受訪者中竟然有67%以上的人做過「收驚」，也有20%以上的人做過「安胎神」的法術。在我們的受訪者之中，男女約佔各半（男性 40 位，女性 37 位）；在教育程度方面則小學程度及不識字者佔最多數，即全體的 68.83%，中學程度者佔24%，大專程度者僅佔 0.38%而已。

　　從上述這兩個研究的資料看來，我們似乎可以得到一項結論，那就是趨向傳統宗教信仰的人大都是教育程度或知識水準較低的人。可是這一結論，在某一層次上也許有其真實性，而在另一方面看來，卻未必如此。就如我們在前言中所說的，我們的社會裏一些知識水準相當高的人仍然有很迷信的舉動，甚至一些行政機構或官員們也還十分迷信風水、命相、摸骨等等。而實際上我們的知識階層社會裏可以說是充滿了忌諱的心理，比如前些時候一個機構的幾個首長身體同時違和了，就被認為是修繕房屋或其他毫不相關的因素所致。由於這種忌諱的心理就經常使一些應該興革的事無理由地停頓下來,甚而繞很多冤枉路去達成一件事,只是為了諱避一個莫名其妙的迷信。這種充滿忌諱的心理表現在另一方面，可以從心理學家黃光國（1977）的一段話看得更清楚：

在處理許多新聞事件時，我們的報章雜誌也常常有令人扼腕嘆息的「手筆」出現，最常見的怪論，就是「徵兆」之說，譬如鐵樹開花、雞蛋裏現國徽、濁水溪變清……等等事情，都被列為「祥瑞」，說是國運昌隆，或世局將有變化的「預兆」。當然，凡我國人，大概

沒有不希望「國運昌隆」的，但如果有人膽敢站出來說，國運是不是昌隆，和自然界的變異扯不上關係，那恐怕有一些血氣衝動的豪勇之士就要指著他的鼻子，大罵他是「國民公敵」！其實依我看來，我們的國運是不是昌隆，大部份要看我們是不是努力在建設我們的國家而定，自己不奮發努力，想要憑自然界的異象來預卜國運，那是十分荒唐的事！

這就是我們社會忌諱與迷信的心態，即使不相信異象預兆，也不敢反對它。試想在知識階層的社會裏都是這樣迷信，試想在很多知識份子仍然希望生龍子龍孫的心態下，我們能希望鄉下的非知識份子不去「安太歲」、「收驚」嗎？

三、外來宗教的問題

此地所謂外來宗教是指近代始傳入中國的宗教，除去天主教、基督教之外，尚包括統一教（其實統一教也是基督教的一個地方教派）、巴海教（或稱大同教）、天理教等等。

一些外來宗教的較小宗派，在本質上都屬於宗教學上所謂「復振運動」(revitalization movement) 的教派 (Wallace, 1956)。因為其本質是「復振」，所以多少是不滿或企圖改革主流派教義的，因而在行動和信仰上經常是激烈或怪異的，並且也就引起社會的不安或困惑。前幾年統一教的事例是最明顯的例子，臺東「守望臺」基督教派也已近乎這一類型。而那些藉大規模聚會禱告以治病或引導教徒進入精神顫震或恍惚 (trance) 的教派，大部份都是屬於這種「復振運動」性質的，這種教派在很多情況下使信徒進入狂熱狀態，因而產生社會的激盪，是最要加以注意的。

目前在臺灣基督教及天主教的教派近八十種（董芳苑，1975），而教

堂總數在民國六十三年底已有 3,045 座，約爲傳統寺廟的三分之一，這一數字似比一般指責臺灣鄉間寺廟太多的人心目中所想像的要多一些。自然，大部份正統的天主教和基督教都屬於「理信」或「靈修」的宗教，因此在絕大多數的情況下都發揮了正常的宗教功能。但是從長遠的、客觀的立場上看，無論是天主教或基督教，他們的排它性都太強了，這不但對中國社會不利，也對他們本身的傳教不利。要知道宗教在中國人的生活中只居小部份的地位，而不像西方人一樣支配了生活的全部。中國人的宗教是中國社會結構的投射，不能與中國社會結構調合的宗教就不易爲中國人所接受；反之，如與中國社會調合而不排斥的宗教，就容易爲中國人所容忍接受，因爲中國人對不同的信仰經常是兼容並納的，我們從不爲宗教信仰而引起戰爭的。中國文化經常能容納外來的宗教並使之發展爲更成熟的教義，佛教之被接受與禪宗哲學的發展是一個最好的例子。我個人是在傳統中國文化培養下長大的，我對中國傳統的宗教相當的尊敬，但我對外來的宗教也沒有排斥的觀念，我很樂意看到天主教或基督教轉變成爲中國的一部份，而在中國文化的基礎上創造出輝煌的時代。

對於中國的天主教和基督教信徒們，我也希望他們能較虛心地看看和聽聽別人對他們的意見。例如最近有一位心理學家和一位人類學家用客觀的科學方法對臺北的一個教會做了半年以上的研究（研究的是信徒的行爲不是宗教本身，所以用科學的方法是合宜的）。他們發現了不少很值得重視的事實，譬如說他們發現該教派的人士對自己教會的人、基督徒、天主教徒、佛教徒、無信仰者好惡的「刻板印象」(stereotype) 差別，遠較無信仰者對同類各種教徒態度的差別爲大（瞿海源、袁憶平，1974）。換言之，信教者對不同人羣的看法似比無信仰者有較大的偏見，這種態度對全社會及對該教會本身都不是很好的，這似乎值得他

們深加警惕。

目前，外來的宗教在臺灣傳教獲得較大成果的是山地，很多山地村幾乎全部村民都信教了，但是教會帶給山胞的是利是弊都很難說。我不能說教會沒有帶給山胞任何好處，但我卻要說出一些教士們沒想到或不願去想的弊端。譬如說現在很多山地村中經常有好幾個教會設立教堂，多的有四五個教堂，在一村互相競爭。這麼多的教堂互相競爭，很明顯的會使原來是同一信仰的村民產生分裂，有的甚至一家人分割成三個教派。有一位排灣族的青年對我抱怨過，說他們的村子原來是很和諧很團結的，現在卻因為有不同的教派而變成四分五裂，要合起來為村內做一件公益的事都不容易了！我相信教會人士並不是真正有意要使山胞產生村落甚至家庭的分裂，他們一定願意看到山胞過著和諧的生活，所以我願在此呼籲教會的領袖們出面來為這些問題謀求改善之道，最少我希望開明的教會領袖們應該指示他們的傳教工作者，不要使最近報載玉里教會阻止入教山胞去參加豐年節儀式的事再發生，像玉里教會那樣狹窄的傳教方式，終有一天會為人所唾棄的！

四、結　語

從上文各節的分析，我們對臺灣宗教的歷史淵源、社會文化背景以及若干現狀已有一概括的瞭解。但是，也許有人仍然要問，我們對這些不同的宗教現象應該採取什麼態度呢？尤其是有關的民政機構人員也許更要說，即使是瞭解了上述種種現象，我們仍然無法對宗教與迷信的差別有一明確的觀念，更談不上採取什麼處理的方法了。對於這一點，我們在第二節中已經說過，採取「理信」的態度或把崇拜的對象當作「完美的目標」是分辨宗教與迷信的一個標準，在這裏也許我們可以更通俗一點地說，凡是經驗技術與知識所能解決的事而不以之為解決的手段，

轉而求之於神靈或超自然的都應視之爲迷信。例如開計程車的人本來可以從小心駕駛、遵守規則上獲得行車安全的保證，但他卻要求之於媽祖的香灰袋，這便是迷信；一個官員不從努力工作、清廉勤正上著手，而專門講究風水、找人算命上求騰達，這更是迷信。這樣的分辨法也許是相當清楚了，但是問題卻在經驗技術與知識的標準有所不同，不但因不同羣體而有差異，而且因情境的不同也有差別。一些不識字和小學程度的鄉民，在知識上與中學程度的人大有差別；中學程度的人與受過大學敎育的人在知識上也有差別；居住在城市與鄉村中的人無疑在知識上也頗有距離。何況如前節所述，複雜的現代科技以及錯綜的現代社會組織實際上產生更多的「未知」，在這種狀況下卽使是高級知識份子也免不了經日憂心忡忡，而想對自己的前途有所預知，我們怎能怪那些鄉下老百姓爲了避免手續重重地去醫院看病而求之於「收驚」的老法師，或者因爲種種不順利以及人事矛盾而去求童乩或「安斗」「安太歲」呢？如此說來，我們要判斷何者是迷信卻又不是這樣隨意可定的了。

自然，我並無意於爲「收驚」、「安太歲」，甚至「童乩作法」等等行爲辯護。在廿世紀七十年代的今日，在科學進步、醫學發達、社會保險普遍推行的今日，上述的這些宗敎行爲顯然都無可否認的是不理性的行爲。但是問題在於我們可以用理性的標準來認定行爲的合理與不合理，我們卻很難用「純理性」的辦法來處理社會現象，特別是有關信仰的問題，更不是那樣直截了當就可以處理了事的。社會科學家們或行政人員經常忽略了一點，那就是處理一個問題與處理該問題有關的人之間是頗有差別的。換言之，我們在取締禁絕那些迷信之前，應該考慮到有沒有更「合理」的方法可以代替轉移之，有沒有更合理的辦法來作爲他們心理需要上的憑藉，有沒有更合理的辦法可以作爲他們整合羣體的象徵，在這些更合理的方法不能肯定之前，要禁絕傳統的宗敎迷信活動，其間

所引起的社會問題恐怕要比其本身的問題更爲嚴重。

　　對於歷史淵源久長而又根深蒂固的傳統宗敎及迷信行爲最根本的破除方法是推行現代的敎育方法，只有經由合理的敎育方法才能逐步根除不合理的迷信行爲。但是最令人憂心的卻在敎育本身是否合理，就如心理學家楊國樞敎授在上述的宗敎座談會中曾說道：「敎育應該是敎給我們很多不是呆板的知識，敎給我們分析問題的方法，這才是破除迷信最重要的一點，……但是，……我們的敎育不知不覺中有不理性的成份在裏面。我們的敎育只要求記憶，不太注意分析，太重權威形式的敎學與管理（如老師講不過學生，便說：不要再講了，我是老師，再講就罰你）等等，都是對事情不加分析而盲目信仰，對知識不加分析的盲目死記，……沒有養成一種講理的和理性分析的習慣」。假如這樣的敎育方式不能儘早改進，那麼社會的迷信心態不但不能藉敎育的力量而逐漸破除，而且會有變本加厲的可能。在這裏我們只能說宗敎信仰是社會整體的一部份，要宗敎信仰走向「理性」之道，只有期待整個社會走上「理性」的大道之後了。

第五節　中國民俗信仰與精神疾病醫療（張華葆撰寫）

　　民國七十三年初，龍發堂事件轟動我國輿論界。龍發堂是一所廟宇，其中有二十多位僧侶，他們照顧二百多位嚴重精神病人。輿論爭執的重心是龍發堂缺乏現代醫學設備，其中僧侶缺乏現代醫學訓練，由他們治療精神病患是否恰當。

　　在二十世紀現代醫學昌明之前，精神疾病治療本來是僧侶、世俗人士的工作。然而自從二十世紀科學昌明以來，醫學界攫據精神病醫療爲其職務。依據近五十年來醫學界治療精神疾病之成果而言，實在是乏善

可陳。現代醫學對於精神疾病之貢獻，偏限於藥物治療，抑制病患者之症候，不能根除精神疾病之根源，不能使病患者恢復正常。

精神疾病之醫療，究竟屬於現代醫學之範圍，或是僧侶及世俗人士之職務，至今仍是一項爭論。現代精神鼻祖佛洛依德、楊格、沙里文等都認爲功能性精神疾病 (functional mental disorder) 源自於人際關係之困擾，應該由僧侶及世俗人士醫療。中國人說：「心病需要心藥醫」。這些都說明僧侶及一般人士對於精神醫療的重要性。以下我們將討論中國民俗信仰與精神疾病醫療之關係。

一、民俗醫療

所謂民俗醫療，顧名思義，是以宗教信仰、迷信，以及其他民間習俗相傳的方式來治療精神病。民俗醫療精神病，正好似中醫之治一般疾病，其與現代西醫之最大區別，是缺乏理論及實證的根據。從幾千年來推行中醫的經驗中，我們知道有的中醫生很有能力，有的中藥很有效，但是也有很多的中醫無能，許多的中藥無效。有關民俗醫療的功效最有意義的是李亦園教授之報導，他他說 Kleinman 曾經訪問十九位受過童乩治療的病人，而發覺其中十七位都康復了。由膚淺的科學、醫學觀點來看，童乩治病純粹是迷信、無稽之談。但是，事實證明了它的效果。李亦園的報導給予我們許多重要的啓示，其中之一是對於許多疾病之醫療，現代醫學與民俗醫療之界線是很難以劃分的。

在精神疾病的領域中，現代醫學所扮演的角色更不清楚。根據佛洛依德的劃分，生理性精神疾病 (Organic Mental Disorder) 屬於現代醫學之範圍，而非生理性精神疾病(Functional Mental Disorder) 則不屬於現代醫學之範圍。在他的一九二七年的著作中，佛洛依德強調牧師、僧侶，及社會科學之士參與精神病之治療工作。在他一九三〇、一

九三八年的著作中，則特別強調藥物醫療的重要性。在這裏我們必須再次強調藥物醫療的限制。第一，藥物醫療是針對生理情況而運用的。第二，藥物祇能治標而不能治本。第三，藥物治療對於急性的或是間歇性的精神病症比較有效；對慢性、長期的精神病人則祇能發生抑制、緩和的作用。依據佛洛依德的解釋，宗教家對於精神病之醫療作用並不是使一位病人成為虔誠教徒，而是要透過宗教信仰，透過牧師與病人之間的特殊關係，以改變病人的心理動力。關於牧師、僧侶與病人之間的關係，在沙里文、格拉賽的著作中講得很清楚，最主要的是病人對於治療者的信心，兩者間親切的關係，以及牧師、僧侶的愛心，參與都是治療精神病不可或缺的要素。

　　佛洛依德之弟子楊格（Jung）對於精神病之醫療作了更坦白的宣示。他懷疑精神醫學的科學性，並且反駁佛洛依德在這一方面的自大自信，以及佛洛依德的許多基本概念。由於這些衝突造成了楊格和佛洛依德的分離，楊格在一九三二年的著作中，他提出佛洛依德及阿德勒（Adler）對於精神官能症狀的解釋較傳統醫學為優，然而佛洛依德及阿德勒的理論對於精神病人治療卻無效。佛洛依德及阿德勒解剖精神病之根源及精神病的潛意識因素，但是這些理論不能解救精神病患者。就好像我們知道肝炎是由某些細菌感染而造成的，但是這種知識並不能醫治肝病，我們必須發明針對肝病病源的藥物加以應用，才可以解除肝病。楊格認為要解救精神病患者，必須給予病人生命以意義，改變他們對外界的認識，改變他們對於自己的觀念。所謂:「生命意義」依心理分析學家格拉賽的解釋，就是培養一個人的能力，滿足個人基本需要，使其遵守社會道德、價值規範，對自己之行為負責，與人和睦相處。

　　在沙里文一九二四，一九三三，一九五三及一九六四年的著作中，他強調精神病產生於人際關係之間。對於精神病患者的治療，他認為:

第一、依賴病人與醫治者之間的關係。第二、病人對於病情、前途的展望與判斷。在一九二九年，沙里文籌組了一個特別爲年青男性精神分裂症者的療養院，其中醫護人員亦都具有情緒困擾的經驗，沙里文本身亦參與醫療診治工作，這一間的精神醫療院成效顯著。依據沙里文的解釋，是病人與具有類似經驗的醫療者之間發生的關係，一則可以幫助醫療者對於病情的了解，同時也可以促進病者的康復。

沙里文又強調精神醫學是社會科學的一支，與社會心理學相似。社會心理學的對象是正常人，而精神醫學的對象是精神病患者。個人的人格，以及人格中的各種缺陷，祇有在人際關係中才會展現。個人的生活經驗，也主要來自於人際關係。當然，在人際關係中的人並不一定是眞實的人，其中包含許多心目中幻想的人物，例如歷史、文化人物。這些人物在我們心靈中發生交流作用。

在最近廿年中，精神醫學界產生了許多革命性的運動。一九六五年，格拉塞（Glasser）以精神醫學家的身份，提出創新的醫療觀念。首先，他強調傳統心理醫療學術的價值已深受一般人及專家之懷疑。在他的實際生活醫療法（Reality Therapy）書中，他強調治療精神病必須以糾正病患者當前的行爲心態著手，而不是追溯他過去的歷史根源。病人必須遵守社會道德規範，對於自己的行爲負責，病人必須培養自己的能力，以期滿足個人的需求，建立圓滿的人際關係，維護自尊自信，與內心的平衡安靜。格拉賽認爲，雖然人類具有各種天生慾望需求，然而滿足這些慾望需求的能力都是後天學習而得來的。當個人無法滿足需求時，會影響其自尊自信，影響其內心的平靜安寧，造成許多精神問題。

格拉塞強調醫療者與病人之間的關係，正好似父母親與子女間的關係，一方面我們必須眞正的關懷參與他們的生活，了解他們的問題，無條件的接受他們，同時我們必須遵行嚴正的道德規範原則，不必畏懼與

病人發生直接衝突。在那本書中，格拉賽提出海倫凱勒的例子，作爲精神醫療的例證。當海倫凱勒的老師初次接觸凱勒時，她旣聾且啞，無法與人交往，無法學習做人的道理，其家人亦任由其行動，好似一隻野獸。然而由於她老師的關懷、參與，逐漸培養凱勒女士的正常生活習慣，嚴正的道德規範，最後使得凱勒女士成爲舉世的名人，在這件例證中，格拉賽提示，對於精神病患之治療，第一是醫治者對於病人眞正的關懷、參與；第二，是要維持嚴正的道德原則。

二、中國民俗醫療的實例——龍發堂

龍發堂是一所中國傳統式的民俗醫療精神病院，其中兩百餘位嚴重精神病患者，在主持僧釋開豐及二十餘位僧侶照應之下，在沒有藥物治療的自然環境中，能夠平靜的工作、生活、念經、拜佛，這眞是一件奇跡。

在龍發堂內，我們見到管理的僧侶與精神病人，在生活作習上打成一片，那一種深切的關懷，投入愛心與佛心的融匯，又怎能是渺小的世俗人所能做得到的呢？記得第二次去參觀龍發堂時，同學間有三分之一的人拒絕進入噪雜骯髒的養雞場，三分之一的人拒絕吃晚餐，我想，他們大概是嫌龍發堂太髒了，精神病患太可怕了。說句老實話，能夠與成羣的精神病患共起居的人畢竟太少了，龍發堂的這些僧侶，這一份深切的關懷、投入，救人救世的心理，與病人生活在一起，對病人的照顧，是世界上任何醫院都無法見到的。我在美國二十年的時期中，參觀過許多精神病院，大致上，美國精神病院的情況與我國相當，有好的，有壞的。然而對於病患之處理，在原則上是一致的，精神病被視爲無可挽救的疾病，因此精神病院的目的只是照顧病人，使他們與正常人隔離，在治療方面，都是以藥物治療爲主，治標而不是治本。

與一般精神療養院比較，龍發堂內病人的生活環境以及生活方式顯然較為優越。首先，在龍發堂裏，病人的空間較大，自由較多，其次，病人過著自然的生活方式，與乎外界的團體生活，例如工廠、軍營，沒有多大的區別。第三，龍發堂僧侶對於病人之關懷、投入，龍發堂內親切、真誠的人際關係是外界無法比擬的，這一份真誠親切的人際關係，主持僧侶的關懷愛心是醫治精神病不可或缺的條件。

龍發堂所收容的病人，多是其他醫療機構久醫無效，以及其親屬排斥的病患。在沒有進入龍發堂之前，他們過著非人的生活，多數被家屬鎖在暗室中，一日三餐之外，無所是事，許多病人身體羸弱，病況嚴重，進入龍發堂之後，他們才開始過正常的生活、工作、運動，與人接觸相處。

在龍發堂二百多位精神病人中，大約有百分之七十從事車衣的工作，百分之二十從事養雞養豬的工作，另外百分之十則從事清掃、閒蕩或屬狀況不明、具有危險性的病患。在車衣場工作的一百多位病人中，根據我的估計，其中大約百分之五十是真正能工作，其他百分之五十工作效率很低。工作對於精神病是一項有效的治療方法，它給予精神病患者生活意義，造成規律、秩序性的團體生活。

根據個人的觀察，龍發堂的病人中百分之三十至百分之四十情況良好，可以說是正常人。依據社會學對於精神病患之界定，凡是一個人能正常工作，維持和平的人際關係，就是正常人。龍發堂的車衣工場內，每個病人均持有刀、剪、針等等物件，這些物件都可殘害自己或別人的身體，然而依據龍發堂僧侶的報導，這些病人並沒有做出危害別人或自己的行為。我與幾十位同學進入車衣廠與這些病人交談了很久，也沒有任何問題，可見這些病人的情況已相當穩定，如果有社會機構，或是他們的家人，願意收容、照顧，龍發堂內百分之三十至百分之四十的病人

可以回到社會裏，過正常的生活。

依據高雄醫學院的報導，龍發堂的病人中百分之八十～九十屬於精神分裂症，如果龍發堂內的百分之三十至四十左右的病人能夠正常工作，與人和睦相處，則我們可以說：龍發堂的治療成效率大約是百分之三十至四十，這是世界上任何大規模精神病院都難以比擬的。

另外，龍發堂還有一項重要的特色，是病人的醫療費用低廉，平均每日每人的生活消費大約是三十餘元新臺幣。龍發堂的這一項特色對於社會以及病人的家屬都是一大貢獻，減少政府的負擔，減少病人親屬的負擔，使得沒有錢的病人也可以接受醫療。在這一方面，如果我們以龍發堂和一間現代龐大的私人精神病療養院比較，就可以了解龍發堂的貢獻。這間私人療養院中也有幾百位病人，包括輕型的及重型的精神病患者，輕型精神病患者的 病房生活環境 還可以過得去， 但是沒有生活自由，沒有空間，沒有工作，沒有正常的人際關係。重型精神患者的生活環境則好像監獄、動物園，在藥物的控制下，這些嚴重的病患者延續著他們的生命，他們仍舊在呼吸，仍舊在飲食，如此而已。在這間私人療養院中，病人的家屬每月必須負擔一萬多元新臺幣的生活療養費。以目前臺灣的生活水準而言，對於絕大多數的人，這是一筆龐大的開銷，遺憾的是，這一筆開銷對於精神病人並沒有什麼幫助，祇不過使得他們喘延持續他們的痛苦而已。

最後，我們必須回到有關精神醫療的重要問題，究竟精神病是醫學界的問題，還是宗教家及社會科學家的問題。這一項爭論，從佛洛依德開始就沒有肯定的答覆。從後期精神醫學專家對於傳統精神醫學的懷疑及批判，以及現代精神療養院的諸多缺失，使我們深深體會到目前對於精神醫療，政府的政策必須要作愼重徹底的檢討，我們不能用淺薄的科學知識去排斥類似龍發堂的設施，不能因爲龍發堂的負責人沒有受過現

代醫學的訓練就不准他們開業，我們必須認眞的去探討他們的動機以及
龍發堂的成效。照顧精神病的工作性質與養育子女有很多相似的地方，
我們不能說一個女人沒有受過現代醫學的訓練就不能生孩子，不能養育
孩子。我建議政府一方面開放精神病醫療，使得敎會、僧侶和私人都可
以參與。另一方面，政府可以嚴格管制其品質，並且給予實際的支助。
以龍發堂爲例，我們政府可以比照美國政府的方式，按病人人數計算，
每月給予財力上的支援，另外政府可以派遣醫療人員，幫助龍發堂維護
病人身體健康，治療一般性的疾病，更而要求龍發堂維護一定的衞生設
備。但是政府的要求必須公正。據我所知，目前許多公立精神病院的衞
生維護情況比龍發堂差得多了。對於龍發堂如何處理精神病人，政府可
以建議，但不應該干預。

　　精神疾病主要源自於人際關係的失調，社會適應的障礙困擾。治療
精神疾病的方法很多，現代醫學祇是其中之一，其他如民俗醫療以及社
會科學治療對於精神醫學的貢獻也是不可抹滅的。龍發堂給予我們許多
啓示。第一，在理論上，龍發堂開擴了我們的視界，展示精神醫療學術
理論的多元性，其次，在實際治療工作方面，龍發堂的僧侶們所表現的
偉大愛心是值得我們敬佩學習的，我相信絕大多數的人無法做到龍發堂
僧侶的境界。我們應該給予他們以道德及財物的支持。最後我必須說，
龍發堂給予我們希望，使我們知道在藥物治療之外，對於精神病人，可
以有治本的方法，透過親切的人際關係，透過規律正常的團體生活，精
神病人才有眞正康復的可能。

第十一章 經 濟

第一節 導 言

　　凡涉及人民生活必須條件之生產，供應，分配之活動及組織，都屬於經濟之範疇。人民生活必須條件不僅限於物質，更包括非物質條件。以現代社會爲例，個人必須依賴醫療、警衛之防護、教育等等條件以謀生存維繫，而不僅是食物居住衣著的供應。經濟體制是人類生物界必備的條件，一個社會可以捨除宗教、家庭、政府，仍能夠生存延續，然而卻不能沒有經濟體制。一個生物個體可以沒有中樞神經、沒有肢體、沒有感覺，然而卻不能一時一刻缺乏賴以生存維繫之經濟活動及組織。

　　經濟體制中最主要的概念是「工作」。所謂工作，卽人類或生物賴以爲生的行爲活動。所以，政治家可以從事行政工作，商人可以從事貿易工作，學者可以從事敎學硏究工作，而乞丐可以從事乞食的工作。從經濟學的觀點而言，以上所列舉不同形態的行爲，都屬於「工作」之範疇。人類不僅依賴工作以維生，更而依賴工作以爭取社會地位、榮譽。雖然大多數社會標榜「爲工作而生存」之價値觀，然而事實上，絕大多

數人是爲了生存而工作。

第二節　世界經濟體制

　　世界經濟體制類別繁多，劃分標準不一。有的以人民生活水準而劃分者，例如，富庶國家與貧困國家之分；有的以生產機械化程度劃分者，如工業先進國家與落後國家之別，有的經濟以組織特性劃分者，例如，自由貿易國家與中央計劃經濟國家，又有以主要經濟活動以區分者，例如，工業國、農業國、商業國之分，以目前亞洲國家爲例，日本、臺灣是工業國家，緬甸、泰國是農業國業，而香港是商業國家。以下我們將分別討論自由貿易經濟體制與中央計劃經濟體制之特色。

一、自由貿易經濟制度 (Capitalism, Free Economy)

　　自由貿易經濟是西歐、北美國家經濟體制之特色。在自由貿易經濟體制之下，私營企業在各自爲己、獨立發展生存原則之下，決定生產類別、數量、價格，並自行推銷。依據韋伯的看法，自由貿易經濟體制之推動力，源自於個人尋求利潤之動機。在西方經濟體制之下，不論是大商人或小販，都是爲了追求利潤、財富地位，而從事勞心勞力的活動。從整體經濟的角度 (Macroscopic Perspective) 來看，在自由貿易制度之下，決定生產類別、數量、價格的因素是市場中供應與需求之關係，也是決定生產之動力及導向。

　　1.亞當史密斯的經濟理論

　　在亞當史密斯 (Adam Smith, 1776) 的國富論書中，他強調國家財富之增進發展在於推行自由貿易經濟體制，由市場之諸多因素，例如需求、供應、決定貨品之生產分配及銷售。以目前我國房屋建造及銷售

爲例，取決於人口之增減、成本，以及現存住屋之數量。目前國內住屋的市場是供過於求，因此房價下跌，無人問津，而且建築事業蕭條。如果目前之住屋數目不增，再過十年，人口增加了許多，住屋的市場情況必然改觀，需求超過供應時，必然會刺激生產，增加銷售，提高物價。

在自由貿易市場中，千千萬萬獨立自主的企業家及消費者，在各自爲己原則以下，進行交易活動。依據亞當史密斯的看法，在自由市場制度之下，物品之生產銷售都能夠維持平衡、公正的水準。生產者在有利可圖之情況之下，盡力生產，而在絕對公平競爭之條件之下，生產品的價格亦必然降低至最低限度。依照史密斯的說法，自由貿易制度之下，有一隻看不見的巨手在操縱商場的經營，這一隻看不見的巨手，就是自由貿易體制中諸多因素之結合體。

在自由貿易經濟體制之中，政府所扮演的角色是消極性的，政府提供各經濟行業以司法、行政的保護，建築道路以疏通貿易，增廣加速交易，使得自由貿易能夠在更有利的條件之下運作，史密斯認爲政府不應干預自由貿易活動。

十九世紀歐美各國之經濟體制大致上都是遵循亞當史密斯的理論，運行發展。資本主義制度在十九世紀盛行一時，即使是共產主義之創始人馬克斯也承認資本主義之高度效率，他說，資本主義國家在一世紀之內所製造之財富超越人類以往歷史中，所累積財富的總數。然而一九三〇年代世界經濟大恐慌卻爲自由貿易體制帶來了惡運，從一九三〇年代開始，亞當史密斯的自由理論乃受到嚴重的挑戰。

2.凱因斯的經濟理論 (Keynesian Economics)

凱因斯的經濟理論建立於一九三〇年代世界經濟大恐慌之後。在他的就業、利潤及貨幣原理 (General Theory of Employment, Interest and Money, 1936) 一書中，凱因斯向傳統的自由貿易經濟理

論提出挑戰。以亞當史密斯爲首的自由貿易學派，認爲自由貿易制度必然可以造成全民就業的現象以及生產利潤全部投資的結果。凱因斯指出在資本主義制度之下，托拉斯獨佔（Monopoly）企業興起，控制市場之需求，控制物品之價格，造成人爲性的不均衡現象。企業自由競爭的現象亦由托拉斯之出現而無法運作。當商品之價值由獨佔公司控制時，可能會產生失業及物價上漲的後果。在這些情況之下，凱因斯主張政府應積極參與經濟活動，一方面限制、防範托拉斯的形成及運作，一方面應該製造消費，以刺激生產，特別是在經濟不景氣時期。在必要時，政府本身亦可以轉變成爲僱主，僱用大量失業勞工。

自一九三〇年代世界經濟大恐慌以來，歐美各國政府採取積極經濟政策，干預自由貿易。在必要時，實施虧本消費（deficit spending）、減稅，以增進就業，刺激國民消費，增進國民收入，刺激生產，增進貨幣通行。

資本主義經濟體制最大缺陷是財富分配不均、生產、企業獨斷，以及週期失業、通貨膨脹、經濟消沉等問題。目前歐美國家政府，針對資本主義各種問題提出積極的解決方案。

二、中央計劃經濟體制（Centrally Planned Economy）

所謂中央計劃經濟，卽由中央政府，擬定經濟發展計劃，積極參與經濟活動，決定貨物之生產、銷售及分配。目前，大多數開發中國家及共產國家均採取中央計劃經濟體制或是採取折衷式經濟體制，以自由貿易經濟與中央計劃二者並行。目前，世界諸開發中國家，除了共產國家之外，多採行折衷式經濟體制。在折衷式經濟體制之下，政府控制局部重要生產事業，掌握重要工業生產及消費，掌握重要企業，例如鋼鐵、交通等等。中央政府控制之生產服務事業，物品價格由政府決定，通常

民生必需物品及服務價格低廉，例如水、電、公共交通。非必需品則價格昂貴，例如汽油。非重要的生產企業，則開放民營，與乎歐美自由貿易制度相同。我國一貫採用折衷式經濟體制。

中央計劃經濟之優點是集中全國人力、物力，以發展工農商業。在當前之世界經濟制度之下，落後國家之民營企業無法與龐大的國際企業公司競爭，許多企業更不是落後國家私人能力可及者，有的企業關聯國家社會之福利過深，不能委託外商辦理。以電力、石油事業爲例，事關重要，涉及全國經濟各個層面及人民生活，而且耗資甚巨，非一般私營企業能力可及者，因而只能由政府推動發展。以我國電力事業爲例，最近考慮設立第四核能發電廠，投資基金爲一千七百億新臺幣，只有中央政府有此能力及意願。

中央計劃經濟的第二項優點是它能夠照顧大多數人民生計；生活必需品可以由政府生產分配，不必透過企業界。政府可以不謀利的方式，或甚至蝕本的方式推銷人民生活必需品。以我國爲例，目前水電、公共交通等價格都維持在最低水準，適合一般人消費水準。

中央計劃經濟之最大缺陷是忽略企業生產的原動力。在沒有利潤推動的情況之下，公營企業時時會有經營不善、浪費、貪汚等弊端。總之，中央計劃經濟利弊參半。在目前國際情勢之下，弱小落後國家欲求生存發展，除中央計劃經濟別無他途。至於中央計劃經濟之推行實施，以及各種弊端，則有待推行國家自行調適改進。

第三節　經濟活動之三大層面

不論是自由貿易制度或是中央計劃經濟制度，每一社會之經濟活動都可以劃分爲三大層面，即初級經濟層面 (Primary Sector)，包括農

業、牧業、漁業、礦業; 次級經濟層面 (Secondary Sector)，包括各種製造事業，及第三級經濟層面 (Tertiary Sector) 包括服務事業，例如，旅遊、運輸、房地產、教育。第一類經濟活動是直接生產，人民直接利用自然資源。這是人類最原始、最基本的經濟活動; 第二項經濟活動，為製造事業，透過人力加工，將自然資源轉變為有用之物，例如石油加工，絕大多數的工廠都屬於第二類別，紡織工廠將棉麻、人工纖維編製成衣服，皮鞋工廠將牛皮製成皮鞋，汽車工廠將鋼鐵橡膠等原料加工改造成為交通工具。所以，第二經濟層面的經濟活動，是透過人力將自然資源轉變為可用之物。然而，第二經濟層面所製造的都是物質。

　　第三經濟層面是服務事業，例如銀行、旅遊、保險、通訊、教育、社會福利、醫療等等，這些經濟活動以人力物力為人服務，其所提供者是「服務」而非「物質」。以銀行事業為例，銀行家是中間人，以別人的錢，借給別人，從中取利，保險事業也大致相似，以衆人的錢來承擔少數人的災害。

　　世界各國由於其工業發展程度不一，其經濟活動三層面的比重亦不同。未開發的國家，其經濟以初級層面經濟活動為主，生產品主要是農業品、礦產品、漁業。三十年前我國的經濟活動即以初級經濟為主，民國四十一年時，農民佔我國勞工百分之六十。開發中的國家以次級層面經濟活動為主，而已開發國家則以第三層面經濟為主。以我國現有經濟活動程度而言，已進入次級及第三層面之間，民國六十八年 (1979)，我國三大經濟層面所佔的比數是，初級層面勞工佔全國勞工30%，次級層面佔30%，第三層面佔40%。

　　又以美國經濟發展為例（見表一），在一八二〇年以前，美國經濟以初級經濟為主，從一八二〇年至一九二〇年是美國工業發展期，工業生產人口，由一八二〇年全國總勞動力12%，擴張至一九二〇年之31%，

表一: 美國經濟發展1820--1980，及美國三大經濟
層面勞動力分配情況

Sector		1820	1860	1900	1920	1940	1950	1980
Primary 初級經濟	Agriculture, forestry, and fisheries 農	(100%) 72	59	37	27	17	15	4
	Mining 礦	—	1	3	3	2	2	1
	漁	72	60	40	30	19	17	5
Secondary 次級經濟	Manufacturing and construction	12	18	25	31	29	33	28
Tertiary Sector 第三經濟	(一)運輸，金融房地產 (Transportntion, trade, finance, real estate)	—	7	17	20	24	29	33
	(二)服務業，政府工作 (Service and Government)	—	12	11	16	21	21	34
			(19)	(28)	(36)	(45)	(50)	(67)

Source: U.S. Bureau of the Census, 1975; 1981a, p. 390.

然而從一九二〇年以後，工業人口不再增加；從一九二〇年以後，第三
經濟層面迅速擴張，服務業及政府人員由一八六〇年之12%，擴充至一
九八〇年的34%，運輸、交易、財政、地產事業服務人力，由一八六〇
年全國總勞動力7%，擴充至一九八〇年之33%。所以在一九八〇年，
第三經濟層面佔美國全國勞動力67%。

　　以我國現行經濟層面之劃分，與美國相形比較，我國之第三層面經
濟發展仍顯然落後，如果第三經濟層面之發展足以指示一國工業發展程
度，則我們可以說我國工業發展仍介乎發展中之階段。

　　一國經濟發展程度亦可以其基本經濟層面所佔比重以衡量之。在原
始社會中，由於工業科技落後，每一個人都必須參與直接生產。在開發
中的國家運用少量的機械，然而仍是以勞工密集之企業為經濟活動之重

心，所以其基本經濟勞動力，仍佔全國勞動力之顯著百分比。最後是工業進步國家，以高度科技、機械代替人力，其基本經濟勞動力只佔全國勞動力很少部份，在下表中（表二）我們就世界主要國家基本經濟勞動力佔全國勞動力之百分比及其國民平均個人收入排列次序，可以見到一國之基本經濟勞動力，人數與乎其國民平均所得成反比之關係。

美國是先進國家之代表，在一九七九年，其基本經濟勞動力佔全國勞工4％，而其國民平均所得爲每年一萬七百美元，佔世界第二位。一九七九年我國經濟發展，介乎開發及未開發國之間，當時我國基本經濟勞動力佔全國勞工30％，而國民平均所得爲每年一千二百元美金。

中共可以說是落後國家的代表，在一九七九年時，其第三經濟層面勞動力佔全國勞工75％，其國民平均收入爲每年二百五十美金（聯合國1982公報）。

第四節　雙重經濟體系(Dual Economy)

所謂雙重體系，指一國同時採取自由貿易及中央計劃經濟政策，劃分全國經濟爲兩大部門；中心經濟 (Core Economy) 及邊陲經濟 (Peripheral economy)，由中央政府統籌計劃執行中心經濟，而由人民自營邊陲經濟部門。目前世界所有國家，除了少數共產國家之外，都施行雙重經濟體系，所不同者，只是程度上的差異。以自由貿易尖端的代表國──美國──而言，自從一九三〇年經濟大恐慌以來，政府開始積極參與各種經濟活動，防範壟斷性企業發展，控制金融貨幣之流通，以國家財力建立龐大水壩，全國性公路，發展核能、太空科技，另一方面則嚴格管制大型私營企業之運作。

雙重經濟最好例證是中華民國的經濟制度，我國政府自行經營重要

表二: 世界各國農業勞動力佔全國勞動力之百分比（%），
　　　及國民平均所得（美元）之比較。1979

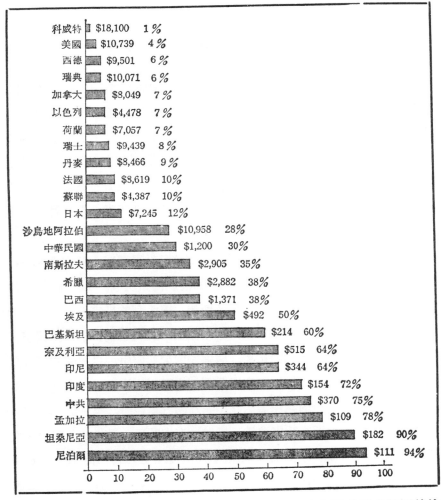

	所得	%
科威特	$18,100	1%
美國	$10,739	4%
西德	$9,501	6%
瑞典	$10,071	6%
加拿大	$8,049	7%
以色列	$4,478	7%
荷蘭	$7,057	7%
瑞士	$9,439	8%
丹麥	$8,466	9%
法國	$8,619	10%
蘇聯	$4,387	10%
日本	$7,245	12%
沙烏地阿拉伯	$10,958	28%
中華民國	$1,200	30%
南斯拉夫	$2,905	35%
希臘	$2,882	38%
巴西	$1,371	38%
埃及	$492	50%
巴基斯坦	$214	60%
奈及利亞	$515	64%
印尼	$344	64%
印度	$154	72%
中共	$370	75%
孟加拉	$109	78%
坦桑尼亞	$182	90%
尼泊爾	$111	94%

工業企業，而由人民私營邊陲性的企業活動。目前我國政府自行經營的
包括鋼鐵、石油、水電力、烟酒工業、公共交通、銀行等大型工業企業，
同時影響人民生計者，除了這幾項重要企業之外，其他經濟活動均交由

人民自營。大體上說來，我國的經濟體制偏向自由貿易，人民自營的企業，也有極爲龐大者，例如：臺塑、臺化、國泰信託公司等等。

第五節　龐大企業公司及國際企業公司

自工業革命以來，生產組織企業化之明顯趨向是日益龐大及國際化。在現在科技時代，完善的經營管理條件之下，龐大企業公司具有充分之財力、物力、人力，足以發展高度科技工業生產，而一般資源微小的公司，無法參與競爭。以鋼鐵工業爲例，最初投資額卽在千億以上，風險也大，不是私人能力可以負擔者。又以航運爲例，投資也是以億元作單位，也不是一般人可以參與者，諸如類推，大型的工業、企業都落在少數具有財力的財團手中。

近幾十年來由於世界交通流暢，整個國際世界變成一個市場。在目前國際市場內，除了少數企業之外，都構成壟斷現象。以汽車工業爲例，美國之三家汽車公司，日本以及西德、義大利的幾家汽車公司壟斷了世界汽車市場。由於尖端科技之應用發展，耗資之龐大，其他國家、或是私營公司無法進入國際市場，與這幾家公司競爭。以我國的三家汽車公司爲例，最早建立的裕隆汽車公司，次而福特汽車、喜美汽車，由於成本、品質、稅金的關係無法外銷與外國汽車競爭。唯一的銷售市場是臺灣本地，然而近來政府準備降低進口汽車關稅，這也是久已提議之政策，目前已開始逐步實施，相信不久以後，必然會迫使我國汽車工業，積極謀求改善品質，降低成本價格。到現在爲止，我們已經有三家汽車公司，然而卻不能自製汽車引擎及其他重要零件部份，處處仰賴外國支援，必須付出龐大關稅以及國外公司之欺詐。一年以前(1984)政府曾積極從事大汽車廠計劃，可惜我們所訂立的計劃出自一廂情願，與日

本豐田汽車公司之利益不合，所以計劃不能進行。

　　目前，我國工業面臨工業升級之迫切需要，我國的初級工業產品，在世界各地，特別是美國、歐洲，已遭受世界其他各國強烈競爭。十年之前，我國紡織業外銷，佔美國市場的一主要地位，然而近四、五年來，競爭國家愈來愈多。十年前我國紡織業之所以能夠暢銷美國，最主要原因是我國工資低，而國人工作勤奮，許多美國大服裝公司都運輸布料至我國加工，但是近幾年來，許多落後國家，如中共、印尼，也開始發展紡織工業。由於近年來我國生活水準迅速提升，工資日益昇漲，比其他落後國家工資高了許多，因而相對的提高了成本。

　　其次，我國初級工業之最大致命傷是缺乏原料，以紡織業爲例，最基本原料是棉、麻、毛等原料，而我國均無生產。同時，政府關稅過高，更而提高我國紡織品之成本，難以與其他落後國家紡織業競爭。最近（民74年）政府提出減免原料關稅，這是推動挽救我國輕工業的重要政策，希望能儘快實施。

　　目前政府積極計劃，提升我國工業，由基本工業發展至中級工業，後者如電腦、汽車工業。以電器、電腦工業爲例，我國具備發展的條件，因爲這一類工業所需的原料，我們可以自行供給，但是這些工業參涉高級科技，在這方面，我國較之其他先進國家仍略遜一籌。在電視工業中，我國獨樹一格的是普騰（Proton）公司，生產電視及其他電器。近幾年來普騰一直以品質優秀作爲宣傳之主題，其電視售價亦較世界各國電視價格爲高。普騰的電視機在品質上應該是第一流的，近年來在國內外也建立聲譽。唯一要注意的是如何能保持科技上的領先及突破，在今日之世界市場內，要想與科技尖端之日本、美國大企業相競爭，不是一件容易做到的事；其次，普騰應求降低成本，以求大衆化。以目前普騰發展的情況而言，其成本高，其宣傳廣告費用高；然而，其銷路不大，

在這種情況之下，要降低成本，減低價格以求大衆化，恐非易事。

再以我國汽車工業發展爲題，我國汽車工業已有三十年的經驗，應該有能力發展自製之引擎及其他重要零件，但是，三十年來我們並沒有做到。至目前爲止，我國的三家汽車公司仍仰賴日本、美國汽車公司，提供引擎及基本材料。如果我們政府準備提升工業水準，並且以汽車企業作爲主要目標，則我們應該積極努力策劃，建立一座完全由國人自行製造之汽車公司。以目前我國在軍事工業方面發展的情況來看，我們似乎具備製造汽車之科技能力。

最後在發展科技工業時，我們必須排除許多傳統的陋習。例如，馬虎、講人事關係、不徹底、不認眞等等習性，現代科技發展是建立在一套倫理基礎之上，包括對事認眞、精確、徹底、不講人事關係，如果我們不能排除這些傳統習慣，恐難以發展我國之科技。

又以我國學術研究發展爲例，當然在硬體設施上，我們較諸先進國家落後了許多，例如書籍之缺置，研究資料，電腦設備之不足。然而除了這些硬體的設備之外，最大的障礙仍舊是我國傳統習慣以及社會制度。在高度學術研究機構之中，我們見到官僚主義把持學術發展，作研究時不徹底、不認眞、不實事求是，常常作表面文章，更而每校自立門戶，固步自封，沽名釣譽，透過各種人事關係，爭取地位聲譽，而不切實地去做研究、學問，與世界學術界溝通比較。

國際性企業公司，不僅組織資金龐大，更而在生產上採取多元導向。以國際電話（ITT）公司爲例，他們不僅經營國際通訊電話，更而生產食物，經營旅社以及出版事業等等。

國際性企業公司之壟斷情形日愈嚴重；以美國食品商場爲例，安全食品公司（Safeway Company）名列世界最大企業第十四名，其食品商店遍及美國每一角落，私人小型食物公司無法與之競爭，就好似小國

表三: 世界五十間最大公司, 每年收支, 1982, 及國籍

Rank	Company	Total Revenues ($ millions)	Corporate Headquarters
1	EXXON	$ 108,108	USA
2	Royal Dutch/Shell Group	82,337	Netherlands/UK
3	Mitsui	68,709	Tokyo
4	Mitsubishi	68,271	Tokyo
5	Mobil	65,458	USA
6	General Motors	62,699	USA
7	Texaco	57,628	USA
8	British Petroleum	52,229	London
9	Galton	51,502	Tokyo
10	Marubeni	47,404	Osaka
11	Sumitomo	44,931	Osaka
12	Standard Oil California	44,224	USA
13	Ford Motor	38,247	USA
14	Nissho-Iwai	32,124	Tokyo
15	Standard Oil Indiana	30,372	USA
6	Sears, Roebuck	29,260	USA
17	ENI-Ente Nazionale Indrocarburi	29,103	Rome
18	IBM	29,070	USA
19	Gulf Oil	28,252	USA
20	General Electric	27,854	USA
21	Atlantic Richfield	27,798	USA
22	IRI-Instituto Ricostruzione Industriale	26,400(est.)	Rome
23	Phibro-Salomon	25,109	USA
24	Unileyer	24,109	Netherlands/UK
25	ITT	23,197	USA
26	F I DuPont de Nemours	22,790	USA
27	TOTAL Group (Française des Pétroles)	22,654	Paris
28	VEBA Group	20,885	Dusseldorf
29	Kuwait Petroleum	19,800(est.)	Safat, Kuwait
30	Petróleos de Venezuela SA	19,659	Caracas
31	Fiat Group	19,381	Turin
32	Elf Aquitaine Group	19,215	Paris
33	Petroleos Mexicanos	18,996	Mexico City
34	Petróleo Brasileiro SA	18,946	Rio de Janeiro
35	Citicorp	18,275	USA

36	Nippon Tel & Tel	18,192	Tokyo
37	Deutsche Bundespost	17,467	Bonn
38	Toyota Motor	17,009	Nagoya
39	NV Philips Lamp	16,997	Endhoven
40	Nissan Motor	16,794	Tokyo
41	Volkswagen Group	16,760	Wolfsburg
42	Nippon Oil	16,637	Tokyo
43	Postes et Telecommunications	16,600(est.)	Paris
44	Safeway Stores	16,580	USA
45	The Electricity Council	16,488	London
46	Toyota Motor	16,379	Toyota City
47	Daimler-Benz Group	16,222	Stuttgar
48	Renault Group	16,137	Boul-Billancourt
49	Sun	15,967	USA
50	Phillips Petroleum	15,966	USA

SOURCE: Adapted from *Forbes*, July 5, 1982, pp. 126-130.

家的汽車公司無法與龐大的世界汽車公司競爭一樣。

　　龐大公司的收支更是天文數字，眞可謂「富可敵國」（見表三）。以世界最大企業公司愛克桑（Exxon）石油公司爲例，其一九八二年營業值爲一千零八十億美元，超過瑞士、沙烏地阿拉伯及許多其他世界國家之全國總收入。爲了追求利潤，確保公司利益，以及追求更高發展，這些公司不惜以各種方式操縱市場、工會，直接、間接參與控制各國政府政策，形成爲國際間龐大財政勢力，其影響力不下於一國之政府。將來龐大的國際性企業公司，更可以獨樹一幟，與世界各國抗衡。

第六節　工作、職業及行業
(Work, Occupation and Profession)

　　所謂「工作」，卽個人賴以爲生的行爲活動。「工作」是一種生物界的自然現象，任何生物爲了生存延續，都必須工作。動物如此，植物也

一樣。人類社會組織龐大複雜，爲了滿足人類各種需求以及社會之各種需求，因而產生工作分化的現象，例如有的人種田，有的人織布，有的人製鞋，有的人賣飯。社會愈龐大，愈進步，分工愈複雜精密。以現代工商業社會爲例，社會分工何止千千萬萬。社會上每一成員，就社會分工體系中選擇一項以作爲其維生之手段，這項選擇就是他的職業（occupation）。所以社會上每一個成年人，除了少數失業者，都有一個職業，例如，修鞋匠、警察、厨子、老師、縣長、市長等等。

爲了使得社會分工能夠系統化，我們又將千千萬萬的職業歸類爲若干行業(Profession)，例如政府、工業、商業、敎育、宗敎。每一行業之中又有等級之分，例如政府工作中，有高爲部長、次長者，有低爲科員、小工者。所以每個人的職業，不僅提供個人專長，更而指示個人社會地位。

目前世界各國在劃分職業類別時，通常類分爲四，以美國職業分類爲例，其劃分爲白領職業、藍領、服務性行業及農業。美國從一九〇〇年至一九八〇年之間，由於工業急驟發展，其職業類別間勞動力分配，亦隨而發生變動。

第七節　專業人員（Professionals）及專業化（Professionalization）傾向

以往，專業人員指牧師、律師、醫師；而今則擴充及大學敎授、工程師及其他科技人員。專業人員之特性是學有所長，學有所專，具有特殊之科學技能及知識。以醫生爲例，除了大學敎育、四年醫科專業敎育之外，還須經過長期實習訓練才能成爲一位專科醫生。律師亦復如此。大學敎授除了接受四年大學通才敎育之外，更需追求五至八年的專才敎

育，獲取博士學位，許多人修習一生亦無法取得博士學位。專業人員之
工作較爲崇高、重要，並具備獨立自由的特性。以牧師爲例，他們的工
作是神聖的，領導人羣逃避罪惡，走向天堂的途徑，解除人類心靈的危
機，建立和諧和平的人際關係。大學敎授的工作也是崇高神聖的，他掌
握最高學術之鑰匙。由於這些原因，專業人員之收入較高，而且受社會
人士尊敬。

　　近幾十年來由於科技發展迅速，人民敎育提升，因而各種行業都有
走向專業化 (Professionalization) 的趨向。以電腦事業爲例，操縱電
腦人士必須了解數理、統計，更須受過專門電腦操作訓練，然後才能成
爲一個電腦工作人員。目前雖然各種行業都必須運用電腦。然而大多數
人都不會使用電腦，因此電腦操縱人員成爲一種專業化的職業。

　　科技進步，日新月異，卽使是以往最簡單的工作，現在都變爲複雜
的科技問題。以處理垃圾爲例，現今處理垃圾之過程極爲複雜，祇有經
過專門訓練的科技人員，才能夠處理，不僅在大學裏有環科系，更而有
環科研究所，所以環境衞生處理也變成一項專業化的學識技能。

　　在另一方面，由於人民敎育之普遍提升，目前或是以後，大學畢業
生之就業趨向必然會產生巨大的變化。譬如說二、三十年前國內大學畢
業生直接徵召入軍官團，接受軍官訓練。而今大學畢業生必須參與預官
測驗，只有極少數的才可以進入軍官團受訓。二、三十年前大學畢業生
數量很少，在社會上很受注意，參與中上層之職業，而今大學生數量過
多，中上層職業已達飽和狀況，所以大學生必須向中下層職業求發展。
如果大學畢業生，在就業上有趨向下流之趨勢，高中畢業生則更慘。以
美國社會爲例，一九七〇年，美國大學生失業率爲２％，一九八〇年爲
４％，而一九八〇年高中畢業生之失業率爲11.4％。換而言之，目前大
學敎育普及，大學畢業生搶奪了以往高中畢業生之職位。

第八節　近三十年來(1950—1980)我國經濟發展概況

近三十年來，我國經濟成長迅速，由三十年前的貧困落後農業國，搖身一變而成爲富庶的工業都市社會，我國近三十年來之迅速經濟成長，成爲世界落後國家現代化發展之楷模，這幾十年來的成就，應歸功於政府領導有方，以及國人勤奮努力。一九八四年來華訪問的美國經濟學馬席夢敎授（美國史丹佛大學胡佛圖書館館長）（Myers, 1980），在他的中國經濟一書中，強調我國政府之穩健經濟政策，構成我國經濟成長之主要原因。

我國政府從一九四九年開始三七五減租，然後是公地放領、耕者有其田政策之推行，繼之以五度的四年經濟計劃（1953～1974），最初是以農養工，培植國內輕工業，同時，實施保護關稅，管制外匯，發展勞力密集工業，平衡政府預算，鼓勵投資及出口，增加就業人口，穩定物價，改善所得分配。

一九五三年，我國出口物品中，農業生產品佔 92％，工業產品佔 8％，一九七八年時，農業產品僅佔出口 11％，而工業產品佔 89％。二十五年之內，我國由一個原始的農業國家一躍而爲進步的工業國。一九八三年我國出超額名列亞洲第一位（聯合報，1985, 5, 29）。（參看蔡文輝，1981）

一九五二年我國全國總生產額（GNP）爲 172 億新臺幣，一九七九年爲 11,641 億。二十七年之間增加六十八倍（參看張曉春，1981）。個人平均收入（Per Capita Income）一九五一年時大約美金 250 元，一九七九年爲美金 1220 元，而一九八五年爲美金三千元。行政院長俞國華很樂觀的預測，再過十年，國人之生活水準將提升及於世界先進國家

之列。(參看蔡文輝，1981、黃大洲，1981、張曉春，1981)

在經濟組織結構方面，這三十年也有顯著的演變（參看黃大洲，1981)，一九四九年時，農人佔我國勞動力 60%，其中 70% 是佃農及半自耕農。一般佃農必須以 50～70% 之收成交付地租，除此之外，更必須付押租金、預租金等等，租期不定，租約多爲口頭承擔，書面契約僅佔十分之一。農地改革政策之後，農人情勢大爲好轉，一九七九年時，農人祇佔全國勞動力 32.5%，絕大多數是自耕農，極少數是佃農，最大負擔是收成的 37.5%，租約期數都具有書面證明。

一九五三年時，我國經濟結構三個層面之分配如下：

　　　初級經濟（農礦漁業）佔全國經濟 56%

　　　次級經濟（工　　業）佔全國經濟 17%

　　　第三級經濟層面（服務業、運輸業等）佔全國經濟 20%

二十五年之後（1979年）之分配情況

　　　初級經濟　　佔全國經濟 30%

　　　次級經濟　　佔全國經濟 30%

　　　第三級經濟　佔全國經濟 40%

就業人口之分配上亦有顯著改變（見張曉春，1981)，一九五三年全國就業人口約 60 萬，其中 83% 是男性，17% 爲女性；一九七九年時，男性佔 66%，女性佔 34%；又在一九八〇年時，全國成年婦女中 40%直接參與經濟生產工業，（呂玉瑕，1981)所以在短短二十五年之間，我國婦女就業率增加了一倍。

第九節　結　　論

經濟活動是人類最主要的活動，是社會組織之最重要部門。雖然世

界各國經濟體制不一，然而在實質上則大同小異，滲和自由貿易經濟體制與中央計劃經濟體制之諸特性。世界各國經濟發展，雖然步調不一，然而目標及趨勢則相同，都走向工業、科技、企業化。我國近三十年來經濟成長迅速，由一九五〇年代的貧困農業國家一躍而為工業國。然而我國經濟有待改進，提升之處甚多，最近一、二十年將是關鍵時期，欲求生存發展，我國經濟必須突破舊有的限制，提升我國之科技，由初級工業進昇為中級、高級工業。

第十二章　人　　口

第一節　世界人口現狀

　　所謂人口 (Population)，指一個社會或國家的全體人民。例如中華民國現在的人口是一千九百萬人(民74年1月)。每一社會的人口具有許多特性，諸如：性別、年齡、職業、生育率、死亡率、結婚率、離婚率等等。研究人口組織、人口特性的學問是為人口學 (Demography)。

　　現代社會都舉辦定期人口調查 (Census)，通常以十年為期，其間更做間歇性的抽查，以了解其人口特性，作為國家稅收預算，人力資源之估計，勞工政策，經濟發展等之基礎。社會學從事人口研究者亦多假藉人口調查資料作深度研究。

　　近幾十年來人類所面臨的嚴重問題之一是人口問題。世界人口問題之嚴重性，一則在於人口數目太多，再而是人口增加迅速。人口學專家以「人口爆炸 (Population Explosion)」形容近幾十年來世界人口急速增加的現象。人口眾多以及增加迅速為人類世界帶來嚴重之災害。

　　近半世紀以來，已開發的國家如西歐及北美國家，人口之成長已趨

向緩和，不再構成嚴重問題。然而在落後地區，如亞洲、中南美洲及非洲，人口問題正方興未艾。以目前落後國家的人口情況來看，未來一百年中，世界人口局勢不甚樂觀。多數貧困國家如印度、中共、印尼等，其人口總數早已超越飽和，超越這些國家的負擔能力，形成嚴重的問題。然而絕大多數落後國家對於其人口急速成長卻沒有完善的截止方法；在最近幾十年之內，其人口問題不僅為其本國帶來嚴重禍患，可能更會為世界人類帶來災害。

在人類歷史中，絕大多數時期都沒有人口問題。兩百年之前之世界人口總數不大，成長緩慢（見圖一）。

紀元前八千年，人類定居，建立農村社會，當時全世界人口大約是一億二千萬。由於生活安定，生活技能的改進，世界人口逐漸增加。至公元一年時，增加了一倍，達到二億五千萬。公元一世紀以後，人類文明已到達很高的境界，人口增加也隨而加速，至公元一六五〇年時，人口又增加了一倍。

十七世紀以後，由於科技發展，新航路、新大陸之發現，世界文明又提升及於更高的層次，人口增加更形迅速。至一八五〇年時，世界人口已達到十億之數。十九世紀中葉以後，世界文明已進展及於機械工業時代，機械取代人力、獸力，生產力大為增加。在一九三〇年時，世界人口又增加了一倍，達到二十億之數。一九三〇年以後，人口直線上升，至一九七五年時，世界人口已抵達四十億之數。目前之世界人口總數為四十八億。預計至公元二〇一〇年時，世界人口將抵達八十億。

近百年來，世界人口迅速膨脹之主要原因不外有二；最主要都是由於科技醫藥衛生之迅速發展進步。人類生活環境之改善，食物及其他資源之開發，疾病之防範及治療，隨之是壽命增加，死亡率迅速降低。在十九世紀以前，人類死亡之主要原因之一是疾病、傳染病。中古時期發

（億）

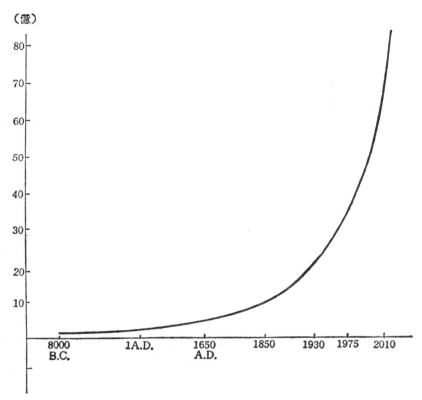

圖一： 世界人口成長率

生於歐洲之黑死病，短短的幾十年中，消滅了歐洲人口三分之一以上，
對於人類財力、物力之破壞更不在話下。阻止人口膨脹的第二項因素是
天災，中國社會每數年即有一次大災荒，每次發生時，數以百萬計的人
民死亡，流離失所，當瘟疫流行病如腦膜炎、猩紅熱、霍亂等侵擊時，
數以百萬計的人口，迅速死亡。在歐美國家，這些疾病由於現代環境衛
生的改善，健康的維護，自十九世紀以後，逐漸減少，在一九四〇年代
人類發明了許多突破性的藥品，其中包括盤尼西林及ＤＤＴ等，在很短
的時期內，消除了為害人類的嚴重疾病，挽回數以百萬計的生命，由於

盤尼西林及ＤＤＴ，成本便宜，製造簡單，使全世界人類均受福利，這些科技醫藥發明，使得最落後的國家，如印度及非洲國家，在短暫的數年時間內也消除了瘟疫、傳染疾病。

然而隨科技醫藥的演進，人類健康壽命的增長，隨而爲世界帶來一項嚴重的人口膨脹、人口過剩的問題。在一九三〇年代，世界三大集權國家，日本、德國、意大利，均以人口過剩，爭取生存空間爲由，向鄰近國家擴張侵略。日本於一九三一年佔領我國東北，隨而於一九三七年盧溝橋事件向全中國侵略。意大利於一九三三年進侵北非，德國先後併吞附近小國，隨而於一九三九年發動第二次世界大戰，造成人類歷史上最大的浩劫，不僅數以千萬的人類死亡，更多的流離失所，無盡的財力、物力、人力消耗在破壞性的戰爭中。最後在一九四五年人類更創造了新的核子武器。小小的兩枚核子彈在短暫的十餘日之間，卽帶來了短暫的和平安定，然而也爲人類之毀滅舖設了基地。人類無窮盡的慾念加以核子武器的威力，最後必將帶來整個地球的毀滅。最近，在倫敦大學召開的高級世界和平會議中，三位諾貝爾獎金得主均認爲核子戰是不可避免，並預測在最近二三十年內必然發生。(1985 年一月英文中國郵報)。

第二節　臺灣人口之發展及現況

根據最近資料 (1985 年 1 月)，臺灣的人口總數爲一千九百萬。在一九四五年八月臺灣光復時的人口大約是六百五十萬人，所以在短暫的四十年之間，臺灣的人口竟然增加了三倍，不可謂爲不迅速（見表一）。

在四十年中，增加的人口中，大約有一百萬是在 1945～1949 年，大陸變色時期，由大陸移民來臺者。其餘的都是本地自然成長增加之人

表一：　臺灣地區人口總數、生育率、死亡率及人口自
　　　　然成長率之演變（1945～1985）

年　　　代	人口總數 (百萬)	生　育　率 (1/1000)	死　亡　率 (1/1000)	人口自然成長率 (1/1000)
1945	6.5	44.3	11.5	31.8
1950	8.0			
1955		45.3	8.6	36.7
1960		39.5	7.0	32.5
1965	12.7	32.7	5.5	27.2
1970	14.5	27.2	4.9	22.3
1975	16.1	23.0	4.7	18.3
1980	17.5	23.4	4.8	18.6
1985(一月)	19.0	20	4.7	15.3

資料來源：中華民國
　　①審計處每年臺灣人口資料
　　②臺灣家庭計劃研究中心　孫得雄 1985

數。在一九五○～一九六○年代，臺灣人口的自然成長率（生育率減去
死亡率）為 3.5%。在一九七五年時，臺灣的自然人口增加率 大約是
2.0%。最近十年由於急驟之工業都市發展，人民生活程度之提升，教
育程度之提高，臺灣人口成長率漸緩和下來。目前（1985）的人口成長
率大約在 1.5% 左右。我國希望在十年內人口成長再降低 0.5%。目前
臺灣人口已超越飽和狀況，若不及早防範，更多之人口將為臺灣帶來嚴
重問題。

　　以一九七○年我國人口成長率與世界各國比較，大約有一百四十六
個國家的人口增加率低過我國，五十四個國家高過我國。在亞洲國家中，
二十多個國家的人口成長率低於我國，十五個國家高過我國。由這些數
字上，我們可以看出，目前我國人口成長仍偏高，此外，如果與先進的

國家比較，我國人口成長率更爲顯著。一九七九年北美國家的人口成長率每年 0.8%，歐洲及蘇俄爲 0.6%，我國爲北美的兩倍，爲歐洲的兩倍半，這些數字顯示我國人口膨脹之迅速。

臺灣人口在性別上，亦具有顯著的特色，一九八〇年代初期，全國人口中男女之比例仍維持於 109 之高度。（中華民國審計處，1984 年資料）。與同一時期美國人口之性別結構比較，其性別率爲 95。我國人口中男性偏高，這與乎我國人口成長之過程有密切的關係。在一九四五年至一九五〇年由於大陸失陷，大約有一百多萬人自大陸遷來臺灣，其中絕大多數是年青的男性。這些大陸移民造成今日臺灣人口性別上的顯著特色。一般來說，女性壽命較男性爲長，以 1984 年，我國人口壽命期望率爲例，男人壽命爲七十歲，女性爲七十五歲。同年，美國男性的壽命期望率爲七十一，女性爲七十九歲。是而社會愈進步，人的壽命愈長，而男女之差額率愈大，女性壽命增長較之男性爲迅速。

雖然我國人口的性別率在一九八〇年時爲一〇九，然而在大都會中，如臺北、高雄，性別率約爲九十四（見中華民國審計部，民73年資料）。這顯示人口性別結構上之又一特色，卽大都會中女性較多，男性較少，特別是年青女性較多。大都會中工商企業組織，應用婦女較男性爲多，因而造成年青女性集中大都會的現象。

臺灣人口密度

我國人口密度特高，每平方公里爲520人左右（1984），爲世界第二位。如果我們把中央山脈、臺東地區（佔全國土地四分之三）摒除不計，則西部平原地區之人口密度更是大得驚人。在表二中，可見我國人口密度與世界各國比較之情況。

表二：1978年時臺灣地區與其他重要國家人口密度的比較

臺　灣　鄰　近　的　開　發　國　家				
國　　　　名	1978年土地密度		1978年耕地密度	
	人／平方公里	臺灣密度為其密度的倍數	人／平方公里	臺灣密度為其密度的倍數
臺　　　　灣	482		1890	
南　　　韓	376	1.28	1659	1.14
印　　　尼	72	6.69	844	2.24
菲　律　賓	155	3.11	572	3.30
馬　來　西　亞	39	12.36	200	9.45
印　　　度	194	2.48	377	5.01
孟　加　拉	588	0.82	928	2.04

重　要　的　高　度　開　發　國　家				
國　　　　名	1978年土地密度		1978年耕地密度	
	人／平方公里	臺灣密度為其密度的倍數	人／平方公里	臺灣密度為其密度的倍數
美　　　國	23	20.95	116	16.29
加　拿　大	2	241.00	54	35.00
日　　　本	309	1.56	2305	0.82
法　　　國	97	4.97	283	6.68
西　　　德	247	1.95	765	2.47
英　　　國	229	2.10	32	59.06
蘇　　　俄	12	40.17	113	16.73

資料來源：行政院經建會世界各國人口資料，民國六十九年，第10頁

由以上表格中，可見我國人口密度之大。美國人口密度爲每平方公里二十三人。我國人口密度爲其二十一倍，我國耕地人口密度爲一八九〇人，而美國爲一一六人，我國是美國的十六倍有餘。

過高人口密度帶來了許多嚴重的問題。諸如，交通問題，居住問題，空氣汚染問題。人口擁擠，造成人際之間之磨擦糾紛，個人精神緊張焦慮不安等現象，謀殺、犯罪案隨人口密度增加。(Heer, 1975)。肥美良田，自然景觀，因爲都市街道之擴充，工業礦業之發展而日益消失；其他資源之耗損、破壞，更是不在話下。高度人口密度亦同時帶來嚴重健康問題。例如，目前我國肝炎之嚴重情況即爲一例，嚴重流行肝炎一方面是我國健康醫藥的問題，同時也反映人口過份集中，衞生健康設施不足。

第三節　人口學名詞

一、人口成長率 (Population Growth Rate)

一個國家或社會的人口每年增加或減少的人數，是爲該國之人口成長率。人口成長率中包含四項因素：

1.生育率 (Birth Rate) 一個社會國家每年新生嬰兒，除以年中人口總數，再乘以一百，即爲基本人口生育率 (Crude Birth Rate)，其計算方式如下：

$$基本生育率\ (Crude\ Birth\ Rate) = \frac{每年生育數}{年中人口總數} \times 100$$

例如，我國（臺灣）一九五〇年代（1950~59）之生育率爲 4.5%，1960~69 爲 3.6%，1970~79 爲 2.5%。

由以上數字可見，我國人口生育率，在最近三十年成直線下降，這

是一個好的現象，根據目前之趨勢，我國人口之生育率，隨工商業都市發展，仍將不斷下降。（中華民國內政部歷年臺閩地區人口估計）。

2.死亡率 (Mortality Rate)　一個國家每年死亡人口總數，除以年中全國人口總數，再乘以一百，即為全國人口死亡率。

基本人口死亡率 (Crude Mortality Rate) $= \dfrac{\text{全年死亡總數}}{\text{年中全國人口總數}}$

×100,又以我國為例，民國三十九年(1950)臺灣地區死亡率為1.15％，1950～1959 平均死亡率大約為0.9％，1960～69 為 0.6％，1971～80為0.49％。由以上數字可見我國人口死亡率也是歷年遞減，然而自從一九七〇年之後，即停留在 0.47％左右。

死亡率與生育率不同的地方是生育率反映一國之民情風俗，價值觀念，我國早期之高度生育率，反映我國傳統大家庭之價值觀念。多子、多孫、多福，一直是我國最主要價值觀念。然而近幾十年來，由於西風東漸，工業都市迅速發展，教育水準提高，節制生育之方法日益進步，人民生活水準之提升，生活素質之轉變,使得人民改變對於子女之態度，不再重視子女數目而重視子女之質，一如教育營養等等。死亡率則純粹反映一國之科技醫藥水準及生活水準。然而生老病死卻是不可避免的現象，所以死亡率降低至一定標準之後，變動較小。

在表三中，我們比較臺灣與世界各國之人口、生育率、死亡率及自然生長率。

從表三中，我們可以看出我國人口生育率較之歐美、日本等進步國家偏高，死亡率則偏低。然而死亡率，反映一國之衛生營養狀況，我國死亡率較世界各國偏低過多，使我們懷疑，我國內政部統計數字之正確性。

3.人口遷移率 (Migration Rate)

一國人口之成長，除了自然成長之外，尚包括移民之差額，一國人

表三: 世界各國人口成長表

國　　家	現有人數	生育率 0/100	死亡率 0/100	自　然 成長率	人口增倍 所需年限
全世界	4.7billion 1985	30	12	18	39
澳　洲		16	8	8	84
巴　西		37	9	28	26
加拿大		16	7	9	69
中共※	1000 m	31	11	20	35
埃　及		39	13	26	27
西　德		10	12	2	/
印　度		36	15	21	33
意大利		14	10	4	200
墨西哥		43	8	35	20
奈及利亞		49	23	26	27
波　蘭		20	9	11	64
中華民國	19 m 1985	20	5	15	50
蘇　俄		18	9	9	96
英　國		12	12	0	—
美　國	230 m	15	9	5	128

○　資料來源，美國1978人口調查局資料，及各國人口報告。

※　中共自1980年開始，施行嚴格人口管制，人口增加成長將迅速改變。

　　1984年底　臺灣人口資料

口內遷 (Immigration) 與外移 (Emmigration) 人口之差額是爲其人口遷移率。我國在一九七〇年代以後，人口遷移率極低，大約是千分之零點五左右，不足以影響全國人口成長。整個社會的人口成長率爲自然成長率（生育率減去死亡率）及人口遷移率之總和。

二、性別率 (Sex Ratio)

性別率是一個社會中男性與女性的比例，其計算之方程式爲：

$$性別率 (Sex\ Ratio) = \frac{全國男性數目}{全國女性數目} \times 100$$

目前我國之性別率爲 109，卽國內男女之比例爲 109 比 100。

三、生命期望值 (Life Expectancy)

卽我國人們所謂「壽命」。爲求客觀科學化，在社會學中亦建立一數學方程式計算之。例如，民國74年我國人之生命期望值爲七十二歲，卽在民國七十四年出生的中國人平均可以活到七十二歲。

四、零度人口成長 (Zero Population Growth) (ZPG)

零度人口成長之觀念指人口成長爲零。這是人口學較新的概念，目前工業先進國家人口成長爲零的或接近零者，不在少數，例如西德、英國、法國的人口成長率都在零度左右，而東德的人口成長更在零度以下，是爲負數，也就是說東德人口日漸減少。又以美國人口成長爲例，根據普林斯敦大學社會學家偉斯特 (Westoff) 估計，美國人口成長在公元二○二五年將達到零度成長的階段 (ZPG)，所以在公元二○二五年時，美國人口既不增加也不減少。根據人口學家的計算，如果一國內每一家庭的平均子女數目是 2.2，則一國的人口成長將達零度。依據目前世界各國人口發展趨勢，歐洲國家，北美及日本的人口自然成長率在下一世紀中葉都會達到零度成長，許多人口銳減的國家，如東德、加拿大、澳洲，爲了國家利益，鼓勵國民生育。以東德一九八二年的法令爲例，獎勵結婚生育，結婚者政府給予免息貸款美金一萬元，作爲購置家俱之用，

無息分期付還。如果夫婦養育子女一人，則政府免收借款一千元；養育子女兩人，則政府免收貸款 2500 元；如果養育子女三人，則政府免卻全部貸款。換句話說，東德政府一九八二年之政策積極鼓勵人民生育。

五、人口依賴率 (Dependency Ratio)

衡量一國人口多寡，人口問題之嚴重性，除了計算其人口總數，人口成長率，生活水準，工業發展狀況之外，更同時必須計算一國人口之依賴率。所謂依賴率，即一國人口中無以爲生的人口與具有工作能力人口之比率，其計算方程式如下：

$$人口依賴率 = \frac{全國 0 \sim 14 歲人口 + 65 歲以上人口}{全國 \ 15 \sim 64 \ 歲人口} \times 100$$

表四中顯示，幾個主要國家之依賴率。

表四：世界主要國家人口依賴率 (1971年)

國　　　　　　　家	依　　賴　　率
中 華 民 國 (臺灣)	101
加　　拿　　大	84
美　　　　　國	81
法　　　　　國	86
日　　　　　本	61
墨　西　哥 (1976)	138

參閱 Merton R. K; J R. Nisbert, Contenpancy Social Problem 1976.

由上表中可見，先進國家之人口依賴率較低。比較美國與墨西哥的人口情況。第一，美國現有人口爲 2.3 億，墨西哥爲七千萬左右。第

二，美國人口成長爲 0.7％，而墨西哥爲 3％年率。以現在兩國之人口
成長率計算，美國必須要一百四十年，人口才會增加一倍，而墨西哥則
在二十五年之內，人口增加一倍。第三，美國人平均收入至少是墨西哥
人平均收入之十倍，然而墨西哥之人口依賴率爲 138，而美國爲 81，美
國之人口依賴率相當於墨西哥之59％。以墨國國民之低微收入，反而要
供奉更多無能力工作的人，墨西哥人怎能不貧困呢？又如何可以改變墨
國之整體經濟狀況？

　　如果我們將國家比喻爲一個家庭，然後來仔細衡量各國人口問題。
美國好比是一個富庶人家，而子女數目很少，所以美國能夠有充分能力
照顧其子女之身體發育敎養及前途。墨西哥好似一個貧困而子女衆多的
家庭，平時是三餐不飽，朝不保夕，又如何能夠顧及其衆多子女之健康
敎育，更不用說是前途了。

第四節　人口調查（Census）

　　人口調查（Census），卽每一國家對其人口狀況作定期之調查所收
集之資料。人口調查資料內容詳細，包括每一國民之年齡、敎育、性
別、居住、婚姻狀況、職業收入、宗敎信仰等等。由於每一國家人口數
目衆多，統計困難，所以世界各國多以十年爲期，作定期調查。人口調
查資料不僅是人口學硏究之主要資料來源，也同時是一國政治、經濟、
軍事政策所依據之根源，沒有詳細的人口資料，一國政府將難以擬定正
確政策。

　　人口調查源自於古代羅馬時代，爲徵稅而做之人口統計，中國由於
疆土人口過於龐大，歷史上雖無詳細記載，然而粗略及地方性人口調查
則時而有之。

除了定期人口調查之外，各國中央政府及地方政府又有定期的及不定期的人口抽查以及各種由地方資料累積之人口資料。例如每一地方政府均登記人口生育、死亡、結婚、遷移等等，將這些資料加以整理，卽構成全國人口的重要資料(Vital Statistics)。此外，各級政府又作不定期抽查，每三、五年或因特別事故，抽查全國人口之一部份。由於目前抽樣方式之科學化，精確度甚高，所以，局部人口之調查亦是有代表性。

人口調查之正確性。人口調查是全國稅收、人力、資源，以及國家訂定政治、經濟、軍事政策依據之基礎。然而由於一國人口過於龐大，重複遺漏以及其他錯誤難免發生。以美國一九六〇年人口調查為例，依據人口學專家估計，大約 3％的人口遺漏未計入檢查，而重複申報數為 1.3％，總共約有1.7％的人口未列入人口調查總數中。以目前臺灣二千萬人口為例，約有三十四萬漏列。

人口調查的精確性與調查機構之認眞，切實態度相關，也與一國人口、教育、交通等國情攸關。由於我國人口政策嚴格，而人口土地不大，所以錯誤較少。如果是印度，不僅是疆域大、人口多，而且政府腐敗，文盲普遍，其人口調查資料錯誤必然較大。

人口調查耗費龐大，以美國一九八〇人口調查為例，耗費超過十億美元以上，相當於許多小國家的全國預算。

第五節　人口學理論

有關人口成長之理論甚多，通常可以劃分為三大派別。第一是十八世紀末期之英國社會科學家馬爾薩斯的理論；第二是十九世紀中葉馬克斯所創立的理論，第三是二十世紀中葉人口學家所建立的理論。現分別討論於下：

一、馬爾薩斯的人口成長理論

馬爾薩斯 （Thomas Malthus', 1766-1834)是一位傳教士，致力研究人口問題。一七九八年發表人口論一書。他認爲人口自然成長速度，遠超越食物生產供應能力，因而人口成長如不加以限制，人民生活將永無法改善。在人類歷史中，阻止人口自然成長之因素很多，包括戰爭、疾病、天災、飢荒等等。爲了防範人口自然成長帶來之災患，馬爾薩斯主張運用預防方法，如遲婚、自然節育等，緩和人口增加的速度。

自從馬氏人口論出版之後，由於世界人口膨脹帶來許多嚴重問題，人口學家開始宣揚馬爾薩斯的人口理論，推崇之爲人口學經典。至今爲止，絕大多數人口學家都是馬氏的信徒，強調人口節約的重要性。

二、馬克斯的人口論

十九世紀共產主義創始人馬克斯也提出一套人口學的理論。他認爲世界貧困、戰爭、飢荒等等問題並不是由於人口過多所造成，而是由於分配不均所致。他更以「剩餘價值」的理論 (Theory of Surplus Value) 來解釋人口與資源生產之間的關係，根據「剩餘價值」論，平均每人生產總值 (Per Capita Productivity) 一定超越個人平均消費

總額 (Per Capita Consumption)。根據這個理論，一國之國富，主要源自於人力資源，每多一份人力，即多增一份人力資源多一份剩餘物質生產。

然而馬克斯的剩餘價值論是以十八世紀以前的農業經濟為基礎，這一種理論並不適於現代工業社會，因為工業社會之生產不是單純的人力與自然資源結合。自從工業革命以來，機構代替了人力，而機械的生產效率非常大，然而世界消費市場有限，所以過剩的人工無法運用，反而形成工業國家之累。

共產主義國家多以馬克斯的人口理論為國家人口政策之基礎。以中共為例，從一九四九年建國至一九七六年毛澤東去逝，中共人口由四億五千萬增加至九億餘人口，短短二十七年中人口增加了一倍有餘，在這二十七年時間中，雖然有許多受過西方教育的人士，極力提倡人口節育政策都被毛澤東以剩餘價值理論駁回。直至一九八〇年初，毛酋死亡之後，中共人口已超越了十億之數。中共之經濟，人口問題已到達水深火熱的地步，中共掌權派才開始覺悟，積極謀求人口節育，但是為時已晚，中共十億人口，加以經濟發展落後，在最近幾十年之內，將構成中共發展之最大障礙。

三、人口變遷理論 (Theory of Demographic Transition)

一九四〇年代，世界工業先進國家人口成長均緩和下來，為世界人口問題帶來了希望。人口學家根據人類人口發展歷史而創立人口變遷理論（表五）。根據這個理論，世界國家大約可以依據其工業發展程度劃分為三種類型：未開發國家、開發中國家，以及已開發國家。在工業革命以前，人類歷史大部份是在未開發階段，在這一段漫長的時期內，人類生育迅速；然而，由於缺乏醫藥衛生設施，健康設備匱乏，因此死亡

表五　工業發展與人口成長之關係

國家工業發展程度	生　育　率	死　亡　率	人 口 成 長 率
已 開 發 國 家	低	低	低
開 發 中 國 家	高	低	高
未 開 發 國 家	高	高	低

率也很高。歷史上，中古時期流傳歐陸之黑死病即消滅了歐洲人士幾近三分之一之數，其他如各種流行疾病、天災、戰爭，不斷的殘害人類，所以在工業革命之前，世界人口成長緩慢。

然而自從十九、二十世紀以來，由於科學、工業之急進，世界各國生活水準迅速提升，科學發展帶來食物、醫藥衛生的改進。一九四〇年代幾種藥物之發明，例如ＤＤＴ及盤尼西林，爲人類健康帶來了前所未見的救星。由於科技醫藥之急速發展進步，迅速減低了人口死亡率，然而人類之生育率卻並未降低，因此在開發中的國家，人口成長迅速。

在已開發的歐美國家中，不僅人口死亡率低，同時人口生育率也因爲生活方式及社會價值觀念之改變而迅速降低。由於都市生活昂貴，子女之負擔對一般人而言甚爲沉重。以前多子多孫多福之舊價值觀念，已逐漸消失沉沒，代之而起的新價值觀，不再重視子女的數目，歐美國家由於生育率之降低，至一九四〇年代人口成長已走向緩慢的步調，目前歐洲許多國家如東歐、西德、英國、法國人口不僅不增加，反而日形減少，造成嚴重人口缺匱的問題。其他歐美國家，如美國、蘇俄、日本，在最近五十年之內，也會步上零度成長以及人口減少之途徑。

自從一九三〇年代，人口變遷理論發表之後，關心世界人口問題之人士都以爲從此以後，工業國家再不會出現嚴重人口膨脹問題。然而事

與願違，美國在第二次世界大戰以後，從一九四五至一九六○年時期，出現了所謂「盛產」(Baby Boom) 的現象。在這段時期中，美國人口生育率一反往昔之常態，突然急速增加。當盛產期開始之初，人口學家之解釋是美國人由於一九三○年代之經濟大恐慌，以及一九四○年代之世界戰爭等等因素，因而擱置了生育計劃，直到第二次世界大戰以後，和平繁榮的時期才開始補償以往的缺乏。這種解釋甚是名至實歸，第二次大戰以後，美國國勢盛極一時，執世界之牛耳，國內經濟繁榮，人民生活康樂安定，加以戰前之節制，種種因素促使美國人在戰後美國民情激昂，因而帶動人民生育率，一直維持了十五年之期。

戰後美國所發生的盛產現象，足以說明目前所通行的人口變遷理論，仍有缺失未盡之處，故而工業先進國家之人口未必一定下降，如果世界局勢改觀，或其他情況改變，一國之人口亦可能迅速增加，好似美國在二次大戰以後所經歷的「盛產」情況。

第六節　世界人口問題之嚴重性

幾乎所有的人口學家都強調目前世界人口過多問題之嚴重性。其原因大致可以分爲以下數點討論:

1.人口總數太多，目前世界人口總數爲48億，早已超越世界之適當負荷量。地球之空間資源有限. 陸地僅佔地球表面30%，如果再除去高山峻嶺、冰寒不毛之地，剩下的平地、耕地不及地球表面11%。早期的人口學家估計世界最大人口負荷量，有的認爲 35 億是極限，這一項極限早在一九七○年時已突破。中度的估計是七十億人爲極限，這一項極限在這一世紀的末期也必然會達到。最高的估計是 500 億，世界現有人口距離 500 億之數仍遠 (Peterson', 1958)。

就以目前臺灣的情況來說，臺灣現在人口總數是一千九百萬（民73年底）。由於近二十年來經濟繁榮迅速成長，因而生活安定，並沒有任何嚴重的問題。然而居住空間之縮減、交通之擁擠、空氣污染、自然景觀之破壞、就業等等之問題卻日形嚴重。以能源供給問題為例，目前國內爭執激烈的核能電廠興建的問題（見民74年3月28日聯合報），根據目前工商業發展，人口成長速度，我國在一九九〇年將面臨電力缺匱的現象，解決之道自然是增設能源，其中又以核能最為方便。然而核能發展也有缺陷，第一，是費用龐大，以往三次核能電廠之興建，經費不斷增加。第二是運用核能之隱憂，雖然核能發生故障可能率不大，然而世界其他地區也已經發生過許多次，其遺禍之深是難以計算的。然而為了供應工商業及人民之需求，核能電廠之興建又是勢在必行。

第二件事是臺灣東部興建水泥工廠之爭議，民國七十年，臺泥工廠擬在花蓮建立水泥工廠，開發東部之水泥礦源。其實，這也是勢在必行之事，臺灣幾十年來的水泥供應，主要來自南部，然而南部水泥礦源消耗殆盡，必須開發新礦源，而東部之豐富礦源，是最自然的開發所在。然而保護自然景觀的人士認為東部水泥廠之興建，必然將破壞花蓮附近的自然景觀，因而提出異議，爭執不下。目前東部水泥設廠計劃仍擱置未定，然而為了顧慮全國人民之居住問題，工商業發展之需要，以及外銷之供應，東部水泥廠之興建也是勢在必行。

目前臺灣顯而易見的第三項問題是交通問題。臺北大都市之交通擁塞已經到達山窮水盡的地步。目前正著手進行地下鐵道之計劃，相信幾年之後可以解決大臺北的交通問題。然而臺灣縱貫線交通之阻塞日趨嚴重，縱貫路線，包括高速公路在內，已經達到飽和狀態。假期節日形成擁塞，交通困難。政府預計在五年之內重新開闢第二條高速公路，然而高速公路佔地甚廣，相對地，必然破壞千萬頃良田。因建設公路而造成

之農業損失無法估計。

從以上的三個例子中，我們可以看見人滿爲患所帶來的後果。以上所列舉的三項重大問題都沒有絕對合理的解決方法。目前政府祇能針對最迫切的需要而採取措施。長久之計，仍在於降低人口成長。

二、人口增加過於迅速

目前世界人口增加的速度接近２％之年率，以這樣的增加速度，世界人口將在三十五年之內增加一倍，旣然目前世界已有人滿之患，貧困無以維生者比比皆是，自然資源空間之利用已接近極限，如果再增加，四、五十億人口，試問世界將何以處？

三、世界人口分配不均

依據工業發展、人民生活水準來劃分，世界國家大致可以劃分爲二類，卽已開發國家及開發中國家。然而目前後者之人口佔據世界人口百分之八十以上。貧困的國家不僅人口多，人口成長率也快，平均在2.5%年成長率以上。這些貧困的國家，本來已不勝負荷，再加上人口迅速成長之壓力，必然更形貧困，造成更多嚴重的問題。以印度爲例，目前印度人口總數約爲七億，人民生活水準低落，貧困無食無居者以千萬計，每年因貧困而死亡者以百萬計，然而印度人口成長率仍維持在３％年率(1978)，同時印度政府罔顧人民生活，處心積慮發展核子軍備。據人口學家統計在二十一世紀中葉，印度將取代中共，形成世界人口最多的國家。

印度祇是貧困國家人口嚴重問題的一個例子，其他非洲、中南美洲、東南亞國家等等，人口問題之嚴重性不下於印度。這些貧困的國家人口成長旣不見低落，經濟也不見成長，再過幾十年之後，人民生計問題必

然更形嚴重。

四、自私自利的國家主義人口政策

與貧困國家相對地是許多先進國家地廣人稀。以加拿大、澳洲為例,其人口密度為每平方公里二至四人,此外,歐洲工業國如東德、西德、法國、英國等等,人口不見成長,然而這些國家為了維護其國家利益,一方面禁止外來移民,一方面獎勵國民生育。對於世界人口趨勢而言,這些國家之人口政策是很自私的,他們祇顧及其一己之私利,罔顧世界整體的問題,將來必然有一天這些國家會自食其果。

五、人口成長與國民經濟成長之關係

根據現代西方經濟學家之計算,一國人口之增加成長,足以阻碍其國民所得,國民生活水準之提升。依據這些理論,一個國家為了要提升國民所得 1 ％之數,必須以其全民總生產額 3 — 5 ％之數投資於經濟發展基礎工業。根據西方經濟學者之估計,普通國家之最高投資能力大約是其全國總生產量12—15％。如果該國之人口數目不變,則可以提升該國人民個人所得 3 ％,然而近數十年來,絕大多數開發中國家之人口增長率都在 3 ％年率左右。在這種情況下,這些國家的投資發展都耗費在增長之人口以上,而非增進國民所得,所以幾十年來,這些國家之國民所得,生活水準一無進展。中共及印度都是最好的例子。所以一國經濟成長,人民生活水準之提升,都必須建立在正確的人口政策之上,迅速人口增長危害一國國民生活素質的提升。

以上五項因素均與世界人口過剩問題密切相關。除了這五項因素之外,還有許多其他因素導致目前世界嚴重人口問題,無法在此一一討

第七節 世界人口問題之展望

以目前國際局勢，科技、衞生、醫藥發展及世界人口現況而言，世界人口問題之展望不甚樂觀。從好的一面來看，是科技的進步帶動食物及消費品生產之迅速提升。在食品生產方面有許多突破性的創新發明，然而不幸的是世界人口增加的速度太快了。以中共爲例，在一九八三年，一年之間，人口增加了一千五百萬 (Lee, 1984)。未來中共的人口成長，在其嚴格的人口政策之下，有截止之可能。然而畢竟十億人口之總數太大，以中共之資源，工業水準，要想維持這龐大人口之生計已經是非常困難，更不要說提升人民生活水準，以及提升工農業技術。

再看看絕大多數的落後國家，如印度、印尼、泰國、緬甸、中南美，及非洲等地國家，人口發展更不樂觀，這些國家之人口成長率仍在2.5%年率左右。依據這樣的成長率，這些國家的人口在三十年之內將增加一倍，目前，這些國家的人民已經是民不聊生，山窮水盡，而這些國家之經濟仍滯留於未開發及半開發狀況，急速之人口膨脹爲這些國家帶來嚴重禍患。

在科技醫藥方面，最近二十年來對於生育控制之技術，有許多突破性的發明，以口服避孕藥爲例，自從一九六三年創用以來，已成爲世界最普遍，最方便之避孕方法，目前更有新的避孕藥物發明，相信在不久的將來，人類可以完全控制生育。

世界各國工業科技之進步，人民生活程度，教育程度之提升也是構成遏阻人口膨脹之最主要力量。在新興的工商業國家中，如臺灣、韓國等等，其人口成長率迅速下降，相信在最近二三十年之間，許多落後國家，都會跟進，逐漸減低其人口成長率，消除人口膨脹的危機。然而卽

使是在臺灣、韓國，以及其他許多新興工業國家，過剩人口仍帶來許多嚴重問題，諸如自然環境之破壞、空氣污染、交通阻塞等等。目前這些問題仍是每況愈下，愈來愈嚴重而且也沒有解決的展望。

根據最近數次議界和平會議的結論，世界局勢前途展望不甚樂觀。多數參與會議之世界高級政治首領及科學家均預言在最近二十年之內，世界將發生核子戰爭，而至少四分之一世界人口將因而毀滅。這些悲觀性的預言，出自於世界政治科學界之領導人物，使人不寒而慄，印證了兩百年前馬爾薩斯的理論，似乎唯一能夠阻止人類自然成長的方法，仍舊是毀滅性的戰爭。除了世界性的戰爭之外，饑荒貧困是第二條自然解決方法，也是馬爾薩斯兩百年前所預言的，也早已在非洲、亞洲、中南美洲落後國家形成人口膨脹的阻礙，殘害人類生命健康的利器。似乎除了這些自然法則之外，對於落後國家之過剩人口，別無解決之道。

以目前世界人口情勢來看，似乎遠景不甚樂觀，我們祇能以人道主義的立場，期望有好的轉變，使人類得免於饑荒、核戰之浩刼。

第十三章　人類生態學
(Human Ecology)

　　不論中國或西方學者，均關懷生物及人類等有機體適應環境的模式。中國人有尊重萬物，天人合一的宇宙觀，亦卽若萬物各居宇宙結構中的適當位置，則萬物必欣欣向榮。中國古來更是主張「天、地、人」乃人存在的原理（吳主惠，1969）。天是指人天生的血性，當與智能的人互動時，便形成以「欲」爲中心的行動體系，亦名之爲「生存的社會結構」；而地是指人處的環境，當人與地互動時，便形成以「利」爲中心的行動體系，亦名之爲「生活的社會結構」。後者的存在原理便與西方研究人類與環境關係的「人類生態學」（Human Ecology）有相同之處，因爲人類生態學也是強調人類適應環境，所形成的集體營生模式。

第一節　人類生態學的來源與演進

　　人類生態學主要是來自於19世紀末期動植物生態學家們的影響，例如：達爾文（Darwin）和黑克爾（Haeckel）。至於人類生態學的名稱則由派克（Park）和布吉斯（Burgese）於 1920 年代介紹入美國社會學界；經由後來許多學者的批評，人類生態學的發展過程中主要分成四

種觀點: 古典 (Classical) 人類生態學觀, 近正統學(Neo-Orthodox)觀, 社會地區分析 (Social Area Analysis) 觀, 社會文化 (Socio-cultural) 觀 (Theodorson, 1961)。

一、古典人類生態學觀

古典人類生態學較強調自然生態學的原理——物競天擇, 適者生存。

所謂生態學 (ecology) 的希臘字根 oikos 是指住戶或活動場所。十九世紀的後半期, 動物學家和植物學家所研究的生態學, 是描述有機物生活於環境中的方式。達爾文認為生活網 (web of life) 是生物的本質, 不同種有機物在環境中生存, 互相依賴; 當在此擁有某些自然資源 (水, 森林) 的居住環境內的生物人口, 達到某種密度時, 便呈現變異小的均衡本質 (balance of nature)。

動物及植物生態學家, 視社區 (community) 為一個居住環境的人口, 包括不同種生物, 這些生物不但對居住環境產生反應(reactions), 同時不同物種間也會共動 (coactions), 共動包括共生 (commensal-ism) 與互生 (symbiosis)。所謂共生是指同種生物內的合作關係, 而互生是指不同物種間的互賴關係。

美國芝加哥大學社會學家派克, 乃古典人類生態學的創始者, 認為達爾文的生物演化論的原理——物競天擇, 適者生存, 依然出現於人類的社區中, 他認為:

「人類社會與動植物社會最不同之處是: 人類社會是由兩種層次的活動組成——生物的 (biotic) 及文化的 (cultural)。前者是根據競爭法則所形成的互生社會,後者是根據溝通及共識法則所形成的文化社會。在動植物的社區中, 競爭是相當無限制的; 但在人類社區的文化層次活動中, 競爭往往是受慣例、瞭解、及法律所限制」 (Park, 1936, pp.

13-14)。

　　芝加哥大學的另一社會學教授，蒲吉斯（1925, pp. 47-62）便使用「競爭」觀點來看都市生態模式，而創造了「同心圓理論」（concentric zone theory）。土地隨距城市中心的距離遠近，而有不同的經濟價值，距離城中心最近之土地，價值最高，愈遠價值則愈低。於是距離都市中心不同環帶之經濟活動及空間使用亦不一：第一環帶是中心商業區，佈滿商店與辦公室；第二環帶是殘破的住宅區，佈滿了少數人種並有高度犯罪率；第三環帶是工人住宅區；第四環帶是中產階級住宅區；第五環帶是上層階級住宅區；第六環帶是工業區；第七環帶是零星商業區；第八環帶是郊區。

　　同時，麥肯吉（McKenzie, 1926, pp. 141-154)又認為人類生態學是研究人類空間與時間方面的社會關係，這些關係是經由環境的選擇，分配，及適應的力量促成的。更具體地說，是指一社區內居民在空間內營生活動的分佈，是經由自由的競爭和選擇的過程而形成的，最終社區內各單位均可謀得「一個營生的地位」(a sustenance niche)，以適應其生態環境。

　　古典人類生態學家遭到許多批評，並無實證資料支持人類生物及文化活動的區別性；也就是說，到底那種人類行為是純屬生物性的或純屬文化性的？有一派觀點，名之為近正統觀（neo-orthodox）繼之而起。

二、近正統觀

　　近正統觀與古典的生態學接近，但其拒絕以文化或價值做為生態理論的主要解釋概念；同時他們也不接受許多古典生態學理論的假定（Assumptions）。

　　首先，郝里（Hawley, 1944, pp. 398-405）批評古典人類生態學

家混淆了生態學的主要概念；所以人類生態學家無法與一般的生態學家
維持親密的工作關係；過份強調「競爭」對生態結構的促成是不適的；
他更認為古典人類生態學家錯把社會關係的空間分佈當人類生態學的研
究主題。

郝里認為「競爭」是早就存於人類社會的現象，它是一種無意識的
(unconscious) 或人為的社會動態過程。他又認為人類社會生存的過
程未必全依賴自然淘汰競爭的原則，生存條件中的同質性，類似性，及
合作性亦是不可或缺的過程。

基於他對古典人類生態學上述的批評，故轉而關懷人利用環境的經
濟活動模式與組織功能。簡言之，他認為人類生態學是研究人類社區的
形式和發展，社區是指在某一領域範圍內人類從事營生活動的組織體系，
這個組織體系有以下五種原理：(Hawley, 1968; Hawley, 1950)

1.依賴原理 (Principle of Interdependence)：在生態組織結構
中，內部的不同單位是依據互生及共生的軸建立相互依賴的體系。

2.主要功能原理 (Principle of key Function)：生態體系中有
生物體系，例如生物食物鏈；物理體系，包括空間、土地、和氣候；及
組織體系。主要功能便是指人口、組織，及環境交互運作中，產生了
足以在環境中求生存的主要經濟活動。每個生態系統所在的地理環境不
同，各有其獨特的生物族類及物理特質，故其生態系統中人們追求的經
濟活動亦不一，例如沿海的漁業社區，有礦資源的礦區亦各有不同的社
區主要功能。

3.分化原理 (Principle of Differentiation)：功能分化程度是依
主要功能的生產量而定，若主要功能的經濟活動生產量，足以維持生態
體系內的人口的生存，則功能分化程度愈低。一地人口若突增，依當地
自然資源而生的主要經濟活動，若無法維持過剩人口，則為了生存，必

會分化出另外的經濟活動，亦即創造新的就業機會，則當地的生態體系變得愈分工、愈複雜。

4.優勢原理 (Principle of Dominance)：隨著生態體系的分化，各副單位的主要功能對整個體系的影響力不一；當某單位主要功能，較其他副單位之主要功能，更具影響力時，此單位便顯出其功能的優勢現象。例如美國的標準化都會統計區 (Standard Metropolitan Statistical Area, SMSA)，其中心都市的主要功能，一般而言，較環繞其四周圍的副單位的功能為強勢，凡中心都市的功能所能及的影響範圍，便為都會地區界線所至之處。

5.同型原理 (Isomorphism)：在同一生態體系下，許多副單位的功能均與優勢單位的功能型態類似。例如板橋、中和、永和、三重等在臺北市周圍的縣轄市，其居民交通體系，工作性質與場所均與大臺北市的居民相通且相近。

後來，吉比斯和馬丁 (Gibbs and Martin, 1959) 鑑於郝里的人類生態學的定義太廣，以致於很難應用其從事經驗研究。他們便提出「營生組織做為人文區位學研究的主題」。營生組織 (sustenance organization) 是指一個地區人口藉著從事某些活動，以利用自然資源來維持生存，這些活動稱做「營生活動」(sustenance activities)，此類活動的主要特徵是有高度的組織性，亦即有規則性、重複性，及持久性。更具體而言，在現代社會中，賴以維生又具有組織的經濟活動，不外乎是人們所從事的職業或行業，故一地的營生組織便是指其行業或職業結構。

鑑於郝里對人類生態學的研究較著重於社區活動的組織上，一切的人口或環境不過是影響組織結構的因素；故鄧肯(Duncan, 1959; 1961)提出生態體系 (ecosystem) 的架構，做為研究人類生態學的主題。他

認爲若要人類生態學，成爲一門科學，必須有良好的科學概念體系：生態體系的概念便是他綜合人類生態學的思想，再經批判反省而重新建構的。

生態體系，對生態學家而言，是一個聚集體(aggregation)，由在某一居住的物理環境和其內含之各類動植物所構成的體系。簡言之，生態體系被視爲交互作用的環境及生物體系 (the interacting environmental and biotic system)。

生態體系的主要特質如下：

1.是一種開放體系，亦即此體系本身繼續不斷地，輸入外在資源的能量 (energy)。

2.食物鏈的依賴關係非相互影響,而是非對稱循環的。食物的鏈環,是始於綠色植物。太陽能經過葉綠素的變換，而被食草動物食用，食草動物是第一次消費者。繼之，肉食動物食用食草動物，則肉食動物便是第二次消費者。人類若食用肉食動物，則爲第三次消費者。人類所呼出的碳，及排泄的氮素又被植物吸收，可見生態體系是一種非回溯(non-recursive) 的循環體系。

3.生態體系內，能量的轉換是依據熱力學的第二法則。宇宙的能量是一定的，但是在其反覆變換過程中，常常蒙受著很大的損失。這並不是說「能量」的減少，而是說在能量形態變換時，必然會有某些能量會散佈到宇宙中，而成爲不能利用的「能」。當我們吃東西時，會使「能」的形態轉換，於是消費的過程便產生能的損失。

4.生態體系內的工作循環流程完成後，因能量不斷地失去，故必須從外不斷地輸入資源及能量。

鄧肯認爲這種食物鏈似的開放生態體系，可應用於生物的,物理的,及社會的元素組成的體系中。人類生態學的研究所採用的生態體系便是

包括如下元素——人口 (population)、組織 (organization)、環境 (environment)，及技術 (technology)——的生態叢體 (ecological complex)。

1.人口：包括一地出生率、死亡率、人口遷移率、人口的密度，或年齡、性別組成均屬一切的人口要素指標。

2.組織：社區的行業或職業結構特質，或分子狀況。社會制度或社會行動團體亦屬之。

3.環境：氣候、自然資源，及地理環境是主要的環境指標。空氣及水污染均是環境低劣的指標。

4.技術：交通及通訊的技術改變了人口、組織，及環境。此處的技術亦可衍生爲一般的生產技術，例如各種技術的發明，例如汽車功能的改進，噪音小，煙霧少。

鄧肯便是利用區位叢體的架構來解釋美國洛杉磯地區的人口如何適應環境（煙霧）的變遷。第二次世界大戰期間，洛杉磯的居民受到空氣中青色煙霧的侵襲，許多人的眼及呼吸系統受到傷害（環境→人口）。到了 1947 年，美國洛杉磯區防止空氣污染局的政府組織形成（人口→組織），不同的政府或民間組織投資上百萬元去改進工業污染或汽車污染的技術（組織→技術）。最後煙霧透過當地居民的生態叢體反應過程而下降（技術→組織），使當地又恢復了健康的居住環境體系。

斯賴 (Sly, 1972, 1977) 更進一步地使用生態叢體架構，因果關係模型 (causal model) 的跋蹊分析 (path analysis) 方法，來驗證鄉村及都市生態體系的人口遷移解釋架構。在 1972 年的研究報告中，他發現既不是環境，也不是技術直接影響美國南方的 253 個棉花地區的郡縣人口遷移，而是透過組織的變遷，纔會直接影響到人口遷移。不過在他和泰門 (Tayman) 1977 年的研究中，影響生態體系人口遷移的因

果關係改變了。他們發現美國中心城市的白人人口遷移是直接受環境影響，組織和技術必須透過環境的變遷，纔可能影響到當地人口遷移。總之，鄧肯的生態叢體架構可應用在許多經驗研究上，但其所包含的四個要素的因果關係是因時，因地，因解釋的現象而變的。

三、社會地區分析

社會地區分析是一種尋找都市內各分區分化類型的分析方法，談不上有任何理論架構。此處所用的分析方法是指因素分析法。薛文基 (Shevky) 和貝爾 (Bell, 1955)在舊金山城中選四個分區(census tract)，使用三個層次的相關指標: (1)「社會等級」(Social Rank) 或 「經濟地位」(economic status)──職業與教育兩變項為指標; (2) 「都市化」(urbanization) 或 「家庭地位」(family status) ──生育力，就業婦女，與獨院住宅為指標; (3) 「隔離」(segregation) 或 「種族地位」(ethnic status): 種族團體孤立性為指標。 每個分區的類型是由多層面的變數制定的。

上述三個層面的因素未必能顯著地解釋每一城市的分區類型。罕特 (Hunter, 1972) 的文章中曾指出用美國10個城市來做社會地區分析，其中有四個城市並不符合上述因素架構。可見，此分析決定都市分區特徵之因素通則化的問題，實值得更進一步的討論。

貝瑞和卡薩達 (Berry & Kasarda, 1979, pp. 305-337, pp. 108-157) 指出都市生態因素跨文化的比較結果。 在每個社會中， 能普遍地區分分區的因素是社會地位，年齡結構，和都市生態體系的生命循環階段。上述所提及的因素，對最高度發展的都市而言，是毫無區分分區類型的能力。在印度加爾各答城的研究 (Bose, 1965, 1968) 中， 發現社會等級 (都市化或家庭地位) 仍是決定分區的主要因素,但較特殊的是,

加爾各答分區的種族團體隔離與社會地位有高度相關；在美國種族隔離卻愈來愈成為一個獨立決定分區特徵的有力因素。

林瑞穗（1980）做臺北都會區的社會地區分析時，包括臺北市的十六個區，基隆市的七個區，以及 30 個市鄉鎮，共計五十三個分區。林瑞穗將薛文基和貝爾的因素略加修改，亦即以「地緣意識」取代「種族隔離」，故最終他是採用職業水準與教育程度做為「社會等級」層面因素的指標，總生育率及婦女就業率做為「家庭主義」的指標，獨院住宅單位的比例和籍別做為「地緣意識」的指標。

林氏用因素分析，發現職業水準，教育程度，和總生育率均落在因素 I 上，在薛貝模型中職業與教育是落在因素 I 上，亦即「社會等級」的層次。阿布（Abu-Lughod, 1969）發現埃及開羅也是上述三變項落於同一因素上，於是他命之為「生活方式」（life style）因素。百分之四十二的變異量均由因素 I 解釋之。

第二個重要的因素是「地緣意識」解釋了百分之二十六的變異量，而「家庭主義」對臺北都會分區類型毫無區辨力。

總之，社會地區分析法不但在區辨因素上面臨一致性的問題，而且選擇分區標準也混淆不清，至於理論概念架構更是缺乏。故這種分析法在後來人類生態學的經驗研究上較少使用。

四、社會文化生態觀

社會文化生態學者強調在人類生態學的研究中，文化為一基本的解釋概念。持此觀點者中以弗爾瑞（Firey, 1945）最著名。弗爾瑞主張空間也可有其象徵的價值（symbolic value），未必僅有成本效益的經濟價值。他強調透過文化的定義，空間產生了意義，文化價值是物理環境與人類社區的中介變項。他做波士頓社區的研究支持了他的主張。他

指出倍肯坡 (Beacon Hill) 始終是波士頓市中心的高級住宅區，主要是因爲象徵價值促使的。此地雖位居市中心商業區，但許多舊建築仍保留至今，是爲了紀念殖民時代，新英格蘭各鎮對獨立戰爭支持的象徵物，例如：牧場及義勇軍所用的公用地，三個公墓，及舊的會議室。

　　糾那森 (Jonassen, 1949) 也用社會文化觀點來解釋挪威裔美國人對生態體系的反應模式。他們從挪威遷置於紐約的布魯克林區，主要是因此處具有挪威沿海社區的風光；但當愈來愈多黑人搬到布魯克林區後，此處成爲擁擠，髒亂，犯罪率高的貧民窟；於是這批挪威裔美人又搬到紐澤西州的北波耳根 (North Bergen)，此處環境屬於半鄉村型態的沿海社區，又類似挪威老家的文化特徵。可見，人們對生態體系的反應行動也可能取決於社會文化的價值。

第二節　鄉村生態學

　　楊懋春認爲一個農村 (village) 約有一百多戶，是一個非獨立的生態體系。但從嚴格的生態學觀點看，一個農村只是某種居住環境內的一種生物生存副體系。同一農村內的人，大多長居於當地，彼此的互動是屬於「共生」的守望相助關係，尤其是今天的農村更是無法自給自足；在農業經營及日常生活上，仍需仰賴村外集鎮上所售的各樣農機具，苗與生畜。總之，一個集鎮與其能服務到的周圍農村，共同構成一個有機性「互生」的地域生態體係，集鎮的食物來源要依賴農村，農村的生產工具及日常用品必須取自集鎮，他們是生活上與生命上息息相關的有機體。

　　爲了要使生態體系內的農村間，有效的互通有無，便產生了集市。在傳統中國農村的集市，各村人士同意在某一天，某一適中地點，進行

交換或買賣。隨著交易行為繁多，人們便在集市成立永久商店，購存大宗貨品；或者開店製造各式農具，器物，及日用品，以供各村人隨時來買。「一個地方旣有以上所舉固定商業，手工藝業，他種非農業行業、街道、學校、寺廟，大量非農業人口等事實，就具備了成為一個鎮 (town) 的條件，其地就可升格為一個鎮」（楊懋春，1980, p. 257）。

綜觀過去有關鄉村社會學的研究與討論，雖很少以鄉村生態學 (Rural Ecology) 為主題，但以生態學的觀點來說明鄉村地區發展或變遷的研究仍不少。由於始終無人將這些零星的研究與看法綜合歸納成一個有系統的概念架構，故「鄉村生態學」的名稱仍少見。

波瑞玆 (Per'ez, 1979) 嘗試從許多研究中找出一個鄉村地區人類生態學的概念架構。他認為許多鄉村地區的研究僅包括村落 (village) 與城鎮 (town)，理論上應更擴大範圍也包括其腹地。他所建立的鄉村地區生態體系的架構中，包括如下元素：

一、人口密度 (population density)：人口與面積的比。

二、居置 (settlement) 模式：直線村落或散居農莊。

三、地方團體 (Locality Group)：鄰里或社區。

四、人地關係 (Man-Land Relationship)：

　　1.農業：土地擁有權，農場大小，土地分割，耕種技術，生產作物的種類。

　　2.非農業資源的掘取或使用：礦物或石油等不可還原的天然資源的掘取，或可還原的水資源之使用，以及森林，海岸娛樂資源的使用。

五、社會過程 (Social Processes)：競爭、衝突、適應、同化。

第三節 生態體系成長的爭議

有關於生態體系的成長，出現了悲觀與樂觀的論調。悲觀論的學者
是所謂的「近馬爾薩斯主義者」(Neo-Malthusianism)，主張全球生
態體系若不節制成長，必然走向極限，毀滅；而持樂觀論者是人類生態
學家 (human ecologist)，他們認爲人定勝天，人類能組織社會，創
造技術與發明，適應及改進各種環境的瓶頸。

一、悲觀論者

早在約二百年前，亦卽當歐洲兩派互斥的主流思想 —— 重商主義
(mercantilism) 和革命性的烏托邦主義 (revolutionary utopian-
ism)——同時對人口問題提出意見時，馬爾薩斯 (Malthus, 1914) 悲
觀性的「人口論」便產生了。他的人口論有兩個假定：(1) 人需要靠食
糧生存的，(2) 異性的情慾是必要的。接著他再由上述假定提出以下命
題：(1) 人口增加力是無限地較食糧增加力爲高，(2) 若無遭任何檢制
(check)，人口是呈幾何級數增加，而食糧呈算術級數增加，(3) 依據
自然本質的法則，人口與食糧的增加應保持均等，(4) 上述均衡現象若
無法達成，則維生必困難，終遭致人口檢制 (check)。

人口的檢制包括積極的檢制 (positive check) 和預防的檢制
(preventive check)。積極的檢制是藉著戰爭、疾病，和飢荒等災
害，使人口大量死亡，以致生態體系又恢復均衡狀態。預防的檢制是利
用政府力量，來敎育民衆，以促使其自願節制人口生育；並同時發展科
技以增加糧食生產量；再訓練人民更獨立，自愛，及謹愼，則生態體系
較可能恢復成自給自足的狀態。馬氏因爲看清人性是軟弱的，窮人及無

知識的人是難以自覺、自立、自強去防止生態體系的失衡，故他所強調
的人口檢制較屬前者的悲觀論調。

　　馬爾薩斯的理論提出後，頗遭批評，也始終不受重視。直到第一次
世界大戰時，經濟學家凱恩斯對世人提出警告，經濟不景氣，人口大量
失業，部份原因是人口成長過速。在一九四八年時威廉‧維果特 (William Voget) 出版了「生存之路」(Road to Survival)，在書中他指
出人是所有環境的部份，主張控制人口，並設法恢復一些被耗盡的資源，
否則人類將面臨生存的危機。

　　兩位生物學家爾利克和爾利克 (Ehrlich & Ehrlich, 1970) 後來
又出版了一本書──「人口、資源、環境」，此書是較前述作者更科學
性地描述人類生態體系生存的危機。

　　他們認為，從人口成長的速度來看，地球上的人口頻臨爆炸的危機。
在一九七○年，地球有 35 億人口，每年增加七千萬人口，其人口成長
率為百分之二，若這種成長率保持一個常數狀態，則人口將於 35 年內
增加一倍。

　　不僅如此，在地球上有幾百萬的人口，每晚上牀的時候是處於飢餓
狀態。更有大約十或二十億的人口是無法吸收足夠的營養，以致腦力有
限。

　　大部份低度開發國家人口每二十至三十年便成長一倍，但他們無工
業化，生產又無效率，低國民生產毛額，低個人平均國民所得，及高文
盲率；在這種條件下，農業生產、交通、電力等消費量根本無法追得上
人口成長。除非控制人口，否則無法脫離貧窮與悲慘的命運。

　　至於已開發的國家，不斷地創造科技文明，例如 DDT、氫彈、核
子彈等對生命安全有威脅之物。已開發國家工業發展造成了空氣及水資
源的污染；高度科技分工的社會，使疏離感充斥現代人的心中；以致濫

用藥物麻醉自己生活的人很多，導致犯罪及社會的失序。

最近警告世人面臨成長危機的書是「成長的極限」。這本書是由義大利羅馬俱樂部及美國麻省理工學院多位各類科學家合作完成的報告。他們選出五個層面做爲世界體系模型的要素，共選了代表五個層面的九十九個指標，以聯合國有登記資料的國家爲單位，從西元一千九百年到一千九百七十年的資料變遷去推算未來世界上述五大層面的成長狀況。

結果發現：「如果世界人口，工業化，污染，糧食生產，資源枯竭，仍以目前的成長趨勢，繼續下去而不改變的話，那麼我們的世界將在以後百年內到達其成長極限。最可能的結果，是人口和工業生產發生快速的、不能遏止的衰落。」（朱岑樓，胡薇麗譯，1973）。

以上這些繼馬爾薩斯之後對人類生態體系持悲觀論調者，我們稱之爲「近馬爾薩斯主義者」（Neo-Malthusianist）。

二、樂觀論者

人類生態學家郝里對都市生態體系的變遷，有如下看法：「體系變遷可定義爲體系中一個或更多功能的消失或增加，緊縮或擴大，或合併」（Hawley, 1971, p. 317）。例如鹿港，在這個世紀初期曾是臺灣繁華的商港，人口集中的都市；但因港口淤淺，漸失其運轉集散的功能，加上鐵、公路交通愈來愈發達，其他交通樞紐皆一一興起，鹿港功能無法與其他都市競爭，結果人口不斷外移，造成整個鹿港都市生態體系的萎縮。相反地，後來臺北市和高雄市，不但居地理要津，同時也成爲工商業中心，其佔優勢的功能操縱了附近的鄉鎮，在近三十年來吸引了臺灣各地的人口，也合併了一些鄉鎮，使其都市的領域更加地擴張，功能也不斷地增加。

郝里又認爲由組織、人口、領域，和社會位置所構成的密閉生態體

系之變遷主要是因外在因素侵入破壞所致的，這些外在因素是自然環境
和社會環境。郝里所強調的生態體系的變遷因素是屬後者，亦卽新的思
想、觀念、技術等發明或侵入會帶來體系的變遷。

郝里認為一個生態體系若愈有機會與其他生態體系互動，則吸收外
界社會環境的觀念與技術之機率愈大，故累積變遷 (cumulative ch-
ange) 必發生。一般而言，交通及傳播網絡的交會點，較易成為生態體
系累積變遷的起點，也就是說，在都市生態體系中，急速的變遷多始於
都市中心。

總之，郝里對人類生態體系的變遷，較著重於體系的成長，他認為
體系的成長是一種「累積變遷」的現象，這種變遷有三個特性 (Hawley,
1978)：

1.無反轉性 (irreversibility)：是指生態體系結構不斷的累積，而
且重新安排內部組成的過程；經過這種無反轉性的轉變，組織的層次變
得更多且更複雜化。

2.演化性 (evolution)：是指生態體系的變遷乃透過體系內單位的
變異，自然環境的改變，或偶發事件等選擇淘汰的過程，故既存的體系
較過去的體系更複雜，更演進。

3.擴張性 (expansion)：是指生態體系的變遷，不僅複雜性高，而
且體系人口規模增大，體系所包括的空間範圍擴張，此稱為體系的成長
或擴張效果。例如都市經濟市場功能的擴張，會擴大都市功能影響的範
圍，導致整個都市生態體系空間領域的擴張。

涂爾幹對累積變遷也有類似郝里的看法 (Schnor, 1958)。涂爾幹
認為當一地人口自然增加率漸增，人口規模變大，居住空間依然保持固
定時；若再加上社會互動增大的條件時，則競爭的壓力增大，分化的趨
勢會更明顯。他認為交通及傳播的技術改進，促進了生態體系的成員互

動以及分化；同時他指出中國雖然人口多，但交通及傳播技術落後，生態體系內（村莊）觀念保守，社會互動穩定簡單，故生態體系的分化及累積變遷也小。

貝瑞和卡薩達（Berry & Kasarda, 1979, p. 429）不僅擔任人類生態體系變遷的觀察者，同時也扮演未來生態體系變遷的計劃者的角色，他們認為：

1.生態體系的變遷可用操縱學模型（cybernetic model）說明之，且在模型中所包括的要素必須考慮意識型態及價值會影響生態體系的運作過程。例如社會主義國家探計劃經濟，政府政策大大地影響到生態體系的發展，中國為了防止上海市的擴張，故用強制力將大量人口放逐到邊疆；而民主國家採自由競爭經濟，土地利用的競爭造成都市生態結構的分化型型態，美國芝加哥都市的發展即為一例。

2.在多元性民主化的國家中，當觀察者由生態體系的發展模式可預測未來生態體系變遷中不良的結果，則可由政府協助刺激適當的環境形成，而促使相關的利益團體組織有效的結構，透過有力的政治過程，防止了不良生態體系的形成。

3.人類生態學的訓練，當更積極地著重於設計未來有效的生態體系，並找出防止有害體系產生的方法。

第十四章　都市發展

第一節　導　言

　　現代社會就是都市社會。而社會學研究的對象是以都市社會為主題，都市發展更是時代的潮流。工業先進國家，如美國，其人口四分之三以上集中於都市社區。都市之界定不僅是人口多、人口稠密、更取決於經濟、生產形態、社區組織、職業分工程度、以及人際關係特色等等條件。都市生活更造成特別的都市人格心態。1964年紐約城內一位少女被謀害時，耳聞目睹者甚眾，然而竟無一人給予援手，亦無人報警，這也可以說是現代都市生活特色之一，不僅是都市中犯罪率高，而且每個人都是各自為己，不過問別人的事務。

　　都市之形成發展為人類社會帶來重大的演變，人類學家奇德（Gordon Childe, 1950）以「都市革命」（urban revolution）稱之。都市具備許多特性。第一，都市人口以非農業人口為主。這可以說是界定都市、鄉村分野之主要標準。都市是一個社會的工商業、政治文化中心，都市人口從事非農業性工作，「都市」一詞涵蓋非農業生產形態。

都市之第二特色是人口衆多，人口密度大。舉凡人口密度在每平方公里五百人以上之社區，得稱爲都市。人口多寡之標準，各國不一。美國以社區人口在二千五百人劃分都市與鄉村，日本則以三萬人爲分界線，我國採行的標準與日本相近。(王維林 1981)

都市之第三特色是人口異質性大 (heterogeneity)。都市人口之組成份子，不論在文化、敎育、職業、人種、社會階層等各方面都極爲複雜分歧，包羅萬象，與乎單純之農村人口形成對比。

都市之第四項特色是人口流動性大。傳統農村社會以土地爲終身生活之依據。生於斯，死於斯，世代相傳，老死以終，是傳統社會的特色。都市人則以職業爲生活依據，隨時因職業而遷居流動。

除了以上各項特性之外，都市人口在人格組織，人際關係方面亦具有顯著特色。涂爾幹 (Durkheim 1893/1933)在其社會分工 (Division of Laber) 一書中，劃分兩大不同類型的社會組織。第一是機械連繫式 (Mechanic Solidarity)，社會組織以傳統農村社會爲典範。在機械連繫式之社會中，人口同質性高，人際關係親切，社區以強烈道德意識爲基礎。第二種社區組織爲有機連繫 (Organic Solidarity)，以現代工業都市社會爲典範。在有機連繫社區組織中，人口異質性高，人際關係疏離，職業分工細密，社區組織複雜，道德水準低落。

除了涂爾幹之外，十九世紀德國社會學家湯尼 (Ferdinand Tonnies, 1957) 亦以法理 (Gesellschaft)，禮俗 (Gemeinschaft) 二詞劃分「都市」、「鄉村」。現代美國社會學家貝克創立「世俗」(Secular)，「神聖」(Sacred) 社區觀念以劃分都市與鄉村。除了這幾位學者之外，許多其他社會學家，亦以不同觀念，描述都市社會之特色。從這些概念之中，我們得以了解諸多都市之特性。

第二節　都市發展歷史

　　歷史記載中最早的都市出現於五、六千年以前的中東底格里斯河流域，著名的巴比倫城即爲其中之一。以後城市不斷在埃及尼羅河畔、印度恒河，及中國黃河下游出現。早期的都市都位於廣潤河床，肥沃農村之間，形成當時社會之政治、經濟、文化中心。當時人類社會已具有進步的灌溉，運輸體系，龐大的政府以及軍隊。在古代希臘羅馬時代，由於帝國領土廣大，希臘之首府雅典、羅馬之首府羅馬城，更是當時歐洲政治、經濟、文化之中心。古代雅典的人口大約爲二十五萬，而羅馬城在公元一世紀時的人口，約爲百萬。在同一時期的中國，由於疆域廣大，人口衆多，當時之大都市，如西安、洛陽等等，人口也都是在數十萬以上。公元一世紀時，東漢時代，根據東周列國記以及三國演義之記載，魏、蜀、吳各據一方，魏國軍隊號稱百萬大軍，三國之首府，洛陽、成都以及南京，都是當時中國之大城市，不僅人口衆多，更是中國之政治、文化中心。

　　都市之形成及發展建立在進步的經濟生產基礎之上。當人類生產能力超越生存之境界，而能有剩餘物資，供應廣大都市非農業人口之生活時，都市乃應運而生。由於剩餘物資之累積，使得人類文明得以提升向上，發展高度的文明及社會組織。古代埃及、希臘、羅馬以及中國之高度文明都是建立在高度農業生產技術，剩餘物資以及都市社區基礎之上。沒有都市就沒有高度的文明科技。

　　自公元十世紀以來，由於海運迅速發展，世界各地港口都市陸續興起，形成海運商業都市時代。在十五世紀末葉，西歐海運已遍及全球，當時執海上霸權之牛耳者如西班牙、葡萄牙、荷蘭等國，除了其本土廣

建海港都市之外，更在世界各地建立港口，以便利海運通商。在十六、十七世紀時，許多世界級的大都市，如倫敦、紐約、波士頓、孟買等等，都已陸續出現。

都市發展之第三梯次起源於十七世紀工業革命。由於工廠興起、工業集中之傾向，而導致工業都市之興起。直至目前爲止，世界各地仍依據這一條途徑不斷發展。目前世界之工業都市都源自於工業革命以後。

第三節　世界都市分佈情況

二十世紀前半期，世界大都市都分佈在工業先進國家以及文化古老人口衆多的社會裏。以 1970 年世界十大都會爲例。（見表一）

表一：1970年代世界十大都市

都　　　　　市	人口總數（百萬）
上　　海（中共）	10.8
東　　京（日本）	8.8
紐　　約	7.9
墨　西　哥　城	7.8
北　　平	7.6
倫　　敦	7.3
莫　斯　科	6.9
孟　　買	6.0
漢　　城	5.4
開　　羅	5.0

資料來源：聯合國　1973年　人口年鑑

　　然而，近三十年來，工業先進國家人口萎縮，工商業發展緩慢；相對地，落後國家工商業成長迅速，人口膨脹，都市急速成長發展。自1970 年至 1985 年，十五年之間，許多落後國家的城市迅速膨脹，擴展爲世界級的大都市。表二中刊載若干落後國家的大都會，在短短的十五年中，人口增加的倍數。

表二：　落後國家都市成長率（1970～1985）

國　　　　　家	都　　　　　　　　　市	（Ⅰ） 1970年人口 （百萬）	（Ⅱ） 1985年預估人口 （百萬）	成長率 Ⅱ／Ⅰ
印　　尼	萬　　隆 (Banding)	1.2	4.1	342
巴基斯坦	喀拉蚩 (Karachi)	3.5	9.2	263
哥倫比亞	波哥大 (Bogota)	2.6	6.4	246
伊拉克	巴格達 (Baghdad)	2.0	4.9	245
泰　　國	曼　　谷 (Bangkok)	3.0	7.1	237
伊　　朗	德黑蘭 (Tehran)	3.4	7.9	232
韓　　國	漢　　城 (Seoul)	4.6	10.3	224
中華民國	臺　　北*(Taipei)	1.0	2.5	250
巴　　西	聖保羅 (San Paulo)	7.8	16.8	215
墨西哥	墨西哥城(Maxico City)	8.4	17.9	213
印　　度	孟　　買 (Bombay)	5.8	12.1	210

資料來源：Micheal P. Todaro, *Economic Development in The Third World*, and ed. N.Y. Longman. 1981.

* 臺北人口為估計數字

　　根據目前世界人口發展之趨勢，先進國家人口增加緩慢，落後國家不僅人口增加迅速，而且工業急驟發展，我們可以預料在二十一世紀之初葉，世界大都市之排名將更改次序，以工業落後，人口眾多國家的大

都會爲首。

其次，我們再比較世界各國都市人口之比率(表三)。

表三：世界各國都市人口比率 (1970)

國　　　　　家	人　口（百萬）	都市人口佔全人口%
澳 大 利 亞 (1971)	13.6	85.6
荷　　　蘭 (1973)	13.4	77.4
英　　　國 (1972)	55.8	76.6
加　拿　大 (1971)	21.6	76.1
東　　　德 (1970)	17.	74.3
美　　　國 (1970)	203.2	73.5
法　　　國 (1968)	49.7	70.0
墨　西　哥 (1973)	54.3	61.2
蘇　　　聯 (1973)	250	59.2
巴　　　西 (1972)	101.7	58.3
埃　　　及 (1973)	35.6	43.2
南　　　韓 (1970)	31.5	41.2
西　　　德 (1969)	61	38.9
中 華 民 國 (1970)	14.5	35.0
菲　律　賓 (1970)	36.7	31.7
印　　　度 (1972)	563.5	20.2
泰　　　國 (1970)	34.4	13.2
肯　　　亞 (1969)	11.0	10.0
烏　干　達 (1972)	10.5	7.1

資料來源：①聯合國人口年鑑 1973
②王維林 1981

　　由表三中可見一國之工業發展程度與乎其都市人口比率之間有密切關係，都市人口密集的國家如澳洲、美國等，都是工業先進國家，唯一例外是墨西哥。都市人口比率介入其間者（都市人口與全人口比例在40～60%者），滲雜工業先進國家如西德、蘇聯及落後國家如埃及，然而都市人口少於30%，則幾乎全部是最落後的國家。都市人口在10%以下者則為未開發國家，如非洲之烏干達。

　　我們再比較工業先進國家與落後國家都市發展，並預測公元二千年時之情況（見圖一）。

図一: 工業先進國家與落後國家都市發展比較 1950, 1975, 2000

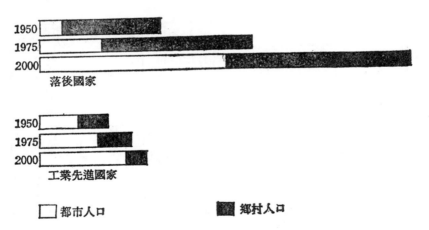

落後國家

工業先進國家

□ 都市人口　　■ 鄉村人口

資料來源: Population Reference Bureau, 1978.

　　在圖一中，我們可見在1975年時，落後國家之都市人口比例為其全人口30～40%，而先進國家之都市人口佔全人口60%左右。至公元二千年時，工業先進國家都市人口將佔全人口80%，而落後國家之都市人口比例，則為50%。先進國家以美國為例，目前其都市人口佔全人口

75%。以我國爲落後國家代表，目前我國都市人口佔全人口42%（蔡宏
進 1981）。

　　然後，我們再看看臺灣都市發展情況 （表四，表五）。在人口一章
中，我們已提及臺灣人口密度之高爲世界之冠，如果以人口多寡，人口
密度計，幾乎臺灣90%之地區都屬於都市。然而在第二次世界大戰結束
之期（1945），臺灣人口只有六百五十萬人，都市人口約佔全人口20%。
近四十年來，特別是最近十幾年， 工業都市發展迅速， 1978年時， 臺
灣都市人口佔全人口42%（以社區三萬人口爲界定標準）。從 1978 年至
今（1985）七年之間，臺灣人口又增加了兩百萬，同時都市發展更形加
速，都市人口比例更高。

表四：臺灣都市發展情形（1943～1978）

年　　　度	全　省　人　數	都　市　人　口　數	都市數目	都市人口占全人口的%
1943	6,585,841	1,399,671	11	21.3
1956	—	—	—	25.8
1964	12,280,557	3,530,486	12	28.7
1965	12,654,223	3,681,850	12	29.1
1966	13,021,215	3,832,680	12	29.4
1967	13,362,725	4,096,048	13	30.7
1968	13,682,588	4,578,307	13	33.5
1969	14,096,294	4,806,492	13	34.1
1970	14,505,414	5,034,267	13	34.7
1971	14,835,394	5,326,041	14	35.9
1972	15,141,935	5,759,720	16	38.0
1973	15,426,936	5,959,907	16	38.6
1974	15,852,224	6,255,012	16	39.5
1975	16,149,702	6,543,475	17	40.5
1976	16,508,190	6,849,696	18	41.5
1977	16,813,127	7,006,928	18	41.7
1978	17,135,714	7,174,368	18	41.9

資料來源：歷年臺灣人口統計或中華民國臺灣地區人口統計。

表五: 1964 年至 1978 年間臺灣都市人口及鄉村人口的變化

年　　代	全臺灣人口數	%	都市人口	%	鄉村人口	%
1964	12,280,557	100	3,530,486	28.7	8,750,071	71.3
1978	17,135,714	100	7,174,368	41.9	9,961,346	58.1
1978/1964	140%	—	203	—	114	—

資料來源: 蔡宏進，1981

第四節　「都市化」的動力

　　都市發展除了肇因於經濟之需求，生產力之增進，剩餘物資之累積，亦起因於政治、軍事力量。二千五百年前，希臘建立橫跨歐亞非三洲大帝國時，除了以雅典城爲統治中心之外，更在各地區設立都市以控制屬民。羅馬帝國之領土更龐大，紀元一世紀羅馬城的人口大約有百萬之數，羅馬帝國更在各地分設城市，設立總督，統御當地。

　　在我國古代歷史中，疆域廣大，人口更多，二千餘年以前，秦始皇統一中國之時，建立長城，開鑿運河，動用數以百萬計之人力，其工程之偉大，至今仍無與比擬者。西漢、東漢時期，長安、徐州、南京、成都等地人口都在數十萬以上。各個朝代在各地設立政治、軍事重鎮。由於高度之文明，中國古代更有文化都市，如蘇州、揚州等。當時長安、西安、北京、南京，不僅是中國政治、經濟、文化之中心，更是東亞之政治、文化中心。

　　在十六、十七世紀時候，由於海運興起，海港都市應運而生，倫敦、紐約、波士頓、好望角、孟買都是由於當時海運興起而建立的大都市。

十八世紀工業革命以後，更引起工業都市之發展。以英國爲首，都市相繼興起，爲現代都市化之先趨。

工業革命不僅直接造成工業都市之興起，更間接造成農村之萎縮。工業革命改變了農業生產方式，高度效率的機械取代傳統農業生產動力。以美國爲例，在十九世紀中葉美國農人佔全國生產力 60％左右，而今 (1985) 農業人口不及 3 ％，絕大多數農民因爲農業生產方式之更改，不得不脫離農村走向都市。人口由鄉村流往都市爲近幾百年來世界人口流動之主要潮流。

第五節　都市生活 (Urbanism)

現代人士對於都市生活都抱以否定的態度，以都市人口衆多繁雜，人口稠密，交通擁擠，空氣污染，聲音吵雜，犯罪率高，而道德低落，人際關係疏離。依據渥爾滋 (Louis Wirth, 1938)，造成都市生活特色的因素大約有三，是爲人口數量，人口密度以及人口之異質性。由於人口衆多，社會組織複雜，分工細密，因而人際關係疏離，人際關係角色化，專業功利性的人際關係取代了昔日農村親和、自然的關係。都市人際關係之角色化，人與人之間失卻情感與關懷。例如現代都市社會之政治制度，由於人口衆多，人民無法直接參與，而必須採行代議制度，使得老百姓與政府政治疏離。在大公司裏，一般工作人員與上級，或是公司業務之間也是間接代議制，也因而疏離。都市人之中大多數都無法建立親密的關係。

根據渥爾滋的理論，造成特殊都市生活形態的其他二項因素是人口密度及人口異質性。由於高度人口密度，都市內部形成區域性的人文社區。以美國大都會爲例，其中各種民族，各個階級，各種專業，各自形

成獨立社區，各不相屬。以美國洛杉磯為例，雖然中國人與韓國人的社區比鄰而居，然而卻是兩個不同的世界，互不往來。白人、黃人及黑人之間的鴻溝更深。許多中國人生活在美國幾十年卻從未進入黑人區。除了工作上偶然與黑人接觸之外，幾乎完全無關係可言。

人口之異質性使得都市社區組織分化。以都市社會階層制度為例，除了劃分上層、中層、勞工階級、下層貧困階級之外，又因人種之差別而劃分更多重疊的層次。以美國社會為例，亞洲人之中層階級，既與白人之中層階級無關，生活方式也不同。黑人之中產階級在生活方式，價值規範上與乎白人、黃人之中產階級差別更大。同樣是中產階級、工商界與教育界，不論在生活方式價值規範方面，又截然不同。

第六節　都市社會網絡（Urban Social Network）

由於都市人口眾多，人口稠密，背景不同，分工細密，社區組織複雜，因而都市社區組織分化為許多性質不同的支文化、小羣體。例如音樂家有他們獨特的社區組織，有其特別的支文化，以及不同的價值規範及生活方式。以定居美國的中國人為例，中國人社區中又有各種特別宗親組織、麻將會館等等。都市生活文化，包羅萬象，不一而是，造成無秩序，無組織狀態，而都市中許多社區組織，支文化與傳統社會價值規範相牴觸，被視為偏差離異。

除了社會文化複雜、融匯等特性之外，都市人口交通擁塞，偏差犯罪行為層出不窮，都市中成長的個人受多元文化之影響，在思想意識方面比較開放，傾向個人主義，人與人之間，因為不同背景，以及各種差異，而保持距離。

都市生活之多元化、複雜，與乎鄉村生活、文化之單純一致，似乎

是兩個極端，亦構成都市生活吸引人之處。定居鄉村城郊的人士，週末假日之時，都希望去都市中心尋求多元文化之刺激。

第七節　都市發展理論
(Theories of Urban Development)

一、同心圓理論

有關都市發展的過程及趨勢，諸家社會學者提出多種理論以解釋之，其中以三家最為著稱，最早解釋都市發展的理論，同時也是最出名的，是芝加哥學派提出的同心圓理論 (The Concentric Zone Theory)。以派克、布吉士、麥肯吉(Park、Burgess、McKenzie, 1925)為主的芝加哥學派，認為都市的形成發展，遵循同心圓的方式，由內向外逐次擴張，而後形成諸多同心圓區，每一區域具備不同的人文經濟特色。(見圖二)

依據同心圓理論，每一都市大致可劃分為五個同心圓區域。

（I）城中心商業區，包括大企業公司、大商店、銀行、大旅館、火車站以及政府機構。以臺北市為例，總統府週遭的西門町區，包括重慶南路一段及衡陽路是昔日臺北市的中心區。幾十年前，臺北之政治、經濟、文化重心滙集之所。

（II）變遷區域 (The Transition Zone)

緊接着城中心區的是變遷區，是城市發展起源之地，是舊有住宅區，是新都市中心的毗鄰。以臺北市為例，萬華是變遷區最好的例子。萬華是臺北市發展初期的中心。由於臺北社區組織、經濟諸因素之演變，臺北中心區外移，遺留下舊有的萬華成為貧民、犯罪中心。萬華區中建築殘破、街道狹窄不整，無大規模的企業公司，各式各樣的犯罪，偏差人

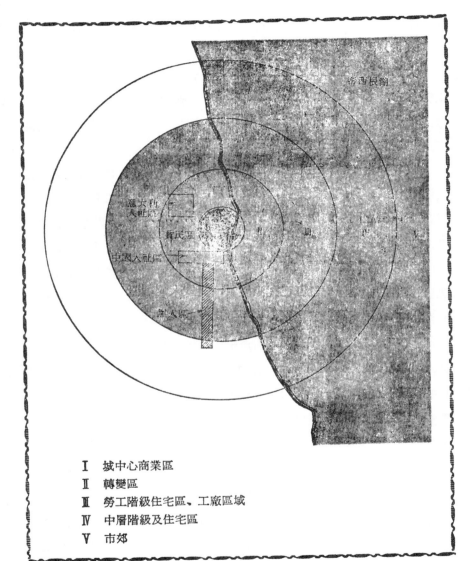

I 城中心商業區
II 轉變區
III 勞工階級住宅區、工廠區域
IV 中層階級及住宅區
V 市郊

Source: Adapted from Ernest Burgess, "The Growth of the City," in The City, ed. Robert Park, Ernest Burgess, and R.D. Mc kenzie Copyright 1925 by the University of Chicago Press. Reprinted by permission.

圖二：芝加哥城之同心圓社區

物滙集於該區。幾十年來，一般老百姓一直視該區爲禁區，裹足不前。

（Ⅲ）工廠及勞工階級居住地區

大都市之第三同心圓地區屬於小型工廠，勞工階級居住區域。小型工廠林立、滲雜廉價、擁擠之勞工住宅。低中收入之勞工階級滙集該區。一則爲了工作方便，一則爲了廉價住宅，而同時也得以遠離變遷區。以臺北爲例，三重市是第三社區最好的代表。

（Ⅳ）中產階級住宅區，距離城中心區較遠的第四同心圓區是中產階級住宅區。房屋建築優美，獨立門戶，各有庭園。近二十年來由於地價昂貴，獨立門戶的住宅已被新型的公寓所取代。這一社區生活較爲安寧，犯罪偏差行爲率較低。以臺北爲例，中和、永和、景美、新店都是中產階級住宅區之最好代表。然而近二十年來，由於臺北市不斷擴充，這些舊有的中產階級社區已逐漸變質，變成人煙稠密，交迫擁擠的社區。而臺北市之中產階級住宅區，則不斷向外擴張。

（Ⅴ）城郊區，城郊區距離城中區最遠，是上層及中上階層居住地區，以現代高速公路連繫。城郊區距離城中心多在二三十分鐘汽車行駛時間範圍之內，這一區域，住宅廣潤、豪華，多爲獨立庭院。臺北市的陽明山區是城郊區之最好典範。由於氣候適宜，遠離吵雜之城中區，臺灣光復之後，陽明山已經形成爲上層階級居住區。以後，美軍來臺，亦選擇陽明山居住。目前是臺北上層社會及中上階層矚目的住宅地區。屋價昂貴，非一般中產階級可負擔者。

同心圓理論之模式符合多數都市發展之形象。然而同心圓是抽象的模式，與乎實際都市發展有所出入。當初提出同心圓理論的諸多學者早已提出警告，每一都市具備特殊之地理環境、人文、政治、經濟因素，無法完全配合同心圓之方向發展。

二、區域理論 (The Sector Theory)

解釋都市發展之第二項理論是區域理論，由美國社會學家何依 (Hoyt, 1939) 提出。依據何依的見解，都市自然發展主要是順應交通路線，不論是鐵路、公路、或是河川而自然發展。何依的理論可以補充同心圓理論不足之處，世界許多大都市，如波士頓、紐約等等，其發展方向並非完全依循同心圓之模式。

三、多重核心理論 (Multiple Nuclei Theory)

解釋都市發展的第三項理論為多重核心理論，由哈里士及烏爾門 (Harris and Ullman, 1945) 提出。以文化取向解釋都市發展與社區文化之密切關係。以美國舊金山為例，城中包含政府機構區域、高級商業區、高級住宅區、色情地區、銀行企業區等等，各自構成獨特文化區域，各不相屬。

第八節　都市類型

一九七七年，哥登 (Gordon, 1977) 提出都市類型理論以解釋不同都市發展的趨向。根據哥登的理論，都市大約可分為三類，即商業都市、工業都市及企業都市。

一、商業都市

商業都市建立之目的主要在於通商貿易。商業城地處要津，為各地交通融匯之所，商品滙集交流。以香港為例，位居歐、亞、澳三大洲交流中心，轉口貿易旺盛，為商業城市之典範。商業城市由於交通方便、

資源豐富，亦容易變成爲工業加工城市，目前之香港、新加坡都屬此類
都市。我國之基隆，也是典型的港口都市。十九世紀末葉中國與歐美各
國通商，開闢港口。以上海、廣州爲例，也都是以通商爲最主要目的。
在內陸地區，也有商業城市。

二、工業城市

隨工業革命而建立之城市爲工業重心。以美國的底特律、德國魯爾
爲例，爲煤鐵礦產之主要中心。臺灣的新竹也是工業都市。工業都市除
了具備礦源之外，亦須地處交通要道，以便運輸。

三、企業都市 (Corporate Cities)

企業都市爲龐大企業機構聚合所在。企業都市之特色爲聳立之高樓
大廈，龐大財政、金融、商業公司以企業都市爲大本營，控制各地分行
事業。以紐約、倫敦爲例，爲世界各行企業之中樞。企業都市之前身亦
可能是工業都市、商業都市。然而在發展之過程中，工業外流。目前臺
北也有這種傾向，工業流向衞星城市，本身則形成爲企業、商業中心。
企業都市之興起源自於二十世紀工業先進國家。工商業組織龐大，因
而需要中樞機構，以控制世界各地分行事業。以美國之國際電腦公司
(IBM) 爲例，其電腦事業遍及於世界每一角落。國際電腦公司以紐約
爲中心。又以紐約市民銀行 (New York Citizen Bank) 爲例。紐
約市民銀行爲世界第一大銀行。其分行事業亦遍及世界每一角落，亦以
紐約市爲中樞。

除了以上三種都市之外，另有以政治、文化、娛樂等等爲重心的都
市，不一而足。各種都市之發展、形成，都可以追溯及其地理環境、政
治、經濟因素，以及其他條件。蘇杭成爲我國文化中心，一則由於其地

處諸大政治、經濟交滙之所，一則由於其風光明媚，氣候適宜。

第九節　大都會（Metropolis）

大都會是工業革命以後發展的龐大人口密集社區，以一都市為中心，而伸展及於鄰近的人口密集地區。由於現代交通發達，使得大都會之諸社區得以密切聯繫為一體。依據布魯菲（Blumenfeld, 1973）之界定，大都會為一社區，至少有五十萬以上人口，從大都會之邊緣至城中心之交通距離以不超過五十公里為限。依據這一項標準，臺北——基隆——新竹構成一大都會。人口在七、八百萬人以上。除了以上諸特色之外，大都會之經濟以現代工商業為主，同時，是政治、文化重心之所在。

第十節　城郊區（Suburb）發展

在工業先進國家，如美國，郊區發展始自於二十世紀初葉，由於交通進步，汽車、火車之普遍化，城市人口增加，城市生活混亂複雜，因而中上階層陸續外遷。郊區包括大城市四鄰的小鎮市，以居住為社區主要特色。一九二○年時，美國人口中已經有17%居住於城郊地區。二次大戰以後，汽車之普遍化，以及高速公路之陸續建立更推動城郊區之發展。一九八○年，美國人口44%居住於郊區。消費性的企業如百貨公司、食品公司等亦相繼遷往郊區建立廣大的商業中心、商場（Mall）等等。

由於都市地域受限，而人口不斷擴張、社區組織分化，因此，郊區發展以及衛星都市之形成都是勢在必行之事。以臺北為例，早在三十年前，陽明山、中和、永和即已形成眾所週知的城郊。近二十年來，由於

臺北工商業之擴張，中和、永和、新店發展成為臺北市衛星都市。郊區
則不斷向外擴張。遠而及於內湖等地者。事實上都市擴展，衛星城市之
建立，都是陸續不斷的過程。都市如臺北者，近年來不斷擴張，附近原
有的郊區逐漸被併吞入臺北市，而新的郊區則不斷產生。同時，由於汽
車普遍化，高速公路之建立，使得中上階層更可以向更遠更寧靜的地區
流動，形成新的郊區。陽明山由於其特殊之地理環境以及其歷史背景，
一直是上層社會樂於居住的郊區。我國之達官貴人，富豪大多住在陽明
山上。

郊區具在許多顯著的特色，城郊區很少高樓大廈，建築以平房式最
普遍，住宅庭園廣闊。住在臺北郊區的人士都屬於中上階層，具有自備
汽車，多是結了婚，有子女者，單身或離婚的很少。在郊區居住的人，
在教育、收入、職位以及其他各方面都有類似之處。

郊區居民之休閒活動與乎都市居民也不一樣。他們假日較多，着重高
爾夫球、網球、旅遊。他們對於世界大事，以及前途之展望也都不同。
年青的不僅準備升大學，更而準備放洋出國深造，抱負遠大、自信心
強。在服飾上他們也具有顯著的特色，不僅品質較好，也都是世界名牌
的衣着。這些人也都是社會上、政治、金融界的要人。

第十一節　都市人口類別

依據干斯 (Gans, 1962) 之研究分析，都市人口可以劃分為五大類
型，即城裏人、未結婚及無子女者、來自農村者、少數民族、貧困無依
者、以及被困於都市者 (Cf. Persell, 1984, p. 561)。

一、城裏人 (Cosmopolites)

包括藝術家、作者、音樂家、專業人員、學生。這些人的工作生活，與高度的都市文明密切相關。其間之社會階層差別懸殊，有的是富庶的專業人員，如銀行家、企業家、律師、會計師、電腦作業人員等。以電腦作業人員爲例，祇有大都市之大企業、銀行、政府機構才有龐大的電腦系統，才合運用電腦專業人員。

二、未婚以及無子女者

這一類型包括藝術家、音樂家、學生等。由於其特殊身份、年齡、生活方式、價值規範，許多未婚或無子女。這一類型又包括許多從外界遷移入都市尋覓職業、生活的年輕人。他們沒有結婚或是新婚不久。一旦當他們職業穩定、收入增多之後，即開始外遷，移往郊區居住。

三、少數民族 (Minorities)

在都市成長發展的過程中，無數的少數民族羣體逐次遷入。同一種族文化的羣體，透過親戚朋友關係而定居一地，逐而形成少數民族社區。以美國洛杉磯爲例，其中包括無數的少數民族地區，包括早期的猶太人、東歐民族等，後來的中國人、日本人、韓國人，以及最近遷入的越南人。少數民族除了工作之外，與大都市生活隔離。在少數民族社區之內，他們各自維持原有之生活習慣、家庭生活，甚至於運用其土語。在這些社區中，少數民族一方面可以享受其原來之鄉土氣息，也同時與優勢民族隔離，免於遭受後者之歧視虐待。

四、貧困無依者 (Deprived)

這一類型包括極端貧困、生活無依、無家可歸，以及身體殘障、精神不全的人士。這一類型的人，依賴社會救濟、寄身於貧民窟中，以維

持生存。

五、被困者 (Trapped)

這些人包括年紀較大，以及經濟情況較差的人，早年遷移來都市生活，以後都市日形惡化，這些人由於經濟能力限制，被困於市區，無法外遷。

第十二節　都市社區解組 (Urban Disorganization)

所謂社區解組 (Social disorganization)，指社會組織機構之紊亂、失效、社會價值規範之消沉沒落、人際關係疏離、社區成員之心態行為違反道德規範而走向偏差離異之途。涂爾幹以「失序」(Anomic)一詞描述「社會解組」。當社會失序時，社會成員缺乏共同的信仰、缺乏共同之價值規範。造成社會解組之因素甚多，前節中所提及之都市諸多特色，諸如人口眾多、擁擠、人口之異質性及高度之人口流動等，均足以導致社區解組。在布吉士的同心圓理論中，特別強調都市中心區域社區解組現象最為嚴重。

社區解組與乎偏差犯罪行為關係密切。依據芝加哥學派的研究調查 (Shaw and McKay, 1942)，城區中心之犯罪率、酗酒、吸毒、同性戀、娼妓、精神病患等諸種偏差行為比率特高，為所有社區之冠。由於都市中心犯罪偏差行為比率偏高，因而造成都市人口外移現象。特別是中上階層人士，唯恐自己的家庭子女遭受紊亂無章的城區生活影響，急於遷往郊區。造成流向城郊人口移動的時代潮流。久而久之，城區中心所剩下的居民除了少數的單身、無子女、青年學生求職者，多為貧困無依、殘障不全、老弱、少數民族份子。社會上大多數人士除了因為工作

或是爲了特別的原因，例如餐飲、娛樂，而進入城中區。除此之外，平時視都市中心爲畏途，裹足不前，一般人對城中心區都抱着否定的態度。在工業先進國家的大都市中心區，常常有廢棄的住屋地帶，無人居住。這實在是現代工業都市社會之一奇蹟，也是現代社會之一大悲劇。

第十三節　都市重建運動
(Urban Renewal Movement)

近二三十年來，有鑑於城中區之衰敗腐化，有識之士極力提倡都市重建運動。以工業先進國家爲例，都市重建運動已有顯著的成效。以美國之舊金山、費城，加拿大的蒙特婁、多倫多爲例，昔日破爛的城中區，如今則大廈林立，高級旅舍、公寓、企業公司、銀行等等毗鄰而立，城中區再度成爲都市的商業文化中心。

都市重建運動的目的不外更改當前都市發展之趨向，扭轉時局，消除城中區的各種弊端。在都市重建計劃之下，新建立的高樓大廈、公寓、旅館，不僅豪華，更具有各種休閒設備。都市重建者的口號是聚滙工作、生活休閒於一所。這些新的住所對於青年、無子女之專業人員、中上階層特別吸引。環視諸世界大都市，在重建之後都已改頭換面，成爲美麗而吸引人的商業文化中心兼高級單身住宅區。都市重建運動爲都市發展開闢了新的方向，扭轉了自工業革命以來的趨勢，爲未來都市發展帶來了燦爛的曙光。

第十五章　社會變遷

（練馬可教授撰寫）

第一節　導　言

　　由於科技發明，工業化、人口變遷，以及文化交流等因素導致社會文化在組織結構、在內涵上的演變，是為社會變遷。在社會變遷的過程中，舊有的傳統社會制度及文化逐漸消逝，而新的社會組織，新的文化逐漸發揚。近半世紀以來，由於工業科技之迅速發展，為人類社會帶來全面性之衝擊，隨而產生巨大社會變遷。以近三十年來我國演變為例，一九五○年代，我國政府剛自大陸遷臺不久，臺灣仍舊是一個以農業為本位的傳統社會。臺北市人口不及七十萬，除了城中心方圓一里的幾條大街有幾家銀行、企業公司、出版公司、商店之外，其他地區都是小型商店，城中心建築也不過是日據時代遺留下來的一些二層樓磚屋。路上除了少數公共汽車之外，只見行人及腳踏車。走出城中區以外，綠野遍地，多數家庭內只有一架收音機。有錢的人家可能有舊式冰箱、洗衣機。週末電影院則人潮擁擠。

曾幾何時，一九八〇年代的臺灣已形成一個十足的工業都市社會。
從臺北到新竹，從臺南至高雄，連綿不斷的工廠。以臺北市爲例，整個
臺北，方圓數十里，人烟稠密，已被列爲世界大都市之一。臺北市內盡
是高樓大廈，街道充塞著各式各樣的汽車、機車。僅只是計程車而言，
卽有四萬多輛。目前幾乎百分之百的臺灣家庭擁有電視機、電話及電冰
箱。中上階層擁有私家汽車；在交通方面有電化火車及高速公路；臺北
近郊有國際機場。三十年前，臺灣從南到北交通需要十二小時，而今從
臺北至美國洛杉磯也只要十二小時。

然而科技、工業、物質方面的迅速演變，並未能完全摧毀中國舊有
制度、舊有價值觀念以及道德規範。當前之中國社會仍維持許多舊有制
度及特色，例如人情關係重於法律，中國家庭仍維持固有之折衷方式，
由親子三代直系親屬結合而成。傳統中國民俗宗教信仰，不僅沒有被西
化、現代化運動所摧殘，反而日益繁盛。民國四十年代臺灣的廟宇一共
只有三千多座，而民國六十年代增加爲九千多所（見第十一章，宗教），
增加速度不可謂不速。

雖然有的傳統制度保留下來，然而在我國社會體制各方面，在點點
滴滴的過程中，我們可以見到許多演變。在三十年前，年青男女婚前性
行爲是絕無僅有之事件，而今則已普遍化。三十年前大學生零星的跳舞
活動，而今則大衆化。三十年前吸毒、同性戀者，少之又少；更無龐大
的黑社會組織，而今則黑社會組織充塞社會每一角落，吸毒者、同性戀
者比比皆是。社會演變的現象並不侷限於我國，而是遍及於世界各地。
社會變遷的速度有快有慢，與一社會之科技工業發展成正比的關係。以
亞洲國家爲例，臺灣經歷迅速之社會變遷，而同時期之內，緬甸社會變
遷和緩，至目前爲止，緬甸仍維持許多傳統農業社會之特徵。

社會變遷通常是緩慢的。以我國近三十年來所歷經之演變發展爲例，

由工業化而帶動整體社會變遷。然而社會變遷也可以突變的方式出現，現代歷史中，層出不斷的革命運動及軍事政變，瞬息之間可以更改一個社會的基本組織。

社會變遷有的可以預測，有的則匪夷莫測。落後國家之走向工業都市化，以及接受西方文化之衝擊而帶來之變遷是可以預期的。而美國社會在一九六〇年代所經歷的急驟演變則匪夷莫測，在一九六〇年代之後期，由美國青少年帶動而引起之劇烈變遷，例如嬉皮運動、大學生激烈政治活動、性解放運動、吸毒之普遍化等等，都爲美國社會帶來了恒久的震盪。事後雖然許多社會學家、人類學家也都嘗試解釋這些突變，然而並無絕對滿意的答案，似乎要再等待一二百年之後，透過歷史學的眼光，回顧這一段時期，或者可以整理出若干頭緒，建立合理的解釋。

在一九六〇年代，短短的十餘年之內，美國數百年來賴以立國的傳統價值規範，例如勤奮、清潔、節制、紀律都被六十年代的狂飆所淹沒。年青的美國人喪失了鬥志，喪失了基督新教徒的精神，他們沈醉於酒精、大麻、糜爛的性生活中。他們不願意工作，不重視工作，不重視修飾，不重視禮節，幾乎美國的傳統美德被他們一掃而光。在混亂散漫氣氛之中，美國年青的一代提出新的價值規範，勵行以「愛」、「和平」、「自由」爲基礎而返樸歸眞，不計較功名財富，建立新生活方式。

社會學界有人認爲是美國社會過於富裕，在極端放任教養主義之下，培養產生六十年代的新生代，也有人認爲是長期越戰的結果。對於絕大多數社會學家而言，六十年代末期美國社會之重大變遷是不可思議的，是違反社會學原則的現象。

社會變遷更可能產生連鎖反應。例如，工業都市化之發展，帶動婦女就業，而由於婦女就業，帶動了社會文化全面性的變動。傳統家庭制度在婦女就業的浪濤中開始動搖，離婚率增加，生育率降低，單身人數

日漸增加。又譬如二十世紀初葉汽車之發明，不僅帶動了世界運輸交通之革命，也因而產生了許多人文區位學的新景觀。例如，郊區發展成爲居住中心以及旅遊觀光事業之興盛。

第二節　社會變遷的動因

社會文化變遷之動因甚多，以下我們列舉其重要者以討論之。

一、人口變遷

近百年來世界人口數目急驟上升，特別是落後國家，一方面由於醫藥衞生之改進，人口死亡率迅速下降，然而傳統重視子嗣的價值觀並未改變，生育率並未下降，因此造成落後國家嚴重人口膨脹問題。隨著人口膨脹、人口集中而產生各種嚴重問題，包括食衣住行之供應分配。都市社區組織趨向龐大，複雜多元化，職業分工走向精密細緻，人際關係之複雜化，都市人烟稠密，生活緊張，燥音空氣污染以及其他許多形形色色的社區組織變動均隨人口成長應運而生。

二、自然環境之演變

自然環境之演變，包括乾旱、水災、氣候及人文生態變化均足以影響社會組織及人類生活方式。有的人類學家認爲在一萬三千年前人類社會由游牧方式而走向河床定居以農爲業，主要是因爲地球上大型動物之逐漸減少，人類肉食之缺匱。十九世紀末期美國西岸，因爲發現金礦而帶動了西岸的開發。一九二〇年代愛爾蘭歷經長期乾旱而導致大量移民外出。在二十世紀以前，人類科技文明仍然相當落後，人類對自然環境之態度，主要是適應生存，因此，當後者發生變化時，人文組織亦隨而

變化。

三、創新（Innovation）

造成社會文化變遷最主要之因素，是人類之創新發明。創新發明包含兩種不同的層面，其一是發現。例如十五世紀末葉哥倫布發現新大陸，達可馬發現新航路，而導致整個世界局勢之改觀。另一種是發明，其中最主要的是科技方面的創見發明。歷史中，科技發明比比皆是。二十世紀愛因斯坦發表相對論，使得人類對於自然世界之認識改觀。一九三〇年代噴射引擎之發明，帶動了國際航空發展的新方向，縮短了世界各地距離。一九四〇年代核能之發明運用更爲人類帶來了震憾的後果，從此，人類不僅可以利用無盡的能源，然而也爲人類舖下了毀滅的基礎。口服避孕藥的發明爲世界人口問題帶來了解決的方法，同時，也改變了舊有家庭制度，從此人類可以控制生育。對於絕大多數人口過剩的貧困國家而言，口服避孕藥是天降救星；然而對於人口消弱的先進國家，口服避孕藥如同流行疫病，更加速摧毀這些國家之人口；口服避孕藥亦爲人類生活方式帶來了革命性的轉變，在沒有生育恐懼情況之下，兩性之間的關係得以徹底解放。

根據拉比爾（LaPiere, 1965）之研究，創新發明的人多源自於獨特個人之努力。許多發明家在年幼時並無神奇的跡象。以愛因斯坦爲例，中學畢業之後，因未能考入大學而輟學，在一所小公司裏工作，夜間則獨立從事相對論之著作研究，而終有所成。

生活於龐大制度之內的人無法從事創新發明，因爲這些人的思想行爲受傳統制度的影響約束無法突破。以十五世紀的達文西爲例，他一直希望運用火藥的原理以製造汽車引擎而終身無所成就，其所以失敗，是因爲他無法擺脫傳統能源的觀念。

在人格結構方面，創新發明者與一般人也不同。他們具備充分的信心，不懼畏失敗，不懼世俗人士之批判，敢作敢爲，最後乃終有所成。

創新發明屬於偏差行爲的範疇。在變動的社會中較易展現。例如我國歷史上春秋戰國時代，創新發明者人才倍出。美國社會文化因爲標榜創新立異者，因此創新人物層出不窮。

創新發明與「需要」亦密切相關。在戰爭中，敵對作戰的國家，面臨生死存亡，不得不潛心致力於創新發明，以求自保。世界上許多偉大的發明，例如火箭、潛艇、核能等等，都是在戰爭促使之下發明製造的。

四、文化交流

世界文化交流是構成社會變遷之另一主要因素。近一百年來，由於世界交通之發達，國際交往頻繁，社會之間交流加速，因而造成許多社會文化之變遷。以我國爲例，在西風東漸，現代化的時代潮流影響之下，我國傳統制度遭受衝擊而逐漸崩潰。傳統的中國大家庭制度，舊有的婚姻制度，貞操，道德倫理觀念逐漸消沉。繼之而起的是西方價值規範。

文化交流也可能源自於外來武力侵略及征服。以香港爲例，香港本來是中國社會之一部份，自從十九世紀中葉英國人佔領之後，建立殖民地。目前香港社會組織及文化內涵與乎中國大相迥異。

在沒有外力影響之下，一國之文化自身也會演變，也可以帶動社會變遷。

第三節　社會變遷理論

一、古典社會變遷理論:

1.柏拉圖（Plato, 427—347BC）生於紀元前五世紀，時值古希臘黃金時代，然而當時政治混亂，柏拉圖對於社會解組及社會變遷特別關懷。對柏拉圖而言社會解組是社會變遷的一種型式，是社會重組的預行階段。在共和國一書中，他提出建立社會秩序的方案，在他的理想國度裏，必須維持嚴格的社會階層制度，控制人民的思想以維護秩序。柏拉圖的政治理想與當時希臘貴族階級之思想吻合，反映當時的正統價值觀念。

2.尼古拉・馬基維利（Niccolo Machiavelli, 1469—1527）在馬基維利君王論（The Prince）一書中，他為世界帶來了嶄新的理論，更為後世創立了獨特之政治思想。馬基維利認為個人為了追求權力，可無視於倫理道德觀念，後人因而對於馬基維利作嚴厲的批評。然而他劃分理想與現實社會的界線，對於社會哲學以及後日的社會科學甚有貢獻。換言之，他證實客觀性分析社會現象是可能的，社會實況並不是社會理想，社會實況也並不具備道德規範的內涵，更不可以從道德規範的有色眼鏡中去分析研究。馬基維利的觀點，後來發展形成現代科學觀，以客觀態度研究分析，這就是馬基維利對於社會科學的主要貢獻。

3.十八世紀法國哲學思想。

十八世紀法國哲學思想家相繼提出樂觀的哲學理論。特別是孟德斯鳩（1689—1755），赫爾維帝（Helvetius, 1715—1771），孔多策（Condorcet, 1743—1794）及聖西蒙（1760—1825）等人，對於這些「串連」十八世紀和十九的學者們而言，理性是至高無上，是神的化身。他們相信人類正處於劃時代的焦點。在新的時代中，經由「科學」的方

法獲取知識，使人類社會、人類文明更趨於完美，人類社會發展和理性主義發展同趨並進。

4.演化論　演化理論並不是十九世紀創立的，早在古代卽已具有演化的觀念。十九世紀社會學者將演化的觀念運用到社會變遷。演化論者認爲一個社會的發展，都經由早期的成長而成熟，而後衰敗、瓦解，這種成長現象是世界所有社會發展的共同特徵。中國歷史上朝代興替與乎演化論相似。在達爾文發表其物種原理之前，許多學術界人士已普遍接納了演化及進步的觀念。

5.孔德（Auguste Comte, 1798—1857）　孔德是聖西蒙的傳人，在其著作中，他引用其導師及孟德斯鳩等人的觀念，來申述他的三段階次律（Law of Three Stages）。他認爲三段階次律可以適用於學術和社會發展過程。依據孔德的理論，社會及學術發展的第一個階段是神學階段，在這個階段裏，人類社會各種現象的律動都歸因於超自然力量，更以人神同型的理論（Authropomorphism）來描述超自然力，借用牛頓蘋果落地的例子，在孔德的神學階段裏，物體自由落地的運動被解釋爲某種神靈的意志所造成。孔德的社會演化第二階段是哲學時期，在此時期裏，現象的律動是源自於現象的「本質」或「能力」（essence or faculty）。這就好像是說「蘋果之所以會落地，乃是因它成熟之故」。在第二階段，隱藏在現象律動背後的神（agents）消失了，因自然現象的「本質」或「能力」是非人性的（impersonal）。孔德的第三階段是爲實證科學時代。在這段時期，以科學實證理論解釋自然萬物及各種現象的運作。因此，蘋果落地，被牛頓解釋爲萬有引力的結果。

對孔德而言，「三段階次律」同樣可以解釋社會演變發展，任何一個社會的發展過程，都可歸納之。例如，初民社會可歸類爲神學時期，初民社會規模很小，偏限於家族之內及家族之間的聚合。非洲喀拉哈利

沙漠布須曼 (Bushman) 的昆族 (The Kung) 即爲代表性的例子。昆族羣體的成員最多 30 人左右。最近在菲律賓南部發現的石器時代社會塔沙達 (The Tasaday) 之社會成員只有 30 人左右。這些社會每隔一段時期即聚集成爲一「遊羣」(band or horde) 以進行大規模的狩獵及祭典活動，透過這些過程，原始初民社會可能進而演化成爲較大規模的氏族 (clam) 社會，或是部族社會 (tribe)。孔德的研究重心是十九世紀的歐洲社會，當時的工業都市社會已進入了孔德的第三發展階段，在此時期基本的社會單位是民族國家 (Nation-state)。

從以上的分析，我們看到孔德的階進理論認爲人類社會演化，從小而簡單的單位進步演化成大而複雜的社會組織，以直線向上的方式不斷邁進，進入更高的社會文明層次。在社會演化的過程中，偶然也有退化的可能，然而對孔德而言，人類社會的演進，就整體而言，必然是直線向上的發展。

孔德對人類社會未來壯麗而美好的觀念，是基於他對現代科學的信心。人類高度科技理性知識逐漸累積，透過理性知識，人類社會得以不斷進步發展。對於孔德而言，美好的世界前景不僅是一個希望，而且是一個即將到來的事實。

6.馬克斯 (Karl Marx, 1818—1883)　在十九世紀後期中，演化論是最得勢的社會變遷理論。演化論又包含許多不同的派別，以當前的情勢來看，演化論中最重要的是馬克斯的理論。

馬克斯是現代學術史中，最引人爭議的學者。有人視之爲聖人，是被特權宰割，大衆世界的救世主。有些人則譴責他，視他爲撒旦的化身，認爲他必須爲十九世紀中葉以來，在他發表共產主義宣言以後，所帶來的罪惡世界負責。事實上，馬克斯的理論與傳統的演化論有區別。他認爲發動演化進步的動因是階級鬥爭。孔德以爲持續社會進步必須有

賴於運用知識，而在演化過程中，社會學家扮演重要角色，與政府密切
合作。馬克斯則認定唯有革命的方式才可以矯正社會罪惡，革命是引導
社會進入大同世界的唯一有效方法。馬克斯認為統治階級處心積慮於維
持及擴張他們的權力。

　　簡而言之，馬克斯認為人類歷史就是一部人類逐漸疏離（alienat-
ion）的歷史。物質條件，或是社會裏的一個次羣體常常決定整個社會
的意識形態。從社會學的觀點而言，決定社會意識不是別的，是人類生
活與工作的物質條件。因此，一個社會階級的成員無法真正理解其他社
會階級——因為他們的生活條件不同。個人的社會地位及其自我意識、
世界觀，都是由經濟因素而定。更具體而言，經濟條件意味著生產工具
的擁有或缺乏，而生產工具的有無決定社會階層。生產工具包括土地、
天然資源、工廠、機器等等。馬克斯提出二元階級論，在任何社會、任
何歷史的階段中，都包含兩個社會階級，一個階級由剝削者組成，而另
一個則由被剝削者組成。貫串歷史而下，私有財產制的制度是社會的基
本條件，時時產生「有產者」（那些擁有資產的，意味生產工具）和「無
產者」（那些沒有特權的和因此僅能貢獻他們的勞力於生產過程中的人）
的區別對立。在原始時期，即所謂「原始共產主義」時期，私有財產制
並不存在。馬克斯追溯人類社會的發展過程，由奴役時期（其基本階級
區分是奴主與奴隸），封建時期（封建領主和農奴為二大階級），以及十
九世紀的資本主義社會（基本階級區別是資本家和普羅階級或工人）。
依據馬克斯的理論，社會演進的最後階段是社會主義時期，此時所有財
產將為國家所有，因此消除了引致剝削對抗的主要根源。他相信，一旦
由工人階級來掌管政治，政府將不再需要存在。政府的功能只是執行剝
削階級的意志，因此在最終社會主義時代，政府將消失，而一個新的和
平，真正對所有人公平的時代將到來。

新社會主義秩序的來臨是經由階級鬥爭而產生，因為工人階級是（而且仍然是）資本主義社會最大多數的階級，最後它將獲致勝利。如我們已經提及，馬克斯是個理想主義者，因為他相信一旦被剝削者控制了社會，他們就不再剝削別人。然而歷史經驗否定了馬克斯的理論。大多數例子證明被剝削者一旦贏得政權之後，常常形成為剝削階級，這點正是新階級 (The New Class) 一書的主題。作者吉拉斯 (Milovan Djilas) 分析二次大戰後，南斯拉夫為共產主義者接管後的情況。此外，根據胡克 (Sidney Hook) 的觀察，建立馬克斯主義的國度裏，馬克斯的理想都被摧毀叛離。

馬克斯演化主義認為進步的巨輪是階級鬥爭，沒有鬥爭就沒有進步，他所建立的概念，特別是階級、階級意識和階級鬥爭。與當前社會衝突論者的思想密切相關。

孔德和馬克斯的理論相似之處是他們都認為一旦演化的最後階段出現，演化的過程將結束。實證科學在未來將持續引導社會發展，進入更高層次。對馬克斯而言，社會主義將是人間社會的最後演化階段。

十九世紀末期，演化論已經出現裂隙，原因非常簡單，它不能解釋某些型式的變遷。某些社會並不遵循一定的途徑。擴散 (diffusion) 似乎更足以解釋社會演變。

7.韋伯 (Max Weber, 1864—1920) 在討論早期社會學有關變遷的古典思想家，我們應該討論傑出的德國學者，馬斯·韋伯。當馬克斯強調物質條件的意義以及其在社會組織和變遷中的關鍵性，韋伯則關切非物質現象的觀念。在他幾十年的鑽研中，韋伯所關懷的是西方理性的興起以及更進一步的追問，何以理性主義社會出現在西歐社會？正如同馬克斯、韋伯的研究對象也是資本主義社會，然而他以截然不同的觀點加以解析。韋伯主張針對現代資本主義各種特色，諸如科層化原則和現

代企業組織程序及系統的組織等等，加以詮釋，並且追問何以資本主義出現於西歐社會，而非其他地區。韋伯的解釋是基督新教倫理觀念導致現代資本主義之興起。十六世紀時，以喀爾文爲主的基督新教出現於西歐各地，基督新教強調節儉、紀律、勤奮的倫理觀念，強調理性，出世觀以及透過個人的職業奉獻上帝。基督新教的倫理觀與乎當時歐陸盛行的天主教倫理觀念大相迥異。基督新教的價值觀念逐漸興盛，遂而取代舊有的觀念，成爲西歐盛行的新倫理觀念。

在此，我們必須注意，韋伯的理論並未強調基督新教倫理與資本主義社會物質條件之必然關係。馬克斯則不同，他認爲資本主義社會之物質條件必然導致資本主義之興起。韋伯認爲社會意識觀念與社會之物質條件是相互對應的獨立因素，各自發展。

韋伯的社會演化論採取開放的態度，而非封閉的決定論調。後者認爲社會物質條件、經濟因素必然導致某種意識形態之興起。韋伯的演進論更是以歷史眼光，來解析社會演進。在特殊的時期、特殊的社會裏，許多不同的因素，足以導致新的社會體制出現。基督新教之出現於十六世紀是一件獨特歷史事件，然而基督新教主義擴展及於西歐各國，更而結合當時西歐其他許多條件，例如工業革命、科技發展，因而導致現代資本主義。

二、當代社會變遷理論

1. 演化論 (Evolutionary Theory)

自達爾文 (1857) 提出生物演化論以來，社會科學家遂而運用演化的觀念解釋社會變遷。在十九世紀中葉，當社會學初興之際，社會演化論盛行。英國社會學大師斯本塞 (Herbert Spencer, 1820-1903) 在他的社會學通論中，詳細闡述演化理論及社會演化過程，他說「演化就是

物質由無規律無定形的同質體，演變爲定形、有規律的異質體的過程」，然後他更提出具體物證解釋社會演進次序，認爲人類社會由渺小、簡單、無組織的初民社會逐漸演化爲龐大、複雜而有組織系統的現代社會。

當代社會學家，如柏深思 (Parsons, 1966)，倫斯基 (Lenski, 1978) 等，提出新的演化理論觀念，並且指出三項演化原則。

(1)由於科技之進步，世界各國對於自然環境之掌握控制日益增進；

(2)社會分工化日趨精細；

(3)社會組織各部門之間相互依賴性隨時日而俱增。以現代工業都市社會爲例，各個部門之間關係密切。

2. 循環理論 (Cyclical Theory)

演化理論認爲人類社會遵循直線途徑不斷向上發展，而循環理論則認爲世界文明遵循周而復始的演變方式，由微而巨，由弱而強，由盛而衰，反復不絕。一部世界歷史就是一部周而復始的循環論。如果以歐洲歷史爲例，古代希臘由諸多小國聚合爲一，在亞力山大大帝統率之下，東征西討，建立橫跨歐亞非三洲之大帝國。希臘衰退之後，羅馬帝國繼起，在凱撒大帝的領導之下，又建立了跨越三大洲的帝國，然後西羅馬又衰弱而滅亡。從中古以後，在歐洲歷史上，瑞典、意大利、西班牙、葡萄牙、荷蘭、法國、英國、德國，先後稱雄。第二次大戰以後，美國稱霸世界。目前是美國與蘇聯對立，依據目前之國際情勢判斷，美國之勢力逐漸下降，而日本之勢力逐漸抬頭，在現在極端科技文明時代，日本以其尖端之科技，雄厚之資本，必然可以成爲世界領導國之一。

循環理論盛行於二十世紀前半期，斯本格勒 (Oswald Spengler, 1918) 以西方文明之衰落 (The Decline of the West) 一書享譽於世。斯本格勒認爲每一個社會就好似一個人，經歷嬰孩兒童少年之迅速

成長而壯年之極盛期，而後逐漸衰落，最後是老年期。斯本格勒分析世界八大文明國家之發展歷史，最後以悲觀的態度聲明西方文明之衰落。以二十世紀末期的情況來看，西歐及美國在世界上之影響逐漸衰退，東方文明則日漸上升，似乎證明了斯本格勒的理論，然而斯本格勒未能預料核子武器之發明。由於核子武器之高度毀滅性，西方文明在最後生死掙扎的關頭，可能不惜孤注一擲，帶來全世界、全人類之毀滅。

歷史學家湯恩比 (Arnold Toynbee, 1964)，也是以循環理論之觀念分析世界，然而湯恩比較樂觀，認為人類社會依據周而復始的循環過程，不斷向各種挑戰對抗迎擊，而產生新的組織、新的文化。如果一個社會戰勝了危機及挑戰，則能維繫生存；如果不能，則可能衰落而滅亡。一部中國歷史就是湯恩比理論的驗證。中國社會曾經歷無數嚴重的挑戰，最後都很幸運的過去了。

社會學家所羅金 (Pitirim Sorokin, 1941) 在其社會文化動力 (Social and Cultural Dynamics) 一書中，以歷史證據，描述人類社會演進之方式。所羅金劃分人類文化為兩大類型，一為情慾型 (Sensate)，在情慾社會中，人際關係及文化均以滿足人類情感慾望為主。當前美國社會是一個好例子。情慾型社會中之藝術型態以圖畫方式展現，著重實證科學理論。第二種文化型態為理性型 (Ideational)，在理性社會中，人際關係及文化主要以滿足人類理性為目的。理性社會之藝術較為抽象。理性哲學以思想信仰為主體，宗教是理性社會主要制度。所羅金認為人類社會發展之過程是由情慾型演變而為理性型，又由理性型轉變為情慾型，如此周而復始，所羅金認為二十世紀之西方社會是情慾文化之典範。

美國社會發展之過程與乎斯本格勒、湯恩比及所羅金的理論都很符合。從十七世紀初葉，英國清教徒為了逃避英國國教迫害，逃亡美洲新

大陸，建立美國社會，於一七七六年獨立自主。直至目前為止，美國社會歷經各種嚴重挑戰，在十九世紀中，美國更經歷急驟工業都市發展，一變而成為世界一等之工業大國。在第二次世界大戰後，當世界其他各國都躺在戰爭廢墟之際，美國起而奪據世界霸權。然而在同時期內，當美國歷經工業都市化，國富驟增成為世界第一強國之際，美國文化卻轉向情慾的方向發展。從 1960 年代美國社會發生一連串的革命性變動，年青人的嬉皮運動，學生反抗運動，性解放運動，黑人人權運動等等，同時美國之經濟軍事力量亦日形衰弱。目前之美國社會已經走向下坡，美國舊有的道德規範也隨而消沉。

　　循環理論與乎人類歷史發展頗相吻合，唯一遺憾是循環理論未能解釋人類社會循環發展之原因。

3. 功能學派理論 (Functional Theory)

　　功能學派是當今社會學的主流，以解釋社會秩序著稱，著重分析社會維繫生存之條件，對於社會變遷之解釋，貢獻不大。美國功能學派大師柏深思 (1937, 1951) 在其著作中，分析社會變遷的因素，認為社會變遷一則源自於外來之影響，一則源自於內在之緊張、內在均衡之破壞。認為人類社會文化不斷在演變，在演變過程中，可能產生社會文化脫序的現象 (Social and cultural lag)，由於脫序而影響社會內部之均衡 (equilibrium)，導致社會組織之變遷。社會變遷亦可能導源於外來因素，例如戰爭，外來文化之侵擾。以我國為例，近一百年來我國社會文化發生重大改變，主要動力都是來自於外力之侵擾。

4. 衝突學派理論 (Conflict Theory)

　　對於社會現象社會變遷之解釋，衝突理論與功能學派持相反的態度。衝突學派理論強調社會內部衝突矛盾之本質，認為人類社會是由許多異質羣體聚合而成，各自為己，鬪爭不息。在適者生存的原則之下，成則

爲王，敗則爲寇，鬥爭勝利的羣體建立社會組織制度，以維護擴張其利益，統治壓迫被征服者；然而由於外力之干擾或統治階級本身之腐化，被統治階級可以透過革命的方式，推翻統治者，建立新的政府，新的社會體制。二十世紀的人類歷史就是一部革命史，不斷的武力革命，帶來了世界各國急驟變遷。

當代衝突學派大師戴倫道夫 (Dahrendorf, 1959)，描述一九五三年東德勞工大罷工的情況，當時的情況極爲嚴重，幾乎導致東德共產政權之崩潰，在緊要關頭蘇聯直接參與，壓制罷工，挽救了東德共黨政權。戴倫道夫在這篇文章中提出幾項問題：第一，這次東德之變動是否導因於東德社會內部之緊張、不均衡所致；第二，東德社會內部之價值觀念是否和諧；第三，西方國家是否參與這次罷工運動。

一九七〇年代，捷克又發生了類似的罷工運動，又被蘇聯所鎮壓而阻止，衝突學派理論之最大貢獻是解釋社會變遷之動因及過程。

第四節　現代化 (Modernization)

「現代化」指落後國家由傳統、非工業社會組織，演變爲工業都市社會的過程。自第二次世界大戰結束以來，社會學研究重心之一爲落後國家現代化過程。

現代化之過程大約可以分爲四大階段：

1. 現代科學技術機械取代了傳統的生產方式。

2. 在農業方面，機械生產代替了舊有以人力獸力爲主之生產方式，以往由於生產力及生產方式落後的限制，人民生活限於基本生存之層次。

我國在 1950 年以前農業生產即爲傳統初級生產方式，以人力獸力爲主要能源。然而從一九五〇年開始，引進西方之科技及工具，農業生

產逐漸改進，人民生活也隨而改善，人民生活由生存的層面，演進爲目前之高度營養生活享受。 在一九五〇年以前， 中國人在食物方面， 是有沒有吃的問題，而現在是食物的選擇問題。以往中國人以肉食爲奢侈品，而今則視之爲基本食物。

　　3.在工業生產方面， 由傳統之人工密集生產方式，較變爲現代之科技密集生產方式。

　　4.社區組織由農村演變爲都市。

　　我國社會在最近三十年來所歷經之演變，可爲落後國家社會變遷之模式。三十年內， 我國歷經社會變遷的四個面向， 以臺北市爲例， 臺北郊區之萬頃良田都被都市發展所剝奪。三十年前農耕以水牛爲主要動力，而今則都是機械。以前的果園是天然式，維持千萬年來果樹自然成長之方式而種植，而今則採用改良品種，在其生成結實的過程中，處處由人力控制。現代化的畜牧場、養鷄場也都與三十年前的不同，新的科技代替了傳統的畜牧。

　　然而在我國近三十年來急驟現代化過程中，也有許多獨特的發展趨勢，與乎西方的模式大相迥異。以我國民俗宗敎信仰之發展爲例，民國四十六年時，我國之廟宇共約三千八百座，而民國六十三年時，已增至九千餘座，所以在短暫十七年的時期之中，正值我國急驟工業都市化發展之時，我國之民俗宗敎信仰亦同時急速膨脹發展。

　　除了民俗宗敎信仰之外，我國社會文化在近三十年之演變，大約都遵循西方社會演變之模式，敎育普及，生活程度提升，政治多元化，婚姻家庭制度之更改，公共傳播之普及等等，與乎西方社會發展之過程吻合。

　　除了社會禮俗之演變發展，中國人的人格亦發生變化。新的中國人人格展現獨立、自立、開放、彈性等工業都市社會人格特徵。(Inkeles and Smith. 1974)

貧困的第三世界 (The Third World) 所產生的現代化現象, 更具備以下幾項共同特徵:

1.嚴重的社會文化脫序現象, 新舊社會制度、價值規範參雜不齊。例如在我國急驟的科技發展與乎極端的民俗宗教信仰並存。

2.落後國家的許多價值觀念仍維持傳統型態, 難以配合工業科技發展之要求。以我國社會爲例, 舊有的人際關係與乎科技時代之要求直接衝突, 最近出現震撼國際金融界的十信案件, 就是一個好例子, 證明我國傳統社會以人爲本位之價值規範無法配合現代龐大複雜的科層經濟制度。

當代經濟社會學大師曼爾道 (Gunnar Myrdal) 在其亞洲之困惑 (Asian Drama: An Inquiry into The Poverty of Nation, 1968) 一書中, 認爲多數亞洲國家, 由於傳統價值規範之約束, 無法發展科技及工業。

3.落後國家之人口過剩現象, 形成科技工業發展的重大障礙。

4.中央政府計劃經濟取代了西方之自由經濟體制。

5.國際關係之特殊性。

多數第三世界國家昔日都是西方殖民地, 在其現代化之過程中, 仍受西方國家之 操縱利用, 無法擺脫西方國家 之干擾影響, 終而無法發展。

第五節　解釋現代化的理論

一、融滙理論 (Convergence Theory)

尼勒 (Lerner, 1964) 提出融滙理論以解釋世界各國現代化發展之

趨向。在工業革命之前，由於世界交通不便，每一個國家都維持其特殊之傳統社會組織及文化。例如，中國之宗族制度、日本之武士制度，歐洲之貴族封建體制。然而在工業都市化之發展過程中，世界各國都走向同一方向：都市發展，人民教育程度之提升，公共傳播之擴張，廣泛人民參與政治等等特性。

在工業都市化以前，不僅各國之風土文化各異，其領導精英份子之背景亦各不同。例如傳統中國之士大夫階級，日本之武士階級，歐洲之貴族。然而在現代化之過程中，各國之精英份子亦逐漸走向同一途徑。

尼勒以西歐國家與蘇俄相比較。在工業現代化之初期，西歐國家遵循自由放任經濟政策。而蘇俄自 1917 無產階級革命之後，採取中央計劃經濟。然而從二十世紀之初葉以至於目前，在將近七十年時期中，歐美國家逐漸採用社會主義之政策，蘇聯則逐漸走向自由經濟貿易之途徑。中共自 1976 年毛澤東死亡之後，亦迅速走向資本主義自由貿易之途徑。

二、世界體系理論 (World-System Theory)

華勒斯坦 (1976) 提出世界體系理論，認為世界各國相互關聯形成一個世界性組織，否定國家民族之界線鴻溝。華勒斯坦認為有兩種不同的世界體系，一為政治性者，如以往的世界帝國，一為經濟性者。公元第一至第五世紀統治歐洲之羅馬帝國是前者之典範，而中國與其四鄰屬邦之間的關係則屬後者。

在世界經濟體系之中的國家，可以劃分為中心國家 (Core state)、邊陲國家 (Peripheral state) 及半邊陲性國家 (Semi-peripheral state)。中心國家控制其他國家之經濟，正好似現代工業大都會對於其四鄰城鎮社區之影響，然而中心國家亦並非是單元性的，而是由一羣科技工業發展最高峯的國家組成。以目前世界情況而言，美國、西歐、日

本、蘇聯形成世界經濟體系之中心國家，彼此之間勾心鬥角，爭一日之長短。

華勒斯坦分析近代歐洲歷史，認爲世界經濟體系之發展可以分爲三個階段。自公元十五世紀中葉文藝復興運動以來，而至於十七世紀中葉爲第一階段。在這一時期之中，西班牙政治勢力及於歐美世界各地（亞洲除外），形成世界政治中心國。然而在經濟方面，英法兩國則爲當時世界經濟之中心國家。意大利爲半邊陲國家，而歐洲其他區域及美洲則爲邊陲地區。

在第二階段，十七至十八世紀時期，英國在世界經濟體系中，佔據領導地位。在這段時期內，荷蘭及法國則與英國爭奪經濟盟主之權力。

世界經濟發展之第三時期始於十八世紀中葉，工業資本主義盛行於歐美各國。從十八世紀中葉開始，歐洲工業帝國開始向世界各地擴充，而佔據世界各地爲其殖民地。在第三階段之發展過程中，德國及美國取代了英國之地位而形成爲世界經濟之中心國。

二十世紀末期之世界經濟體系則以美國、日本、西歐、蘇聯爲主。世界其他地區則爲邊陲國家。從一九七〇年代之後期，亞洲興起了四個小經濟王國——韓國、臺灣、香港、新加坡，在世界經濟體系中成爲重要的工業生產國。

世界體系理論是當代社會變遷理論之主流，在當前之國際局勢之下，這一項理論可以解釋許多世界性之變遷現象及問題。

第六節　臺灣地區中國社會文化發展趨向

（參閱葉啓政，1981）

自從十九世紀以來，由於西方帝國主義入侵，亞非國家在社會文化

方面，遂產生急驟演變。**演變的趨向大致是走向政治民主化及經濟工業化之途徑。** 然而亞非傳統文化與西方文化格格不入，時時發生衝突矛盾。在演變過程中，亦時時產生社會文化脫序 (Social and cultural lag) 的現象。

在西方強勢文化衝擊之下，亞非文化發展顯示出以下四項特色：

(一)亞非社會文化發展之動力來自西方而非本土。 西方軍事、政治、經濟之侵襲，帶動了亞非社會文化之變遷。賽珍珠在她的幾部名著中，如大地、龍種，描述二十世紀初葉中西文化之對立。近幾十年來，由於世界交通發達，加速中西之交流，同時西方文明與東方文明強弱之勢力更形顯著，造成東方文明之迅速衰落。

(二)東西文化的異質性。東西文化在本質上形成尖銳的對比。傳統中國文化之人倫五常、天人合一、六命之說以及講求內在修養等等價值規範，均與西方文化格格不入，形成對立衝突的局勢。

(三)東方文化在本質上已經蛻變，隨著科技演變，工業都市之發展，亞非社會生產結構發生了**演變**，社會基層制度價值規範亦隨之改變。在東西衝突矛盾蛻變之過程中，亞非民族產生了以下幾種邊陲民族心態：

1.盲目崇外。

2.理性的迷失及紊亂。

3.行為與觀念之間隔化 (Compartmentalization)。

以提倡社會科學中國化為例，提倡的學者，供奉西方著作為經典，西方學者為祖師爺，**不潛心聚力研究中國社會文化的組織結構及來龍去脈。**

4.本地文化運動之興起。

在強勢西方文化侵襲之下，**仍然有少數中國學者能夠把持崗位，**一方面潛心學習西方之所長，另一方面積極推行本地文化。冰凍三尺，非

一日之寒，要想建立本地科技文化與西方並駕齊驅，談何容易，然而即使是一點一滴，我們也必須朝著這個方向去做，或五十年，或一百年，終而有所成就。

(四)亞非社會文化之演變，抄襲西方社會文化演變的模式。十九世紀西方社會資本主義與共產主義之對立衝突，二十世紀初期又在亞非地域重演。

近三十年來，臺灣由於急驟工業發展，經濟迅速成長，國家財富增加，人民生活水準急速改善，隨之而來的是西方商業文化之侵襲，舊有中國道德價值規範之沒落。近三十年來，臺灣社會文化變遷包含四種趨向：第一是以西方文化為主的中心主流；第二是中國大陸的次文化；第三是日本次文化；最後是本地三百年所發展的閩南地區文化。在這四大文化體系鼎立的情況之下，我們必須考慮整個情勢之背景，第一，臺灣一直是中國的邊區，雖然閩南文化直接由中國大陸流傳而來，然而三百年來因臺灣海峽的隔絕以及許多其他外力的干擾，閩南地區文化與中國大陸文化之間的關係並不密切。其次，在臺灣文化發展的三百年中，荷蘭、西班牙、日本相繼侵襲統治。特別是在日本五十一年的統治時期，日本處心積慮，希望改造臺灣成為日本的一部份，極力排除中國舊文化的影響，消除閩南人對中國人的認同；同時，閩南語系與中國國語間隔顏深，由於日本影響根深蒂固，形成目前中年以上閩南人對日本之懷念及嚮往；同時，在閩南人之間又有臺灣人、客家人及山地人之分，使臺灣形成一個極端多元化的文化體系。

近三十年臺灣社會文化發展之另一重要因素，是危機意識之存在及干擾。自一九四五年，國民政府遷來臺灣以後，國人一直無法擺脫危機的意識。一九四九年至一九五二年的韓戰，以及一九六〇年代、七〇年代之越戰，都使我們感受到戰爭之威脅。在強烈危機意識影響之下，國人

生活缺乏安全，感到緊張、憂慮，不敢作長期永久性的打算，許多中上階級，則企圖外流，移民至歐美。在危機意識之下，政府強調國家安全，而忽略了人民道德、紀律的發展。所幸三十餘年以來，並未發生任何嚴重的國際危機，希望在今後發展中，在政策上，一方面我們應該維持龐大軍備，同時也應該消除危機心理及宣傳，努力擴張人民的道德、秩序。在強烈危機意識之下，人人有窒息的感覺，集中注意力於危險之防範，而不能從事高度文化建設工作。

　　目前國內政治文化競爭，最主要的對手是中國傳統文化與臺灣地區文化。在政治競爭上，二者間之鬥爭，日形尖銳。當前政府之急務，應著重消除、擺平內部之爭衡，建立和諧安定的社會。

中文參考書目

1. 中國論壇社
　　民國六十六年，宗教信仰與迷信心態座談會，中國論壇，四（四）。

2. 文崇一、許嘉明、瞿海源、黃順二
　　民國六十四年，西河的社會變遷，中央研究院民族學研究所專刊乙種第六號。
　　臺北。

3. 中華民國內政部審計處
　　臺閩地區人口統計（每年）。

4. 文榮光　「要神也要人——精神疾病與民俗醫療」
　　民國七十一年，民俗研討會文獻，臺中東海大學。

5. 王維林
　　民國七十年，自人口學觀點看我國都市社會，
　　朱岑樓主編，我國社會的變遷與發展，頁三九七一四二八。

6. 中華民國犯罪研討會議
　　民國七十一年十二月，臺灣警政署長報告，法務部。

7. 朱岑樓
　　民國七十年，我國社會的變遷與發展，臺北：三民書局。

8. 朱岑樓、胡薇麗譯　民國六十二年，成長的極限，巨流圖書公司。

9. 呂玉瑕
　　民國七十年，「社會變遷中臺灣婦女之事業觀」，中央研究院民族學研究所
　　集刊五〇：二五一六六。

10. 吳主惠　民國五十八年，中國社會學的構想，臺大社會學刊五：一七一三〇。

11.李亦園　民國六十五年，「唐璜的門徒」之外，中國論壇，二（九）。

民國六十六年，是眞是假話童乩，中國論壇，三（一二）。

12.李亦園　民國六十八年，「宗敎與迷信」，載於楊國樞、葉啓政主編，當前臺灣社會問題，臺北：巨流圖書公司，頁一三五一一五二。

13.李亦園　民國七十三年，「山地社會問題」，楊國樞，葉啓政主編，臺灣社會問題，頁二四九一二九七。

14.林瑞穗　民國六十九年，臺北都會區的區位因素分析，國立臺灣大學社會學刊第十四期，頁一一三一一二三。

15.林宗義　臺灣精神病之發展演變———一九四六一一九六三，民國五十八年。

16.林　憲　精神醫學與社會，民國六十五年，臺北：現代醫學出版社。

17.林衡道　民國六十三年，臺灣寺廟大全。臺北：青文出版社。

18.孫本文　民國三十二年，現代中國社會問題。重慶：商務印書館。

19.孫得雄　民國七十三年（聯合報），民國七十四年（聯合報）。

20.高達觀　民國七十一年，中國家族社會之演變。臺北：里仁書局重印。

21.郝繼隆　民國六十八年，「中國早期婦女地位」。朱岑樓，婚姻研究，霧峯出版社，頁一五五一一五六。

22.張苙雲　「生活壓力與精神疾病間的關係」，民國七十一年五月，中國社會學刊，臺北市：中央研究院。

23.張明哲　民國六十六年，宗敎與現代社會，新時代，一七（四）。

24.許倬雲　民國五十六年，「漢代家庭的大小」，慶祝李濟先生七十歲論文集，下冊，清華學報社，頁七八九一八〇六。

25.許嘉明、馬約翰、李亦園　民俗宗敎信仰調查研究（未出版）。

26.張曉春　民國七十年，近三十年臺閩地區職業結構的變遷，朱岑樓主編，我國社會的變遷與發展，頁五二七一五五五。

27.黃大洲　民國七十年，「臺灣農村建設的回顧」，朱岑樓主編，我國社會的變遷與發展，頁四五九一四八九。

28.黃光國　民國六十六年，迷信的社會，中國論壇，三（一二）。

29.普易道人　民國六十四年，臺灣宗敎沿革志。臺北：臺灣宗敎月刊社。

30.葉明華、柯永河、黃光國　「生活壓力諸因素對心理健康的影響」，民國七十年，民族學研究所集刊。臺北：中央研究院。

31.董芳苑　民國六十四年，臺灣民間宗敎信仰。臺北：長靑出版社。

32.楊懋春　民國六十九年，近代中國農村社會之演變，巨流圖書公司。

33.葉啓政　民國七十年，三十年來臺灣地區中國文化發展的檢討，朱岑樓主編，我國社會的變遷與發展，頁一〇三——一七七。

34.蔡文輝　民國五十七年，臺灣廟宇占卜的一個研究，思與言，六（二）。

35.民國七十年，我國現代化努力的過去、現在與將來，朱岑樓主編，我國社會的變遷與發展，頁一——二八。

36.蔡宏進　民國七十年，「臺灣地區的社會經濟發展與人口變遷」，朱岑樓主編，我國社會的變遷與發展，頁四二九一四五八。

37.蔡宏進　民國七十三年，「人口問題」，楊國樞、葉啓政主編，臺灣的社會問題。臺北：巨流圖書公司。

38.劉枝萬　民國五十九年，臺灣省寺廟敎堂調察表，臺灣文獻，一一（二）。

39.劉若蘭　黃光國　民國七十三年，影響職業聲望的權力因素：研究方法學上的一項探討，中國社會學刊，第八期，頁五九一九〇。

40.賴澤涵　民國七十一年，「我國家庭的組成、權力結構及婦女地位之變遷」。陳昭南、江玉龍、陳寬政主編，社會科學整合論文集，三民主義研究所叢刊，中央研究院三民主義研究所。

41.蕭新煌　民國七十三年，「消費者問題與運動」，楊國樞、葉啓政主編，臺灣社會問題，頁二一七一二四八。

42.瞿海源　「社會變遷有關的心理指標」，民國七十年六月，中央研究所，三民所叢刊。民國七十二年，臺灣山地鄉的社會經濟地位與人口，中國社會學刊，第七期，頁一五七——一七五。

英文參考書目

A

Abu-Lughod, and Janet L., 1969. *Testing the Theory of Social Area Analysis: the Ecology of Cairo, Egypt.* American Sociological Review 34: 198-212.

Alexander, K. L., et al.,
1975 "*The Wisconsin Model of Socioeconomic Achievement: A Replication,*" AJS, 81 (September). 324-42.

Allport, Gordon W.
1954 *The Nature of Prejudice, Reading.* Mass: Addison-Wesley.

B

Baumrind, Diana
1966n "*Effects of Authoritative Parental Control on Child Behavior.*" Child Development. Vol. 37, 887-907.

Becker, Howard
1963 *Outsiders: Studies in the Sociology of Deviance.* New York: Oxford University Press.

Bell, Daniel
1976 *The Cultural Contradictions of Capitalism* NY: Harper & Row.

Berry, Brain J. L. and John D. Kasarda.
1979. *Contemporary Urban Ecology.* University of Chicago Press.

Blau, Peter and Otis Dudley Duncan
1967 *The American Occupational Structure.* New York: Wiley.

Blumenfeld, Hans
1973 "The Urban Pattern." In John Walton and Donald E. Carns (eds.). *Cities in Change: Studies on the Urban Condition.* Boston: Allyn and Bacon, pp. 38-48. [20].

Bose, Nirmal Kumar.
1965 *Calcutta: A Premature Metropolis.* Scientific American 213(3): 90-102.

Bose, Nirmal Kumar.
1968 *Calcutta, 1964: A Social Survey.* Calcutta: Lalvani Publishing House.

Brook, C. H.
1922 *The Practice of Autosuggestion by The Method of Emile Cou'e,* rev. ed. N. Y.,: Dodd, Mead, and Co.

Broom, Leonard.; Philip, Selzrick,; Darroch, Broom, Dorothy,
1981 *Sociology* 7th ed N.Y.: Harper & Row.

Burgess, Ernest W.
1925 *The Growth of the City: An Introduction to a Research Project.* in The City edited by Robert E. Park and Ernest W. Burgess, and R. D. Mckenzie: 47-62.

C

Centers, Richard
1949 *The Psychology of Social Classes.* Princeton, N.J: Princeton University Press.

Childe, V. Gordon
1950 *"The Urban Revolution,"* Town Planning Review, 21, 3-17. [20].

Cooley, Charles Horton
1956 *Social Organization: A Study of the Larger Mind.* Glencoe, Ill: Free Press.

1964　*Human Nature and the Social Order.* New York: Schocken.

Cressey
1957　*The Development of Chinese Thought.*

D

Dahrendorf, Ralf
1959　*Class and Class Conflict in Industrial Society.* Stanford, CA: Stanford University Press.

Davis, Kingsley, and Wilbert Moore
1945　*"Some Principles of Stratification"* American Sociological Review, 10: 242-249.

Defleur, Melvin L.
1972　*Sociology: Man in Society.* 臺北：雙葉書局

Dollard, J. Doob; L. W. Miller et. al.,
1939　*Frustration and Aggression,* New Haven, Conn.: Yale University Press.

DuBois, Cora
1955　*"The Dominant Value Profile of American Culture,"* Anthropologist, 57: 1232-1239, (December 1955).

Duncan, Otis Dudley
1959　*Social Organization and the Ecosystem.* Chapt. 2. edited by Philp M. Hauser and Otis Dudley Duncan. University of Chicago Press.

Duncan, Otis Dudley.
1961　*From Social System to Ecosystem.* Sociological Inquiry. Vol. 331(2): 140-149.

Durkheim, Emile
1897　*Le Suicide,* English translation by George Simpson. New York: Free Press.

1912/1947 *The Elementary Forms of the Religions Life.* New York: Free Press.

1933 *The Division of Labor in Society,* Glencoe, IL: Free Press.

1938 *The Rules of Sociology Method* N.Y.: Free Press.

1951 *Le Suicide.*

E

Ehrlich, Paul R. and Anne H. Ehrlich.
1970. *Population Resources Environment: Issues in Human Ecology.* W. H. Freeman and Company.

Erikson, Erik
1950 *Childhood and Society.* New York: Norton
1968 *Identity: Youth and Crisis.* New York: Norton

F

Feagin, Joe. R.
1970 *Black Elected Officials in the South,* In Van der Slick, Jack R. (ed.) Black Conflict with White America. Columbus, Ohio: Charles E. Merrill.

Finn, Peter
1979 *"Teenage Drunkenness, Warning Signal, Transient Boister-ousness a Symptom of Social Change"* Adolescene **14** (Winter 79)

Firey, Walter.
1945. *Sentiment and Symbolism as Ecological Variables.* American Sociological Review X(April): 140-148.

Fishman, J. N. and F. Solomon

1963 *"Youth and Social Action: Perspective on the Student in Movement.* American J. of Orthopsychiatry; 33, pp. 872-82.

Freud, Sigmund
1914 *"On Narcissism: An Introduction"* SE. Vol. XIV.
1930 *"Freud to Marie Bonaparte," "Quoted in Jones Freud,"* Vol. III.
1938 *An Outline of Psychotherapy,* SE. Vol. XXIII.
1927 *"Postscript to The Question of Lay Analysis"* SE. Vol. XX.
1977 *Five Lectures on Psychoanalysis: The Standard Edition,* James Strachey (Ed.) New York: Norton.

G

Gans, Herbert J.
1962 *"Urbanism and Suburbanism as Ways of Life: A re-evaluation of Definitions."* pp. 625-648 in Arnold Rose (ed.), Human Behavior and Social Processes. Boston: Houghton Mifflin.

Gibbs, Jack P. and Walter T. Martin
1959 *Toward a Theoretical System of Human Ecology.* Pacific Sociological Review. Vol. 2(1): 29-36.

Glasser, William
1965 *Reality Therapy: A New Approach to Psychiatry.* N.Y.: Harper and Row.

Glueck, *Sheldon; and Eleanor Glueck.*
1950 *Unraveling Juvenile Delinquency.* Cambridge, Mass, Harvard University Press.

Goffman, Erving
1959 *The Presentation of Self in Everyday Life.* Garden City, N.Y.: Doubleday-Anchor.

Goodman, Norman.; Gary Marx
1982 *Society Today*, 4th ed. New York: Random Houses.

Gordon, David M.
1977 *"Capitalism and The Roots of Urban Crisis"* pp. 82-112 in Roger E. Alcaly and David Mermelstein (eds.), The Fiscal Crisis of American Cities. New York: Vintage.

H

Harlow. Harry F. and R.Z. Zimmerman
1959 *"Affectional Responses in the Infant Monkey."* Science Vol. 130: 421-432.

Harris, Chauncey D., and Edward L. Ulman
1945 *"The Nature of Cities."* The Annals of the American Academy of Political and Social Science 242: 7-17.

Hawley, A. H.
1944 *Ecology and Human Ecology.* Social Forces. XXII (May): 398-405.

Hawley, Amos
1950 *Human Ecology.* New York: Ronald Press.

Hawley, Amos. H.
1968 *Human Ecology. The International Encyclopedia of The Social Sciences.* Edited by David L. Sills. Vol. 4: 328-337.

Hawley, A. H.
1971 *Urban Society: An Ecological Approach.* John Wiley & Sons.

Hawley, A. H.
1978. *Cumulative Change in Theory and History.* American Sociological Review. Vol. 43 (Dec.): 787-796.

Heer, David M.
1975 *Society and Population* Englewood Cliffs, New York: Prentice Hall.

Holbrook, Bruce
1974 *"Chinese Psycho—Social Medicine"* Bulletion of The Institute of Ethnology, Academica Sinica No. 37.

Hollingshead, A. B.; and F.C. Redlich
1958 *Social Class and Mental Illness.* New York: Wiley.

Homans, George Caspar
1974 *Social Behavior—Its Elementary Forms,* New York: Harcourt Brace Jovanovich, Inc.

Hoyt, Homer
1939 *The Structure and Growth of Residential Neighborhoods in American Cities.* Washington, D. C.: Federal Housing Authority.

Hsu, Francis, L. K. 許烺光
1970 *The Chinese Americans.*

Humphrey, Land
1971 *Out of the Closets: The Sociology of Homosexual Liberation.* Englewood Cliffs, New York: Prentice Hall.

Hunt, Chester L., and Lewis Walker
1974 *Ethnic Diversity.* Homewood, IL: Dorsey Press.

Hunt, Morton M.
1974 *Sexual Behavior in 1970s.* Chicago: Play boy Press.

Hunter, Alfred A.
1972. *Factorial Ecology: A Critique and Some Suggestions.* Demography 9: 107-117.

I

Inkeles, Aıex.; and David Smith
1974 *Becoming Modern,* Cambridge, Mass. Harvard University Press.

J

Jensen, Arthur R.
1969 *"How Much can we boost I.Q. and scholastic achievement?"* Harvard Educational Review 39: 1–123.

Jonassen, Christen T.
1949. *Cultural Variables in the Ecology of an Ethnic Group.* American Sociological Review XIV (Feb.): 32–41.

Jung, C. G.
1932 *"Psychotherapy or The Clergy,"*
1933 *Modern Marn in Search of a Soul,* New York: Harcourt, Brace and Co.

K

Keller, Suzanne & Donald Light Jr.
1979 *Sociology.* N.Y.: Alfred Knopf.

Keynes, John Maynard
1936/1973 *The General Theory of Employment Interest and Money.* New York: Cambridge University Press.

Kinsey, Afred C., Wardell B. Pomeroy, and Cly E. Martin
1948, *Sexual Behavior in the Human Male.* Philadelphia: Saunders.
1953 *Sexual Behavior in the Human Female.*

Kleinman, Arthur M, M. D
1975 *"Medical and Psychirtric Anthropology and The Study of Traditional Forms of Medicine in Modern Chinese Culture,*

Bulletion of The Institute of Ethnology Academica Sinica No. 39.

Kluckhorn, Clyde and Dorothea Leighton,
1962 *The Navaho,* Garden City, N.Y.: Doubleday.

Kohlberg, Lawrence
1980 *The Development of Sociomoral Knowledge.* New York: Cambridge University Press.

Kohlberg, Lawrence and Card Gilligan
1971 "*The Adolescent as a Philosopher: The Discovery of the Self in a Postconventional World*" Daedalus, Vol. 100: 1051–1086.

Kohn, Melvin L.
1969 *Class and Conformity: A Study in Values.* Home Wood, Ill: Dorsey.

1976 "*Occupational Structure and Alienation.*" American Joirma; pf Sociology, Vol. 82: 111–130.

Kvaraceut, W. C.
1965 *Negro Self-Image-Crucial Social Forces Which Create it, Kvaraceut,* (ed.) 17–21.

L

Lane, J.
1964 *The Black Muslins.*

Lapiere, R. T.
1965 *Social Change,* New York: McGraw-Hill.

Lenski, Gerhard, and Jean Lenski
1978 *Human Societies: An Introduction to Marcrosociology.* Third edition. New York: McGraw-Hill.

Lerner, Daniel
1964 *The Passing of Traditional Society,* New York: Free Press.

Lewin, Kurt
1967 *Resolving Social Conflicts.* Tokyo: Harper International.

Light, Donald.; Keller. Snzanne
1982 *Sociology,* 3rd ed. N.Y. Alfred, Kropf.

Lipset, Seymour Martin, and Reinhard Bendix
1959 *Social Mobility in Industrial Society.* Berkeley: University of California Press,

Lombroso, Cesare
1911/1968 *Crime: Its Causes and Remedies.* Henry P. Horton, tr. Montclair, NJ: Patterson Smith.

Luck Magazine,
1967 Survey.

Lynd, Robert, and Helen, Lynd
1937 *Middletown in Transition.* New York: Harcourt, Brace.

M

馬席夢
1984 *Economy in Taiwan,* Stanford, California, Stanford University Press.

Malthus, Thomas R.
1914. *An Essay on Population.* New York: E. P. Datton.

Marx
1969 *Protest and Prejudice.* New rev. ed. York, Harper and Row.

Marx, Gary T.; and Norman Goodman
1982 *Society Today,* Fourth Ed N.Y.: Random House.

Masters, William Howell, and Virginia Johnson
1971 *Homosexuality in Perspective.* Boston: Little, Brown.

McKenzie, R. D.
1926. *The Scope of Human Ecology.* The American Sociological Society. XX: 141-154.

Mead, George Herbert
1934 *Mind, Self and Society.* Chicago: University of Chicago Press.

Mead, Margaret
1935 *Sex and Temperament in Three Primitive* Societies, N.Y.: Morrow.

Merton Robert. K.
1938 *Social Structure and Anomie* "ASR, 3 (October 1938): 672-682.

Merton, R. K., and R. Nisbert
1976 *Contenpancy Social Problems,* 4th ed. New York: Harcourt, Brace.

Meyer, P.
1969 "Aftermath of Martyrdom: Negro Militancy and Martin Luther King." Public Opinion Quarterly.

Moore, Charles
1977 *The Chinese Mind,* Hawaii; The University Press of Hawaii.

Murdock, George P.
1934 *Our Primitive Contemporaries,* N.Y.: Macmillan.
1949 *Social Structure,* N.Y.: Macmillan.

Myers. Ramon, 1980 The Chinese Economy, Past and Present, Belmont, Calif. Wadsworth

N. Northrop, F.S.C. 1944, "The complementary emphases of Eastern intuitive and Western scientific philosophy, In C.A. Moore (ed.) *Philosophy--East and West,* Princeton University Press

P

Pao, P. N.
1979 *Schizophrenic Disorders,* New York: International Universities Press.

Park, Robert Ezra
1936. *Human Ecology.* The American Journal of Sociology. XLII
(July): 1-15.

Park, Robert E.
1950 *Race and Culture,* Glencoe, Ill, The Free Press.

Park, Robert E., Ernest W. Burgess, and Roderick D. Mckenzie
1925 The City, Chicago: Universiey of Chicago Press.

Parsons, Talcott
1949 *The Structure of Social Action,* Glencoe, Ill, Free Press.
1951 *The Social Systems,* Glencoe, Ill, Free Press.
1964 *Social Structure and Personality.* New York: Free Press.
1966 *Societies: Evolutionary and Comparative Perspectives* Engle-
wood Cliffs, NY: Prentice Hall.

Parsons, Talcott; and Edward Shils (eds)
1951 *Toward a General Theory of Social Action,* Cambridge:
Harvard University Press.

Parsons, Talcott and Frederick F. Bales
1955 *Family, Socialization and Interaction Process,* Glencoe, Ill,
Free Press.

Perez, Lisandro
1979. *The Human Ecology of Rural Areas: An Appraisal of a
Field of Study with Suggestions for a Synthesis.* Rural
Sociology 44 (3): 584-601.

Persell, Caroline Hodges
1984 *Understanding Society: An Introduction to Sociology,* N.Y.:
Harper & Row.

Peterson, E. T.
1958 The Impact of Maternal Employment on the Mother-

Daughter Relationship and on the Daughter's Role-Orientation. Unpublished doctoral dissertion, University of Michigan.

Piaget Jean
1971 *The Child's Conception of the World.* London: Routledge and Kegan Paul.

Popenoe, David
1980 *Sociology,* 4th ed. Englewood Cliffs, New York: Prentice Hall.

Price, John
1966, 1967 *"A History of the Outcaste: Untouchability in Japan."* pp. 6-30 in George De Vos and Hiroshi Wagatsuma (eds.), Japan's Invisible Race. Berkeley and Los Angeles: University of California Press.

S

Schnore, Leo F.
1958. *Social Morphology and Human Ecology.* American Journal of Sociology. Vol. 63(6):620-634.

Shaw, Clifford R., and Henry D. Mckay
1942 *Juvenile Delinguency and Urban Areas.* Chicago: University of Chicago Press.

Shevky, Eshref and Wendell Bell
1955 Social Area Analysis. Stanford University Press.

Simpson, George E., and J. Milton Yinger
1972 *Racial and Cultural Minorities: An Analysis of Prejudice and Discrimination.* Fourth Edition. New York: Harper & Row.

Sly, D. F.

1972. *Migration and the Ecological Complex.* American Socio-
logical Review 37(Oct.): 615-628.

Sly, D. F. and J. Tayman.

1977. *Ecological Approach to Migration Reexamined.* American
Sociological Review 42(Oct.): 783-795.

Smelser, Neil

1981 *Sociology* Englewood Cliffs New York: Prentice Hall, Ch4,
pp. 73-103.

Smith, Adam

1776/1976 *The Wealth of Nations.* New York: Oxford University
Press.

Sorokin, P. A.

1971 *"On Sociology Among the Social Science"* in M. Truzzi (ed)
Sociology: The Classic Statements N.Y.: Random House,
pp. 3-15.

Sorokin, Pitirim

1941 *Social and Cultural Dynamics.* 4Vols.
Englewood Cliffs. NJ: Bedminster Press.

Spengler, Oswald

1932 *The Decline of the West.* New York: Knopf.

Srole, Leo, et al.

1962 *Mental Health in the Metropolis.* New York:McGraw-Hill.

Stonequist, E. V.

1937 *The Marginal Man* N.Y.: Scribner.

Sullivan, Harry Stack

1924-33 (1962) *Schizophrenia as a Human Process,* New York:
Norton.

1953 *The Interpersonal Theory of Psychiatry.* ed by Helen, S.
Perry and M. L. Gawell, New York: Norton.

Svalastoga, Kaare
  1957 *"An Empirical Analysis of Intrasociety Mobility Determin-ants."* Working Paper No. 9, Submitted to the Fourth Working.
  Conference on Social Stratification and Mobility, International Sociological Association.

Szasz, T. A.
  1976 *"The Theology of Therapy,"* New York University, Review of Law and Social Change, 5.

  1977 *The Theology of Medicine,* Boton Rounge Louisiana University Press.

T

Theodorson, George A.
  1961 *Studies in Human Ecology.* (ed.) Harper & Row.

Tocqueville
  1835/1954 *Democracy in America.* Volumes 1 and 2. New York: Vintage Books.

Tonnies, Ferdinand
  1887/1963 *Gemeinschaft und Gesellschaft (Community and Society).* Translated and Edited by C. P. Loomis. N.Y.: Harper & Row

Tonnies, Ferdinand.
  1957 *Community and Society.* New York: Harper Torchbooks

Toynbee, Arnold.
  1964 *A Study of History.* New York: Oxford University Press.

Treiman, Donald J.
  1977 *Occupational Prestige in Comparative Perspective,* New

York: Academic Press.

Tylor, Edward B.
1889 *Primitive Culture.* London: Murray.

W

Weatherhead, I. D.
1952 *Psychology, Religion and Healing.* Rev. ed. New York: Abingdom Press.

Weber, Max
1930 *The Protestant Ethic and the Spirit of Capitalism* (1905), Glencoe, Ill.: Scribners.

Williams, R.M., Jr.
1970 *America Society,* 2nd ed. N..Y: Knopf, pp. 415 ff

Wirth, Louis.
1938 *"Urbanism as a Way of Life."* American Journal of Sociology 44 (July): 3-24.

W. L. Warner, M. Meeker and K. Eels,
1949 *Social Classes in America,* Chicago, p. 8.

中 英 名 詞 對 照

（依筆劃順序排列）

一　劃

一妻多夫制　polyandry
一夫一妻制　monogamy
一夫多妻制　polygyny
一般性人士　the generalized other

二　劃

人口變遷理論 Theory of
　　Demographic Transition
人口內遷 immigration
人口遷移率 migration rate
人格偏差 personality disorder
人口爆炸 population explosion
人口成長率 population growth
　　rate
人口 population
人口調查 census
人口外遷 emmigration
人口學 demography
人類生態學 human ecology

三　劃

工作 work
小家庭 nuclear family
大家庭 extended family
大衆媒介 mass media
女權制 matriarchal

三段論法 syllogism
工具性原則 instrumentalism
干斯 Gans
大都會 metropolis
互生 symbiosic

四　劃

少年犯罪 juvenile delinquency
中央計劃經濟體制
　　centrally planned economy
中心經濟 core economy
父系家庭 patrilineal family
少數民族 minority group
分居兩地的婚姻
　　commuter marriage
中心國家 core state
心理病 nenroses
內婚制 endogamy
心身病 psychosomatics
不合法性 illegitimate
中層理論 mid-range theory
反叛，革命 rebellion
孔德 Comte
友羣 peer group
心理降略論
　　psychological reductionism
內驅力 biological drive
巴夫洛夫 Ivan Pavlov

洗腦 brain washing
哈樂 Harry F. Harlow
相互對應原則 reciprocity
重要社會位置 salient status
特殊主義 particularism
哈里士 Harris
烏爾門 Ullman
城裡人 cosmopolites
城郊區 suburb
重要人物 significant others
科層組織 bureaucracy

十　　劃

格拉塞 Glasser
韋伯 Max Weber
挫折攻擊行為理論
　frustration-aggression theory
個性 individuality
特理門 Treiman
高夫曼 Goffman
唐古族 Tangu（新幾內亞之初民部
　落）
毒品 drug
毒癮 drug addition
泰勒 E. B. Tylor
馬爾薩斯 Thomas Malthus
格魯克 Sheldon and Eleanor
　Glueck
個人社會流動 intragenerational
　mobility
班廸士 Bendix
倫斯基 Lenski
差別結合理論 Differential
Association Theory

哥登 Gordon
神聖社會 sacred society
被困者 trapped
郝里 Hawley
馬丁 Martin
馬席夢 Ramon Myers

十 一 劃

專業化 professionalization
基本羣體 primary group
理性文化 ideational
曼爾道 Gunnar Myrdal
階次 stratum
情慾型文化 sensate culture
麥爾度 Murdock
亞當史密斯 Adam Smith
莫爾 Wilbert Moore
現代化 modernization
專業人員 professional
偏差行為 deviant behavior,
　deviance
酗酒 alcoholism
專化性原則 specificity
現時性 contemporality
麥爾頓 Merton
基本關係 primary relation
假設 hypothesis
都市生活方式 urbanism
都市社區解組 urban disorgani-
　zation
都市發展 urban development
都市化 urbanization
都市重建 urban renewal
麥肯吉 McKenzie
貧困無依者 deprived

理論 theory
假定 assumption

十 二 劃

斯本塞 Herbert Spencer
斯洛 Srole
斯本格勒 Spengler
循環理論 cyclical theory
創新 innovation
森德士 R. Centers
湯恩比 Arnold Toynbee
街頭幫會 street corner society
　（William Whyte, 1943）
超自然界 supernatural world
偉斯特 Westoff
凱因斯 Keynes
結構功能學派
　structure-functionalism
量化 quantification
期望行為論 operant conditioning
　theory
馬克斯 Karl Marx
剩餘價值理論 Theory of Surplus
　Value
普遍主義 universalism
超我 superego
華生 John B. Watson
湯尼 Ferdinand Tonnies
湯姆士 W. I. Thomas
區域理論 the sector theory
黑克爾 Haeckel

十 三 劃

羣婚制 group marriage

感情 emotion
第三經濟層面 tiertiary sector
羣體 group
楊格 Jung
奧格本 W. F. Ogburn
詹姆士 William James
感官接觸期 sensory-motor stage
愛理生 Erikson
達爾文 Charles Darwin
腦力運作前期
　pre-operational stage
傳統導向 tradition directed
演化論 evolutionary theory
華納 Warner
零度人口成長
　zero population growth
　（ZPG）
瑞德里 Redlich
第三世界 The Third World

十 四 劃

廣泛性原則 diffusedness
精神疾病 mental illness
種族絕滅政策 genocide
種族偏見 racial prejudice
種族優越主義 racism
種族 race
種族成見 racial stereotyping
精神病 psychoses
瑪拉 Mana
廣泛性理論 general theory
寡頭政治鐵律 the iron law of
　oligarchy (R. Michels 1911/
　1967）

英 中 名 詞 對 照
（按英文字母排列）

A

abstinence syndrome 斷藥症狀
achieved status 自取社會位置
Adam Smith 亞當史審斯
Adler 阿德勒
administrative association 行
　政社團
affiliation need 所屬需要
alcoholism 酗酒
amalgamation 融滙
anomie 社會文化失序
Arnold Toynbee 湯恩比
ascribed status 先賦社會位置
assumption 假定
authority 權威、職權

B

belief 信仰
Bendix 班廸士
B. F. Skinner 司金勒
bilateral family 雙系家庭
biological determinism 生物決
　定論
biological drive 內驅力
biological reductionism
　生物降略論

birth rate 生育率
Blumenfeld 布魯菲
brain washing 洗腦
bureaucracy 科層組織
Burgess 布吉士

C

cansal model 因果關係模式
capitalism (free economy)
　自由貿易經濟制度
caste system 世襲階層制度
census 人口調查
centrally planned economy
　中央計劃經濟體制
Cesars Lombroso 郎布索
Charles Darwin 達爾文
Charles H. Cooley 古力
check 檢制
C. Kluckhorn 克魯洪
coactious 共動
commensalism 共生
community organization
　社區組織
commuter marriage 分居兩地
　的婚姻
compartmentalization
　分域自我防禦

Comte 孔德
concrete operational stage
　具體運作期
conflict school 衝突學派
conformity 奉公守法
conscience 良心
contemporality 現時性
convergence theory 融滙理論
core economy 中心經濟
core state 中心國家
corporate cities 企業都市
cosmopolites 城裡人
Cressey 克里塞
crime 犯罪
crime index 犯罪指標
cultural deprivation 文化剝削
C. Wright Mills 米爾
cybernetic model 操縱學模型
cyclical theory 循環理論

D

Dahrendorf 戴倫道夫
David Riesman 芮思曼
D. Bell 貝爾
demography 人口學
dependence 依賴性
dependence ratio 依賴率
dependent variable 依變數
deprived 貧困無依者
deviant behavior 偏差行爲
Diana Baumrind 包仁
Differential Association
　Theory 差別結合理論
diffusedness 廣泛性原則

displacement 轉移
Dollard 多納
drug 毒品
drug addition 毒癮
dual-career family 雙重職業家
　庭
dual economy 雙重經濟
Durkheim 涂爾幹
dysfunction 反作用 (反功能)

E

E. B. Tylor 泰勒
ecosystem 生態體系
ecological complex 生態叢體
Edward Shils 錫爾
ego （心理學，指個人人格組織中
　理智的層面） 自我
emmigration 人口外遷
emotion 感情
empirical generalization
　(theorem) 低層理論
endogamy 內婚制
environmental determinism
　環境決定論
equilibrium 均衡
Erikson 愛理生
ethnic group 民族
ethno-psychiatry 民俗精神醫術
evolutionary theory 演化論
exogamy 外婚制
expressiveness 表意性原則
extended family 大家庭
extrinsic value 外在價值

F

Ferdinand Tonnies 湯尼

formal operational stage
正式運作期

formal structure 正式結構

frustration-aggression
theory 挫折攻擊行為理論

functional imperatives
功能性必須條件

functionalism 功能學派

functional mental disorder
非生理性精神疾病（功能性精神
疾病）

functional prerequisites 功能
性先決條件（與功能性必須條件
意義相近）

G

Gans 干斯

gemeinschaft 禮俗社會

general theory 廣泛性理論

genocide 種族絕滅政策

George Herbert Mead 米德
（社會心理學家）

gesellschaft 法理社會

Gibbs 吉比斯

Glasser 格拉塞

Goffman 高夫曼

Gordan 哥登

Gordon Allport 阿爾波

group 羣體

group marrige 羣婚制

Gunnar Myrdal 曼爾道

H

Haeckel 黑克爾

Harris 哈里士

Harry F. Harlow 哈樂

Harry Sullivan 沙里文

Hawley 郝里

H. Blumer 布魯姆

Herbert Spencer 斯本塞

Hollingshead 霍林海

Howard Becker 貝克

human ecology 人類生態學

hypothesis 假設

I

id 本我

ideational 理性文化

identification 認同

identity 身份

illegitimate 不合法性

immigration 人口內遷

independent variable 自變數

individuality 個性

influence 影響

informal structure 非正式結構

innovation 創新，標新立異

instinct 本能

institution 制度

institutionalization 制度化

instrumentalism 工具性原則

intergenerational mobility
世代之間社會流動

intragenerational mobility 個
人社會流動

intrinsic value 內在價值
isomorphism 同型原理
Ivan Pavlov 巴夫洛夫

J

James Dewey 杜威
John B. Watson 華生
Jung 楊格
juvenile delinquency 少年犯罪

K

Karl Marx 馬克斯
Keynes 凱因斯
Kingsley Davis 戴維士
Kohlberg 可伯

L

labeling theory 標籤論
Lapiere 拉比爾
latent function 隱性功能
legitimacy 合法性
Lenski 倫斯基
Lerner 尼勒
liberalism 自由民主氣息
life expectancy 平均壽命
　（生命期望值）
Lipset 利浦塞
looking-glass self 鏡中自我形
　象論
lonely crowd 孤立羣體
Lynd 林德

M

macroscopic perspective 巨視

理論
Mana 瑪拉
manifest function 顯性功能
Margaret Mead 米德（文化人
　類學家）
Martin 馬丁
mass media 大衆媒介
matriarchal 女權制
matrilineal family 母系家庭
Max Weber 韋伯
McKenzie 麥肯吉
me 受我
mechanic solidarity 機械性連
　繫
Melanesians 美拉尼西亞民族
Melvin Kohn 龔
Melvin L. Defleur 廸佛
mental illness 精神疾病
Merton 麥爾頓
metropolis 大都會
Meyer F. Nimkoff 尼可夫
mid-range theory 中層理論
migration rate 人口遷移率
military chaplain 隨軍牧師
Miller 米勒
minority group 少數民族
modernization 現代化
monogamy 一夫一妻制
monopoly 獨佔
mortality rate 死亡率
Multiple Nuclei Theory 多重
　核心理論
Murdock 麥爾度
Myers 馬席夢

N

Neo-Malthusianism　近馬爾薩
斯主義
Neurosis　心理病
nuclear family　小家庭

O

occupation　職業
Occupational Prestige　職業聲
望
operant conditioning theory
期望行為論
operationalism, operation-
alization　操作化
organic mental disorder　生理
性精神疾病
organic solidarity　有機連繫
organistic analogy　生物比擬論
other-directed　他人導向

P

particularism　特殊主義
path analysis　因徑分析
patriarchal　男權制
patrilineal family　父系家庭
pattern variables　模式行為原則
peer group　友群
peripheral economy　邊陲經濟
peripheral state　邊陲國家
personality disorder　人格偏差
Peter Blau　布勞
Piaget　皮亞傑
Pitirim Sorokin　所羅金

pluralism　多元主義
Polyandry　一妻多夫制
Polygamy　多夫多妻制
Polygyny　一夫多妻制
Polynesians　玻里尼西亞民族
population　人口
population explosion　人口爆炸
population growth rate　人口
成長率
positivism　實證科學主義
power　權力
pre-operational stage　腦力運
作前期
Price　布萊斯
primary group　基本羣體
primary relation　基本關係
primary sector　初級經濟層面
profession　行業
professional　專業人員
professionalization　專業化
projection　投射
psychological reductionism
心理降略論
psychoses　精神病
psychosomatics　心身病

Q

quantification　量化

R

race　種族
racial prejudice　種族偏見
racial stereotyping　種族成見
racism　種族優越主義

Rashing 芮新
R. Centers 森德士
reality therapy 實際生活醫療法
rebellion 反叛，革命
reciprocity 相互對應原則
Redlich 瑞德里
reinforcement 增強作用
Rene Spitz 史必兹
resocialization 再社會化
retreatism 頹廢
ritual 儀式
ritualism 墨守成規
Robert E. Park 派克
Robert F. Bales 貝爾
Robert Michels 米雪爾
role behavior 角色行為
role conflict, role strain 角色衝突
role set 角色叢

S

sacred 神聖
sacred society 神聖型社會組織
salient status 重要社會位置
scapegoating 代罪羔羊
secondary sector 次級經濟層面
secular society 世俗型社會組織
self （社會心理學概念，指個人對一己之認識觀感） 自我
self-directed 自我導向
sensate culture 情慾型文化
sensory-motor stage 感官接觸期
sex ratio 性別率

Sheldon and Eleanor Glueck 格魯克
significant others 重要人物
social and culture lag 社會文化脫序
social area analysis 社會地區分析
social-cultural therapy 社會文化治療
social definition theory 主觀界定理論
social disorganization 社會解組
social exchange theory 社會交易論
social fabric 社會網絡
socialization 社會化
social mobility 社會流動
social organization 社會組織
social position 社會地位
social realism 社會實體論
social status 社會位置
social stratification 社會階層
sociogram 社會網絡圖
specificity 專化性原則
Spengler 斯本格勒
Srole 斯洛
stratum 階次
street corner society 街頭幫會
stem family 主幹家庭（折衷家庭）
structure-functionalism 結構功能學派
suburb 城郊區

superego 超我

supernatural world 超自然界

sustenance organization 營生
組織

Sutherland 蘇德蘭

Svalastaga 薩瓦拉

syllogism 三段論法

symbiosic 互生

symbolic interactionism 社會
文化交流理論

T

tabula rasa 心靈白紙論（主張人
類心靈在生命之初，如同一張白
紙，心靈之內容完全依賴後天經
驗的填充）

Talcott Parsons 柏深思

Tangu 唐古民族（新幾內亞之初
民部落）

The Concentric Zone Theory
同心圓論

the generalized other 一般性
人士

the iron law of oligarchy
寡頭政治鐵律

theory 理論

Theory of Demographic
Transition 人口變遷理論

Theory of Surplus Value 剩
餘價值理論

the outsiders 外圍人

the sector theory 區域理論

The Third World 第三世界

The Transition Zone 變遷區域

Thomas Malthus 馬爾薩斯

tiertiary sector 第三經濟層面

tolerance 耐藥性

tradition directed 傳統導向

transferable 轉移取代性

trapped 被困者

Treiman 特理門

Trust 托拉斯

Tumin 杜門

U

Ullman 烏爾門

universalism 普遍主義

urban development 都市發展

urban disorganization 都市社
區解組

urbanism 都市生活方式

urbanization 都市化

urban renewal 都市重建

V

variable 變數

Vigotsky 維哥斯基

voluntary association 自動參
與性社團

W

Warner 華納

Westoff 偉斯特

W. F. Ogburn 奧格本

Wilbert Moore 莫爾

William James 詹姆士

William Whyte 懷特

W. I. Thomas 湯姆士

work 工作

world-system theory 世界體系
　理論

Z

zero population growth
　(ZPG) 零度人口成長

現代社會學叢書

三民大專用書書目——行政·管理

書名	著者		服務單位
企業管理辭典	Bengt Karlöf 廖文志、樂斌	著譯	臺灣工業技術學院
國際企業論	李蘭甫	著	東吳大學
企業政策	陳光華	著	交通大學
企業概論	陳定國	著	臺灣大學
管理新論	謝長宏	著	交通大學
管理概論	郭崑謨	著	中興大學
企業組織與管理	郭崑謨	著	中興大學
企業組織與管理（工商管理）	盧宗漢	著	中興大學
企業管理概要	張振宇	著	中興大學
現代企業管理	龔平邦	著	前逢甲大學
現代管理學	龔平邦	著	前逢甲大學
管理學	龔平邦	著	前逢甲大學
管理數學	謝志雄	著	東吳大學
管理數學	戴久永	著	交通大學
管理數學題解	戴久永	著	交通大學
文檔管理	張翔	編	郵政研究所
事務管理手冊	行政院新聞局	著	
現代生產管理學	劉一忠	著	舊金山州立大學
生產管理	劉漢容	著	成功大學
生產與作業管理（修訂版）	潘俊明	著	臺灣工業技術學院
生產與作業管理	黃峰蕙、施勵行、林秉山	著	中正大學
管理心理學	湯淑貞	著	成功大學
品質管制（合）	柯阿銀	譯	中興大學
品質管理	戴久永	著	交通大學
品質管理	徐世輝	著	臺灣工業技術學院
品質管理	鄭春生	著	元智工學院
可靠度導論	戴久永	著	交通大學
人事管理	傅肅良	著	前中興大學
人力資源策略管理	何永福、楊國安	著	政治大學
作業研究	林雄然	著	輔仁大學
作業研究	楊照忠	著	臺灣大學
作業研究	劉一榮	著	舊金山州立大學
作業研究	廖一慶	著	臺灣工業技術學院
作業研究題解	廖慶榮、廖麗滿	著	臺灣工業技術學院
數量方法	葉桂珍	著	成功大學
系統分析	陳進成	著	聖瑪利大學
系統分析與設計	吳宗成	著	臺灣工業技術學院

三民大專用書書目——經濟・財政